冯君木年谱

唐燮军 卜梁 ◎ 著

復旦大學出版社

湖州师范学院学术著作出版资助

目　录

引论 …………………………………………… 1
世谱 …………………………………………… 22
年谱 …………………………………………… 48
谱后 …………………………………………… 305

参考文献 ……………………………………… 341
后记 …………………………………………… 349

引 论

浙江慈溪人冯鸿墀(1874.1.7—1931.5.18),字阶青,一字君木①,三十岁那年,又改名为"开"②。冯氏生前除"戊戌客京师"③外,足迹不出两浙与上海,且仅仕至丽水县学训导,但即便如此,这位培养出陈布雷(1890—1948)、沙孟海(1900—1992)等众多卓越人才,并在主持上海修能学社期间,与"安吉吴昌硕、吴兴朱孝臧、桂林况周颐、宁乡程颂万、兴化李详交尤笃"④的雅士,仍在甬沪两地的文教界享有盛誉。

当下学界对冯君木的学理探讨,始于世纪交替之际,并大体上可分为四类。第一类以《冯君木和他的书法弟子》《葆爱后生 抛遗世法——国学家冯君木和他的子侄》两文为代表,内容简略,学术性不高⑤;第二类以《近代上海词学系年初编》《近代上海诗学系年初编》为典范,将冯君木的

---

① 顾廷龙主编:《清代朱卷集成》第400册,台北成文出版社,1992年,第377页。明成祖永乐十六年(1418),慈溪县大印遗失于县衙,重铸时唯恐失印复出,遂改"溪"为"谿"。"慈谿"作为县名,自此沿用至1956年简化汉字为止。尽管如此,本书稿仍然遵循当前学界内外的习惯用法,而一以"慈溪"。
② 洪廷彦主编:《沙孟海全集·日记卷》,西泠印社出版社,2010年,第222页。
③ 冯君木:《回风堂文》卷1《叶霓仙遗稿序》,载冯君木撰、唐燮军等校注:《冯君木集校注》,上海古籍出版社,2023年,第173页。陈训正《见落叶,追念回风亭长》诗末小字自注:"余主愒园时,木公来会文。园侧一池亭曰回风,因自号回风亭长,并以署其诗文稿;后游海上,移颜其堂。"此即《回风堂诗文集》命名之由来。详参陈训正:《悲回风》,浙江省立图书馆铅印巾子居丛刊本,1932年。
④ 陈三立:《慈溪冯君墓志铭》,载冯君木撰、唐燮军等校注:《冯君木集校注》,第573页。
⑤ 周乐:《冯君木和他的书法弟子》,载邬向东主编:《二十世纪宁波书坛回顾——书法论文史料选辑》,宁波出版社,1999年,第112—113页;邬向东、谢典勋、骆兆平:《葆爱后生 抛遗世法——国学家冯君木和他的子侄》,载王永杰等编:《文化群星——近现代宁波籍文化精英》,中国文史出版社,1998年,第68—87页。

诗词置于特定地域的文学流变之中，借以呈现冯氏诗词的内在价值与学术影响，惜乎其所设定的时间范围太小，且部分系时有误①；第三类像《谈冯开墓志铭拓本》《冯开、张原炜批校本〈后山集〉述略》《晚清民初学者冯开及其未刊抄本〈秋辛词〉》那样，着眼于挖掘相关文本的史料价值与文学主张，但大多浅尝辄止②；第四类成果虽然只是在专题研究沙孟海时予以附带论及，却也凸显出冯君木对沙孟海的学术影响③。

综上以观，可知学界迄今尚未对冯君木的学行作全面深入的探讨。是以不揣谫陋，拟在整理《回风堂诗文集》《回风堂词》等传世作品的基础上，始则按时序、分类考察冯氏的文学活动与史学实践，继而概括、剖析其文学理论和史学观念的内涵与价值，终乃通过与陈训正的对比，尝试界定冯君木在近代浙东学术史上的地位。

一

尽管将慈城冯氏定性为"千年望族"④的这一论断尚有待求证，但至少从16世纪中叶起，"冯氏于慈溪"确实"代为冠冕家"⑤。而在作于光绪

---

① 杨柏岭编著：《近代上海词学系年初编》，上海教育出版社，2003年，第131、136、137、146、193、202、210、253页；胡晓明、李瑞明编著：《近代上海诗学系年初编》，上海教育出版社，2003年，第90—91、152、205、247页。两书叙事，前者始于1840年，下迄1919年；后者始于1898年，止于1919年。

② 杜志勇：《谈冯开墓志铭拓本》，载《衡水学院学报》2012年第2期，第76—78页；逯铭昕：《冯开、张原炜批校本〈后山集〉述略》，载《宁波大学学报（人文科学版）》2014年第4期，第12—15页；沈燕红、朱惠国：《晚清民初学者冯开及其未刊抄本〈秋辛词〉》，载《浙江社会科学》2017年第2期，第140—147页。

③ 岑欢科：《沙孟海书学思想考论——以沙孟海早年师承交游为中心》，杭州师范大学硕士学位论文，2012年，第11—22页；徐清：《沙孟海早年治学思想生成的群体和地域因素考察》，载《新美术》2015年第12期，第36—40页；胡鹏：《沙孟海书学思想的生成——从回风堂问学（一九二〇—一九二二）说起》，载《中国书法》2018年第18期，第43—55页。

④ 王静：《千年望族慈城冯家：一个宁波氏族的田野调查》，宁波出版社，2015年，第24页。考黄宗羲《巡抚天津右佥都御史留仙冯公神道碑铭》，虽称慈溪冯氏乃"东汉冯异之后"，却明言该族不但自"南唐尚书延鲁"起方始"徙于慈溪"，且"至有明而盛"。详参沈善洪主编：《黄宗羲全集》第10册，浙江古籍出版社，2012年，第230页。

⑤〔清〕全祖望：《鲒埼亭集外编》卷5《明故太仆寺少卿眉仙冯公神道阙铭》，载朱铸禹汇校集注：《全祖望集汇校集注》，上海古籍出版社，2000年，第834页。此外，冯京第《簟溪集》卷3《皇明资德大夫正治上卿太子少保进柱国光禄大夫太子太保兵部尚书郏仙冯公行状》亦尝断言"冯于浙郡望最高"。详参张寿镛辑：《四明丛书》第6册《冯侍郎遗书》，广陵书社，2006年，第3335页。

二十一年(1895)的《先兄莲青先生事略》中,冯君木自称他与堂兄冯莲青(1864—1893)实乃慈城冯氏家族崇文门风的重建者:

> 君讳鸿薰,字莲青……曾祖讳应耆;本生曾祖讳应翱,廪生。祖讳梦香,父名允骙。……吾冯氏自高祖以上数世,读书多清德,而皆不显,逮本生曾祖白于公,以诸生为一邑大师,其文章尤有名,而亦以不遇终。其后吾祖若父辈,皆以家贫习贸迁术,家学浸微矣。至君与鸿墀,乃复稍稍以读书著,以为先人未竟之绪,庶几自吾兄弟振之。①

无论从《清代朱卷集成》有关冯君木家世的记载来看,抑或就冯氏学行及其影响而言,《先兄莲青先生事略》确实并无夸大不实之词。

诚如陈三立《慈溪冯君墓志铭》所论,冯君木早在十五六岁时就"斐然有著作意"②,彼时不但业已撰就《题夏内史集》《松江忆家园桂花》《缔交篇赠应启墀》诸诗,而且开始涉足词坛,光绪十七年(1891)姚寿祁作《题君木〈秋弦词〉》,内称"湖海飘零载酒船,钿筝离思托《秋弦》。可怜弱岁冯当世,落拓词场已五年"③,即其明证。也就在阅读、写作、交流的过程中,冯君木逐渐增进了对词的认识,譬如宁波天一阁博物馆所藏抄本《秋辛词》卷首《自序》云:

> 予自童年即溺词章,诗赋以外,兼耽填词。初嗜《花间》一集,继厌薄之。以为词者,乐府之余也,温柔敦厚,无取谣哇。于是问途于碧山,取裁于清真,由南宋而上窥北宋,斐然有作,托体亦

---

① 冯开:《先兄莲青先生事略乙未》,载沈粹芬等辑:《清文汇》丁集卷19,北京出版社,1996年影印本,第3120页。
② 冯君木撰,唐燮军等校注:《冯君木集校注》,第573页。
③ 姚寿祁:《寥阳馆诗草》,1942年余姚黄立钧《悔复堂诗 寥阳馆诗草》合刊本,宁波图书馆藏。又,沙孟海《僧孚日录》称冯君木早年曾抄录《清人词》,详参洪廷彦主编:《沙孟海全集·日记卷》,第269页。

匪庳矣。①

又如其《叶霓仙遗稿序》曰:"词之为道,意内言外。止庵有言:'以有寄托入,以无寄托出。'入于意内,出于言外,匪直达诂,实为悬解。"②此外,冯君木亦尝宣称:

> 词有北宋、南宋之派别,北宋词比于文章,犹如归震川,南宋犹如曾湘乡也。周止庵云:"北宋词,下者多在南宋下……高者在南宋上……南宋则下不犯北宋拙率之病,高不到北宋浑涵之诣。"③

平心而论,冯君木对词的性质、派别、意蕴的理解,确实明显受到清人周济(1781—1839)的影响(详参表1),然其数量有限的词作中,仍不乏诸如《百字令·落叶》之类的精品:

> 是愁是泪,怎一宵、瘦得青山如许。已被荒山收拾了,更被回波卷去。带尾风干,屐牙云碎,寂寞靡芜路。秋心贴地,夕阳红上无数。
> 曾记烟景浓春,织阴如梦,绿到濛濛处。今日西风都不管,只有铜筄送汝。帘外天低,酒边人远,月黯重楼雨。哀婵老也,昏灯一笛无语。④

这首写于1895年并见录于《秋辛词》的早期词作,曾经深得陆镇亭(1855—1921)的赏识;陆氏甚至在"诧为秦、柳复生"的同时"百计罗致","欲著之门籍"⑤。

---

① 冯君木撰,唐燮军等校注:《冯君木集校注》,第399页。
② 冯君木撰,唐燮军等校注:《冯君木集校注》,第260页。
③ 沙孟海:《僧孚日录》1921年12月2日条,载洪廷彦主编:《沙孟海全集·日记卷》,第267页。
④ 该词后又以《念奴娇·落叶》为题,被收录于《回风堂词》。据《晚清民初学者冯开及其未刊抄本《秋辛词》》比对,《念奴娇·落叶》较之于《百字令·落叶》,除题目外,尚有八处改动。此外,沙孟海《僧孚日录》亦载该词,且与《秋辛词》完全相同。
⑤ 冯君木撰,唐燮军等校注:《冯君木集校注》,第403页。

表1　冯君木词论的学术渊源

冯君木的认知	渊 源 所 自
词乃乐府之余	周济《词调选隽序》:"古之歌者,一倡而三叹。一倡者,宣其调,三叹者,永其声。是以词可知而声可感。诗之变为乐府,乐府之变为词,其被之声而歌,播之管弦,未有不如是者也。"
词之为道,意内言外	张皋文、张翰风兄弟辑《词选》而序之,以为词者,意内而言外,变风骚人之遗。
入于意内,出于言外	周济《宋四家词选序论》(及《宋四家词筏序》):"夫词,非寄托不入,专寄托不出。"
词有北宋、南宋之派别	周济《介存斋论词杂著》:"北宋词,下者在南宋下,以其不能空,且不知寄托也;高者在南宋上,以其能实,且能无寄托也。南宋则下不犯北宋拙率之病,高不到北宋浑涵之诣。"

若从自今而古的角度加以回溯,则又不难发现从光绪十四年到二十四年(1888—1898),这十年既是清朝从"同光中兴"迭经甲午失利、戊戌政变而转趋衰败之秋,也是冯君木经世意识最强烈的时期。在此期间,冯氏既自觉走上科举入仕之路并在1897年"由拔贡官丽水训导"[①],又时常与应叔申(1872—1914)、姚寿祁(1872—1938)、陈训正(1872—1943)等好友结社聚会、唱和诗词(详参表2)。其虚构于甲午战争背景下的《含黄伯传》,看似荒诞不经,却洋溢着对清军外强中干的辛辣讽刺和对国家前途命运的无尽忧虑:

> 含黄伯,郭姓,名索,字介士……少时有相者见之诧曰:"此子异日当横行一世,非泥涂中物也。"……炀帝幸江都,索以术干上,上以鼎鼐任之……因封索为含黄伯。索虽见知于上,顾为人孤僻,无热

---

① 袁惠常:《雪野堂文稿》卷上《冯回风先生事略》,1945年铅印本,宁波图书馆藏。从其传世文献的相关记载来看,可知冯君木任职丽水,可分为前后两期;第一期为光绪二十三年(1897)至次年末,第二期为光绪二十六年(1900)二月至次年上半年,合计两年多。

肠,每见上,辄以冷语讽。上亦微厌之……未几,索以醉死。……野史氏曰:当时有无肠公子者,以戈矛纵横天下,索岂其族耶?抑吾闻索慕司马相如之为人,故又自号长卿,则索亦翩翩佳公子也。无肠公子殆即索之别称邪?然索之名,至今犹籍籍人齿颊间也。①

诸如此类的辛辣讽刺和无尽忧虑,显然不仅仅只是个人情感的表达,更该是冯君木经世意识之外发。

表2 1898年前冯君木的主要行迹

年份	主要行迹	出　处
1888	父卒,扶榇自松江返归慈城	《回风堂文》卷5《五十生日前告诫贞胥贞用》
1889	求学于魏和洁先生门下	《回风堂文》卷1《魏陔香六十赠序》
1889	与姚寿祁、应叔申等人联句于慈湖师古亭	《寥阳馆诗草》之《〈慈湖联吟图〉为俞季调作》
1891	撰就《秋弦词》	《寥阳馆诗草》之《题君木〈秋弦词〉》
1892	雅好唐人李贺、温庭筠之诗,常与应叔申共相模拟	《僧孚日录》1921年4月17日条引冯君木《笔记》
1894	求学于杨省斋先生门下	《回风堂文》卷1《杨省斋先生六十寿诗序》
1894	整理冯莲青藏书,编成《求恒斋藏书目》	《求恒斋书目》卷首冯贞群题记
1894	撰就《含黄伯传》	《清文汇》丁集卷19《含黄伯传》
1896	将冯莲青诗作编为《适庐诗》1卷	《回风堂文》卷3《清儒林郎冯君墓志铭》

---

① 冯开:《含黄伯传甲午》,载沈粹芬等辑:《清文汇》丁集卷19,第3119—3120页。该文也是冯君木参与宁波辨志文会甲午冬季课题的产物,并于乙未三月十七日(1895.4.11),荣获"词章"超等第五名。

续　表

年份	主要行迹	出　　处
1897	与陈训正、应叔申等挚友合作创办剡社	《文澜学报》第1期陈训正《慈溪冯先生述》
1897	被选为拔贡生,就任丽水县学训导	《雪野堂文稿》卷上《冯回风先生事略》
1898	在京城结识同乡叶同春,相与探讨填词之道	《回风堂文》卷1《叶霓仙遗稿序》

二

从光绪二十四年(1898)底起,大抵出于对戊戌政变后清朝政权的彻底失望①,冯君木不但拒绝调任宣平县学教谕,而且不再积极入世,尤其是发妻俞因(1871—1911)于"辛亥八月,以腹疾死"②后,更是心灰意冷。事实上,冯氏《秋辛词·自序》亦尝约略述及戊戌年底以来的这一转变:

> 《秋辛词》一卷,始于戊子,止于戊戌,盖余二十前后回肠荡气时作也。自是厥后,耗心忧患,神思都索,扼吭不飞,引哀靡绪。譬彼瞽井,澜则涸矣。……宣统纪元六月冯开。③

对未来不抱任何希望、对亡妻追念不已、久病及尾随久病而至的孤独感(详参表3),这三者交互作用,使"得过且过"成为戊戌年底以后的相当长时期内冯君木日常生活的基本态度。民国六年(1917)三月,镇海人虞辉祖(1865—1921)在陈训正的催促下撰就《冯君木诗序》,内称:

---

①　尽管史无明言,但几乎可以肯定的是,拒绝调任宣平县学教谕实乃冯君木对"戊戌政变"的无声抗议,《僧孚日录》所称"师自谓戊戌以后不复作词",便是有力的旁证。详参廷彦主编:《沙孟海全集·日记卷》,第265页。
②　冯君木:《妇学斋遗稿·后记》,载冯君木撰:《回风堂诗文集》,中华书局仿宋字铅印本,1941年。
③　冯君木撰,唐燮军等校注:《冯君木集校注》,第399页。

> 君木意量翛然,虽居困而有以自得,故其诗有萧旷高寒之韵。……君木始以高才为丽水校官,辄弃去归隐,乃与无邪唱和,壹志于诗,谓:"方病时,负痛呻吟,他皆不省,犹喜人谈诗,若吾借此而魂魄无憾者。"嗟乎!君木殆欲以诗托命也耶。余为序之,亦以慰君木之意于无穷也。①

此所谓"意量翛然,虽居困而有以自得",正从另外一个维度,准确地解读出冯君木"得过且过"的消极心态。

表3　1911—1918年间冯君木的病魔与心魔

时　间	行　迹	出　处
1911年秋	作《独处》《梦中作》《纪梦》《江行》《辛亥除夕》五诗	《回风堂诗》卷1
壬子正月	将俞因诗词整理成为《妇学斋遗稿》1卷	《妇学斋遗稿》书末冯君木"记"
1912年	请应叔申为俞因《妇学斋遗稿》题诗	应叔申《悔复堂诗》
1912年	实地察看俞因之墓	《回风堂诗》卷2
壬子除夕	作《除夕感念亡妇,时继妻陈病方笃》	《回风堂诗》卷2
1913年春	作《春日忆季则》	《回风堂诗》卷2
1914年秋	养病于慈城保黎医院	姚寿祁《寥阳馆诗草》
甲寅八月	俞因三年祭,为写《心经》百卷	《回风堂诗》卷2
1915.8.15	胸痛几殆,且此后两个月内,时或发作	《回风堂诗》卷3
1915年秋	身体不适,作《病中作》诗	《回风堂诗》卷3
1916年秋	病危,前往上海治疗	虞辉祖《寒庄文编》卷1
1918上半年	在保黎医院住院治疗	《回风堂诗》卷4

---

① 虞辉祖:《寒庄文编》卷1《冯君木诗序》,1921年铅印本,复旦大学图书馆藏。

风起云涌的"五四"爱国运动,似乎重新点燃了冯君木对生活的渴望。在这场运动中,冯氏既曾推动成立浙江第四师范学校"学生自觉会"与宁波效实中学"学生自治会",又尝为效实"学生自治会"所办周刊亲题刊名,并"按期用'金口'署名撰写语体评论和小说剧本"①,但此后,不仅仍然长期备受病痛的折磨,而且并未改变其消极的生活态度。也正是在此一心境下,诗成为冯君木写景、状物、叙事、抒情的首选,同时又兼具"史诗"的况味,例如《回风堂诗》卷 2《与从子贞群寻冯跻仲、王完勋两侍郎合葬墓得之》,既详载了 1913 年冯君木与其从子冯贞群在宁波马公桥畔寻找并发现"三公墓"的具体经过,更牵扯出冯京第等甬籍义士在明末清初的抗清壮举:

  抠衣登北邙,言寻死士垄。……一冢块独夷,地裂甓有缝。其前欹矮碑,蔓滋若覆幪。引手摹题识,色然魄为悚。斑驳汉官字,照面生光宠。喜心忽翻倒,下拜继以踊。缅怀明社屋,北骑浩呼汹。倔强两侍郎,义旗起句甬。稽天决孟津,欲以独掌壅。兵败身被执,杀僇到胤种。残骸埋兹地,一抔两人共。……到今墓下土,热血犹沸涌。出土谢豹花,烂烂有余痛。飘瞥二百年,地下气始纵。所悲忠义林,挂眼皆荒茸。九原谁与归,对此能无动?行当崇其封,薰土期亲捧。

又如见录于《回风堂诗》卷 4 的《丁巳十月甬上纪事》,就认定由蒋尊簋(1882—1931)领导的 1917 年宁波独立运动是一场彻头彻尾的闹剧:"官奴城头啼老狐,城中白日兵塞途。横刀蹋地纷叫呼,行子不敢鼓咙胡。纂严令下羽书急,叱咤旌旗齐变色。将军设备何整暇,城北城南断消息。居人一夕卧数惊,但闻彻旦兵车声。车声杳杳鼓声死,步骑如潮退不止。江岸飒沓西风号,敌军未到将军逃。将军欲逃将军怒,誓以背城作孤注。十

---

  ① 沙孟海:《冯君木冯都良父子遗事》,载《浙江文史资料选辑》第 47 辑,浙江人民出版社,1992 年,第 102 页。

万黄金供馈赂,明日将军横海去。"①

也就在这一时期,冯君木写诗,更论诗,且其诗论主要见载于徐珂《闻见日抄》、沙孟海《僧孚日录》及其本人所作之《夫须诗话》。《闻见日抄》所载共两处,一则题作《杂论诸子之诗》,但其所论实仅限于王安石《元丰行示德隆》诸诗;二则题作《冯君木论诗二则》,泛论陈与义、王安石、黄庭坚、唐庚、楼钥、晁冲之、刘克庄、洪亮吉、李觏、俞紫芝的诗句。考《闻见日抄》一八三引冯君木之言曰:

> 吾人作诗,当辟一寂寥、萧澹之境界,植骨必坚,造意必刻,运息必微,导声必涩,拟择录宛陵、半山、东坡、与可、山谷、逢原、后山、盱江、无咎、具茨、简斋、陵阳、子西之诗为一编,曰《萧瑟集》。②

是知《闻见日抄》所载《杂论诸子之诗》与《冯君木论诗二则》,实皆移录自冯氏《萧瑟集》,或是对《萧瑟集》文意的檃栝。

见刊于《民权素》第5集的《夫须诗话》,大约作于1915年上半年,记载的是清末民初与诗歌有关的所见所闻、所思所想,如其论郑孝胥《海藏楼诗》云:

> 闽县郑太夷京卿孝胥《海藏楼诗》,茹藻而不露,敛才而不放……风骨高绝,一篇之中,往往无精语可见,而气韵自尔不凡,此最难到。其最足指者,如《微月》云:"残霞红满天,微月澹不耀。岂知人定后,耿耿方相照。"

相比较而言,评述与寄禅、应叔申、陈训正等友人的日常交往及诗歌唱和,更是《夫须诗话》的重心所在,并因此保存了诸多他书不曾记载的重要史

---

① 冯君木撰,唐燮军等校注:《冯君木集校注》,第154页。
② 徐珂著,孙安邦、路建宏点校:《康居笔记汇函》,山西古籍出版社,1997年,第383页。

料,例如:

> 寄禅和尚敬安,诗名满天下,住锡吾郡太白山。戊申之岁,创立僧教育会,文书旁午,仍复不废吟咏。所著《八指头陀诗集》,湘潭王湘绮先生为之叙。其五言、古诗,大抵出入于六朝、初唐间,风格最高;近体亦清圆流利。①

至于《僧孚日录》所载冯君木诗论,大抵可分为四类。(1) 常识性介绍,譬如1920年10月5日条:"江西诗派,清末学者群尚之,所谓同光体也。清初,盛言盛唐而大非宋人。"②(2) 对唐诗与宋诗的比较,或断言"唐人律句以不著虚字为难而可贵,宋人则必著虚字"③,或以为"唐人诗专讲格律,学之卒至千篇一律,无甚趣味;宋人诗可参入议论,无千篇一律之弊"④;(3) 学诗路径的选择,例如1921年5月22日条云:

> 学诗若径从宋人入手较易,然患根柢不厚,故从汉、唐入手为是。又若先学剑南,则在唐、宋之间可彻上彻下,亦是一法。⑤

(4) 作诗心得,一是"用典贵能假借",二是"须略有诙谐之气,然亦不宜太深"⑥,三是大胆选用新字词:"凡作诗词,下字遣辞,最忌熟烂。所谓文学镞镞,无能不新,学者于此八字,不可不加之意也。"⑦两相比对,冯君木的诗论较诸其词论,无疑更具原创性。

---

① 冯君木:《夫须诗话》,载《民权素》第5集,1915年3月22日发行,第1页。除《夫须诗话》外,冯君木尚作有《夫须阁随笔》,而陈训正也有《夫须阁诗叙》之作,故疑"夫须阁"乃冯君木的慈城故居书斋之名。
② 洪廷彦主编:《沙孟海全集·日记卷》,第10页。
③ 洪廷彦主编:《沙孟海全集·日记卷》,第43—44页。
④ 洪廷彦主编:《沙孟海全集·日记卷》,第10页。
⑤ 洪廷彦主编:《沙孟海全集·日记卷》,第143页。
⑥ 洪廷彦主编:《沙孟海全集·日记卷》,第29—30页。
⑦ 洪廷彦主编:《沙孟海全集·日记卷》,第362页。

三

与"诗"颇相类似的是,冯君木于"文",亦兼重理论与实践。其论文,一则力"主汉魏,不喜唐宋",并建议学者"必溯其原,毋颟顸为八家藩篱所限";二则认定"文章之事,竺雅为上,虚锋腾越,易堕下乘",因而反对"言之无物,徒以间架波磔取胜"①,倡导"行文质而不俚"②;三则认为作文无定法,如《僧孚日录》1920年11月20日条录其言曰:

> 志表文字,自以汉魏体为正格,然嫌于千篇一律,不能极其才思。文学家自尊其体,恒不敢放;若少年为文,则不宜专模此式也。……试观蔡中郎诸作,虽以伯喈旷代逸才,亦若不能不为绳墨所囿也,他无论矣。韩、柳代兴,遂乃别开阡陌,此固物极必变一定之理也。……汪容甫文字何等高雅,独至志表,则不用中郎文体,亦此意也。③

冯君木生前所作诸文,其数甚夥,除有80篇被陈训正编入《回风堂文》外,或如《三岩游记》《先兄莲青先生事略》,见录于沈粹芬等人所辑的清代散文总集《清文汇》,或如《慈溪两孝子》《题虞含章文集》,分别发表于《宁波旅沪同乡会月报》第8号、《智识》1925年第1卷第6期。在其弟子袁惠常(1899—1984,字孟纯,号雪野,浙江奉化人)的心目中,冯氏诸文多系文质辨洽的佳构:

> 其自为文,精能渊懋,内睿而外肆,类汪容父。志铭专学中郎(即东汉蔡邕),尤为高简。……义宁陈散原先生见先生所作《况君墓志铭》,称为"并世诸子,惟余杭章君能为之"。④

---

① 袁惠常:《雪野堂文稿》卷上《冯回风先生事略》。
② 洪廷彦主编:《沙孟海全集·日记卷》,第143页。
③ 洪廷彦主编:《沙孟海全集·日记卷》,第50页。
④ 袁惠常:《雪野堂文稿》卷上《冯回风先生事略》。

袁氏此说,容有夸张,但冯君木所作诸文内具较高的史料价值和思想史意义,却是不争的事实。譬如《题识杂言》,无疑透露出其题识与绘画相得益彰的艺术观:

> 宋时试画士,类取古人诗句命题,如"竹锁桥边卖酒家,踏花归去马蹄香"之类,皆足以觇取画人之匠心。若由画者自择古人诗词以立画意,既使下笔时胸有成竹,得一道经营惨澹,而免旁皇外骛之苦,兼可借诗词之意,以达微妙之画理,使题与画互相映发,而画境亦与之增高。此诚画前经营之妙诀也。……综前二说言之,一自外及内,一自内及外,其画境胥由诗词成句造成之。由是以观,则诗词成句之有助于画也,不綦重欤?①

借由《五十生日前告诫贞胥贞用》,则又可知江南"试儿"风俗的传承与变易:"生日庆祝,古无此例。六朝以前,江南风俗,儿生一期,父母为具弓矢、纸笔及一切珍宝服玩置之儿前,观其所取,以验品行,谓之试儿。"②他如《乌母张孺人七十寿序》,在祝寿的同时,又重墨渲染"母教"的作用、指明"事亲"的方向,这就充分展现出冯氏文论的显著特征:

> 每览曩史,名流俊髦之得力于母教者,其所造也深,其所持也固。其所抒泄而表襮者,必有贞静宁澹之风,此何以故?……吾以为母德所被,实足以养童蒙良知良能之正……吾闻之:君子事亲……养志为孝,必觇察夫亲意志所属,深求曲体,俾犁然当于亲心,而后顾之忧俱释,斯为尽养之道焉。高会燕业,苟为侈张,是直养体而已耳。然则崖琴之所以养孺人之志而致其乐者,吾知孺人临觞笑欢之情,将

---

① 冯君木:《题识杂言》,载《蜜蜂》第1卷第10期,1930年6月11日发行,第78页。
② 冯君木撰,唐燮军等校注:《冯君木集校注》,第378页。

在彼而不在此也。①

尽管如此,冯君木所作诸文,不但体例仅限于书序、赠言、墓志铭、题记等寥寥数种,且其篇幅普遍比较短小。这与其反对言之无物的文学主张,呈内在的契合关系。

与"诗""文"不同的是,冯君木虽然早在光绪十九年(1893),就已模仿正史列传传文与史论分列相配的编纂体例,尝试撰写了《应醉吾传》②,但"史"充其量只是其业余爱好,故在《应醉吾传》问世20余年后,方有《夫须阁随笔》见刊于《民权素》。《夫须阁随笔》内分12段,主要着眼于评述古今人物、中外历史、社会风俗、学术思潮(详参表4),显然属于"历史评论"的范畴,例如:

> 日本大水,为灾至酷,而其政府,并吞朝鲜,经营南满,不遗余力,此岂复可以儒生只眼论之。然其国民对其政府,亦有不能无恨恨者。……呜呼!日人以一日之强,蚀其同种同文之国,举鼎绝膑,异日或如黄公度所言,未可知也。今已有其朕矣!③

自1920年夏接受沙孟海为入室弟子后,冯君木对史学的关注,不但主要源自日常教学的需要,而且已从"历史评论"转向"史学评论",并突出地表现为:(1)通过比较《史》《汉》,告诫沙孟海在学习道路上必须脚踏实地:"《史记》如飞,《汉书》如走。论其文字,《汉书》自不及《史记》,而学之必当以《汉书》为正宗。舍走而求飞,鲜有不颠且坠者。"④(2)建议沙孟海、冯都良仿照周嘉猷《南北史捃华》,编纂《两汉书捃华》⑤;(3)将《左传》《国

---

① 冯君木:《乌母张孺人七十寿序》,载《宁波旅沪同乡会月刊》第52期,1927年11月发行,第11—12页。
② 冯开:《应醉吾传》,载沈粹芬等辑:《清文汇》丁集卷19,第3119页。
③ 君木:《夫须阁随笔》,载《民权素》第11集,1915年10月15日发行,第3—4页。
④ 洪廷彦主编:《沙孟海全集·日记卷》,第9页。
⑤ 洪廷彦主编:《沙孟海全集·日记卷》,第46—47页。

语》《战国策》《史记》《汉书》《资治通鉴》等史书,列入为"修习文学者"所开列的《学者必读书目》之中①;(4) 提醒沙孟海,无论桐城派抑或汪容甫、章太炎,莫不深受传统史学之影响:"汪容甫、章太炎之散文,亦与方、姚不同,往往转折处不用虚字。汪、章一派文字,上宗《左传》,后法《文选》;方、姚一派文字,上宗《史记》,后法八家,而《汉书》则两派俱不可省。"②(5) 采用类似于佛家偈语的表达方式,点评汉唐之际的七部"正史"及其作者,《僧孚日录》1921年6月14日条载其词曰:

> 生平最耆"四史",反复不厌。"四史"中各具面目,不相雷同。吾尝各以两字评之,《史记》曰妙远,《汉书》曰通赡,《后汉书》曰雅整,《三国志》曰精能。"四史"而外,更能参以《宋书》之凝谧,《南》《北史》之疏隽,叙事文得此,高矣,美矣,蔑以加矣。……龙门,神品也;扶风,精品也;蔚宗,雅品也;承祚,能品也;沈隐侯、李延寿,皆隽品也。③

诸如此者,充分折射出冯君木对史学教育的高度重视;至如"妙远""精能""神品""隽品"之类的点评,更是令人耳目一新。

表4 《夫须阁随笔》的主要内容

编号	摘　　要
1	历来对关羽的崇拜,并非基于历史事实;宜如奉化孙玉仙所议,终止对关羽的祭祀。
2	造谣诋毁前人的风气,自东汉末年以来愈演愈烈。
3	史可法虽系一代忠臣,但短于应变,缺乏宰相之才,对于南明福王政权之败亡,负有不可推卸的责任。

---

① 徐珂著,孙安邦、路建宏点校:《康居笔记汇函》,第368—371页。
② 洪廷彦主编:《沙孟海全集·日记卷》,第16—17页。
③ 洪廷彦主编:《沙孟海全集·日记卷》,第158—159页。

续 表

编号	摘 要
4	瑞安孙仲颂早年以经学名家,笃守乾嘉诸老师法,晚年则乐于接受西学、倡导宪政,并令其子求学于新式学堂,观其言行,无异于"通人"。
5	龚自珍主天台宗而极诋禅宗;佛学至禅宗而大坏,天台宗乃佛学正途。
6	刘备、关羽虽系好色之徒,但自古英雄难过美人关,故亦无可厚非。
7	自唐以来,人情淡漠,至今尤甚。
8	明季福王监国,时有两奇案,诚如全祖望所论,案发根源在于福王。
9	对于深受水灾之苦的国民,日本政府不思救助,转而汲汲于并吞朝鲜、经营南满;或如黄遵宪所论,日本国必将受到上苍的惩罚。
10	张之洞于同光之际倡导经学,实则仍沿考据旧习,直至晚年方悟考据学误人匪浅。
11	李贽对何心隐被害于张居正一事的评论,可谓"明通"之论。
12	李贽之学,以信心为体,以因时为用,其所是非,并非常人所能知晓。

也就是在阅读史书、写作随笔的过程中,冯君木逐渐形成了若干史学观念。从现有资料来看,冯氏史学观念的主要内容,一是崇尚春秋笔法,并因此而有辛酉岁末《燕燕谣》之作:

> 班书《外戚传》录成帝末京师童谣,音节僄急,见当时民生迫蹙之象。辄仿为之,用刺今之为政者。①

二则认为史家坚守"他者"身份,既是能否直书的关键,也是编纂体例是否成熟的标志,沙孟海《僧孚日录》1920年10月5日条引冯君木之教云:

---

① 冯君木撰,唐燮军等校注:《冯君木集校注》,第173页。

> 《三国志·谯周传》中有用"余"字者,陈承祚自称也,甚为可异;史传之格例,于此时亦未完备耳。①

其三,盖受进化史观之影响,冯君木认为史书内容应与时俱进,如其为陈训正《定海县志》所作序文云:"陈君以异县之士,当属笔之任,不偏人文,兼进民治,因创损益,务循其本。举凡文化之升降,治理之消长,民生之荣悴,风俗之隆污,疆域之沿革,财赋之息耗,物产之丰啬,部罗州次,体用赅备,识大识小,咸有统绪。……矧在今世,时制迁贸,蕲向日新,民彝物曲,都关闳恉。造端于变动,而立极于光明,后有作者,其诸亦乐取乎是欤?"②其四,既充分肯定自撰年谱的史料价值,又根据记载对象的不同,将史书分为年谱、家乘、方志、国史四个层次,其《朱稺谷翁自撰年谱第一叙》云:

> 史有体,曰纪传,曰编年。史有别,曰国曰方,曰家曰人。年谱者,人史也,人史而编年者也,或人撰,或自次。……自次者,无夸词,无漏义,无讳无过,不及必审。……取舍犁然,异乎子弟后进铺张掇拾之纷纷而矣。……是谱也,下以增家乘之故实,中以资方志之征信,上以备国史之要删,细大不遗,要有待于后人之论定,而非马、班之自叙成书、最举大要者比矣。③

冯君木的这些史学观念,诚然多是对前人或时贤已有论说的另类表述,但也有部分论断自出机杼,这对于长期深受病痛折磨且自我定位为文人的他来说,确属难能可贵。

---

① 洪廷彦主编:《沙孟海全集·日记卷》,第11页。
② 冯开:《定海县志叙》,载陈训正、马瀛纂:民国《定海县志》卷首,《中国地方志集成·浙江府县志辑》第38册,上海书店,1993年,第433页。
③ 冯君木撰,唐燮军等校注:《冯君木集校注》,第270—271页。

四

冯君木与应叔申、陈训正都是"以诗相性命"者,且至少在光绪三十四年(1908)四月之前,就已因此被合称为"三病夫"①。宣统元年(1909)三月,鄞县人张美翙(1857—1924)作《溪上诗人三病夫一狂夫歌》,在充分肯定"三病夫"文才的同时,又极力推崇"狂夫"洪佛矢:

> 戊申十月,由赣回甬,溪上陈子天婴示余以冯君木《应悔复诗序》,文甚奇。三君皆善病,故号病夫,读其诗尤奇。余谓慈溪尚有一狂夫,则洪君佛矢是。其文奇、诗奇、人奇,与三病夫同也。久不见四君,歌以讯之。宣统己酉三月,寒叟。②

张氏的"三病夫一狂夫"说,不但为沙孟海《陈屺怀先生行状》、袁惠常《冯回风先生事略》所接受,近来更被演绎成"慈溪四才子"③。但不管是"三病夫"抑或"四才子",冯君木、陈训正两人无疑在其中占据着主导地位,而学界内外也习惯于以"冯陈"并称,更有学者尝试比较两者文风的差异,例如虞辉祖《陈无邪诗序》云:"余曩序《回风堂集》,谓吾甬上诗家,以君木、无邪为挽近之绝出者,非私言也。盖二君虽自晦于世,欲以诗明志者同,其诗之刚柔正变或稍异,而感时伤物、不能自已而有作者,又无不同也。"④而沈其光《瓶粟斋诗话》也曾断言:

> 二君皆慈溪人,负文望,时有"冯陈"之目。……余谓天婴文动宕,不似回风之奥赜;回风诗生新,不似天婴之刻琢,犹之元、白同为

---

① 陈训正:《夫须阁诗叙》,载《广益丛报》第 235 期,1910 年发行,第 1—2 页。
② 张美翙:《溪上诗人三病夫一狂夫歌》,载陈训正:《天婴诗辑》,陈训慈整理,1988 年抄本。
③ 徐良雄主编:《二十世纪宁波书坛回顾——书法作品选集》,宁波出版社,1999 年,第 145 页。
④ 虞辉祖:《寒庄文编》卷 2《陈无邪诗序》。

长庆体,而面目不同也。①

诸如此类的比较,虽有助于考察冯君木的学术成就与影响,但仅限于文学作品,因而显得不够全面。

事实上,冯、陈两人的史学观念差异较大。这其中,冯氏大概因为从未有编纂史书、方志的经历和经验,故其对春秋笔法的崇尚、对客观叙事原则的强调,往往存在理想化、绝对化的倾向;与此形成鲜明对比的是,曾经主持编纂《定海县志》《掖县新志》《鄞县通志》三志的陈训正,更注重可操作性,故在草拟《鄞县通志草创例目》时,不但致力于改进《鄞县通志》的内部构造,更通过对时局的精审评估,确立了集体编纂、分工合作、各自成书、随编随印的工作流程:

> 陈训正知此巨著殆非(抗日)战事爆发以前所能结束,于是商同马瀛,将鄞志区为《舆地》《政教》《博物》《文献》《食货》《工程》六志,各自为书,各有起讫,各载序目,使一志编成,急付剞劂,庶不致全功尽废。②

与史学观念颇相类似的是,冯、陈两人在文学理论方面亦各有偏好。相比较而言,陈训正更善于做学理层面的探讨,如其所作《诒张于相》一文,不但严厉地批判了张原炜的"尚洁"论与虞辉祖的"涓涓"说,更明确提出了力主博采众长的"浑浑"说:

> 于相之言文也,曰洁而已。余曰洁非尚也,润焉而已乎!……稠乎于相而以洁称者,曰含章虞君。……今于相之洁,犹含章之涓涓也。……夫黄河、渤海,导其原者,昆仑也。昆仑之原,未始非涓涓者

---

① 张寅彭主编:《民国诗话丛编》(五),上海书店出版社,2002年,第747、749—750页。
② 陈训正:《鄞县志例目草创》,载张传保等修、陈训正等纂:民国《鄞县通志》,《中国地方志集成·浙江府县志辑》第16册,第67页。

也。使于相而不以涓涓者是限,则其为黄河、为渤海,而非涧溪之润也!……于相之不能河海,其润之量不足耳!量不足,润不能成河海。仲尼有言:"四十五十而无闻焉,斯亦不足畏也已!"于相今年四十,使于相而犹以涓涓者限也,余亦何畏乎于相!①

反观冯君木的文学理论,明显偏重于对写作技巧的讲究,《僧孚日录》所引用的下列言论,即其明证:"作韵文用韵,不必限定两句或三句、四句转韵。转韵之第一句,亦不必处处协韵。处处协韵,则体例反俗。又有忽而句句皆协韵者,无有定法,要在多读,自能领悟。……均文意转则均亦转,乃常例也。然往往有意转而均仍不转者,更有均转而意亦不转者。"②

冯君木、陈训正两人不仅有着长达 30 年以上的交情,而且教育背景相似,既曾接受传统的私塾教育,又尝积极拥抱西学③,但两人的出处穷达却迥然相异。总体而言,冯君木高开低走,仅以教授终其一生;陈训正则积极捕捉目所能及的所有机会,始则于清末协助宁波知府喻兆蕃(1862—1920)推广新式学堂,尔后又通过致诚蒋介石而历任浙江省务委员会委员、杭州市市长诸职,终乃病卒于浙江省临时参议会议长任上④,不但病逝后被国民政府尊为"乡之师儒,国之老成"⑤,且在生前就已被章门大弟子黄侃(1886—1935)吹嘘为文学宗师、史学巨匠:

> 近代古文正宗,咸曰桐城,祖述其法者盈天下……非之者未始乏

---

① 陈训正:《天婴室丛稿》之三《无邪杂著》,载沈云龙主编:《近代中国史料丛刊》第 63 辑,台北文海出版社,1972 年,第 160—161 页。据载,张原炜生于 1880 年 6 月 22 日,卒于 1950 年 3 月 29 日,著有《无相居士日记》数十册,详参郑逸梅:《艺林散叶》(修订版),北方文艺出版社,2019 年,第 542 页。
② 洪廷彦主编:《沙孟海全集·日记卷》,第 36 页。
③ 考冯君木《保黎医院题名记》云:"居恒窃谓中西医术互异,其所执率画然,不得相比傅,然海陆沟合,耆欲日新,彼邦之服物饮食,不能无所濡染,形气盈虚,与时消息。"此段文字,无疑正是冯君木积极拥抱西学之明证。详参冯君木撰、唐燮军等校注:《冯君木集校注》,第 370 页。
④ 唐燮军、戴晓萍:《陈训正年谱》,浙江大学出版社,2019 年,第 60、166、174、234 页。
⑤ 浙江省临时参议会议长陈公屺怀治丧委员会:《陈故议长追悼特刊》,载《浙江日报》1944 年 2 月 18 日。

人,唯先生之言镌切最甚。……得先生之说,不独可以救桐城末流之失,即近顷薄古而逞臆者,亦不至溃决冲陷而无所止,则信乎先生为今日谈文者之司南,宜其克绍西溟而殆欲过之者也。数年前,侃始得读先生所撰《定海县志》,观其编制条例,迥异于向来郡书地里之为。……使域中千余县皆放此而为之,不特一革乡志国史之体制,实即吾华国民史之长编。……如先生者,能为乡史示准绳,即能为国史成型范,此则在位者所未宜忘者也。①

此所谓"宜其克绍西溟而殆欲过之者",大抵本诸李详所撰之《读慈溪陈无邪文书后》。② 无独有偶的是,冯君木的外甥兼弟子葛旸(1900—1955),早在1921年,就已将冯君木视作浙东文坛巨子姜宸英(1628—1699,字西溟,号湛园,又号苇间)的衣钵传人:

    吾慈溪山邑也,依山而城,山水清发,民俗淳朴,硕学通士,代有其人,当宋世有杨文元、黄东发之伦,逮及清代,有姜宸英,文名满天下,学者称湛园先生……去湛园二百余年,而冯君木先生开出。③

慈溪人姜宸英乃康熙三十六年(1697)丁丑科李蟠榜的探花,工书、善画、能诗、擅文,既尝入明史馆分纂《刑法志》,又曾与修《大清一统志》。④ 称冯君木、陈训正乃姜氏衣钵传人的这一定位,虽未必合乎史实,却不但折射出冯、陈两人各自在浙东学术史上的地位和作用,而且充分表明清代浙东学派的学术传承其实并不完全基于师承关系。

---

① 黄侃:《陈玄婴先生六十寿序》,载陈训正:《天婴诗辑》附录。
② 李详:《读慈溪陈无邪文书后》,载《民国珍稀短刊断刊》编写组编:《民国珍稀短刊断刊·上海卷》第21册,广西师范大学出版社,2020年,第10230页。
③ 葛旸:《袁母屠太夫人七十寿序》,载《宁波旅沪同乡会月刊》第67期,1929年2月发行。
④ 〔清〕全祖望:《鲒埼亭集》卷16《翰林院编修湛园姜先生墓表》,载朱铸禹汇校集注:《全祖望集汇校集注》,第292—294页;〔清〕杨泰亨修,〔清〕冯可镛纂:光绪《慈溪县志》卷21《选举下》,《中国地方志集成·浙江府县志辑》第35册,第460页。

世 谱

表5 冯君木直系先祖表

世 系	名	备 注
始祖	冕	字端甫,汉献帝建安年间,举贤良方正,累官朝散大夫,旋请外职,除句章令,因家焉。谥忠贞。
支祖	昕	字彦国,号明薄,宋赠提领。
二十世祖	云龙	字瑞径,号玉泉,宋官提领。
十九世祖	福老	宋诸生。
十八世祖	颐孙	/
十七世祖	仕贞	字子正。
十六世祖	初	字梅雪。
十五世祖	铨	字叔衡。
十四世祖	昕	字彦明,号屿湖。
十三世祖	禾	字延实,号寒谷、潜夫,明诸生,崇祀乡贤,县志有传。
十二世祖	燮	字光懋,号健斋,明诸生,官池州知府,崇祀乡贤,县志有传。
	[本生]焕	字闇斋。

续 表

世 系	名	备 注
十一世祖	少占	字汝易,号左泉①。
	[本生]伯祯	字汝贤,号斋轩。
十世祖	若翌	字习甫,号翔宇②。
	[本生]若稷	原名若冲,字文甫,号艺初。
九世祖	元谷	原名允晋,字尔式,一字尔似,号靖共。
八世祖	汝霖③	原名恺弟,字桓璧,一字方尔,号渔山,县学生。
七世祖	志尹	字来三,号圣辅。
	[本生]志周	字宸臣,县学生,著有《听松楼稿》《学东书屋稿》。
六世祖	学濂	字德纯,号文秉。
	[本生]学范	字景纯,号兀宗。
高祖	彦琮	字体芳。
	[本生]彦珽	字嘉谟,号玖峰,著有《树德支谱》1卷、《孝溪旧闻》若干卷、《同文录》1卷、《诗文稿》2卷。
曾祖	应蠹	字鹏程,号轩云,诰赠奉政大夫。
	[本生]应翱	字翼仙,一字羽皋,一字亦天,号白於,县廪生,著有《高田支谱》4卷、《述祖德稿》1卷、《竹所文钞》1卷、《竹所诗钞》3卷。

① 按,冯君木《族兄汲蒙先生行略》云:"开与君同出于明赠礼部仪制司郎中左泉公"。详参冯君木撰,唐燮军等校注:《冯君木集校注》,第327页。

② 按,冯君木《应子穆翁八十寿序》:"余故居在城东慈溪巷,门前有槐树三,远望青苍际天,为远祖翔宇府君所手植,吾曾王父白于府君诗所谓'门前大树有槐花'者也。洎吾祖,始他徙;阅五六十年,余复奉伯父黎卿先生入居之。"详参冯君木撰,唐燮军等校注:《冯君木集校注》,第296页。

③ 考《孙月峰批评汉书》冯贞群题记:"童时,闻王父谈九世族祖牧翁故事。翁在城东构天益山堂别业,极园林之胜。喜刻典籍。老益穷困,且无所见,至析书板以为薪焉。"载骆兆平:《伏跗室书藏记》,宁波出版社,2012年,第136页。冯汝霖大抵就是冯贞群题记所述及的"九世祖牧翁"。

续 表

世 系	名	备 注
祖	梦香	字小于,号蓉水。候选典史,诰封奉政大夫。
父	允骐	字子粹,号月桥,国学生。著有《知迁先生画语》1卷。
出处	顾廷龙主编:《清代朱卷集成》第400册。	

明世宗嘉靖五年　丙戌(1526.2.11—1527.1.31)

◎ 丙戌三月十八日(1526.4.29),冯岳(1495—1581)进士及第。①

　　按,明王世贞《弇山堂别集》卷51《南京刑部尚书表》云:"冯岳,浙江慈溪人,嘉靖丙戌进士。"②考《明史·世宗纪一》云:"五年……三月辛丑,赐龚用卿等进士及第、出身有差。"③是知时在丙戌三月十八日。

　　又,《国朝献征录》卷48《南京刑部尚书冯公岳家状》云:"冯岳字望之,号贞所,浙江慈溪县人,嘉靖丙戌科进士。"④

嘉靖六年　丁亥(1527.2.1—1528.1.21)

◎ 冯岳任职工部都水司主事。

　　按,《国朝献征录》卷48《南京刑部尚书冯公岳家状》云:"丁亥,除工部都水司主事,差管器皿厂,裁革常例殆尽。"⑤

---

① 《宁波旅沪同乡会月刊》第38期所载冯昭适《飞凫山馆笔记·肩舆》云:"吾家完节坊尚书第门楼,有十四世族祖、明刑部尚书望之先生岳所乘肩舆二,深广可五六尺许,阅年三百,物虽陈旧,绝无悬尘蛛网,其底欹陊如坠,然屡经风雨,未见少损。"据此推算,则冯岳乃冯君木第十二世族祖。
② 〔明〕王世贞撰,魏连科点校:《弇山堂别集》,中华书局,1985年,第958页。
③ 〔清〕张廷玉等撰:《明史》卷17《世宗纪一》,中华书局,1974年,第220页。
④ 〔明〕焦竑编:《国朝献征录》卷48《南京刑部尚书冯公岳家状》,上海书店出版社,2023年,第2045页。
⑤ 〔明〕焦竑编:《国朝献征录》卷48《南京刑部尚书冯公岳家状》,第2045页。

嘉靖八年　己丑(1529.2.9—1530.1.28)

◎ 冯岳出监芜湖税务。

> 按,《国朝献征录》卷48《南京刑部尚书冯公岳家状》云:"己丑,监税芜湖。……从前监税者,辄以墨败,近著清名者,实自公始。"①

嘉靖十六年　丁酉(1537.2.10—1538.1.30)

◎ 冯岳升任济南知府,雷厉风行,极大地改变了济南的政风民俗。

> 按,《国朝献征录》卷48《南京刑部尚书冯公岳家状》云:"丁酉,为山东济南府知府。莅任阅狱,见系囚繁甚,次第断拟、释放,囹圄为空。郡多巨盗党与……公廉得其实,一日尽缚之,远近惊以为神,盗遂屏迹。问老恤孤,劝善兴学,俗为之变。"②

◎ 冯梦旸中顺天府武举。

> 按,光绪《慈溪县志》卷28《列传五》:"冯梦旸字复之,号东山。生而颖异,中嘉靖十六年顺天武举。"③

嘉靖十七年　戊戌(1538.1.31—1539.1.19)

◎ 戊戌三月壬辰(1538.4.17),冯璋进士及第。

> 按,光绪《慈溪县志》卷28《列传五》:"冯璋,字如之,号养虚,父鼎,以明经教授学者,赠监察御史。璋幼颖异,嘉靖七年,以《春秋》领乡荐;十七年,登进士第。"④ 又,《明史·世宗纪一》云:"十七年……三月壬辰,赐茅瓒等进士及第、出身有差。"⑤

---

① 〔明〕焦竑编:《国朝献征录》卷48《南京刑部尚书冯公岳家状》,第2045页。
② 〔明〕焦竑编:《国朝献征录》卷48《南京刑部尚书冯公岳家状》,第2045页。
③ 〔清〕杨泰亨修,〔清〕冯可镛纂:光绪《慈溪县志》卷28《列传五》,《中国地方志集成·浙江府县志辑》第35册,第583页。传末有双行小字注曰:"从兄璋撰《墓志》。"故系之。
④ 〔清〕杨泰亨修,〔清〕冯可镛纂:光绪《慈溪县志》卷28《列传五》,《中国地方志集成·浙江府县志辑》第35册,第577页。
⑤ 〔清〕张廷玉等撰:《明史》卷17《世宗纪一》,第228页。

嘉靖三十一年　壬子(1552.1.26—1553.1.13)

◎ 冯叔吉年二十,中式浙江乡试举人第四名。同年,冯岳升任顺天府尹。

　　　　按,光绪《慈溪县志》卷28《列传五》:"冯叔吉字汝迪,燮长子,年二十,举嘉靖三十一年乡试第四人。"①

　　　　又,《国朝献征录》卷48《南京刑部尚书冯公岳家状》云:"壬子,升顺天府府尹。到京陛见,视事府中,吏弊山积,公殚心清理,勋戚宦寺,不敢干以私。"②

嘉靖三十二年　癸丑(1553.1.14—1554.2.1)

◎ 癸丑三月十八日(1553.3.31)③,冯叔吉进士及第,出为泰和县令。在任期间,不但歼灭境内盗贼,且其对原有土城的整固,更为七年后粤寇的侵犯预备了最好的防御工事。同年,冯岳升任右副都御史。

　　　　按,光绪《慈溪县志》卷28《列传五》:"冯叔吉……举嘉靖三十一年乡试第四人。次年,成进士。除泰和令,会洲龙旱、塘胡二盗声势相倚……乃率群吏衔枚直抵其穴,一鼓歼之……故有土城,叔吉甃之,后七年,粤寇至,民依城以完。"④

　　　　又,《国朝献征录》卷48《南京刑部尚书冯公岳家状》云:"癸丑,升右副都御史,巡抚湖广地方,兼赞理军务。贪墨之吏,闻公威望,先时解职而去。群属供职,百废具举。"⑤

嘉靖三十三年　甲寅(1554.2.2—1555.1.22)

◎ 甲寅正月,冯岳取代屠大山,任职湖广川贵总督。

---

① 〔清〕杨泰亨修,〔清〕冯可镛纂:光绪《慈溪县志》卷28《列传五》,《中国地方志集成·浙江府县志辑》第35册,第587页。
② 〔明〕焦竑编:《国朝献征录》卷48《南京刑部尚书冯公岳家状》,第2046页。
③ 按,《明史》卷18《世宗纪二》云:"(嘉靖三十二年三月)甲午,赐陈谨等进士及第、出身有差。"
④ 〔清〕杨泰亨修,〔清〕冯可镛纂:光绪《慈溪县志》卷28《列传五》,《中国地方志集成·浙江府县志辑》第35册,第587页。
⑤ 〔明〕焦竑编:《国朝献征录》卷48《南京刑部尚书冯公岳家状》,第2046页。

按，《皇明史概·皇明大政记》卷32："嘉靖三十三年甲寅正月……冯岳总督湖广川贵代屠大山。"①又，《国朝献征录》卷48《南京刑部尚书冯公岳家状》："甲寅，升总督湖广川贵军务、兵部右侍郎兼都察院右佥都御史。"②

◎ 甲寅十一月，冯岳受诏节制容美十四司。

　　　按，《皇明史概·皇明大政记》卷32："嘉靖三十三年……十一月戊戌朔，倭掠嘉湖，以御房功，大加升赏。令湖广川贵总督冯岳节制容美十四司。"③

嘉靖三十五年　丙辰（1556.2.11—1557.1.29）

◎ 丙辰十月，冯岳平定湖广苗乱，进右都御史兼兵部右侍郎。

　　　按，《皇明史概·皇明大政记》卷32："（嘉靖三十五年十月）冯岳平湖贵苗，岳寻晋右都御史。"④又，《国朝献征录》卷48《南京刑部尚书冯公岳家状》："播州苗酋阿项骁勇善战，煽诱湄潭、三牌诸苗为乱，侵扰旁郡，三省震动。公奏剿平之，授总兵石邦宪等以方略，斩首数千级……诸苗悉平……捷闻，赐敕奖谕，进右都御史兼兵部右侍郎，仍总督三省军务。"⑤

嘉靖三十六年　丁巳（1557.1.30—1558.1.19）

◎ 丁巳二月，冯岳疏请致仕；同年四月，升任南京刑部尚书。

　　　按，《国朝献征录》卷48《南京刑部尚书冯公岳家状》："丁巳二月，疏乞休致，温旨勉留。四月，升南京刑部尚书。"⑥

◎ 去岁四月十一日，慈溪县城突遭倭寇劫掠，县治变为焦土。于是，今年

---

① 〔明〕朱国桢辑：《皇明史概·皇明大政记》，《续修四库全书》第429册，上海古籍出版社，2002年，第322页。
② 〔明〕焦竑编：《国朝献征录》卷48《南京刑部尚书冯公岳家状》，第2045页。
③ 〔明〕朱国桢辑：《皇明史概·皇明大政记》，《续修四库全书》第429册，第324页。
④ 〔明〕朱国桢辑：《皇明史概·皇明大政记》，《续修四库全书》第429册，第328页。
⑤ 〔明〕焦竑编：《国朝献征录》卷48《南京刑部尚书冯公岳家状》，第2046页。
⑥ 〔明〕焦竑编：《国朝献征录》卷48《南京刑部尚书冯公岳家状》，第2046页。

慈溪官民决意筑城,以防倭寇再次侵犯。当此之际,冯燮慨然捐献名下良田,从而极大地加速了建城进程。

> 按,冯璋《建邑城记》:"嘉靖丙辰四月十有一日,海寇突至,杀掠焚毁,千有余年之积,一旦荡然,县治皆为焦土。……次年丁巳,大司马新安梅林胡公开督府于武林……乃调军资为慈溪成城计……而慈溪城遂告完,盖县令刘侯子延之所效成也。"①

> 又,光绪《慈溪县志》卷28《列传五》:"嘉靖三十五年,倭寇大入,民尽逃,燮方置酒会客,阴以兵法部勒子弟,寇不敢窥,闾里晏如。寇退,议筑城,不决;燮慨然捐负郭地建城址,为士庶先,城遂成。"又,小字注:"《两浙名贤录·冯叔吉传》:'父燮,诸生,与从兄岳、璋齐声。'"②

嘉靖三十八年　己未(1559.2.7—1560.1.26)

◎ 南京刑部尚书冯岳再次疏请致仕,获准。

> 按,《国朝献征录》卷48《南京刑部尚书冯公岳家状》:"己未,公决意乞休。或谓二品将满,当有恩泽,曷少俟?……时赵公贞吉、周公如斗辈咸力止公……恳疏以请,命下,遂飘然归里。"③

嘉靖四十三年　甲子(1564.1.14—1565.1.31)

◎ 冯季兆(冯元飚之祖)中举。

> 按,冯京第《皇明资德大夫正治上卿太子少保进柱国光禄大夫太子太保兵部尚书邺仙冯公行状》:"曾祖燮,赠中宪大夫。祖季兆,嘉靖甲子科举人。"④又,光绪《慈溪县志》卷28《列传五》:"冯季兆字汝

---

① 〔清〕杨泰亨修,〔清〕冯可镛纂:光绪《慈溪县志》卷2冯璋《建邑城记》,《中国地方志集成·浙江府县志辑》第35册,第53页。
② 〔清〕杨泰亨修,〔清〕冯可镛纂:光绪《慈溪县志》卷28《列传五》,《中国地方志集成·浙江府县志辑》第35册,第574页。
③ 〔明〕焦竑编:《国朝献征录》卷48《南京刑部尚书冯公岳家状》,第2046页。
④ 〔明〕冯京第:《冯侍郎遗书》,载张寿镛辑:《四明丛书》第6册,第3335页。

行,叔吉母弟,博学工文词。嘉靖四十三年,举于乡。性孝友,倭寇之难,跋涉千里侍二亲,得以无恙。……弟少占,以二兄贵,隐居不仕,乡党称孝。季兆子若愚,自有传。"①

明武宗隆庆四年　庚午(1570.2.5—1571.1.25)

◎ 庚午十一月乙酉(1570.12.18)前,赵贞吉多次恳请冯岳回京辅政,遭拒。

> 按,《国朝献征录》卷48《南京刑部尚书冯公岳家状》:"归田后,言官交章论荐。隆庆庚午,赵公贞吉大拜,必欲起公以辅新政。公手书力辞,赵公竟不能强也。"②考《明史》卷19《穆宗纪》云:"(隆庆三年八月)壬戌,吏部尚书赵贞吉兼文渊阁大学士,预机务。……(四年十一月)乙酉,赵贞吉罢。"③准此,则其事显然发生在庚午十一月二十一日之前。

明神宗万历五年　丁丑(1577.1.19—1578.2.6)

◎ 冯叔吉上表恳请开浚吴淞江滩,并请给予财政支持。

> 按,《吴中水利全书》卷16冯叔吉《款议开浚吴淞江滩详》万历五年云:"整饬苏松常镇兵备兼理粮储水利湖广提刑按察司按察使冯叔吉,为苏、松水利急难开浚,恳恩处给钱粮,并陈末议,清查滩占田地,以资工费事。"④

万历九年　辛巳(1581.2.4—1582.1.23)

◎ 冯岳(1495—1581)寿终,享年八十七。

---

① 〔清〕杨泰亨修,〔清〕冯可镛纂:光绪《慈溪县志》卷28《列传五》,《中国地方志集成·浙江府县志辑》第35册,第598页。
② 〔明〕焦竑编:《国朝献征录》卷48《南京刑部尚书冯公岳家状》,第2047页。
③ 〔清〕张廷玉等撰:《明史》第19《穆宗纪》,第256—257页。
④ 〔明〕张国维编著,蔡一平点校:《吴中水利全书》,浙江古籍出版社,2014年,第710页。又,同卷尚有冯叔吉《款议开浚白茆港案验》万历五年《开浚白茆港条约》万历五年《开浚吴淞江详》万历五年》三文,当是对同一事体的不同进度所抒发之议论。

> 按,《国朝献征录》卷48《南京刑部尚书冯公岳家状》云:"万历辛巳,以寿终,享年八十有七。箧中所遗仅一缣,至假棺以殓。大臣清贞至此,亦古今所希觏也。讣闻,赐祭葬如例。所著文集八卷、《恤刑稿》四卷、《军门疏稿》四卷、《军门行稿》五卷,藏于家。"①

万历十年　壬午(1582.1.24—1583.1.23)

◎ 冯叔吉长子若吕中举。

> 按,光绪《慈溪县志》卷28《列传五》:"冯叔吉字汝迪……子若吕,字溱甫。万历十年举人。为东流令,振饥荒,弭盗贼,厘宿蠹,修水利,政绩甚著。"②

万历二十年　壬辰(1592.2.13—1593.1.31)

◎ 壬辰三月十八日(1592.4.29),冯叔吉次子若舒进士及第。

> 按,光绪《慈溪县志》卷28《列传五》:"冯叔吉字汝迪……子若舒,字仲甫。万历二十年举人。"③又,《明史·神宗纪一》云:"(万历二十年三月)戊寅,赐翁正春等进士及第、出身有差。"④

◎ 壬辰七月三十日(1592.9.5),冯叔吉第三子若陶病卒,年仅二十一。同年九月四日,冯叔吉葬之于汶溪之阳。

> 按,秦舜昌《明故冯季君甄甫墓志铭》:"甄甫为方伯季子……中二竖祟,下痢十日卒。时万历壬辰之七月三十日也,距生隆庆壬申二月十一日,得年仅二十有一。初名若臬,已更为陶,甄甫其字,别号遂昌。方伯公讳叔吉,世称修吾先生。……生子一,即元仲……孙男

---

① 〔明〕焦竑编:《国朝献征录》卷48《南京刑部尚书冯公岳家状》,第2047页。
② 〔清〕杨泰享修,〔清〕冯可镛纂:光绪《慈溪县志》卷28《列传五》,《中国地方志集成·浙江府县志辑》第35册,第587页。
③ 〔清〕杨泰享修,〔清〕冯可镛纂:光绪《慈溪县志》卷28《列传五》,《中国地方志集成·浙江府县志辑》第35册,第587—588页。
④ 〔清〕张廷玉等撰:《明史》卷20《神宗纪一》,第275页。

一,嵋……兆曰牛山,葬以卒之年九月四日。"①

万历二十三年　乙未(1595.2.9—1596.1.28)

◎ 乙未三月二十二日(1595.5.1),冯若愚(冯元飚之父)进士及第。②

按,光绪《慈溪县志》卷20《选举中》:"万历二十三年乙未科朱之蕃榜:冯若愚、周元、叶维荣。"③又,同书卷29《列传六》:"冯若愚字明甫,季兆子,万历二十三年进士。"④

考《明史·神宗纪一》云:"二十三年……三月乙未,赐朱之蕃等进士及第、出身有差。"⑤是知时在乙未三月二十二日。

万历二十六年　戊戌(1598.2.6—1599.1.26)

◎ 戊戌五月十九日(1598.6.22),冯元飚生。

按,黄道周《皇明少保邺仙冯公墓志铭》云:"公生万历戊戌五月癸卯"⑥。又,冯京第《皇明资德大夫正治上卿太子少保进柱国光禄大夫太子太保兵部尚书邺仙冯公行状》:"公生万历二十六年五月癸卯。"⑦

---

① 〔明〕秦舜昌:《林衣集》卷1,载张寿镛辑:《四明丛书》第22册,第13377—13378页。秦氏此文开篇称述当时慈城冯氏之盛况:"邑荐绅先生称好文喜士,亡若方伯冯公;其子姓多才贤,文业阐著,亦亡若方伯公门为最。始公以弱冠成进士,所至树声绩,及为政于乡者,垂五十年。而仲氏水部公亦后先通籍,以廉洁长厚闻。已伯子东流君若昱、仲子比部君若舒、水部之子襄阳君若愚,竞起鼎贵,比于王氏琳琅不啻矣。"此所谓方伯冯公,即冯叔吉;水部公,即冯季兆。
② 按,《鲁之春秋》卷18《山寨三》云:"冯京第,字跻仲,号覃溪,慈溪人,巡抚天津元飚从子。"又,同书卷9《寺院一》曰:"冯元飚,字沛祖,号眉仙,慈溪人,太常卿若愚子,巡抚天津元飚、兵部尚书元飚之季弟也。"而冯君木的侄孙冯昭述,在所作《飞凫山馆笔记·冯簟溪》中,更明确交代冯京第乃其十世祖。不过,《鲁之春秋·山寨三》对冯京第行迹的记载,系年皆不准确。
③ 〔清〕杨泰亨修,〔清〕冯可镛纂:光绪《慈溪县志》卷20《选举中》,《中国地方志集成·浙江府县志辑》第35册,第433页。
④ 〔清〕杨泰亨修,〔清〕冯可镛纂:光绪《慈溪县志》卷29《列传六》,《中国地方志集成·浙江府县志辑》第35册,第608页。
⑤ 〔清〕张廷玉等撰:《明史》卷20《神宗纪一》,第277页。
⑥ 慈溪市文物管理委员会办公室等编:《慈溪碑碣墓志汇编(唐至明代卷)》,浙江古籍出版社,2017年,第445页。该铭见藏于浙江省宁波市镇海区文物保护管理所;一合两石,可以相对嵌合,均高57厘米、宽53厘米。志文正书,共计58行,满行25字。
⑦ 〔明〕冯京第:《冯侍郎遗书》,载张寿镛辑:《四明丛书》第6册,第3343页。

万历三十一年　癸卯(1603.2.11—1604.1.30)

◎ 冯叔吉(1532—1603)卒,享年七十二。

　　按,光绪《慈溪县志》卷28《列传五》:"冯叔吉字汝迪,燮长子,年二十,举嘉靖三十一年乡试第四人。……叔吉为人倜傥负大节,经济大略出自天授,筹画兵务尤其所长。卒,年七十有二。"①兹据"年二十,举嘉靖三十一年乡试"下推52年而系之。

万历四十三年　乙卯(1615.1.29—1616.2.16)

◎ 乙卯十一月二十一日(1616.1.9),冯元飈生。

　　按,全祖望《明故太仆寺少卿眉仙冯公神道阙铭》云:"公讳元飈,字沛祖,别号眉仙……太常卿若愚子,工部司务季兆孙,封布政使燮曾孙。太常子三:长元飂,右佥都御史,巡抚天津;次元飙,兵部尚书,而公最少。……公生于万历乙卯十一月二十一日,得年三十二岁。"②

万历四十五年　丁巳(1617.2.6—1618.1.25)

◎ 在乃父冯若陶(1572.2.24—1592.9.5)病卒二十五年后,冯元仲恳请其业师秦舜昌为撰墓志铭。

　　按,秦舜昌《明故冯季君甄甫墓志铭》:"当甄甫殁,而方伯公葬之文溪之阳,欲自为铭不果。后二十五年,而甄甫有遗孤元仲业为诸生,负隽声,故从不佞受经。旦暮欷歔谓不佞曰:'不孝孤背先人甫四岁……幸哀而赐之一言,俾黄壤犹生,即不孝孤如见先人矣。'……谨忆而志之。"③

---

①　〔清〕杨泰亨修,〔清〕冯可镛纂:光绪《慈溪县志》卷28《列传五》,《中国地方志集成·浙江府县志辑》第35册,第587页。
②　〔清〕全祖望:《鲒埼亭集外编》卷5《明故太仆寺少卿眉仙冯公神道阙铭》,载朱铸禹汇校集注:《全祖望集汇校集注》,第834、836页。
③　〔明〕秦舜昌:《林衣集》卷1,载张寿镛辑:《四明丛书》第22册,第13377—13378页。

万历四十六年　戊午(1618.1.26—1619.2.13)

◎ 戊午八月,冯若吕病卒,享年六十有五(1554—1618)。

按,秦舜昌《冯长公传》:"冯长公者,讳若吕,字溱甫。世为慈甲族……父曰方伯修吾公叔吉……岁戊午,公年六十有五,于中秋日遍过诸宗戚,殷勤款密。夜则命酒,畅饮极欢,间以丝竹,申旦不寐。因示微疾,至七日且革。家人环泣,笑曰:'奈何作儿女态相向耶!'遂瞑。……子元奋、元宣,并有文学,能世其家。"①

明熹宗天启元年　辛酉(1621.1.22—1622.2.9)

◎ 辛酉,冯元飚、冯元飙兄弟俩同时中举。

按,《明史》卷257《冯元飙传》:"冯元飙,字尔弢,慈溪人。父若愚,南京太仆少卿。天启元年,元飙与兄元飚同举于乡。"②又,黄道周《皇明少保邺仙冯公墓志铭》:"公颀晰七尺,顾盼烨然,二十一与兄留仙同举于乡。"③又,冯京第《皇明资德大夫正治上卿太子少保进柱国光禄大夫太保兵部尚书邺仙冯公行状》:"二十一,兄弟同举于乡,行卷文妙天下,一时谓之'合璧天下',称之曰'大小冯君'。"④

天启二年　壬戌(1622.2.10—1623.1.30)

◎ 壬戌三月十八日(1622.4.28),冯元飙进士及第。

按,《明史》卷257《冯元飙传》:"冯元飙……天启元年,元飙与兄元飚同举于乡。明年,元飙成进士,历知澄海、揭阳。"⑤又,光绪《慈溪县志》卷20《选举中》:"天启二年壬戌科文震孟榜:冯元飙。"⑥

考《明史》卷22《熹宗纪》云:"(天启二年三月)甲寅,赐文震孟等

---
① 〔明〕秦舜昌:《林衣集》卷2,载张寿镛辑:《四明丛书》第22册,第13381—13383页。
② 〔清〕张廷玉等撰:《明史》卷257《冯元飙传》,第6639—6640页。
③ 慈溪市文物管理委员会办公室等编:《慈溪碑碣墓志汇编(唐至明代卷)》,第445页。
④ 〔明〕冯京第:《冯侍郎遗书》,载张寿镛辑:《四明丛书》第6册,第3336页。
⑤ 〔清〕张廷玉等撰:《明史》卷257《冯元飙传》,第6639—6640页。
⑥ 〔清〕杨泰享修,〔清〕冯可镛纂:光绪《慈溪县志》卷20《选举中》,《中国地方志集成·浙江府县志辑》第35册,第433页。

进士及第、出身有差。"①是知时在壬戌三月十八日。

明思宗崇祯元年　戊辰(1628.2.5—1629.1.23)

◎ 戊辰四月初二日(1628.5.5)，冯元飚进士及第。

  按，《明史》卷257《冯元飚传》："元飚，字尔赓，举崇祯元年进士，授都水主事。"②又，光绪《慈溪县志》卷20《选举中》："崇(正)[祯]元年戊辰科刘若宰榜：应喜臣、冯元飚、赵斑。"③

  考《明史》卷23《庄烈帝纪一》云："崇祯元年……夏四月癸巳，赐刘若宰等进士及第、出身有差。"④是知时在戊辰四月初二日。

崇祯四年　辛未(1631.2.1—1632.2.19)

◎ 辛未，冯元飚入京任职户科给事中。

  按，《明史》卷257《冯元飚传》："元飚成进士，历知澄海、揭阳。崇祯四年征授户科给事中。"⑤

崇祯六年　癸酉(1635.2.17—1636.2.6)

◎ 癸酉冬，冯元飚因反对王应熊就职礼部尚书兼东阁大学士，而被旨谯责，遂乞假返归乡里。

  按，《明史》卷257《冯元飚传》："应熊谋改吏部，元飚复撼劾其贪秽数事。被旨谯责，遂乞假归。"⑥

  考《明史》卷253《王应熊传》云："六年冬，廷推阁臣，应熊望轻不与，特旨擢礼部尚书兼东阁大学士，与何吾驺并入参机务。命下，朝

---

① 〔清〕张廷玉等撰：《明史》卷22《熹宗纪》，第300页。
② 〔清〕张廷玉等撰：《明史》卷257《冯元飚传》，第6640页。
③ 〔清〕杨泰亨修，〔清〕冯可镛纂：光绪《慈溪县志》卷20《选举中》，《中国地方志集成·浙江府县志辑》第35册，第433—434页。
④ 〔清〕张廷玉等撰：《明史》卷23《庄烈帝纪一》，第310页。
⑤ 〔清〕张廷玉等撰：《明史》卷257《冯元飚传》，第6640页。
⑥ 〔清〕张廷玉等撰：《明史》卷257《冯元飚传》，第6640页。

野骨骸。给事中章正宸劾之曰……帝大怒，下正宸诏狱，削籍归。"①据此，足以认定冯元飚亦于崇祯六年冬离职返乡。

崇祯八年　乙亥(1635.2.17—1636.2.6)

◎ 乙亥春，冯元飚再度入京任职，随即弹劾王应熊等人朋比误国。

按，《明史》卷257《冯元飚传》："八年春还朝。时凤阳皇陵毁，廷臣交论温体仁、王应熊朋比误国。元飚上言：'政本大臣，居实避名，受功辞罪。平时养威自重，遇天下有事，辄曰：昭代本无相名，吾侪止供票拟。上委之圣裁，下委之六部，持片语，丛百欺。夫中外之责，孰大于票拟。有汉、唐宰相之名而更代天言，有国初顾问之荣而兼隆位号。地亲势峻，言听志行，柄用专且重者莫如今日，犹可谢天下责哉？'"②

◎ 冯京第从淮西购得托名陶渊明所撰之《鞠小正》，随即辨析其作旨。

按，《经义考》卷274"陶氏潜《鞠小正伪本》"引冯京第《序》曰："予每从市肆阅书，岁乙亥，得《鞠小正》一篇于淮西市。题曰：晋陶渊明著。其言简而核，似为晋、宋人作。世之推求鞠故实者，必称渊明，然则种鞠东篱下，故能究其理而尽其法者也。其书以秋九月为正，倪亦不奉宋正之微旨耶？鞠记黄华本诸夏正，抑黄魏统之色也，晋所从受代，子灭则思母，而宋运故当用魏德胜之尔。又鞠，穷也，华事至此而穷，其叹身与国之穷乎？陶明之俯仰感兴于一鞠有以夫？古人之意不必如是，然是乃古人之意也。其大小注论种植法甚详，不定为谁注，然后之爱鞠者，求之此一卷书足矣。古人为学祀先圣先师，若以陶为鞠圣，得不以此书为鞠师也哉。他时三径业成，当仿茶灶祀桑苎翁于篱次，画葛巾遗像，庶几与鞠并蒙其福焉。"③

---

① 〔清〕张廷玉等撰：《明史》卷253《王应熊传》，第6530页。
② 〔清〕张廷玉等撰：《明史》卷257《冯元飚传》，第6640页。又，同书卷253《王应熊传》："八年正月，流贼陷凤阳，毁皇陵。"
③ 〔清〕朱彝尊撰，林庆彰等主编：《经义考新校》，上海古籍出版社，2010年，第4954—4955页。《经义考》所录此序，后被辑入《冯侍郎遗书》中，题为《鞠小正序》，详参张寿镛辑：《四明丛书》第6册，第3334页。

崇祯九年　丙子(1636.2.7—1637.1.25)

◎ 丙子春,冯元飈以苏松兵备兼水利右参议兼佥事的身份,整治太仓州城濠,然其事因故中辍。

按,《吴中水利全书》卷10《水治》:"苏松兵备兼水利右参议兼佥事冯元飈浚太仓州城濠。九年春,城濠淀淤,冯元飈将民七军三,分段派浚,值兵农事冗,延阁。"①

◎ 丙子秋,冯元飈率兵入援,至济阳,得悉京师解严,即退兵。

按,黄宗羲《巡抚天津右佥都御史留仙冯公神道碑铭》:"九年秋,烽火达陵邑,公即领吴卒入援,浙兵方出而公已渡淮矣。至济阳,京师解严,乃还。转福建道提学副使。"②

崇祯十年　丁丑(1637.1.26—1638.2.13)

◎ 丁丑三月,太仓人陆文声上表诬陷复社乃当下乱源之所在。冯元飈仗义执言,因而被贬为山东盐运司判官。

按,《明史》卷257《冯元飚附冯元飈传》云:"太仓人陆文声讦其乡官张溥、张采倡复社,乱天下。巡按倪元珙以属元飈,元飈盛称溥等,元珙据以入告。(温)体仁庇文声,两人并获谴,元飈谪山东盐运司判官。"③

考《明史纪事本末》卷66《东林党议》云:"十年……三月,陆文声陈'风俗之弊,皆原于士子。太仓庶吉士张溥、前临川知县张采,倡复社以乱天下'。命南直提学御史倪元珙核奏。元珙因极言文声之妄。"④故系其事于崇祯十年三月。

崇祯十一年　戊寅(1638.2.14—1639.2.2)

◎ 冯元飈摄济宁兵备事,戊寅十二月二十八日(1639.1.31)夜,击退李自

---

① 〔明〕张国维编著,蔡一平点校:《吴中水利全书》,第473页。
② 〔清〕黄宗羲:《南雷诗文集(上)》,载沈善洪主编:《黄宗羲全集》第10册,第233页。
③ 〔清〕张廷玉等撰:《明史》卷257《冯元飚传》,第6642页。
④ 〔清〕谷应泰:《明史纪事本末》卷66《东林党议》,中华书局,1977年,第1053页。

成军对济宁城的进犯。

> 按,《明史》卷257《冯元飚附冯元飏传》:"十一年,济南被兵,(元飏)摄济宁兵备事。"①

> 又,黄宗羲《巡抚天津右佥都御史留仙冯公神道碑铭》:"十一年,大兵入略三辅,大蹂山左,济宁告急,以公摄兵道事,城守甚设。……十二月二十八日夜,大兵攻济宁,公击退之。"②

崇祯十二年 己卯(1639.2.3—1640.1.22)

◎ 冯元飏升任南京太仆寺卿,尔后两年间,又历任南京通政司使、兵部添设右侍郎。

> 按,冯京第《皇明资德大夫正治上卿太子少保进柱国光禄大夫太子太保兵部尚书邺仙冯公行状》:"十二年,升南京太仆寺卿。十三年,升南京通政司使。十四年,升兵部添设右侍郎。"③

崇祯十四年 辛巳(1641.2.10—1642.1.29)

◎ 冯元飏升任天津兵备副使。同年十月,又晋升为右佥都御史。

> 按,《明史》卷257《冯元飚附冯元飏传》:"十四年迁天津兵备副使。十月擢右佥都御史,代李继贞巡抚天津,兼督辽饷。"④

崇祯十五年 壬午(1642.1.30—1643.2.18)

◎ 壬午六月,冯元飚就职兵部右侍郎,不久又升任兵部左侍郎。

> 按,《明史》卷257《冯元飚传》:"由户科都给事中擢太常少卿,改南京太仆卿,就迁通政使。十五年六月召拜兵部右侍郎,转左。"⑤

---

① 〔清〕张廷玉等撰:《明史》卷257《冯元飚传》,第6642页。
② 〔清〕黄宗羲:《南雷诗文集(上)》,载沈善洪主编:《黄宗羲全集》第10册,第229页。
③ 〔明〕冯京第:《冯侍郎遗书》,载张寿镛辑:《四明丛书》第6册,第3343页。
④ 〔清〕张廷玉等撰:《明史》卷257《冯元飚传》,第6642页。
⑤ 〔清〕张廷玉等撰:《明史》卷257《冯元飚传》,第6642页。

又，冯京第《皇明资德大夫正治上卿太子少保进柱国光禄大夫太子太保兵部尚书邺仙冯公行状》："十五年转本部右侍郎，又转左侍郎。"①

崇祯十六年　癸未（1643.2.19—1644.2.7）

◎ 癸未五月二十六日（1643.7.11），冯元飚接替张国维，任职兵部尚书；七月十二日（1643.8.25），因病辞职。

按，冯京第《皇明资德大夫正治上卿太子少保进柱国光禄大夫太子太保兵部尚书邺仙冯公行状》："十六年升兵部尚书，以五月二十六日至部，七月十二日病作出部。"②而《明史》卷257《冯元飚传》则曰："十六年五月，（兵部尚书张）国维下狱，遂以元飚为尚书。帝倚之甚至，元飚顾不能有所为。河南、湖广地尽陷，关、宁又日告警。至八月，以病剧乞休。帝慰留之，赐瓜果食物，遣医诊视。请益坚，乃允其去。"③此从冯京第之说。

◎ 癸未九月二十日（1643.11.1），冯元飚进士及第。

按，《鲁之春秋》卷9《寺院一》云："冯元飚，字沛祖，号眉仙，慈溪人，太常卿若愚子，巡抚天津元飚、兵部尚书元飚之季弟也。崇祯十六年，以五经成进士。"④又，《元明事类钞》卷12引《明小纪》："癸未则嘉兴谭贞良、慈溪冯元飚、武乡赵天麒，皆以五经举乡会试。"⑤又，光绪《慈溪县志》卷20《选举中》："崇（正）〔祯〕十六年癸未科杨廷鉴榜：冯元飚、秦祖襄、韩昌锡、沈崇坨、冯昆。"⑥

考《明史》卷24《庄烈帝纪二》云：十六年九月，"辛亥，赐杨廷鉴

---

① 〔明〕冯京第：《冯侍郎遗书》，载张寿镛辑：《四明丛书》第6册，第3343页。
② 〔明〕冯京第：《冯侍郎遗书》，载张寿镛辑：《四明丛书》第6册，第3343—3344页。
③ 〔清〕张廷玉等撰：《明史》卷257《冯元飚传》，第6641页。
④ 〔清〕李聿求著，凌毅标点：《鲁之春秋》卷9，浙江古籍出版社，1984年，第97页。
⑤ 〔清〕姚之骃：《元明事类钞》卷12《仕进门·闱试·作五经题》引《明小纪》，上海古籍出版社，1993年，第196页。
⑥ 〔清〕杨泰亨修，〔清〕冯可镛纂：光绪《慈溪县志》卷20《选举中》，《中国地方志集成·浙江府县志辑》第35册，第434页。

◎ 癸未十月，冯元飚暗中上表崇祯帝，建议做好从海道南撤准备。

  按，黄宗羲《巡抚天津右佥都御史留仙冯公神道碑铭》："当是时，慈溪冯公留仙巡抚天津。先是崇祯十六年冬十月，公密陈南北机宜，谓道路将梗，当疏通海道，防患于未然，天子俞之，公乃具海舟二百艘以备缓急。"②

◎ 冯元仲奉新任慈溪县令王玉藻（号螺山）之命，作《重建见山亭记》以纪其事。

  按，光绪《慈溪县志》卷2冯元仲《重建见山亭记》："崇祯十六年，维扬螺山王侯至，鼎厥新亭，不费民间半锱，未半月，考而落之也。侯问记于余……余东向让者三，不得，则记曰"云云。③

崇祯十七年　清世祖顺治元年　甲申（1644.2.8—1645.1.27）

◎ 甲申三月，冯元飚遣其子恺章前往北京，迎帝幸留都，事未果。

  按，《鲁之春秋》卷9《寺院一》云："恺章，元飚子。崇祯十七年三月，元飚遣恺章奉表迎帝幸留都。恺章至京，彷徨七日，不得要领而还，未四日，京师陷。"④此"恺章"当是黄道周《皇明少保邺仙冯公墓志铭》所提及的冯元飚次子"恺宪"。

  又，黄宗羲《巡抚天津右佥都御史留仙冯公神道碑铭》："先是崇祯十六年冬十月，公密陈南北机宜……明年三月，使其子恺章入迎天子，奏曰：'京师戎政久虚，以战以守，无一可恃。臣督劲旅五千，驰赴通郊，躬候圣驾航海，行幸留都。'初七日，恺章至京师……彷徨七日不得要领，归报于公。未四日而京师陷。"⑤

---

  ① 〔清〕张廷玉等撰：《明史》卷24《庄烈帝纪二》，第333页。
  ② 〔清〕黄宗羲：《南雷诗文集（上）》，载沈善洪主编：《黄宗羲全集》第10册，第226页。
  ③ 〔清〕杨泰亨修，冯可镛纂：光绪《慈溪县志》卷2，《中国地方志集成·浙江府县志辑》第35册，第60页。
  ④ 〔清〕李聿求著，凌毅标点：《鲁之春秋》卷9，第97页。
  ⑤ 〔清〕黄宗羲：《南雷诗文集（上）》，载沈善洪主编：《黄宗羲全集》第10册，第226—227页。类似记载，又可见《小腆纪传》卷57《冯元飚传》。

◎ 在甲申三月丁未京师沦陷后，冯元飚、冯元飏、冯元䬅三兄弟南逃。

  按，《鲁之春秋》卷9《寺院一》云："京师陷，元飚与元飏间道归。元飚在天津起兵讨贼，监司内叛，由海道亦归。相见流涕，约赴南都请复仇。会福王方翻逆案，东林概置不用，元飚、元飏相继愤卒。"①

  又，黄宗羲《巡抚天津右佥都御史留仙冯公神道碑铭》："未四日而京师陷。公陈师鞠旅，以图战守。其副使原毓宗降，夺公之兵，公不得已，拔身而南，欲得一当，免胄以入贼军。值弘光帝即位，言讨贼者继之，公遂郁郁而死，逾思陵之崩盖五月也。"②

◎ 甲申秋九月初一日（1644.10.1），冯元飏卒，享年五十九。

  按，黄宗羲《巡抚天津右佥都御史留仙冯公神道碑铭》："公讳元飏，字言仲，别号留仙……祖讳季兆……父讳若愚……公生万历丙戌十二月九日，卒甲申之九月朔日，为年五十九，葬于邑之小渔山。"③

◎ 甲申秋九月初十，冯元飚卒，后葬于慈溪德门乡王界岭。

  按，黄道周《皇明少保邺仙冯公墓志铭》云："九月朔日，留仙先卒。方留仙之病也，公为视汤糜厕窬甚谨。及兄殒，公遂却食，以九月十日终于正寝。呜呼！命也夫。公不死于疆场，不死于排墙颓宫之下，而从父兄归命宗祊，犹且皇皇如有求而不得，谓非忠笃纯至而能之乎？公生万历戊戌五月癸卯，卒崇祯甲申九月乙未，年四十有七。娶夫人奉化邬氏。男子二，恺愈，府学生，娶沈宫谕延嘉公女，得荫锦衣卫指挥佥事，世袭；次恺宪，聘御史向公北女。女子二，长字阮都谏震亨子廷莒，次字张尚书九德孙鸿遵。卜葬于慈溪德门乡之王界岭，为之铭曰……同年弟黄道周顿首撰。……族子京第顿首填讳。"④冯京第《皇明资德大夫正治上卿太子少保进柱国光禄大夫太子太保兵部

---

① 〔清〕李聿求著，凌毅标点：《鲁之春秋》卷9，第97页。
② 〔清〕黄宗羲：《南雷诗文集（上）》，载沈善洪主编：《黄宗羲全集》第10册，第227页。
③ 〔清〕黄宗羲：《南雷诗文集（上）》，载沈善洪主编：《黄宗羲全集》第10册，第230页。
④ 慈溪市文物管理委员会办公室等编：《慈溪碑碣墓志汇编（唐至明代卷）》，第445—446页。

尚书邺仙冯公行状》同。①

顺治三年　丙戌(1646.2.16—1647.2.4)

◎ 丙戌七月二十一日(1646.8.31)，冯元飈卒于舟山。

  按，《明故太仆寺少卿眉仙冯公神道阙铭》冯注："冯氏家乘，公卒于顺治丙戌七月二十一日，文当作卒于监国鲁六年，从公志也。"②而《鲁之春秋》卷1《王师平定浙闽表上》则谓顺治三年八月，"佥都御史冯元飈卒于舟山。"③又，同书卷9《寺院一》曰："监国航海，元飈归……遂至舟山，探监国消息，不数日而病，呼天长恸而卒。"④此从冯注所引冯氏家谱。

顺治四年　丁亥(1647.2.5—1648.1.24)

◎ 丁亥十二月初四日(1647.12.29)，冯京第兵败宁波。

  按，高宇泰《雪交亭正气录》卷7《庚寅纪》："冯京第字跻仲，慈溪诸生……国难后入闽，上《中兴十二论》，隆武帝召见，大奇之，授职方主事，改御史，视师浙东。至衢，而清兵渡钱塘，公乃之舟山，与肃虏伯谋为兴复，策多不合，意怏怏。从张名振至崇明，应吴胜兆，为飓风所漂，仅以身免。乃从安昌王乞师日本，舟中且拜且哭，旬有余日，卒致其血书，日本人为之色动，然其师竟不出。丁亥十二月初四，又从攻宁波，不克。"⑤

顺治七年　庚寅(1650.2.1—1651.1.20)

◎ 庚寅十二月十四日(1651.1.5)，冯京第遇害。

---

① 〔明〕冯京第:《冯侍郎遗书》，载张寿镛辑:《四明丛书》第6册，第3343页。
② 〔清〕全祖望:《鲒埼亭集外编》卷5《明故太仆寺少卿眉仙冯公神道阙铭》，载朱铸禹汇校集注:《全祖望集汇校集注》，第836页。
③ 〔清〕李聿求著，凌毅标点:《鲁之春秋》卷1，第8页。
④ 〔清〕李聿求著，凌毅标点:《鲁之春秋》卷9，第97页。
⑤ 〔明〕高宇泰《雪交亭正气录》卷7《庚寅纪》，载张寿镛辑:《四明丛书》第6册，第3620页。

按,高宇泰《雪交亭正气录》卷7《庚寅纪》:"监国在舟山,授副都御史,升兵部右侍郎。清先系其家属……建义受祸之惨,未有若京第者也。官兵破四明山寨,购京第甚急,其将王昇降附,欲致京第为功……引骑往,得之灌顶山中。……明日遇害,时十二月十四日也。未几,昇亦杀。"①

又,冯昭适《飞凫山馆笔记·冯箪溪》云:"十世族祖箪溪公,讳京第,字跻仲,当明南都亡后,以诸生兴义师,与王侍郎笃庵翊,以乡兵守杜隩,寻破,亡命航海,至日本乞师者再,复结寨四明山中,奉明正朔,至于七年。唐监国授公兵部侍郎右佥都御史。顺治七年,为清帅所获,恨公积年构兵,刳公心,醢之为羹。有部下卒乞公一肩食之,许焉,因葬之鄞北马公桥之原,盖翳桑之饿夫也。"②

清圣祖康熙五十六年　丁酉(1717.2.11—1718.1.30)

◎ 冯南耕成岁贡生。

按,《鲒埼亭集外编》卷7《冯丈南耕墓碣》冯注:"冯氏谱:'讳景岐,谱名宗亮,字南耕,号茗园,康熙五十六年岁贡生。'"③

清仁宗嘉庆六年　辛酉(1801.2.13—1802.2.2)

◎ 辛酉四月二十五日(1801.6.6),冯璟进士及第。

按,《回风堂文》卷2《族兄汲蒙先生行略》:"君讳毓犟,字汲蒙,一字嗣香,慈溪冯氏。其先有叔和者,五代时,仕吴越,官尚书。二十九传,而至璟,嘉庆六年进士,安东县知县,是为君之曾祖。"④又,《清

---

① 〔明〕高宇泰《雪交亭正气录》卷7《庚寅纪》,载张寿镛辑:《四明丛书》第6册,第3620页。《小腆纪年附考》卷17误系其事于顺治七年九月,详参〔清〕徐鼒撰,王崇武校点:《小腆纪年附考》,中华书局,1957年,第648页。

② 冯昭适:《飞凫山馆笔记·冯箪溪》,载《华国》第1卷第10期,1924年6月15日发行,第134—135页。

③ 〔清〕全祖望:《鲒埼亭集外编》卷7《冯丈南耕墓碣》,载朱铸禹汇校集注:《全祖望集汇校集注》,第873页。

④ 冯君木撰,唐燮军等校注:《冯君木集校注》,第325页。

史稿》卷16《仁宗纪》云:"(嘉庆六年夏四月)辛未,赐顾皋等二百七十五人进士及第出身有差。"①

清宣宗道光四年　甲申(1824.1.31—1825.2.17)
◎ 郑乔迁撰文追述冯京第事迹。

按,冯昭适《飞凫山馆笔记·冯罾溪》云:"道光四年,黄先生定文集同人谋修墓,郑先生乔迁为文记之。"②

道光十四年　甲午(1834.2.9—1835.1.28)
◎ 甲午秋,族叔祖冯镕中举。据说冯镕嗜好下棋。同年,醉经阁藏书楼主人冯云濠,也以优贡中式道光十四年举人。

按,《清代朱卷集成》光绪丙子科冯一梅乡试卷:"本生父讳镕,道光甲午举人。"③又,冯昭适《飞凫山馆笔记·归于其室》云:"家大人言族曾祖柳堂先生镕有象棋癖,官广东肇罗道时,每聚婢三十人,分红白二队,衣以仕、象、车、马、炮、卒之衣,划地为棋道,使立其上,自为元帅,对奕者为将军,高坐指挥,俨若战陈云。"④

又,光绪《慈溪县志》卷33《列传十》:"冯云濠字五桥……好行善,凡邑志浚河、济荒等事,不惜千金……以优贡中式道光十四年举人。"⑤

道光十五年　乙未(1835.1.29—1836.2.16)
◎ 乙未秋,族叔祖冯贞祜中式浙江乡试举人。

---

① 赵尔巽等:《清史稿》卷16《仁宗纪》,中华书局,1977年,第581页。
② 冯昭适:《飞凫山馆笔记·冯罾溪》,载《华国》第1卷第10期,1924年6月15日发行,第134—135页。
③ 顾廷龙主编:《清代朱卷集成》第265册,第317页。
④ 冯昭适:《飞凫山馆笔记·归于其室》,载《宁波旅沪同乡会月刊》第37期,1926年8月发行,第20页。
⑤ 〔清〕杨泰亨修,〔清〕冯可镛纂:光绪《慈溪县志》卷33,《中国地方志集成·浙江府县志辑》第35册,第673页。冯云濠乃冯汝霖之从叔,而冯汝霖胞弟冯汝霆又是冯君木族兄冯可镛的父亲,故系之。

按,《回风堂文》卷2《族兄汲蒙先生行略》:"君讳毓挈,字汲蒙,一字嗣香,慈溪冯氏。……从祖贞祜,道光十五年举人。"①又,光绪《慈溪县志》卷33《列传十》:"冯贞祜字膺甫,璟中子,以廪贡生中道光十五年顺天乡试举人。"②

道光二十九年　己酉(1849.1.24—1850.2.11)

◎ 己酉三月十三日(1849.4.5),族叔冯一梅(冯镕长子)生。

按,《清代朱卷集成》光绪丙子科冯一梅乡试卷:"原名黼兰,字梦香,号蒙乡,行五,咸丰辛亥年三月十三日吉时,生宁波府慈溪县。"③又,冯昭适《冯梦香先生传》云:"光绪三十二年,以疾归里。明年春,病剧,得俞先生赴告,悲甚,犹强起手撰祭文、挽联,望空遥祭之。三月十七日卒,春秋五十有九。"④兹据《冯梦香先生传》推算,并旁参《清代朱卷集成》,而系其事于道光二十九年三月十三日。

清文宗咸丰元年　辛亥(1851.2.1—1852.2.19)

◎ 族兄冯可镛中举。⑤

按,光绪《慈溪县志》卷21《选举下》:"咸丰元年辛亥恩科:严岳森、张宝珩、葛维元、冯可镕改名可镛、裘升权、伊乐尧、郑沅。"⑥又,刘一桂《列传附编》云:"冯可镛,号舸月,原名可钺,汝霆子。少以能文

---

① 冯君木撰,唐燮军等校注:《冯君木集校注》,第325页。
② 〔清〕杨泰亨修,〔清〕冯可镛纂:光绪《慈溪县志》卷33,《中国地方志集成·浙江府县志辑》第35册,第673页。
③ 顾廷龙主编:《清代朱卷集成》第265册,第315页。
④ 冯昭适:《冯梦香先生传》,载《华国》第1卷第12期,1924年8月15日发行,第96—97页。
⑤ 按,冯君木在所作《浮碧山馆骈文跋》中,称冯可镛为"族兄",故系之。详参冯君木撰,唐燮军等校注:《冯君木集校注》,第256页。
⑥ 〔清〕杨泰亨修,〔清〕冯可镛纂:光绪《慈溪县志》卷21,《中国地方志集成·浙江府县志辑》第35册,第453页。冯汝霆著有《循陵书屋吟稿》二卷,谢辅砧《序》云:"先生家初富盛,寄月楼藏书数万轴,……文誉日益起,……而独不得志于秋试。先生亦自绝意进取,益肆力于诗、古文词,而诗尤酷嗜,所作清微淡远,不假雕饰,与白傅《长庆集》相近。"详参〔清〕杨泰亨修,〔清〕冯可镛纂:光绪《慈溪县志》卷49《艺文四》,《中国地方志集成·浙江府县志辑》第36册,第89页。

名,年二十一,登咸丰元年乡荐。"① 又,潘衍桐《两浙𬨎轩续录补遗》卷6云:"冯可镛,原名可钺,字佐君,号舸月,慈溪人,咸丰辛亥举人,截取知县。"②

咸丰二年　壬子(1852.2.20—1853.2.7)

◎ 冯可镛胞兄丙礽中举。

  光绪《慈溪县志》卷33《列传十》:"冯汝霖字听飔,好读书,课弟汝霆、子可铿綦严……汝霆字廷雨,少汝霖十五岁……汝霆子丙礽,原名可鋑,咸丰二年举人。仲子可镛,咸丰元年举人。"③

咸丰六年　丙辰(1856.2.6—1857.1.25)

◎ 冯家薰充恩贡。

  光绪《慈溪县志》卷33《列传十》:"冯汝霖字听飔……与从父云濠各捐万余金兴建慈湖书院……孙家薰,嗜学攻苦,充咸丰六年恩贡。卒,年三十七。"④

咸丰七年　丁巳(1857.1.26—1858.2.13)

◎ 冯一梅年八岁,以文采见称。

  按,冯昭适《飞凫山馆笔记·族祖冯梦香先生传》:"先生讳一梅,字梦香,慈溪冯氏。父镕,官广东肇罗道。先生幼颖异,八岁能文,下笔立就,长老皆奇之。"⑤

---

 ① 〔清〕杨泰亨修,〔清〕冯可镛纂:光绪《慈溪县志》卷33,《中国地方志集成·浙江府县志辑》第36册,第270页。
 ② 〔清〕潘衍桐编纂,夏勇、熊湘整理:《两浙𬨎轩续录》,浙江古籍出版社,2014年,第4641页。
 ③ 〔清〕杨泰亨修,〔清〕冯可镛纂:光绪《慈溪县志》卷33,《中国地方志集成·浙江府县志辑》第35册,第673页。
 ④ 〔清〕杨泰亨修,〔清〕冯可镛纂:光绪《慈溪县志》卷33,《中国地方志集成·浙江府县志辑》第35册,第673页。
 ⑤ 冯昭适:《飞凫山馆笔记·冯梦香先生传》,载《华国》第1卷第12期,1924年8月15日发行,第95—97页。

咸丰十一年　辛酉（1861.2.10—1862.1.29）

◎ 辛酉十月二十六日（1861.11.28），太平军攻占慈溪县城。① 冯尔兰（冯一梅兄长）随即加入太平军。

> 按，冯昭适《飞凫山馆笔记·族祖冯梦香先生传》："梦翁之兄尔兰，当太平军下慈溪时，以书生参其军。"②

清穆宗同治二年　癸亥（1863.2.18—1864.2.7）

◎ 冯可镛与桂馥、凌庆铉等人筹款重修慈溪县校士馆。

> 按，光绪《慈溪县志》卷2《建置一·公署》："校士馆在城东北隅……咸丰十一年，粤匪拆毁。同治二年，邑人桂馥、凌庆铉、冯可镛等筹款重修。"③

同治五年　丙寅（1866.2.15—1867.2.4）

◎ 丙寅四月十五日（1866.5.28），冯本怀作《重修城河记》，内称冯福恩、冯可锃、冯可镛、冯祖宪等人在前两年（1864—1865）重修城河时尽心尽力。

> 按，光绪《慈溪县志》卷8引冯本怀《重修城河记》："自甲子十月工兴，匝岁始告成。……是役也，董其事者桂君馥、局君锡年、凌君庆铉、俞君斯瑗及余从弟福恩与可锃、可镛、祖宪诸宗侄，俱悉心筹办……踵事之役，望之后贤，是则为记之意也。同治五年岁次丙寅，四月既望。"④

---

① 乐承耀：《宁波通史·清代卷》，宁波出版社，2009年，第71页。
② 冯昭适：《飞凫山馆笔记·冯梦香先生传》，载《华国》第1卷第12期，1924年8月15日发行，第95—97页。
③〔清〕杨泰亨修，〔清〕冯可镛纂：光绪《慈溪县志》卷2，《中国地方志集成·浙江府县志辑》第35册，第65—66页。
④〔清〕杨泰亨修，〔清〕冯可镛纂：光绪《慈溪县志》卷8《舆地三·河》，《中国地方志集成·浙江府县志辑》第35册，第180页。按浙江光绪八年乡试冯保清朱卷记载：本怀，道光己亥科乡魁；福恩，原名本华，咸丰乙卯科优贡举人。

同治六年　丁卯(1867.2.5—1868.1.24)

◎ 丁卯秋,冯尔兰中丁卯科并补行甲子科举人。

> 按,《清代朱卷集成》光绪丙子科冯一梅乡试卷:"胞兄福宽,原名尔兰,号雪香,同治丁卯科并补行甲子科举人。吏部注册,拣发知县。"①

同治九年　庚午(1870.1.31—1871.2.18)

◎ 庚午三月,冯可镛应张斯缙之请而撰《张氏义塾记》,详述慈溪马径张氏家族兴建义塾的缘起和意义。

> 按,冯可镛《张氏义塾记》云:"鸠工于同治庚午三月,落成于辛未正月。……呜呼,是举也,一人倡之,有诸人以偾成之,又有后人以继增之,何张氏之多贤也!……同治九年岁次庚午姑洗月吉旦,同邑冯可镛谨撰。"②

---

① 顾廷龙主编:《清代朱卷集成》第265册,第315页。
② 〔清〕杨泰亨修,〔清〕冯可镛纂:光绪《慈溪县志》卷5《建置四·善举》,《中国地方志集成·浙江府县志辑》第35册,第127—128页。

年　谱

同治十二年　癸酉(1873.1.29—1874.2.16)　一岁

◎ 癸酉十月,新任鄞县知县程稻村之父年将六十八,冯可镛序以寿之。

按,冯可镛《程叔渔封翁六十晋八寿序》云:"昭阳作噩之岁,月在孟秋,稻村司马来宰吾邑……三月化行,仁信笃诚,翕然无间。……推其渊致,当有禀阶。既知太翁叔渔先生撰穆家之令,抱韦贤之经,规矩相提,义文并授。……今冬十月为先生六秩晋八寿辰……而邑人士慈云幸庇,爱日同深于焉。……某虽拙儜,其敢无言!"①

◎ 癸酉十一月十九日(1874.1.7),冯君木生于慈溪县城。父允骐,善画②;母俞氏,同邑俞彰信第四女(详参表6)。

按,《清代朱卷集成》光绪丁酉科贡卷:"冯鸿墀,字阶青,一字君木。行一,从行九。光绪乙亥年十一月十九日吉时生,浙江宁波府慈溪县学优行廪膳生,民籍。……考允骐,字子粹,号月桥,国学生,著有《知迁先生画语》一卷。母氏俞……世居本城完节坊,现居本城五马坊。"③而沙孟海《冯君木冯都良父子遗事》则曰:"先师冯君木先生

---

① 冯可镛:《浮碧山馆骈文》卷2《程叔渔封翁六十晋八寿序》,宁波钧和公司,1917年铅印本,宁波图书馆藏。

② 冯君木挚友陈训正尝言:"先生父曰某,习儒不售,去隐于市,擅绘事,书法疏秀多致。"详参陈训正:《慈溪冯先生述》,载《宁波旅沪同乡会月刊》第97期,1931年8月发行,第45页。

③ 顾廷龙主编:《清代朱卷集成》第400册,第377、380、381、386页。又,冯昭适《族祖冯梦香先生传》云:"先生讳一梅,字梦香,慈溪冯氏。父镕,官广东肇罗道。……子四人:玉崑,诸生;玉崧,玉崙,玉崇。"此玉崑理当就是冯君木之父。冯昭适此文,载《华国》第1卷第12期,第96—97页。

名开,字君木,原名鸿墀,字阶青,清同治十二年癸酉十一月十九日出生于浙江旧慈溪县城(今宁波市慈城镇)槐花树门头。"①此从沙孟海之说。

表6 《清代朱卷集成》冯君木贡卷所载其外家信息

血缘关系	姓名	身份与业绩
冯母曾祖	俞挺芝	岁贡生,候选训导,诰赠奉政大夫,著有《守约轩诗文稿》。
冯母祖父	俞元骃	增贡生,议叙八品,例封文林郎。
冯母父亲	俞彰信	候选训导,例赠文林郎,诰赠奉政大夫,著有《花萼楼诗文稿》。
冯母胞兄	俞斯瑷	岁贡生,就职训导,候选府同知②。
	俞斯瑾	县学生。
	俞斯瑄	国学生。
	俞斯琈	廪贡生,候选盐大使。
冯母胞弟	俞斯珺	县学生,光绪己卯举人;冯君木岳父。
冯母内侄		俞鸿檀国学生、俞鸿橞国学生、俞鸿检国学生、俞鸿枢国学生、俞鸿榕、俞鸿梼、俞鸿根、俞鸿槓、俞鸿椊县学生、俞鸿檩县学生、俞鸿梃县学生、俞鸿枋、俞鸿桐、俞鸿楮、俞鸿梅、俞鸿机、俞鸿枏、俞鸿朴。

同治十三年　甲戌(1874.2.17—1875.2.5)　二岁

◎ 堂兄冯莲青丧母。

　　按,冯开《先兄莲青先生事略乙未》:"君讳鸿薰,字莲青,仲父溪桥

---

① 沙孟海:《冯君木冯都良父子遗事》,载《浙江文史资料选辑》第47辑,第98页。《新闻报》1931年12月26日第16版《回风社定明日公祭冯君木》:"明日(星期日)为冯先生诞辰。"1931年的12月26日,转换成阴历,即十一月十九日。
② 冯本怀《重修城河记》称俞斯瑷在同治三、四年间重修城河时,乃"董其事者"之一。详参〔清〕杨泰亨修,〔清〕冯可镛纂:光绪《慈溪县志》卷8,《中国地方志集成·浙江府县志辑》第35册,第180页。

公之子。兄弟三人，伯仲早卒，君其季也。十岁，丧母，事继母钱恭人如所生，故仲父爱之。"①

清德宗光绪元年　乙亥（1875.2.6—1876.1.25）　三岁

◎ 乙亥春，冯一梅与徐琪等众多俞门弟子，倡议修建"俞楼"以为乃师俞樾游息之所。② 此后，又题写楹联二首于"俞楼"："持甲乙丙丁四部之平，酌古济今，百代名贤归准率；后白苏欧林数公而隐，饭蔬衣葛，万峰青翠拥楼台。""数千年古义钩沉，毛氏诗，伏氏书，荀氏易，郑氏礼，赖先生朝夕稽求，佑启后人学半；三十里圣湖集瑞，赵公碑，阮公墩，彭公庵，薛公庐，与此楼东西辉映，乐只君子邦家光。"③

按，徐琪《俞楼记》："吾师曲园先生自中州返……主讲湖上，课院而外，未参谋游息之区，非所以慰山林也。于是同诸子度地于六一泉侧，得地数弓……爰乃披荆剪棘，依山筑垣……规模粗定，而游人之来观者皆曰此俞楼也，故即以'俞楼'颜之……余初拟筑楼，颇惧观成之不易，今日经始至落成，甫及十月……是役也，首创其议者，余与震泽王廷鼎、镇海孙瑛、慈溪冯一梅、仁和沈灿、许佑、钱塘汪行恭、张大昌。……光绪己卯三月，门下士徐琪记。"④ 兹据"今日经始至落成，甫及十月""光绪己卯三月"推算，系其事于光绪元年春。

◎ 乙亥六月，张月亭先生年将六十，冯可镛序以寿之。

按，冯可镛《张月亭先生六十寿序》云："镛少时即耳熟月亭先生名。……洎丙寅岁，始遇先生于慈湖……金石缔交，盖已九载于兹矣。今夏六月，为先生六十寿辰。……镛虽拙儁，曷敢固辞。"⑤

---

① 冯开：《先兄莲青先生事略乙未》，载沈粹芬等辑：《清文汇》丁集卷19，第3120页。又，《清代朱卷集成》光绪丁酉科冯君木贡卷："伯父允骧，字玉如，号溪桥，国学生。"
② 今仍存俞樾致冯一梅书信两通，载汪少华整理：《俞樾书信集》，上海人民出版社，2020年，第92—94页。
③ 蔡见吾：《西湖楹联集》，西泠印社，2000年，第190—191页。
④ 徐城北：《品味苏杭》附录，陕西师范大学出版社，1998年，第191—192页。
⑤ 冯可镛：《浮碧山馆骈文》卷2《张月亭先生六十寿序》。

光绪二年　己卯(1876.1.26—1877.2.12)　四岁

◎ 己卯秋,族叔冯一梅中举;此前,冯一梅受其兄之牵累而被家族除名,中举后,重获接纳。

　　按,冯昭适《族祖冯梦香先生传》:"先生讳一梅,字梦香,慈溪冯氏。父镕,官广东肇罗道。先生幼颖异,八岁能文,下笔立就,长老皆奇之。既长,补诸生,旋食饩。侨寓杭州,读书诂经精舍,受知德清俞荫甫先生。俞先生故名宿,先生事之久,一切经说史义,往复辨难,恒得奥妙。巡抚杨昌浚闻其名,辟为浙江官书局总校①,上刻古书诸议,为时所重。光绪二年,举于乡。……梦翁之兄尔兰,当太平军下慈溪时,以书生参其军。事败亡命,族人惧祸,削其籍,并及梦翁。比梦翁乡试中式,乃得返。"②又,《清代朱卷集成》光绪丙子科冯一梅乡试卷:"乡试中式第四十名。"③

光绪三年　丁丑(1877.2.13—1878.2.1)　五岁

◎ 冯可镛应杨理庵之请,为作《杨母任太恭人八十征寿言启》。

　　按,冯可镛《杨母任太恭人八十征寿言启》云:"哲嗣次湖广文理庵太史,以明年戊寅正月四日为太恭人八十寿辰……兹者筵将开乎八秩,算豫卜夫十祺,所望燕许巨公,介麋泽障,辛阳才子,撰爵腾笺……跂予望之已!"④

光绪四年　戊寅(1878.2.2—1879.1.21)　六岁

◎ 戊寅六月十五日(1878.7.14),时在杭州诂经精舍求学于俞樾门下的

---

① 又,《巧对录》:"慈溪冯一梅孝廉,博学多识,隽才也。与同书局有年,曾于梅中丞处谀扬之,改为总校,遂有知己之感,执弟子礼甚恭。喜谈其乡往事,尝言:'慈溪城内有东西二庙:西庙在西街,祀唐慈溪令房公(琯);东庙在东街,祀吴阖公(泽)。'阖,慈溪人也。旧有人撰联云:'西庙房,东庙阖,二公门户相当,方敢对坐。'未有能对者,后请于乩,始云:'南京河,北京地,两处水土各胜,也可并称。'时适有南北二人在座,各自夸其水土,遂得此对,然非乩不为功。"详参〔清〕梁章钜、梁恭辰辑录,陈焕良点校:《巧对录》卷下,岳麓书社,1991年,第240—241页。
② 冯昭适:《族祖冯梦香先生传》,载《华国》第1卷第12期,第96—98页。
③ 顾廷龙主编:《清代朱卷集成》第265册,第315页。
④ 冯可镛:《浮碧山馆骈文》卷2《杨母任太恭人八十征寿言启》。

冯一梅,同日为朱亦栋《十三经札记》及其《群书札记》作序。

  按,冯一梅《十三经札记序》:"……上虞朱碧山先生为钱竹汀高足弟子,服官虽以学博终,而著书等身,名满天下。梅生也晚,不获亲炙于先生,而得读先生所著《十三经札记》二十一卷。……梅读先生书,由此而知先生治经之善,而益服先生人品之高。……同学生陈松年茂才,天资聪颖,有志治经,与语及斯,当必进而有悟也。坊间重梓先生书,介松年而乞言于梅,因即书此为序。光绪四年岁在戊寅六月朔日,慈溪冯一梅识于武林西湖之诂经精舍。"①

  又,《群书札记》卷首冯一梅《序》:"先生所著《十三经札记》,梅既为之序,又读其《群书札记》十六卷,而益叹先生之学淹通博贯。……知先生于汉、宋之间固不欲稍分畛域,第知择其善者,遵而从之,安肯随声附和以渔猎博雅之名哉!向于治经之际见先生人品之高,乃于此而愈信。……光绪四年岁在戊寅六月望日,慈溪冯一梅识于武林西湖之诂经精舍。"②

◎ 堂兄冯莲青作《见闻随笔》。

  按,冯昭适《飞凫山馆笔记·刘伯温预言碑文》云:"先祖莲青府君《见闻随笔》光绪四年作曰:'光绪元年七月,温州农夫于山中掘得古碑一,上镌二十八字,文曰:清光绪二八交关,五洋大破中华。遍地龙帆,白米二合,石碗一扣。刘基题。昭适谨按首二句,盖指光绪二十六年八国联军犯京师也俗呼外国为外洋,惟下三句,无从索解,姑记之,以验将来。'"③

---

  ① 冯一梅:《十三经札记序》,载〔清〕朱亦栋:《十三经札记》卷首,清光绪四年武林竹简斋刊本,第8—19页。
  ② 冯一梅:《群书札记序》,载〔清〕朱亦栋:《群书札记》,《续修四库全书》第1155册,第1—5页。
  ③ 冯昭适:《飞凫山馆笔记·刘伯温预言碑文》,载《宁波旅沪同乡会月刊》第45期,1927年5月发行,第26页。此期《飞凫山馆笔记》载有《俞曲园梦中呓语》,内称:"叔祖君木翁言:吾友朱君古微,尝以俞曲园梦中呓语相视,盖预言也。予谓曲园之预测,故托于呓,以神其说耳。辄写左方,以质于忏纬家:'历观治乱与兴衰,福有根源祸有基。不过循环一周甲,酿成大地是疮痍。……张弛原来道似弓,略将数语示儿童。纷纷二百余年季事,都在衰翁一梦中。'"

光绪五年　己卯(1879.1.22—1880.2.9)　七岁

◎ 己卯正月,冯可镛作《凌母王太孺人七十寿序》。

按,冯可镛《凌母王太孺人七十寿序》有云:"粤惟祝犁单阏之岁,太簇告辰,结璘司耀……盖我凌世伯母王太孺人七秩跻龄,宜颂宜祷之日也。用敢述班箴,豳仇范,阐鲍德,扬翟仪。"①

◎ 己卯二月,宁波知府宗源瀚(1834—1897),为挽救行政失误而急欲改善与当地士绅的关系,遂参照上海求志书院的运作模式,创设了宁波辨志文会。当此之际,冯一梅被聘为舆地斋的斋长。②

按,洪焕椿《定海黄以周的经学著作》:"光绪五年(1879),宁绍台道宗源瀚建宁波辨志精舍,请以周定规制,就古今人为学之方,分六斋以课士,每斋必延学有专精者分主讲席。汉学斋由以周自课,宋学、史学、舆地、算学、词章五斋,聘鄞县刘凤章、慈溪何经松、冯一梅、余姚黄炳垕、镇海陈继聪等五人分任之。"③

◎ 己卯夏,冯一梅有33篇习作被其师俞樾选入《诂经精舍四集》(详参表7)。

按,《诂经精舍四集》题作:"光绪五年中夏刊,中冬毕工,俞樾记。……山长俞樾编次,监院章潘、陈谟、高学治、朱彭年、胡凤昌、张凤冈、孟沅、沈灿校刊。"

表7　《诂经精舍四集》所刊冯一梅习作

位置	文名	小计
卷1	《上九鸿渐于陆解》《"贲无色也"解》《卦主六日七分说》	3
卷2	《虞书同律孔郑异义说》	1

---

① 冯可镛:《浮碧山馆骈文》卷2《凌母王太孺人七十寿序》。
② 唐燮军:《辨志文会与清末宁波的地方教育》,载《社会科学战线》2017年第8期,第110—118页。
③ 洪焕椿:《浙江文献丛考》,浙江人民出版社,1983年,第250页。

续 表

位置	文　名	小计
卷4	《〈大车〉之诗为息夫人作说》《〈小雅〉狐裘黄黄本作"黄裳"说》《夫圭田无征解》	3
卷5	《冕制考》《疾医九藏考》	2
卷6	《建旗建旐建旄图考》《古大夫有乐有乐考》	2
卷7	《春秋吴越疆域考》	1
卷8	《苃祭解》	1
卷9	《黄帝铸宝鼎赋》	1
卷10	《中和节进农书赋》《贺季真乞鉴湖赋》	2
卷12	《歌声出金石赋》《西湖里外六桥赋》	2
卷13	《暖日烘窗释砚冰赋》《滕六降雪赋》	2
卷14	《含桃赋》《笔赋》	2
卷15	《拟陶渊明读〈山海经〉》《咏花怀古》《石墨》《竹砚》《藓书》《木笔》《七夕》《米囊花》	8
卷16	《王陵陈平论》《寇准论》《拟刘孝标〈辨命论〉》	3
合计		33

◎ 己卯秋,五舅俞斯珺乡试中举。

  按,《清代朱卷集成》光绪丁酉科冯君木贡卷:"母氏俞……县学生、光绪己卯举人名斯珺姊。"①

◎ 冯君木旁观乃父允骐作画。允骐随手画了几张人物画,任其娱嬉。

  按,冯君木《回风堂诗》卷4《复题研臣先生墨迹》云:"昔者我先子,常以画自怡。……忆开年六七,时看调铅脂。身短不及几,跂足

---

① 顾廷龙主编:《清代朱卷集成》第400册,第382页。俞斯珺卒时,陈康瑞特作《挽俞季圭孝廉斯珺三首》,载陈康瑞撰:《睫巢诗钞》,1924年仿宋铅字版,复旦大学图书馆藏,第46页。

◎ 发妻俞因年九岁,其父俞斯瑗卒。

  按,俞因《病中读先君遗诗凄然有作》:"孤女昔九岁,阿父弃之促。"②又,《清代朱卷集成》光绪丁酉科冯君木贡卷:"母氏俞……岁贡生、就职训导、候选府同知讳斯瑗……妹……妻俞氏,舅氏讳斯瑗季女。"③

  考《僧孚日录》庚申九月五日条云:"明日,师母俞太孺人五十冥诞。"④由此推算,可知俞因生于同治十年九月六日(1871.10.19),而本年即其丧父之时。

◎ 赵一清撰、冯一梅批校之《水经注释》40卷及其附录《刊误》12卷,共计二十册,由镇海蛟川张氏出资刊刻。

  按,《伏跗室藏书目录》云:"《水经注释》四十卷,附录《刊误》十二卷:(清)赵一清撰,(清)冯一梅批校,清光绪六年(1880)蛟川张氏刻本,二十册。"⑤

◎ 冯可镛受命始纂光绪《慈溪县志》。

  按,《宁波古今方志录要》卷4"《慈溪县志》"条云:"清光绪五年(1879)创修,十四年成书。县人杨泰亨主修,冯可镛纂。光绪二十五年(1899)刊印,56卷,附编1卷(刘一桂辑),24册。传本尚多。台北成文出版社据光绪二十五年刊本影印,编入《中国方志丛书》。"⑥

◎ 大约始自本年,冯一梅参与编纂《杭州府志》。

  按,王棻《杭州府志序》:"光绪己卯,知杭州府事龚公嘉俊,谋于

---

① 冯君木撰,唐燮军等校注:《冯君木集校注》,第151页。
② 俞因:《妇学斋遗稿》,载冯君木撰:《回风堂诗文集》附录。
③ 顾廷龙主编:《清代朱卷集成》第400册,第382、383页。
④ 洪廷彦主编:《沙孟海全集·日记卷》,第18—21页。
⑤ 饶国庆等编:《伏跗室藏书目录》,宁波出版社,2003年,第155页。
⑥ 龚烈沸编著:《宁波古今方志录要》,宁波出版社,2001年,第28页。冯可镛《戎琴石古西草堂诗集序》则谓修志之举始于光绪六七年:"曩者,庚辛之岁,大吏檄修县志,余与蛟川陈君晋笙共事慈湖。"详参冯可镛撰:《浮碧山馆骈文》卷1。

应公宝时、丁君丙等,延李公榕重修《杭州府志》。其后,秦公湘业、冯君一梅、濮君子潼、张君预、吴君庆坻等继之,至丙戌而志稿成,览者以为美犹有憾。"①又,吴庆坻有诗题曰《冯四梦芗同年—梅将移家还慈溪,时吾郡方有修志之役,诸长老咸以得君为重,爰作二诗,用伸维縶之意》。②又,吴庆坻《杭州艺文志稿序》云:"光绪己卯、庚辰间,吾郡有修志之役,余谬以诸老先生之諈诿,从事操槃。同年生慈溪冯君梦芗博识多闻,来共商榷。同事编削,复得四五君子。"③

光绪六年　庚辰(1880.2.10—1881.1.29)　八岁

◎ 庚辰四月初六日(1880.5.14),会稽人王继縠甘愿替母而死,遂投湖自尽。冯可镛故作《王孝子诔》予以表彰。

按,冯可镛《王孝子诔》:"光绪六年庚辰夏四月六日,会稽王孝子以母疾,乞替于神,自投明州月湖以殉,年二十有九。呜呼哀哉!孝子名继縠,字子贻,一字潄六,鄞县教谕王公英澜之四子也。……可镛生纯孝之里,近秘监之祠,大节传闻,欷歔欲绝,遗编晤对,(馨)[罄]欬如亲,伤鸡骨之莫支,慨龙工之不返,敢托赠终之典,用抒累德之辞。"④

◎ 庚辰六月十五日(1880.7.21),徐桂珵向翁同龢推荐冯一梅、吴承志。

按,《翁同龢日记》光绪六年六月十五日条:"晴,热甚,始服夏衣。……是日庶常馆开学,通家来者络绎,知县将行者亦数人,施选卿老而健,议论颇通达。言闽中厘卡之弊,宜归并,盐务宜就场抽课。冯一梅_{慈溪举人}、吴承志_{杭州举人},此皆博学好古,徐生云。"⑤

---

① 王棻:《杭州府志序》,载李榕等总纂:民国《杭州府志》卷首,《浙江地方志集成·浙江府县志辑》第1册,上海书店,1993年,第3页。
② 〔清〕吴庆坻:《补松庐文稿》卷1,载《清代诗文集汇编》第770册,上海古籍出版社,2010年,第258页,此"梦芗"显系"梦香","香""芗"古同。
③ 吴庆坻:《补松庐文稿》卷1,载《清代诗文集汇编》第770册,第380页。
④ 冯可镛:《浮碧山馆骈文》卷1《王孝子诔》。
⑤ 翁万戈编,翁以钧校订:《翁同龢日记》第4卷,中西书局,2012年,第1529页。

光绪七年　辛巳（1881.1.30—1882.2.17）　九岁

◎ 辛巳七月,冯可镛来游慈溪城北阚相祠,敬作《重建阚相祠记》。

　　按,冯可镛《重建阚相祠记》："光绪辛巳仲夏之月,可镛来游初地,仰止前徽,爰度僧寮,重安神祏。涂茨略竟,肸蠁维虔。……敢抒鄙文,用刊乐石。"①

◎ 冯可镛等人集资,将归真堂寄棺所改建为旅榇归里停寄之所。

　　按,光绪《慈溪县志》卷5《建置四·善举》："归真堂寄棺所,在县东门外坊都一图饭佛禅院右。光绪七年,邑人冯全墉、冯可镛、冯善长集资创建为旅榇归里停寄之所。"②

光绪八年　壬午（1882.2.18—1883.2.7）　十岁

◎ 壬午四月,观海卫胡氏尚义堂义庄落成后,冯可镛应邀为撰《义庄记》。

　　按,光绪《慈溪县志》卷5《建置四·善举》："胡氏尚义堂义庄,在北乡三十都五图观海卫,咸丰十一年,里人胡衡捐置,水乡课地四百亩。光绪八年,衡孙承先、承基、承宣、承祚、承镛买置民居一所,为义庄续置地九十二亩。"又冯可镛《义庄记》云："可镛与承宣交久且挚,又因承宣得交其昆弟,率皆孳孳好义,克绍祖武。今春仲义庄落成,属余为记,爰书此以谂来者。"③

光绪九年　癸未（1883.2.8—1884.1.27）　十一岁

◎ 冯君木与其堂兄冯莲青一见如故,相处两月。

　　按,冯开《先兄莲青先生事略乙未》云："君长于鸿墀九年,自少随仲父居松江。久之,以续娶归慈溪,是时,鸿墀年十一矣。君一见即

---

① 冯可镛：《浮碧山馆骈文》卷1《重建阚相祠记》。该文又以《重建阚相祠堂记》为题,收录在冯可镛《鲍系斋文集》,详参〔清〕杨泰亨修,〔清〕冯可镛纂：光绪《慈溪县志》卷14,《中国地方志集成·浙江府县志辑》第35册,第313页。

② 〔清〕杨泰亨修,〔清〕冯可镛纂：光绪《慈溪县志》卷5,《中国地方志集成·浙江府县志辑》第35册,第126页。

③ 〔清〕杨泰亨修,〔清〕冯可镛纂：光绪《慈溪县志》卷5,《中国地方志集成·浙江府县志辑》第35册,第133—134页。

喜之,时与同卧起,两月后别去。"①
◎ 冯君木与邑人应清瑞相识于舅氏家。

按,冯开《应醉吾传》云:"应寄仙,名清瑞,慈溪人,以善饮,自字曰醉吾。……余十一岁时,始识醉吾于舅氏俞君处。"②

◎ 癸未九月初九日(1883.10.9)重阳节,冯莲青与其叔父一道登高祈福;叔父作画纪事,莲青赋诗感怀。

按,冯莲青《癸未重阳日侍季父登高,季父有图纪游,赋呈一律》:"今日是何日,他乡非故乡。郊原自秋色,风物正重阳。丛菊天涯泪,疏枫昨夜霜。画图臣叔在,摇笔入苍茫。"③

◎ 钱塘丁氏当归草堂谋刻《当归草堂医学丛书》,冯一梅参与校勘《铜人针灸经》,并在癸未十月,跋《铜人针灸经》。

按,《铜人针灸经》冯一梅跋:"右《铜人针灸经》七卷。当《四库》著录此书时,未见王惟德三卷原本,然王惟德旧经本实未佚,梅尝购得之,今与此书互校……钱塘竹舟、松生两丁君刻《当归草堂医学丛书》,采《四库》已录者及此书,梅与襄校勘之役,并属同里王君恩甫为绘图,因考及此书底蕴如此。第二卷'目骨'为'巨骨'之误,已于图中改正。第三卷原阙第六页,今亦为补图,惟神总、明堂、当阳、前关四穴,他书无考,莫定所在,仍阙之。光绪九年十月,慈溪冯一梅识。"④

◎ 冯可镛受慈溪知县之委托,始则主持重修明伦堂,尔后又集资拓建德润书院。

按,光绪《慈溪县志》卷4《建置三·学校》云:"圣祠文昌阁……

---

① 冯开:《先兄莲青先生事略乙未》,载沈粹芬等辑:《清文汇》丁集卷19,第3120页。
② 冯开:《应醉吾传》,载沈粹芬等辑:《清文汇》丁集卷19,第3119页。
③ 〔清〕董沛、忻江明辑,袁元龙点校:《四明清诗略》,宁波出版社,2015年,第2097页。此外,该书尚收录冯莲青诗作5首,即《寄九弟君木》《秋夜怀君木》《湖上晚归次应叔申韵》《泖湖棹歌录二》《葛岭》。
④ 严世芸主编:《中国医籍通考》第2卷《铜人针灸经》,上海中医药大学出版社,1991年,第1890—1892页。

光绪九年,知县邹文沅令邑人冯可镛重修大成殿明伦堂。"①又,卷5《建置四·书院》:"光绪九年,知县赵煦与掌教冯可镛暨邑人陈锦荣、童春、赵家薰、周晋鑣劝捐集资,拓地建(德润书院)东西两庑、井门房、庖湢,缭以垣墙。"②

光绪十年　甲申(1884.1.28—1885.2.14)　十二岁

◎ 甲申三月,钱塘丁氏当归草堂重刊明正德十年山西平阳府重刊本《西方子明堂灸经》。冯一梅参与其事,撰《明堂灸经校勘记》一卷③,并作"识"。

> 按,冯一梅《明堂灸经·识》:"此书虽用千金部居,而文字出王惟德《铜人经》大半,故王惟德经与此异者称旧经,作某字而误;字经王惟德经校改者,仍仿校刊七卷本《铜人经》例,止称原误,某字不称据旧经改,以省其文。光绪十年三月,冯一梅又识。"④

◎ 冯君木与杨石蚕放学后经常一起游玩。

> 按,冯君木《〈忆昔〉一首寄杨石蚕》云:"我昔十二龄,君生才九岁。戚属有牵连,意气合童稚。剪纸为傀儡,放学恣嬉戏。捉笔施眉目,自夸负绝艺。涂成方相面,君见辄心悸。有时聚诸儿,列坐作都试。我为主试官,君文每落第。怫然掉首去,交颐纷涕泗。饵以果若饼,欢喜不复恚。"⑤

◎ 冯可镛集资重建姜湛园祠。

> 按,光绪《慈溪县志》卷14《经政三·坛庙上》:"姜湛园祠,县东南二里,道光十一年,邑人冯云濠、叶维新建于德润书院先觉堂

---

① 〔清〕杨泰享修,〔清〕冯可镛纂:光绪《慈溪县志》卷4,《中国地方志集成·浙江府县志辑》第35册,第98页。
② 〔清〕杨泰享修,〔清〕冯可镛纂:光绪《慈溪县志》卷4,《中国地方志集成·浙江府县志辑》第35册,第122页。
③ 冯一梅:《明堂灸经校勘记》,载无名氏撰:《西方子明堂灸经》附录,上海科学技术出版社,2000年,第143—162页。
④ 冯一梅:《明堂灸经跋》,载无名氏撰:《西方子明堂灸经》附录,第162页。
⑤ 冯君木撰,唐燮军等校注:《冯君木集校注》,第212—2137页。

左……咸丰十一年毁于寇。光绪十年，邑人冯可镛集捐重建。"①
◎ 甲申十二月，从弟冯全墉五十寿辰，冯可镛应邀为作寿序。

> 按，冯可镛《弟卓堂学博五十寿序》有云："可镛与从弟卓堂君灵源共派，析自高曾，绮岁相依，长此晨夕，悉在五年以前，视如一体之亲。岁在涒滩，玉衡指丑，为君五十弧庆……侨札百辈而乞余一言为寿。"②又，光绪八年浙江乡试冯保清朱卷云："父全墉，字卓堂，号苍沚……同治丁卯科并补行甲子科举人。"

光绪十一年　乙酉(1885.2.15—1886.2.3)　十三岁

◎ 冯君木随其父允骐迁居松江，从此经常与时在松江的冯莲青一起读书。

> 按，冯开《先兄莲青先生事略乙未》云："及鸿墀年十三，侍先君子出松，始时时从君读书。"③

光绪十二年　丙戌(1886.2.4—1887.1.23)　十四岁

◎ 丙戌二月，余本愚《十花小筑诗钞》四卷刊行，冯一梅应邀为作序言。

> 按，冯一梅《十花小筑诗钞序》："古香观察负经世之才，受知于张文毅、左文襄两公，奋袂戎行，跃身仕版……而公余之暇，仍吟咏不辍，流风逸韵，翘然常存，读《十花小筑诗钞》，如见其为人焉。……公夙能折节名下士，闻定海黄元同先生邃于经，山阴王眉叔先生深于诗，即命孙远骕受业于两先生之门。时梅与两先生同任书局校勘之役，梅由是识远帆。及公为书局提调，梅于是又识公。时梅以古医书十种请于俞荫甫先生暨刘仲良中丞，拟付书局开雕，而公方权杭嘉湖道，兼理嵯局簿书繁冗，未及与公详议条例，不数月而公殁矣。抚今

---

① 〔清〕杨泰亨修，〔清〕冯可镛纂：光绪《慈溪县志》卷14，《中国地方志集成·浙江府县志辑》第35册，第312页。
② 冯可镛：《浮碧山馆骈文》卷2《弟卓堂学博五十寿序》。
③ 冯开：《先兄莲青先生事略乙未》，载沈粹芬等辑：《清文汇》丁集卷19，第3120页。

思昔,忽又数年。远帆以公诗来问序于梅,梅何敢辞。光绪十二年丙戌春二月,慈溪冯一梅撰。"①

◎ 丙戌九月二十三日(1886.10.20),冯莲青长子贞群出生于松江。

  按,《伏跗居士寿藏记》:"居士冯氏,名贞群,字孟颛,别署伏跗。其先慈溪人,迁鄞自大父始也。曾祖讳梦香,候选典史,祖讳允骏,盐运使司运同衔,考讳启瑞,赠承德郎,兼祧所生。父讳鸿薰,附贡生,封儒林郎。大父治华亭娄县卤差务,以盐荚起家,故居士生于松江,清光绪十二年九月二十三日也……民国二十五年丙子闰三月伏跗居士记,慈溪钱常谨书。"② 又,冯孔豫等《浙东藏书家冯孟颛》云:"冯孟颛名贞群,字孟颛,一字曼孺(儒),号伏跗居士,晚年自号妙有子或'孤独老人'。……公元 1886 年(清光绪十二年)农历九月廿三日生于江苏省松江县,卒于 1962 年 3 月 31 日。"③

光绪十三年　丁亥(1887.1.24—1888.2.11)　十五岁

◎ 堂兄冯莲青年二十四,始事科举业。

  按,冯开《先兄莲青先生事略乙未》:"年二十四,始事科举业。未三载,即补宁波府学生。……既为诸生,益锐乎有上进之志。为文喜敷陈古义,不屑屑斧藻之末,坐是累试不得志。"④

◎ 作于丁亥且流传至今的冯君木诗篇尚有:《小园》《题画》《别思》。

  按,宁波天一阁所藏两卷本《回风堂诗》,明确交代此三诗作于丁亥年。

---

① 冯一梅:《十花小筑诗钞序》,载〔清〕余本愚撰:《十花小筑诗钞》,清光绪十一年刻本。
② 冯贞群:《伏跗居士寿藏记》,载骆兆平:《伏跗室书藏记》附录,第 141—142 页。骆兆平于文末备注:"录自伏跗室藏碑帖拓本。"又,冯贞群《伏跗室记》:"先君原妃朱安人,继妃钱安人,妾谢孺人,惟钱安人举男子,四殇其三而存一,即贞群也。伯考筱桥府君,娶王安人,无出,而先后丧亡。大父命贞群为伯考后,兼祧所生。"
③ 冯孔豫、陈振泽:《浙东藏书家冯孟颛》,载《宁波文史资料》第 2 辑,1984 年 10 月发行,第 138 页。
④ 冯开:《先兄莲青先生事略乙未》,载沈粹芬等辑:《清文汇》丁集卷 19,第 3120 页。

光绪十四年　戊子（1888.2.12—1889.1.30）　十六岁

◎ 父允骐卒，冯君木扶榇自松江归慈城，定居于慈城抱珠山。①

> 按，冯开《先兄莲青先生事略乙未》云："鸿墀十六而孤，君所以劬之学者甚苦……鸿墀体素羸，君爱怜之弥甚，饮食寒暖，体察于慈母，旬日不见，即悁悁不自得。……鸿墀年十三，侍先君子出松，始时时从君读书。旋遭大故，匍匐扶榇归。"② 又，冯君木《哀家辛存宜铭》云："我昔年十六，归自松江滨，卜居抱珠山，恰与君家邻。"③

◎ 戊子重阳节前，冯君木收到表兄姚寿祁（1872—1938）的问候与邀请："索处亦无赖，谁欤慰啸歌。病闲生事少，秋冷雨声多。湿竃无烟火，空庭长薜萝。重阳看又到，携屐肯来过？"④

> 按，姚寿祁《寥阳馆诗草》开篇第一首诗，名《秋日柬冯君木开》，且明确交代作于戊子年。又，余姚黄立钧1942年9月在为《寥阳馆诗草》作序时，宣称："吾师慈溪姚贞伯先生……同邑冯回风先生，一代诗宗，声名藉甚，先生与有中表之谊，结久要之契，迭以诗篇互赓唱和。"

◎ 在姚寿祁的安排下，冯君木与同邑应叔申（1872—1914）相遇于慈城，从此成为莫逆之交。

> 按，冯君木《〈缔交篇〉赠应启墀》、应叔申《相逢行赠冯君木》皆述及其事，且称时在戊子年。又，冯君木《夫须诗话》有云："余与应君叔申订交最早，忆戊子九月，自松江移家归，时予方在髫岁，二三中表以外，无与往还者。一日，叔申于表兄姚贞伯所，见予诗卷，极口推服，遂介贞伯而相见于姚氏。由是朝酬夕唱，无二三日不会面者。叔申

---

① 孙筹成《冯先生不朽》则谓1931年8月23日陈训正在主祭时，称冯君木"十四岁由松江回慈溪"，显误。载《申报》编印组编：《申报影印本》第285册，上海书店，1983年，第681页。
② 冯开：《先兄莲青先生事略乙未》，载沈粹芬等辑：《清文汇》丁集卷19，第3120页。
③ 冯君木撰，唐燮军等校注：《冯君木集校注》，第167年。
④ 姚寿祁：《秋日柬冯君木开　戊子》，载姚寿祁撰：《寥阳馆诗草》，1942年余姚黄立钧《悔复堂诗　寥阳馆诗草》合刊本。

长予一岁,予兄之,叔申亦弟畜予也。"①

◎ 冯可镛等人集资开浚慈湖碶。

> 按,光绪《慈溪县志》卷10《舆地五·碶》:"光绪十四年,邑人冯翊廷、冯可镛集捐开浚慈湖碶。"②

◎ 作于戊子且流传至今的冯君木诗词尚有:《春闺》《题夏内史集》《松江忆家园桂花》三诗及《南歌子》《江南好》二词。

> 按,宁波天一阁所藏《回风堂诗》,明确交代《春闺》诗作于戊子年,而《回风堂诗文集》之《回风堂诗》前录卷1,明言《题夏内史集》《松江忆家园桂花》两诗作于戊子年;又,《秋辛词》注明《南歌子》《江南好》两词乃戊子年所作。

光绪十五年　己丑(1889.1.31—1890.1.20)　十七岁

◎ 冯君木与冯宜铭三兄弟,求学于魏和洁先生门下,且过从甚密。

> 按,《回风堂诗》卷5《哀家辛存宜铭》云:"我昔年十六,归自松江滨。卜居抱珠山,恰与君家邻。君家好门风,群从多彬彬。师事子魏子,课学何辛勤。我时齿虽稚,亦厕弟子伦。"③又,《回风堂文》卷1《魏陔香六十赠序》:"余年十七,从魏和洁先生游。……而先生嗣君陔香,滑稽玩世、排调迭出,尤为同学所乐与。余于诸同学中年最少,陔香觊其弱颜,时时相嘲谑以为乐。每会食,陔香伺先生神不属,辄为种种诡态窘余,余忍笑至不能饭,先生微睇及之,陔香之色骤庄,先生或亦为之一呜噱也。"④又,《清文汇》丁集卷19《冯母秦太宜人八十寿诗叙》:"余年十七,读书吾宗锦成家,与锦成、新成、德成兄弟,同受

---

① 冯君木:《夫须诗话》,载王培军、庄际虹校辑:《校辑民权素诗话廿一种》,凤凰出版社,2016年,第131页。
② 〔清〕杨泰亨修,〔清〕冯可镛纂:光绪《慈溪县志》卷10,《中国地方志集成·浙江府县志辑》第35册,第228页。
③ 冯君木撰,唐燮军等校注:《冯君木集校注》,第167页。
④ 冯君木撰,唐燮军等校注:《冯君木集校注》,第285页。

业于魏先生之门。"①

◎ 冯君木与姚寿祁、应叔申等人联句于慈湖师古亭,韩溥泉为作《慈湖联吟图》。

> 按,姚寿祁《〈慈湖联吟图〉为俞季调作》序:"光绪己丑,与俞仲鲁、应叔申、冯君木联句于慈湖师古亭,韩君溥泉为作是图。"②

◎ 冯君木始得乡贤张麟洲早年诗集《麟洲诗草》。

> 按,宁波天一阁博物院藏《麟洲诗草》封面冯开题跋:"是册为先生手写本,中皆丧乱之音,字句多与《见山楼》不同,盖少作之未定者。余年十七时得自旧家以视。先兄莲青兄死,遂乃失之。越十余年,兄子曼孺复得之故纸堆中,为之剧喜,装订既完,辄题册端。丁未春日,冯开。"③

◎ 己丑十一月初一日(1889.11.23),章廷瀚立其父章鋆(1820—1875)衣冠冢于鄞县西南乡黄家塘之原。冯可镛为作《诰授资政大夫国子监祭酒加五级广东提督学政章公神道碑铭》。

> 按,《浮碧山馆骈文》卷1载其词云:"公子廪贡生廷瀚,以己丑十一月一日奉裳帷窆于鄞县西南乡黄家塘之原。……可镛生晚十年,居隔一舍……会树员石,谨述崇徽。"④

光绪十六年　庚寅(1890.1.21—1891.2.8)　十八岁

◎ 应冯莲青之邀,冯君木于春冬之际迁居松江;同年冬,思母归,作《柳梢青 松江留别六兄莲青》词。⑤

> 按,冯开《先兄莲青先生事略乙未》云:"及鸿墀年十三,侍先君子出松,始时时从君读书。旋遭大故,匍匐扶榇归。其间别君者又一年

---

① 冯开:《冯母秦太宜人八十寿诗叙》,载沈粹芬等辑:《清文汇》丁集卷19,第3120页。
② 姚寿祁:《寥阳馆诗草》,1942年余姚黄立钧《悔复堂诗　寥阳馆诗草》合刊本。
③ 张翙偁:《麟洲诗草》,宁波天一阁博物院藏。
④ 冯可镛:《浮碧山馆骈文》卷1。
⑤ 据《秋辛词》记载,冯君木作为庚寅年的词作,尚有《浣溪沙》《齐天乐 题叔深启墀词卷,即送其之郡》,详参冯君木撰,唐燮军等校注:《冯君木集校注》,第400—401页。

◎ 冯可镛(1831—1891)卒,享年六十一。

  按,《浮碧山馆骈文》卷首光绪《慈溪县志传》:"卒于光绪十二年十二月,年六十。"而传末冯贞群校记云:"案:先生卒于光绪十六年。《县志》误。"此从其说。又,考光绪《慈溪县志传》前文有云:"年二十一,登咸丰元年乡荐。"由此推算,可知冯可镛生于道光十一年(1831)。

光绪十七年　辛卯(1891.2.9—1892.1.29)　十九岁

◎ 辛卯春,冯莲青自松江迁居宁波。

  按,冯鸿薰《辛卯春日,由松江徙家返甬,谨述一首》云:"翩翩云间鹤……飞来复飞去……忆昔岁,随侍到松江。……逡巡二十载,久旅真寻常。……我父甲子周,昨腊举寿。罢诚子妇,归勿徨。……归帆三十幅,幅幅春风凉。筑室甬江上,云物生辉光。"②

◎ 辛卯七月,姚寿祁作《傍晚》诗以和冯君木:"静坐拨炉灰,纱窗袅烟篆。凉月忽飞来,花影和帘卷。"

  按,《寥阳馆诗草》在收录《〈傍晚〉一首和君木》时,明确交代该诗作于辛卯年。

◎ 冯君木著成《秋弦词》,姚寿祁赋诗祝贺,称冯君木涉足词坛已五年。

  按,姚寿祁明言《题君木〈秋弦词〉》作于辛卯年,且其第二诗云:"湖海飘零载酒船,钿筝离思托《秋弦》。可怜弱岁冯当世,落拓词场已五年。"③

◎ 冯君木与俞因(即伯舅俞斯瑗之季女)结为夫妻。

  按,俞因《妇学斋遗稿》书末冯君木"记":"亡妇俞君来归廿年,辛

---

① 冯开:《先兄莲青先生事略乙未》,载沈粹芬等辑:《清文汇》丁集卷19,第3120页。
② 冯莲青:《适庐遗诗》,宁波天一阁博物院藏。
③ 姚寿祁:《寥阳馆诗草》,1942年余姚黄立钧《悔复堂诗　寥阳馆诗草》合刊本。

亥八月,以腹疾死。"①由辛亥前推二十载,便是本年。

光绪十八年　壬辰(1892.1.30—1893.2.16)　二十岁

◎ 冯君木被补为县学生。

　　按,沙文若《慈溪冯先生行状》:"年二十补县学生,旋食廪膳。"②又,陈三立《慈溪冯君墓志铭》:"二十补诸生,旋食廪饩。"③又,沙孟海《冯君木冯都良父子遗事》:"光绪十八年20岁入县学。"④

◎ 冯君木雅好唐人李贺、温庭筠之诗,常与应叔申共相模拟。

　　按,《僧孚日录》辛酉三月初十日条引冯君木《笔记》云:"吾年二十时,雅好长吉、飞卿,与叔申互相摹拟,竞艳争巧,变本加厉,然一年以后,即厌弃之矣。其断句犹有可忆者,叔申句云:'紫葡萄架朝窥镜,红牡丹灯夜上楼。'吾兄戏评其端云:'上句如妖狐现形,下句如女鬼作祟。'余句云:'风风雨雨元元墓,燕燕莺莺小小坟。梦寻春草绿边路,人倚夕阳红外楼。'"⑤

◎ 冯君木撰成《应醉吾传》。

　　按,冯开《应醉吾传》云:"应寄仙,名清瑞,慈溪人,以善饮,自字曰醉吾。醉吾负奇气,好读书,尤好诸子杂家言。能文章,历落自喜,顾不中有司尺度,小试十余战,不能得一衿,家故不赀,至是益落。醉吾既不得志于时,则纵酒自放。……未几死。死之年,二十有八。冯鸿墀曰:余十一岁时,始识醉吾于舅氏俞君处,今十年矣。醉吾性忼直,处世多所不合,顾谓余善,时以诗篇相质证。尤工词,得意处往往

---

① 冯君木:《妇学斋遗稿》后记,载冯君木撰:《回风堂诗文集》附录。
② 沙文若:《慈溪冯先生行状》,载冯君木撰:《回风堂诗文集》卷首。
③ 陈三立:《慈溪冯君墓志铭》,载冯君木撰:《回风堂诗文集》卷首。
④ 沙孟海:《冯君木冯都良父子遗事》,载《浙江文史资料选辑》第47辑,第98页。
⑤ 《僧孚日录》辛酉三月初二日条云:"应叔申先生启墀少年时有句云:'紫葡萄架朝窥镜,红牡丹灯夜上楼。'吾师戏谓:'上句是妖狐现形,下句是女鬼作祟。'"两相比较,当以辛酉三月初十条为是。又,《僧孚日录》辛酉三月初十日条续云:"吾兄盖谓曼孺之父莲青先生鸿薰也。先生有《适庐诗》,殁后,夫子为删定之。"详参洪廷彦主编:《沙孟海全集·日记卷》,第121、126—127页。

夺北宋人席,而卒以偃蹇死。于戏!"①
◎ 壬辰十一月十九日(1893.1.6),冯君木二十岁生日,夫妻对酌。

  按,俞因《妇学斋遗稿·君木二十初度》云:"酒杯滟滟泛流霞,金谷成诗我敢夸。香雪一枝相对坐,祝君清福似梅花。"②
◎ 作于壬辰且流传至今的冯君木诗篇尚有:《客夜》。

  按,《回风堂诗文集》之《回风堂诗》前录卷1,明确交代《客夜》诗作于壬辰年。

光绪十九年　癸巳(1893.2.17—1894.2.5)　二十一岁

◎ 癸巳春,冯君木先后作《好事近 叔申约余读书绿梅馆,以事不果,怅然赋此》《蝶恋花 示叔申》

  按,《秋辛词》予以收录并称两词作于癸巳;又,《好事近》内有"可可梅花开了"句,而《蝶恋花》亦云"寒食清明,只是寻常度"。③
◎ 癸巳秋,冯君木放弃考试,将病危中的冯莲青从杭州送归故里。俞因作诗加以安慰。

  按,冯开《先兄莲青先生事略 乙未》:"癸巳,赴秋试,病归……君之赴试也,鸿墀与之偕。君既病,或劝君归,君不欲曰:'弟一人在此,可念。'鸿墀察君意,遂不入试,同君归。"④又,俞因《君木伴其兄病归,不及就试,赋诗慰之》云:"记得送君别,亲朋共举杯。功名深盼望,兄弟忽归来。文字难舒抱,皇天亦忌才,荆花但无恙,何必重悲哀。"⑤
◎ 癸巳八月二十七日(1893.10.6),冯莲青(1864—1893)病逝,年仅三

---

① 冯开:《应醉吾传》,载沈粹芬等辑:《清文汇》丁集卷19,第3119页。
② 俞因:《妇学斋遗稿》,载冯君木撰:《回风堂诗文集》附录。郑逸梅有云:"冯君木夫人俞季则能诗,传诵之句,如'凉云吹散一帘秋',又'十二阑干人寂寂,秋阴都上画帘来'。"载郑逸梅:《艺林散叶》(修订版),第618页。
③ 冯君木撰,唐燮军等校注:《冯君木集校注》,第401—402页。
④ 冯开:《先兄莲青先生事略 乙未》,载沈粹芬等辑:《清文汇》丁集卷19,第3120页。又,《雪野堂文稿》卷上《冯回风先生事略》有云:"少时与从兄赴试,从兄病,遂不入试以归。"
⑤ 俞因:《妇学斋遗稿》,载冯君木撰:《回风堂诗文集》附录。

十。冯君木悲恸不已,尝作《哭六兄莲青_{鸿薰}》诗加以缅怀。①

  按,冯开《先兄莲青先生事略_{乙未}》云:"君卒于光绪十九年八月二十七日,春秋三十。"②又,《清儒林郎冯君墓志铭》:"光绪十九年癸巳八月二十七日病卒,春秋三十。"③又,《清儒林郎冯君墓表》:"光绪十九年,君与开同赴乡试,将录院而病,病中独殷殷顾念开,开察君不安,竟罢试,将君归。归二十日,君卒,八月二十七日也,春秋政三十。……同县陈训正表,钱罕书并题额。"④

◎ 冯莲青病逝后不久,其所藏《古今图书集成》被出售。

  按,《古今图书集成目录》冯贞群题记:"忆童时,环先子书室者《图书集成》也。凡四厨,三十二箱。值书院考课,先子于是启箱考索之。先友会文来吾家者常相假读。逮先子弃养,贞群年方八岁,王父恐假借散佚,乃将是书出鬻于人。且曰:'他日吾孙能读书可再市之。'"⑤

◎ 癸巳冬,冯君木与姚寿祁、杨睿曾同游慈城郊外。

  按,姚寿祁《蓼阳馆诗草》有《冬日同君木、杨石蚕_{睿曾}游郊外》诗记其事,且明言该诗作于癸巳年。

◎ 癸巳十月十三日(1893.11.20)晚,俞因病中梦见一老尼诱其入庵,遂作诗以志其事。⑥

  按,俞因《纪梦》序:"癸巳十月十三夕,余病中沉睡,恍惚行衢路中,车马簇拥,行不能前,思欲退避,而大江又阻其后,惊涛骇浪,不可回首。正彷徨间,忽见道旁小庵中一老尼,出招余入庵至佛龛,旁有

---

  ① 冯君木撰,唐燮军等校注:《冯君木集校注》,第31页。
  ② 冯开:《先兄莲青先生事略_{乙未}》,载沈粹芬等辑:《清文汇》丁集卷19,第3120页。
  ③ 慈溪市文物管理委员会办公室等编:《慈溪碑碣墓志汇编(清代民国卷)》,第565页。宁波天一阁藏有拓片。盖高50厘米,宽52厘米。志高53厘米,宽52厘米。志文正书,共23行,满行23字,有界格。
  ④ 慈溪市文物管理委员会办公室等编:《慈溪碑碣墓志汇编(清代民国卷)》,第568页。墓表拓片藏天一阁,高225厘米,宽80厘米。碑文正书,共14行,满行30字。
  ⑤ 骆兆平:《伏跗室文献辑略》,载骆兆平:《伏跗室书藏记》,第139页。
  ⑥ 俞因:《妇学斋遗稿》,载冯君木撰:《回风堂诗文集》附录。

床榻数具,尼指一榻曰:'可卧此。'余愕然。尼曰:'无伤也。此固汝卧处耳。'余心忽动,遂醒,则一灯荧然,门外柝声已三更矣。因作诗纪之。"

◎ 作于癸巳且流传至今的冯君木诗篇尚有:《明珠叹》《过大七洋》《雨夜上海旅店》《申江候潮》《秋夜病中寄内,时客杭州》。

> 按,《回风堂诗文集》之《回风堂诗》前录卷1,明言上列五诗作于癸巳年。

光绪二十年　甲午(1894.2.6—1895.1.25)　二十二岁

◎ 冯君木求学于杨省斋先生门下。

> 按,《回风堂文》卷1《杨省斋先生六十寿诗序》:"开年二十二,从游杨省斋先生之门。先生令闻懋学,门庭著籍,份份称盛,受知文字,开则独深。"①

◎ 甲午二月十七日(1894.3.23),冯君木整理冯莲青藏书,纂成《求恒斋藏书目》。

> 按,冯君木《求恒斋藏书目题记》云:"吾兄既卒之明年,余恐遗书散佚,因与姚蕴之同为整理。除《图书集成》《二十四史》等及一切稗官无用之书外,计得书八箱,并书目录一册,俟付福、禄二侄。吾不知二侄异日能读父书否也,书毕,为之欷歔久之。甲午二月十七日灯下阶青记于求恒斋。"②又,《求恒斋书目》卷首冯贞群题记:"群少孤,先君弃养时方八岁耳。遗书赖吾叔君木先生整齐之,凡得八巨箱。……光绪三十四年七月冯贞群记。"

◎ 甲午清明(1894.4.5),身处松江的冯君木,作诗寄予应叔申。

> 按,《回风堂诗》前录卷1有诗曰《清明寄应叔申启墀》。③

---

① 冯君木撰,唐燮军等校注:《冯君木集校注》,第276—277页。
② 冯君木:《求恒斋藏书目题记》,载骆兆平:《伏跗室古书藏记》附录,第140—141页。又,《求恒斋书目》卷首冯贞群题记:"群少孤,先君弃养时方八岁耳。遗书赖吾叔君木先生整齐之,凡得八巨箱。……光绪三十四年七月冯贞群记。"
③ 冯君木撰,唐燮军等校注:《冯君木集校注》,第32页。

◎ 甲午夏,冯一梅有19篇习作被其师俞樾选入《诂经精舍课艺七集》(详参表8)。

按,《诂经精舍课艺七集》题作:"光绪廿一年夏日,俞樾署。……院长俞樾编次,监院吴受福、孙树礼校刊。"①

表8 《诂经精舍课艺七集》所刊冯一梅习作

位置	文　名	小计
卷1	《体信足以长人解》《庄子頯解》	2
卷2	《祖乙圮于耿解》《壹戎衣解》《〈君奭篇〉二人解》	3
卷3	《总角之宴解》《作召公考解》《三寿或言三老或言三卿说》	3
卷4	《三里郊九里郊二十里郊说》《服乡服以拜赐解》	2
卷5	《王被衮以象天解》《蹲席考》	2
卷6	《徐驹王考》《〈乐记〉武臣将帅之臣解》《将徙于诸侯自诸侯来徙家解》	3
卷7	《一鼓铁解》《虞幕考》	2
卷8	《禩字考》《耍字形声考》	2
合计		19

◎ 冯君木填词《湘月·莫过向梅阁有感,影事倚此,示汲蒙、叔申》,冯汲蒙随即作《过湘梅阁有感,次君木〈湘月〉词原均,兼示叔申》以唱和之。

按,《秋辛词》在予以收录时,明言该词作于甲午年。② 其后,《字林沪报》1896年9月13日第4版在发表冯氏此词的同时,又刊载了冯汲蒙的唱和之作。

◎ 甲午重阳(1894.10.7),应叔申登高,念及冯君木,赋诗感怀。

---

① 陈东辉主编:《杭州诂经精舍课艺合集》第14册,学苑出版社,2018年,第1—4页。
② 冯君木撰,唐燮军等校注:《冯君木集校注》,第402页。

  按,应叔申《悔复堂诗》之《登高迟,君木不至_{甲午}》云:"江清兼野旷,孤眺一徘徊。旧雨迟不至,秋风如许哀。千山木末出,一雁天边来。廓落悲羁旅,清尊谁与开?"①

◎ 甲午九月二十六日(1894.10.24),冯君木荣获宁波辨志精舍甲午夏季课案"词章"超等第四名。

  按,《申报》1894年10月24日《宁郡辨志精舍甲午夏季课案》云:"○词章超等:陆炳章、许家□、冯善征、冯鸿墀、王少棠、俞镇。"②

◎ 甲午秋,冯一梅开始主持纂修《龙游县志》。

  按,余绍宋《前志源流及本届修志始末》:"第五次议修者为知县张炤,时慈溪冯梦香先生一梅主讲衢州正谊书院,乃聘之兼修县志。自光绪二十年秋间始事,采访所得颇多,大小凡七十篇,另有图二十四幅。即今所谓'旧采访'者是也。县中文献经辛亥之役多散轶无可征,赖此稍存崖略。故冯先生虽未及从事于撰述,而其功实有不可没者。当初事采访时,茫无头绪甚觉为难,观其分送采访启事可知也。"③

◎ 甲午冬,冯贞群举家迁居上海以避战乱,其日常所读《阴骘文图注》,也就在迁徙中不知所终。

  按,《阴骘文图注》冯贞群题记:"贞群九岁,每值散学,则入王父室,于案头见鸿宝斋石印本《阴骘文图注》,展览图□,王父为讲其事,日以为常。是岁(甲午)之冬,中日战起,举家避地上海,所谓《阴骘文图注》者不知归何所矣。"④

◎ 冯君木在得知侄子冯享(冯贞群胞弟)病卒于上海的消息后,赋诗两首加以悼念:"自与吾兄别,凄凄泪未干。幸怜双稚在,稍博两亲欢。昨得江

---

① 应叔申:《悔复堂诗》,1942年余姚黄立钧《悔复堂诗　寥阳馆诗草》合刊本。
② 《申报》编写组编:《申报影印本》第48册,第339页。
③ 余绍宋原著,鄢卫健主编:《余绍宋论方志》,黄山书社,2009年,第71—72页。
④ 骆兆平:《伏跗室文献辑略》,载骆兆平:《伏跗室书藏记》,第138页。

南信,伤心不可看。如何弱一个,天意太漫漫。""平居时入抱,听我读书声。弱小不好弄,聪明望尔成。可堪门祚薄,徒此感悲并。地下凭谁慰,茫茫隔死生。"①

按,冯君木《先兄莲青先生事略乙未》:"君卒于光绪十九年八月二十七日,春秋三十。曾祖讳应蓍;本生曾祖讳应翱,廪生。祖讳梦香,父名允骏,诰授朝议大夫,封赠先世如例。母俞氏,继母钱氏。……君娶朱氏,继娶钱氏。子二:崇福,崇禄。崇禄又以君卒之次年殇。"②

◎ 作于甲午且流传至今的冯君木诗篇尚有:《雨夜录别》《听歌》《重建清道观落成》《闻姚贞伯寿祁将来郡,赋诗促之》《月夜》。

按,《回风堂诗文集》之《回风堂诗》前录卷1,明言上列诸诗作于壬辰年。

光绪二十一年　乙未(1895.1.26—1896.2.12)　二十三岁

◎ 冯一梅接任龙游凤梧书院山长。

按,方品豪、曹梅魁《龙游县中山小学概貌》:"龙游县立中山小学,前身为'龙游凤梧书院'。清道光二十五年(公元1845年)由知县秦淳煦倡捐募建,次年落成,院址在县学街前(即今龙游县人民法庭)。咸丰末年,毁于兵燹。光绪十四年(1888)知县高英倡议规复,全县募捐,逾年落成,并清理书院旧产,约田五百余亩,山六亩余。光绪二十年(1894)知县邹寿祺扩招生员,时县人余庆椿负盛名,乃聘为山长。翌年(1895)知县张(照)[炤]履任,承其前规,继续捐募扩建,恢复旧观,并购置图书三百二十一部凡八千三百七十五册,聘请慈溪冯一梅继任。"③

---

① 冯君木:《得上海书,报从子享病殇,惊悼成诗》,载冯君木撰,唐燮军等校注:《冯君木集校注》,第449—450页。
② 冯开:《先兄莲青先生事略乙未》,载沈粹芬等辑:《清文汇》丁集卷19,第3120页。
③ 方品豪、曹梅魁:《龙游县中山小学概貌》,载《衢州文史资料》第7辑,浙江人民出版社,1989年,第175页。

◎ 约乙未初春,冯君木身处慈溪县城,时或与应叔申、姚贞伯等挚友,唱和诗歌、游山玩水,不久又乘坐轮船取道镇海返归上海。

> 按,《回风堂诗》前录卷1录有《感春三章乙未》《山游》《将之上海,留别叔申、贞伯诸子》《出镇海关》四诗。①

◎ 乙未三月十七日(1895.4.11),冯君木所作《含黄伯传》②,荣获宁波辨志精舍甲午冬季课案"词章"超等第五名。

> 按,《申报》1895年4月11日第2版《宁郡辨志精舍甲午冬季课案》云:"词章超等:冯善征、陆炳章、俞鉴、李文蘅、冯鸿墀、达挚、达孚、包科骙。"③

◎ 约乙未暮春,冯君木身处上海,收到应叔申所作诗篇:"巾子山头白日低,黄流浩荡接云齐。东南战事无消息,日夕荒江有鼓鼙。世变难谋千日醉,诗篇并作万行啼。草熏风暖春申浦,可有闲情唱大堤。"④

> 按,《悔复堂诗》在收录《寄君木上海》时,明确交代该诗作于乙未。兹结合"草熏风暖春申浦"之诗句,系之于乙未春。

◎ 乙未秋夜,姚寿祁赋诗感慨人生艰难,并寄予冯君木:"落叶萧萧入郡楼,天涯王粲尚依刘。艰难客路谁青眼,尔我高堂各白头。短烛凄迷当独夜,空斋风露正清秋。江湖鸿雁都归去,莫寄瑶华慰别愁。"⑤

> 按,《寥阳馆诗草》在收录《秋夜寄冯君木》时,明确交代该诗作于乙未年。兹结合诗题及"短烛凄迷当独夜,空斋风露正清秋"等诗句,系之于乙未秋日某夜。

◎ 冯君木所作《百字令 落叶》,深得陆镇亭先生的赏识。

> 按,《僧孚日录》庚申九月十七日条引冯君木忆语云:"年二十三

---

① 冯君木撰,唐燮军等校注:《冯君木集校注》,第34—35页。
② 按,《申报》1894年11月15日《宁郡辨志精舍冬季课题》词章类第二题就是"含黄伯传",详参《申报》编写组编:《申报影印本》第48册,第474页。
③ 《申报》编写组:《申报影印本》第49册,第575页。
④ 应叔申:《寄君木上海》,载应叔申撰:《悔复堂诗》,1942年余姚黄立钧《悔复堂诗 寥阳馆诗草》合刊本。
⑤ 姚寿祁:《秋夜寄冯君木》,载姚寿祁撰:《寥阳馆诗草》,1942年余姚黄立钧《悔复堂诗 寥阳馆诗草》合刊本。

时,作《落叶词》,为陆镇亭太史延黼所赏识,专招我至其家读。余以太史时方豪盛,未往。"①又,《秋辛词》在收录《百字令 落叶》时,明确交代该词作于乙未年。②

◎ 在冯莲青卒后第三年的乙未十月,冯君木将其遗诗编为《适庐诗》一卷,并作《先兄莲青先生事略》。

  按,冯开《先兄莲青先生事略乙未》:"君不喜著书,有所考核,都不纂述,心知其意而已,卒后仅存诗文稿二卷。君卒之二年,鸿墀始摭君之志行,略述一二,俾崇福长而有所观法,亦以致吾之哀焉。光绪二十一年乙未十月,从弟鸿墀谨述。"③又,冯开《清儒林郎冯君墓志铭》:"君少喜歌咏,矢诗数百,清华省净,既自恨无根著,悉摧弃之。卒后,其从弟开缀拾奇零,撰次为《适庐诗》一卷,藏于家。"④

◎ 约乙未冬,冯梦香助其妹夫张敬效营建生圹于东悬岭。

  按,陈康瑞《题耄叟画梅》之序云:"岁乙未,耄叟因其妻兄冯梦香孝廉一梅,自营生圹于东悬岭上,邀往观成,小憩永福庵,画梅以遗住僧梅亭。丙辰春,重游经此,梅亭出示旧画,手笔如新,而梦香已作古人矣。"⑤

◎ 乙未十二月二十八日(1896.2.11),冯君木荣获宁波辨志精舍乙未秋季课案"词章"超等第一名。

  按,《申报》1896年2月11日《宁郡辨志精舍乙未秋季课案》云:"词章超等:冯鸿墀、陈汉章、俞鉴。"⑥

---

① 洪廷彦主编:《沙孟海全集·日记卷》,第37页。
② 冯君木撰,唐燮军等校注:《冯君木集校注》,第402—403页。此外,据《秋辛词》记载,《减兰夜饮王佩兰校书家,佩兰索词,占此为赠》《更漏子 白莲》《寿楼春 上海寄魏端夷》三词亦作于乙未年。
③ 冯开:《先兄莲青先生事略乙未》,载沈粹芬等辑:《清文汇》丁集卷19,第3120页。
④ 慈溪市文物管理委员会办公室等编:《慈溪碑碣墓志汇编(清代民国卷)》,第565页。
⑤ 陈康瑞撰:《睫巢诗钞》,第34页。《四明清诗略续稿》卷6云:"张敬效,字茂藻,晚号耄叟,慈溪人,诸生。陈康瑞序石缘集略:耄叟以名下士佐幕津门、江湘间,垂二十余年。后需次直隶,署束鹿县事,勤政爱民,清介自持。遭辛亥国变,萧然归里。时或客游大江上下,以诗画自娱。性爱石,先后所得题咏成帙汇刻之,署曰《石缘》。"载〔清〕董沛、忻江明辑,袁元龙点校:《四明清诗略》,第2148页。
⑥ 《申报》编写组编:《申报影印本》第52册,第243页。

光绪二十二年　丙申(1896.2.13—1897.2.1)　二十四岁

◎ 丙申七月十四日(1896.8.22),冯君木召集同志抄写《见山楼诗》于魏诏仲馆中,由于时间短暂,仅抄得其十之四五。期间,冯君木作诗纪事:"生平不识张明府,读到遗诗忽惘然。百首兵戈悲乱世,一官漂泊感中年。文章落落推先辈,薄领劳劳惜此贤。靳与方干传绝业,故应赍恨到重泉。"①

按,宁波天一阁所藏《麟洲诗草》冯开跋:"张麟洲先生《见山楼诗》四卷,为先生晚年所自定。其弟子王缦云孝廉曾欲刻之而未果。写本四册,今藏于家。先生妻视为瑰宝,珍密不肯轻示人。丙申夏日,余百计请丐,始得暂假一日,竭数手之力,仅乃遴抄十之四五,而原本已被索矣。"②又,宁波天一阁所藏《见山楼诗选》冯鸿墀跋:"丙申七月十四日,于麟洲先生令子处假得选抄,次日毕,凡一日夜。抄者六人,所抄之地则魏诏仲馆中也。是日微雨凉爽。鸿墀志。"③

◎ 作于丙申且流传至今的冯君木词作有:《清平乐 为杨芬女郎题〈白莲图〉》《暗香》《浣溪沙》《齐天乐》《洞仙歌》《祝英台近》(共有4阕)。

按,《秋辛词》明确交代上列诸词皆作于丙申年。

光绪二十三年　丁酉(1897.2.2—1898.1.21)　二十五岁

◎ 冯君木与陈训正等挚友合创"剡社",并力推陈镜堂主其事。

按,陈训正《百字令·自题诗卷》小字夹注:"少时与陈山密、郑念若、冯汲蒙、君木、应叔中、钱(中)〔仲〕济、胡君诲、魏(中)〔仲〕车结社讲艺,推山密为长;山密居剡隩,故名'剡社'。后改称'石关',亦山密

---

① 冯君木:《读张麟洲大令鸿儁〈见山楼遗诗〉题后》,载冯君木撰,唐燮军等校注:《冯君木集校注》,第39页。
② 张翊儁:《麟洲诗草》,宁波天一阁博物院藏。
③ 张翊儁:《见山楼诗选》,宁波天一阁博物院藏。

所居地也。"① 又,陈训慈《陈君屺怀事略》云:"光绪廿三年,遂与邑中契友集为'石关算社',乡人多闻风来请执业者。"② 又,陈训正《慈溪冯先生述》:"少日尝与同县陈镜堂、郑光祖、冯毓孳、应启墀、钱保杭、魏友枋、胡良箴、陈训正诸人结惇社……群议一人主其事,或以属先生。先生谓镜堂其人清亮高旷而多文,诚非吾侪几,宜为长。会有讦惇社好标榜,踵几复缪辙,先生于是乃请改名剡社,为诗酒之会。曰剡者,镜堂所居地剡山也。"③

◎ 冯君木被选为拔贡生,朝考二等,自愿就教职,遂出为丽水县学训导。见载于《清代朱卷集成》光绪丁酉科贡卷的《赋得五雀六燕,得均字五言八韵》《无欲速无见小利》《不挟长,不挟贵,不挟兄弟而友。友也者,友其德也,不可以有挟也》三文,理当作于光绪二十三年。

> 按,沙孟海《冯君木先生行状》云:"光绪二十三年,选拔贡生,朝考二等,吏部询问,愿就教职,补用教谕。出为丽水县学训导。"④ 又,沙孟海《冯君木冯都良父子遗事》:"二十三年丁酉科选拔贡生,朝考二等。依照故事,当得知县任用。当时清政不纲,内忧外患频仍,先生无意仕进,吏部询问时,表示愿就教职。"⑤ 又,陈三立《慈溪冯君墓志铭》:"光绪丁酉,以拔贡试于朝,列二等,故事当得知县,君自言铨曹,愿为儒官,授丽水县学训导。"⑥

◎ 丁酉秋八月,冯一梅有6篇习作被其师俞樾选入《诂经精舍课艺八集》(详参表9)。

---

① 陈训正:《天婴室丛稿》之五《秋岸集》,载沈云龙主编:《近代中国史料丛刊》第63辑,第225页。
② 陈训慈:《陈君屺怀事略》,载陈训正:《晚山人集》附录,陈训慈整理,影印本(版本不详),1985年。
③ 陈训正:《慈溪冯先生述》,载《宁波旅沪同乡会月刊》第97期,1931年8月发行,第44页。
④ 冯君木撰,唐燮军等校注:《冯君木集校注》附录一,第571页。
⑤ 沙孟海:《冯君木冯都良父子遗事》,载《浙江文史资料选辑》第47辑,第98页。
⑥ 冯君木撰,唐燮军等校注:《冯君木集校注》附录一,第573页。此外,袁惠常《雪野堂文稿》卷上《冯回风先生事略》、《回风堂文》卷1《魏陔香六十赠序》及其《杨省斋先生六十寿诗序》对此亦皆有所叙说。

按,《诂经精舍课艺八集》题作:"光绪二十三年秋八月,曲园居士书。……院长俞樾编次,监院许祥身、周元瑞校刊。"①

表9 《诂经精舍课艺八集》所刊冯一梅习作

位置	文 名	小计	位置	文 名	小计
卷2	《父义和解》	1	卷9	《接浙解》《论"咸""造""趣"三字古音》	2
卷4	《邦汋解》	1			
卷6	《囚灵配四方说》	1	卷10	《艾繁济略赋》	1

◎ 作于丁酉且流传至今的冯君木词作尚有:《小重山》《点绛唇》《百字令_{拟龚定盦}》《买陂塘_{来鹤山房为扶鸾之戏,乩仙有自称夜月女子者,赋四诗,绝映丽,因纪此词}》《青玉案_{内子以词见寄,倚此答之}》《鹧鸪天》《山花子_{拟晏小山}》《山花子》《秋波媚_{寄季则}》《蝶恋花_{内子手录唐、宋、五代词二册,曰〈古词录〉,写定寄余,为题此词}》《菩萨蛮》(共计6阙)《浪淘沙》《蝶恋花》《点绛唇_{草用林君复韵,同寄则作}》。

按,《秋辛词》明确交代上列诸词皆作于丁酉年。

光绪二十四年 戊戌(1898.1.22—1899.2.9) 二十六岁

◎ 冯君木在京城结识慈溪老乡叶同春(1855—1902),相与探讨填词之道。

按,《回风堂文》卷1《叶霓仙遗稿序》:"余与君年辈差悬,戊戌客京师,逆旅盘停,朝夕奉手,文字密合,遂结忘年之契。余尝语君:词之为道,意内言外。止庵有言:'以有寄托入,以无寄托出。'入于意内,出于言外,匪直达诂,实为悫解。君恒嗟叹,以为知言。"②

◎ 冯君木在任职丽水县学训导一年后,调任宣平县学教谕③,辞疾不赴。

---

① 陈东辉主编:《杭州诂经精舍课艺合集》第14册,第1—4页。
② 冯君木撰,唐燮军等校注:《冯君木集校注》,第260页。
③ 宣平县,明景泰三年(1452)析丽水县置,治今武义县西南柳城镇,1958年撤销,其地分入武义、丽水。

按,沙孟海《冯君木先生行状》云:"光绪二十三年,选拔贡生,朝考二等,吏部询问,愿就教职。补用教谕,出为丽水县学训导。兴文教,修学宫,士议挚归,留之一载。调任宣平县学教谕,以病不赴。"①又,陈三立《慈溪冯君墓志铭》:"授丽水县学训导。居一岁,调宣平县学教谕,辞疾不赴。"②

◎ 戊戌八月,冯君木作《蝶恋花戊戌八月纪事》。俞因、应叔申各作《蝶恋花戊戌八月感事和君木》《蝶恋花戊戌八月和君木》以和之。

按,冯君木此词见录于《秋辛词》,其副题为"戊戌八月纪事"。

◎ 作于戊戌且流传至今的冯君木词作尚有:《临江仙都门寄内》《河传》《兰陵王送厉虞卿同年玉夔南归,用片玉韵》《八声甘州用屯田韵》《临江仙》《征招酬叶子川侍御庆增》《卖花声》《忆少年题唐郎采秋墨兰画扇,即以寄之》《蝶恋花》(共计9阕)。

按,《秋辛词》明确交代上列诸词皆作于戊戌年。

光绪二十五年　己亥(1899.2.10—1900.1.30)　二十七岁

◎ 冯君木与姚寿祁同宿求恒斋,并恳谈至深夜。

按,姚寿祁《寥阳馆诗草》录有一诗,名《宿求恒斋,与君木夜话》,且明确交代作于己亥年。

◎ 己亥四月,冯君木受托为冯锦成祖母秦氏的八十寿诗集作序。

按,冯开《冯母秦太宜人八十寿诗叙己亥》:"余年十七,读书吾宗锦成家,与锦成、新成、德成兄弟,同受业于魏先生之门,当时锦成之大母秦太宜人年七十矣。谭艺余暇,或游内庭,见其闺门端肃,规矩秩然,心慕太宜人家法之严……既而锦成备述太宜人守节抚孤,历世不忒,乃以叹太宜人苦节艰贞,身教有素……己亥四月某日,为太宜人八十寿辰。同人之获私于锦成兄弟者,皆以一诗为太宜人寿,而属鸿墀叙其端。余故为述昔之所闻于锦成者,以推明其致寿之由,而不

---

① 冯君木撰,唐燮军等校注:《冯君木集校注》附录一,第571页。
② 冯君木撰,唐燮军等校注:《冯君木集校注》附录一,第573页。

复以颂祷谀饰之辞进。"①

◎ 己亥秋,冯君木专程到官桥拜访陈训正。

  按,《陈布雷回忆录》光绪二十五年条云:"是年秋,冯君木先生来余家访大哥,先生年少有文名,丁酉以拔萃授教谕,余是时已知拔贡荣于乡荐,私念使余得为冯先生,岂非人生快事乎?"②

◎ 己亥冬,冯君木既曾为杨石蚕删改《石蚕诗草》,又尝与陈训正、姚寿祁、郑念若、魏仲车、应叔申、杨石蚕诸友,相聚于慈溪县城内的醉经阁,席间唱和诗歌,而作《消寒第一集,集醉经阁》。③

  按,姚寿祁《寥阳馆诗草》录有一诗,题为《醉经阁消寒第一集,同郑念若光祖、魏仲车、应叔申启墀、冯君木、杨石蚕、王仲邕和之》,而应叔申《悔复堂诗》也明确交代其《消寒第一集,集醉经阁》作于己亥年。

  又,冯君木《夫须诗话》有云:"杨君石蚕,旧交也,自其稚年,即喜从事于诗……所诣渐进,每有所作,必就余商可否,余痛绳之,石蚕勿忤也。己亥冬日,手写《石蚕诗草》一卷见视,予为严加删薙,仅存百余首,篇章不多而体气清妙,自非庸手可及。……吾党中诗才奇谲,当推陈君皇童。己亥冬日,同人举岁寒小集,天婴有《岁暮杂诗》六章,为一时传诵。"④

◎ 己亥冬,雪,冯君木受邀和魏仲车、杨辑父聚饮于应叔申家中。

  按,《回风堂诗》前录卷 1 有诗名《同魏仲车、杨辑父睿曾夜宿叔申斋中,有怀念若,并示诸君》。⑤

◎ 己亥十二月二十七日(1900.1.27),冯君木与姚寿祁同登北岭。

---

 ① 冯开:《冯母秦太宜人八十寿诗叙己亥》,载沈粹芬等辑:《清文汇》丁集卷 19,第 3121 页。

 ② 陈布雷:《陈布雷回忆录》,东方出版社,2009 年,第 15 页。

 ③ 冯君木撰,唐燮军等校注:《冯君木集校注》,第 52 页。

 ④ 王培军、庄际虹校辑:《校辑民权素诗话廿一种》,第 132 页。考《僧孚日录》乙丑闰四月三十日条云:"晨起,为玄丈刻'皇童山民'印。"(《沙孟海全集·日记卷》第 829 页)由此可知,陈训正曾经自号皇童山民。

 ⑤ 冯君木撰,唐燮军等校注:《冯君木集校注》,第 54 页。该诗后又刊载于《民权素》第八集(1915.7.15 出版)。

按,姚寿祁《寥阳馆诗草》录有一诗,名《雪后同君木登北岭,时为岁除前三日》。

◎ 己亥某月,冯一梅代龙游知县张焰撰《重建凤梧书院并定考课章程碑记》。

按,冯一梅《重建凤梧书院并定考课章程碑记》:"凤梧书院者,道光间前邑令秦君介庵所创建也。……光绪十四年,前邑令高君与卿始议复凤梧旧贯……是年七月经始,至明年十二月落成。……院虽落成,而修脯膏火之资仍无所出,迁延至于今。……焰独何幸,克成斯举。嗟乎!……爰树碑纪事。……谨详陈颠末以示来兹。"又,《民国龙游县志》编者备注:"右文未及树碑而焰已卒于任内,因亟录存。"①

考民国《龙游县志》卷13《宦绩略》有云:"知县张焰字楚白,榆次人。……光绪二十一年任……二十五年卒于官。"② 准此,故系其事于此。

◎ 作于己亥且流传至今的冯君木诗篇尚有:《岁末杂感》《与叔申夜饮》《忧时》《对酒示叔申》。

按,《岁末杂感》《与叔申夜饮》《忧时》《对酒示叔申》诸诗,乃《回风堂诗》前录卷1所载的最后四首,且位于《同魏仲车、杨辑父睿曾夜宿叔申斋中,有怀念若,并示诸君》之后,而《回风堂诗》前录卷2所录第一首,就是作于庚子正月初七的《人日集云壑草堂》。③ 由此,足以

---

① 余绍宋纂:民国《龙游县志》卷36《文征四》,《中国地方志集成·浙江府县志辑》第57册,第711页。
② 余绍宋纂:民国《龙游县志》卷36《文征四》,《中国地方志集成·浙江府县志辑》第57册,第221页。
③ 在《出镇海关》与《消寒第一集,集醉经阁》之间,《回风堂诗》前录卷1尚录有下列作年不详之诗篇:《〈春草〉一首寄魏仲车友枋》《塞上曲》《听歌》《题〈秋影楼图〉》《寄应三兄》《湖上偶成》《叔申以诗见赠,有"庸者不识识者忌,那况忌者正不多"之句,感其意之至,而不能无惜其词之过也,辄依韵答之》《戏成》《约略》《小游仙诗》《秋夜怀魏二秀才友枋》《多病》《琴心》《大宝山吊朱将军贵》《有赠》《窈窕三章》《〈江皋〉一首赠章述洨》《寄陈晋卿镜室》《赠陈天婴训正》《岁暮》《示兄女贞妘》《寄何明经其枚》《卧病》《七夕》《慰仲车》《漫与》《美人》《会稽舟中同仲车作》《旅病杭州,同杨省齐师鲁作》《余姚》《岁暮得郑念若光祖书,赋此报之》《同厉虞卿玉夔同年登陶然亭题壁》《〈游仙诗〉和叶子川侍御庆增》《弹指》《与贞伯夜话》《悔词》《横黛庵杂诗》《题〈月底横筝图〉,效昌谷》。

认定《回风堂诗》前录卷1所载的这最后四诗作于己亥年。

光绪二十六年　庚子(1900.1.31—1901.2.18)　二十八岁

◎ 庚子正月初七日(1900.2.6),冯君木与友朋相聚于云壑草堂,并赋诗感怀。

　　按,《回风堂诗》前录卷2有《人日集云壑草堂》诗,并明言该诗作于庚子年。①

◎ 庚子二月,冯君木又将奔赴丽水,友朋设宴饯别于东山道院。

　　按,《回风堂诗》前录卷2有诗,名曰《庚子二月,将有处州之役,同人饯之东山道院,即席赋诗留别》。②

◎ 冯君木此次赴任丽水,行经石门,顺道拜访刘基(1311—1375)当年的读书处。尔后取道瓯江,逆流而上,经三天三夜至丽水。

　　按,《回风堂诗》前录卷2录有两诗,分别题作《石门》《自温州溯舟至丽水》。③

◎ 冯君木这次赴任丽水,与妻兄俞仲鲁(1870—1945)同行。庚子四月,同游丽水三岩。

　　按,俞因《妇学斋遗稿》有《送君木赴处州并呈从兄仲鲁》,内称:"春风来几日,……游子初登程。……戚戚毋自苦,男儿志长征。长征亦不恶,同行有吾兄。有诗可同咏,有酒可同倾。栝苍好山水,历历子所经。……君身在道路,亲心同奔走。眠食莫任性,言语须谨守。可归早归来,无使亲盼久。"④又,冯君木《三岩游记》云:"三岩在丽水西北,清寥高峻,翛然人境之外。宋李尧俞表其右曰清虚,中曰白云,左曰朝曦。庚子四月,予与俞君仲鲁游焉。"⑤

---

① 冯君木撰,唐燮军等校注:《冯君木集校注》,第58页。宁波天一阁博物院所藏两卷本《回风堂诗》卷1,题作《庚子人日集云壑草堂》。
② 冯君木撰,唐燮军等校注:《冯君木集校注》,第58页。
③ 冯君木撰,唐燮军等校注:《冯君木集校注》,第59页。
④ 俞因:《妇学斋遗稿》,载冯君木撰:《回风堂诗文集》附录。
⑤ 冯开:《三岩游记》,载沈粹芬等辑:《清文汇》丁集卷19,第3119页。

◎ 庚子春,前丽水县儒学教谕朱丙炎返归杭州,冯君木作诗送别。

　　按,《回风堂诗》前录卷 2 有诗,名曰《送朱硕父广文<small>丙炎</small>归杭州》。①

◎ 庚子清明时节,冯君木任职处州,收到俞因所作《念奴娇·寄君木处州》词。

　　按,俞因此词见录于《妇学斋遗稿》,其上阕云:"画帘如梦雨潇潇,正是清明时节。揽别东风无几日,弹指缃桃成雪夜。"②

◎ 庚子夏,冯君木见局势动荡,心系家人安危,遂离开丽水,返归慈溪。

　　按,《回风堂诗》前录卷 2《丽水午发》云:"行役逢炎暑,谁怜客子劳。瘴云盘地起,沙路刺天高。风景自辽廓,兵戈况驿骚。苍茫忆家室,归思日滔滔。"③

◎ 冯君木在自处州返归慈溪途中,夜宿应叔申处。

　　按,应叔申《悔复堂诗》所录组诗(共四首),题为《君木归自处州,过宿余斋,夜阑赋诗》,并明确交代作于庚子年。

◎ 庚子八月之前,冯一梅应丁申之请,题咏《风木盦图》:"庚辛浩劫变沧桑,高文巨册多散亡。一缕孝思独不灭,未随劫灰同飞扬。旧图虽陷荆榛中,新图妙墨重发光。披图益钦孝思永,历劫不坏何坚刚。乃知万物皆虚器,惟赖此心能久长。万物既失皆可复,一心纯孝后必昌。愿抱此心永勿谖,能为乾坤扶纲常。"④

　　按,《风木盦图题咏》扉页题署:"光绪庚子八月,钱塘丁氏刊行,版藏西溪。"

◎ 庚子九月,冯君木应族子冯保谦之请,为其母董夫人作六十寿序。

　　按,冯开《冯母董夫人六十寿叙<small>庚子</small>》:"……托诸生日称庆,因事致敬之义,以丐立言者之一言,是亦古人述德之遗意,而非仅善颂善

---

① 冯君木撰,唐燮军等校注:《冯君木集校注》,第 59 页。
② 俞因:《妇学斋遗稿》,载冯君木撰:《回风堂诗文集》附录。
③ 冯君木撰,唐燮军等校注:《冯君木集校注》,第 60 页。
④ 陈志坚主编:《杭州文献集成》第 12 册《武林掌故丛编(十二)》,杭州出版社,2014 年,第 536 页。

祷之谓已也。光绪庚子九月,族子保谦以其母氏董夫人六十生辰,谋所以称觞者,而以寿言见属。……余既承保谦之属,因为叙其崖略,而又推明善则归亲之义,以为保谦勖,庶无蟸古人'颂不忘规'之意云。"①

◎ 庚子冬,冯君木在即将赴任处州前,既与杨微斋同游姜家岙,又特意作诗赠别魏仲车。

按,冯君木《回风堂诗》前录卷 2 录有两诗,前曰《与杨微斋游姜家岙,时余又将有处州之役》,后名《将赴处州留别魏仲车》,且称"岁暮复行役"。②

◎ 庚子冬,在赴任处州途中,冯君木作《永嘉道中》《瓯江舟中》《青田》《青田学舍赠陆蓝卿广文_{智衍}》诸诗。

按,诸诗皆见录于《回风堂诗》前录卷 2③,从中可知冯君木此次赴任,依然取道台州、温州,然后舟行至青田,再由青田陆行至丽水。

又,冯君木《夫须诗话》云:"鄞县陆蓝卿广文智衍,以优贡选为青田校官。予于庚子冬日道经青田,曾赋一诗赠之。"④

◎ 抵达丽水后,冯君木先后作《寄妇》《有忆》《寄叔申》《寄陈天婴》以报平安或表达对友人的思念。

按,诸诗皆见录于《回风堂诗》前录卷 2,且其中《寄叔申》更显露出该诗的写作时间和地点:"寥寥队叶拂庭柯,冷署无人掩薜萝。"⑤

◎ 身处丽水,业余闲来无事,冯君木翻检少时所作诗篇,发现黄岩人王六潭先生曾对他推崇有加⑥,遂赋诗感谢。

按,《回风堂诗》前录卷 2 录有一诗,名《检童时诗稿,见有黄岩王

---

① 冯开:《冯母董夫人六十寿叙_{庚子}》,载沈粹芬等辑:《清文汇》丁集卷 19,第 3121 页。
② 冯君木撰,唐燮军等校注:《冯君木集校注》,第 61—62 页。
③ 冯君木撰,唐燮军等校注:《冯君木集校注》,第 62—63 页。
④ 王培军、庄际虹校辑:《校辑民权素诗话廿一种》,第 131 页。
⑤ 冯君木撰,唐燮军等校注:《冯君木集校注》,第 64—65 页。
⑥ 侯学书《走近张美翙》云:"王咏霓(1839—1916),原名王仙骥,字子裳。号六潭。黄岩兆桥乡人。师事翁同龢。光绪六年庚辰(1880)进士。……光绪十年甲申(1884),曾为驻法国、德国、意大利、荷兰、奥地利、匈牙利帝国公使兼摄比利时使务的嘉兴许景澄随员。"载侯学书编著:《张美翙手札考释注评》上册,文物出版社,2020 年,第 12 页。

六潭先生咏覽题字其上,推许甚至,感赋一律》。①
◎ 俞因在读《陶孺人传略》后,感慨中来,遂赋四绝,是为《读陶孺人传略,伤离感旧,题四绝于后》。

> 按,《读陶孺人传略,伤离感旧,题四绝于后》之三小字夹注:"孺人居慈溪时,与予甚相得,自癸巳出松江后,一别忽七年矣。"② 兹由癸巳下推七年而系其事于此。

◎ 庚子岁末,冯君木身处异乡,赋诗思念杨省斋、关来青、陈镜堂、杨逊斋、梅调鼎、应叔申、冯汲蒙、郑念若、魏仲车、陈训正、钱保杭、姚寿祁、杨石蚕等十四位师友。

> 按,《回风堂诗》前录卷2《岁暮怀人诗》共14首,每首诗末皆用小字夹注标注其思念对象。③

◎ 庚子除夕(1901.2.18),冯君木身处丽水,思念母亲。

> 按,《回风堂诗》前录卷2《除夕》有云:"凤禀慈母爱,娇娆犹童龀。家衖朝夕离,慕切倚闾盼。何况此行役,去去日益远。道路既以修,节序又以换。思亲不见面,行子肠欲断。宁知思子心,昔昔车轮转。"④

◎ 作于庚子且流传至今的冯君木诗篇尚有:《寄姚廖阳》《庚子夏日感事》《兰溪》《独坐》《早起》。

> 按,《回风堂诗文集》之《回风堂诗》前录卷2,明确交代上列诸诗皆作于庚子年。

光绪二十七年　辛丑(1901.2.19—1902.2.7)　二十九岁

◎ 辛丑六月二十一日(1901.8.5),夫人俞氏产子冯喜孙。

---

① 冯君木撰,唐燮军等校注:《冯君木集校注》,第66页。
② 〔清〕董沛、忻江明辑,袁元龙点校:《四明清诗略》,第2208页。除此之外,《四明清诗略》尚录有《送外子木读书甬江》《病中读先君遗诗凄然有作》《寄钱灵华蕤音》《中秋赋呈君木》《秋夜怀君木杭州》《暮游北湖》《秋日病起》七诗。
③ 冯君木撰,唐燮军等校注:《冯君木集校注》,第67—69页。
④ 冯君木撰,唐燮军等校注:《冯君木集校注》,第69页。

按，沙孟海《冯君木冯都良父子遗事》云："冯都良，原名喜孙，后改名贞骨，字须父，题其室名曰都良馆。都良即都梁，香草也。他所有一般性的写作，常自署都良，久之，遂以都良为名。光绪二十七年辛丑六月廿一日(1901年8月5日)生于慈溪原籍。生母是冯先生原配俞夫人，名因，字季则，亦工诗词，著有《妇学斋遗稿》。"①

◎ 辛丑秋，冯君木任职丽水，收到姚寿祁寄自晋安的《秋夜寄君木》诗。

按，姚寿祁《寥阳馆诗草》明确交代其所录《秋夜寄君木》作于辛丑年。又，章闇《哭冯回风师》云："光绪庚子、辛丑间，师任丽水学官，处郡城二年余。"②

◎ 十六岁的冯贞群，奉其祖父冯溪桥之命，用五天时间，抄录《淳化阁帖释文》。

按，伏跗室所藏抄本《淳化阁帖释文》冯贞群题记："吾年十六时侍先王父居鄞江北岸，有人持关中本阁帖丛刻本释文求市者，王父以家藏阁帖无释文命别写一本，朝夕握管，五日乃毕。"③

◎ 作于辛丑且流传至今的冯君木诗篇尚有：《游洞溪》《螺子楼杂诗》《与叔申话旧》《叶叶》。

按，《回风堂诗文集》之《回风堂诗》前录卷2，明确交代《游洞溪》《螺子楼杂诗》《与叔申话旧》《叶叶》诸诗皆作于辛丑年。

光绪二十八年　壬寅(1902.2.8—1903.1.28)　三十岁

◎ 冯鸿墀从此改称"冯开"，其字也从"阶青"改作"君木"。

按，《僧孚日录》辛酉九月初二日(1921.10.3)条："吾邑张于相师文章书翰著闻间里，幼时尝怪其字亦何以未谐义法，其后乃有今字。吾夫子年三十，始更今名。朱祖谋近年乃更名孝臧，字沤尹。章炳麟

---

① 沙孟海：《冯君木冯都良父子遗事》，载《浙江文史资料选辑》第47辑，第105页。
② 《申报》编写组编：《申报影印本》第293册，第377页。
③ 骆兆平：《冯贞群辑校书知见录》，载骆兆平：《伏跗室书藏记》，第46页。

亦常欲更名绛而未能。凡此皆不谋而合，学者可以知其故矣。"①
◎ 壬寅秋，冯君木专程前往杭州西溪拜访仁和人陈蓝洲(1839—1910)而未得，遂作《呈陈蓝洲先生豪》以纪其事。

  按，《回风堂诗》前录卷2在收录《呈陈蓝洲先生豪》时，明确标注该诗作于壬寅年，细读之，又可进一步确定该诗作于壬寅秋。②
◎ 十七岁的冯贞群，补宁波府学生员。

  按，《伏跗居士寿藏记》："居士冯氏，名贞群，字孟颛……生于松江，清光绪十二年九月二十三日也，幼孤，好读书，不妄交游。年十七，补宁波府学生……民国二十五年丙子闰三月伏跗居士记，慈溪钱常谨书。"③
◎ 作于壬寅且流传至今的冯君木诗篇尚有：《读〈楞严〉二首》《悼词》《送家晦庼北上，时同人设饯于琼人仙馆》《有忆》。

  按，《回风堂诗文集》之《回风堂诗》前录卷2，明确交代《读〈楞严〉二首》《悼词》《送家晦庼北上，时同人设饯于琼人仙馆》《有忆》诸诗皆作于壬寅年。

光绪二十九年　癸卯(1903.1.29—1904.2.15)　三十一岁

◎ 癸卯春，任职杭州的冯君木，赋诗表达对俞因的相思。

  按，《回风堂诗》卷1《春日杭州寄妇》有云："劳歌草草惜华年，晼晚春阳只惘然。念汝人间又天上，相思树下即门前。"④
◎ 癸卯十月，冯一梅为作《筑堤碑记》，略述其事之原委。

  按，冯一梅《筑堤碑记》："山、萧之际有沙衍焉。规为六区，以三

---

① 洪廷彦主编：《沙孟海全集·日记卷》，第222页。
② 冯君木撰，唐燮军等校注：《冯君木集校注》，第71—72页。郑逸梅谓："陈蓝洲，名豪，号冬暄草堂主人，擅书画，偶或刻印，然传世书画多，刻印殊少见。"载郑逸梅：《艺林散叶》(修订版)，第153页。
③ 冯贞群：《伏跗居士寿藏记》，载骆兆平：《伏跗室书藏记》附录，第141—142页。骆兆平于文末备注："录自伏跗室藏碑帖拓本。"
④ 冯君木撰，唐燮军等校注：《冯君木集校注》，第75页。

才、三辰表缀之。辛丑秋仲,淫霖为灾。人、日、月、星四区丁其厄。山、会、萧三邑士绅,筹所以瞻之者。……为创筑堤埂四千八百一十余丈。是役也,既节唐縻于今兹,复固崇堤于来许,此则葛、胡二公已饥已溺之诚,与诸士绅爰究爰度之识,为不可谖也,是为记。光绪二十九年岁癸卯十月,山阴鲍临、徐叚兰,会稽徐尔谷,萧山汤懋功同监造。慈溪冯一梅书。"①

◎ 癸卯十二月初十日(1904.1.26),冯衷博出生。

  按,《冯衷博先生简历》云:"先生名昭适,字衷博,小名慰曾,是冯贞群先生之子,生于清光绪二十九年十二月十日,卒于民国三十八年八月十八日,春秋四十有七。"②

◎ 作于癸卯且流传至今的冯君木诗篇尚有:《吴山酒楼与范蛰盦_{耀雯}同饮》《袅袅》。根据这些诗篇,足以断定冯君木当时正任职杭州。

  按,《回风堂诗文集》之《回风堂诗》卷1,明言上列两诗皆作于癸卯年。

光绪三十年　甲辰(1904.2.16—1905.2.3)　三十二岁

◎ 甲辰春,冯君木基于对当时局势的判断,决意从杭州离职,回到故乡发展。

  按,《回风堂诗》卷1《式微十章_{甲辰}》有云:"式微式微胡不归,缁尘十丈拂征衣。春风陌上花开日,回首家山只落晖。……式微式微胡不归,风波如此吁可危。南山张罗北山弋,好语西乌莫夜飞。"③

◎ 甲辰十月,冯一梅编订的《古越藏书楼书目》20卷,交由崇实书局石印。该书目不但打破了传统的四部分类法,更以史无前例的包容,接纳了新兴学科。

---

① 冯一梅:《筑堤碑记》,载李文海等主编:《中国荒政书集成》第11册《山萧两邑沿海筑堤工赈征信录》,天津古籍出版社,2010年,第7386页。
② 冯氏家属供稿:《冯衷博先生简历》,载骆兆平:《伏跗室书藏记》,第148页。
③ 冯君木撰,唐燮军等校注:《冯君木集校注》,第76—77页。

按,《古越藏书楼书目》扉页明言:"光绪三十年十月,崇实书局石印。"①又,李楠等《中国古代藏书》云:"光绪三十年(1904年),古越藏书楼的监督冯一梅为楼内藏书重新编撰了书目,为《古越藏书楼书目》。……此书目较系统地反映了近代科学体系,与旧目有重大区别。学部包含23类,政部包含24类,虽然有许多待商榷之处,但此书目能打破旧的经、史、子、集四部分类法,并将许多'新学'之书与'经'并列,这是目录学上的重大革新。著名目录学家姚名达十分推崇《古越藏书楼书目》,他说:'谈最早改革中国分类法,以容纳新兴之学科者,要不得不推《古越藏书楼书目》为最早也。'"②

◎ 冯贞群撰就《甲辰文稿》,内收其撰于光绪三十年(1904)的九篇策论文,且每篇策论后均附有学师评语。

按,骆兆平《冯贞群著作考述》:"《甲辰文稿》,光绪三十年(1904)著,朱丝栏稿本一册,伏跗室陈列,未刊。冯贞群先生于光绪壬寅科补宁波府学生员,时年十七岁。本书收其十九岁时所撰策论文九篇……每篇之末均有学师评语。"③

光绪三十一年　乙巳(1905.2.4—1906.1.24)　三十三岁

◎ 冯君木将卢雅雨刻本《战国策》赠予冯贞群。

按,骆兆平《伏跗室文献辑略·雅雨堂丛书》:"是书为族父辨斋先生旧藏。族父善贸迁术,雅喜藏书,筑耕余楼以储典籍,复建义庄于楼之后,以恤寒畯。逮其身后,书既散佚,而楼亦为他人有矣。壬寅季冬,群以事至义庄,见旧书数百册,狼藉地上,虫伤残蚀,无人过问……遂捡其稍整齐者数十册以归。乙巳岁,九叔父君木先生以卢雅雨刻本《战国策》见赐。"④

---

① 本社古籍影印室辑:《明清以来公藏书目汇刊》第45册,北京图书馆出版社,2008年,第4页。
② 李楠、李杰编著:《中国古代藏书》,中国商业出版社,2015年,第163页。
③ 骆兆平:《冯贞群著作考述》,载骆兆平:《伏跗室书藏记》,第31页。
④ 骆兆平:《伏跗室文献辑略》,载骆兆平:《伏跗室书藏记》,第135页。

光绪三十二年　丙午(1906.1.25—1907.2.12)　三十四岁

◎ 丽水人章闇自杭州来慈城,求学于冯君木门下。

　　按,章闇《哭冯回风师》云:"丙午,自杭州来慈溪,谒师于里第。……我年十五六,曾拂玉阶苔。……别后将十年,游学到老槐。师住慈溪槐花树门头,门有老槐。从此风雨夕,虚室常追陪。三日不相见,便将诗句催。"①又,《鄞县通志·文献志》云:"章闇字叔言,一字巨摩,丽水人。初从毓孳学于杭州,毓孳归,随之来甬,转事冯开,相依不去。"②

光绪三十三年　丁未(1907.2.13—1908.2.1)　三十五岁

◎ 丁未春,《麟洲诗草》失而复得,冯君木喜出望外,遂题识于其封面。

　　按,冯开《麟洲诗草》跋:"张麟洲先生《见山楼诗》四卷,为先生晚年所自定。……是册为先生手写本,中皆丧乱之音,字句多与《见山楼》不同,盖少作之未定者。余年十七时得自旧家,以视先兄莲青。兄死,遂乃失之。越十余年,兄子曼孺复得之故纸堆中,为之剧喜,装订既完,辄题册端。丁未春日,冯开。"③

◎ 丁未三月十七日(1907.4.29),冯一梅病卒,享年五十九。陆镇亭(1855—1921)赋诗以挽。

　　按,冯昭适《族祖梦香先生传》:"其学经史而外,九流百氏,靡不综览。讲学不立门户,以实践为归。研经之余,尤熹研讨《老子》《黄帝内经》《算术》,多所心得。……光绪三十二年,以疾归里。明年春,病剧,得俞先生赴告,悲甚,犹强起手撰祭文、挽联,望空遥祭之。三月十七日卒,春秋五十有九。"④又,陆廷黼《冯梦香孝廉—梅挽诗二首》

---

① 《申报》编写组编:《申报影印本》第293册,第377页。
② 张传保等修,陈训正等纂:《民国鄞县通志》,《中国地方志集成·浙江府县志辑》第17册,第146页。
③ 张翊僎:《麟洲诗草》,宁波天一阁博物院藏。
④ 冯昭适:《族祖梦香先生传》,《华国》第1卷第12期,1924年8月15日,第97页。俞樾病卒于丙午十二月二十三日(1907.2.5)。

云:"冯唐白首困郎潜,君乃仅为名孝廉。已许经师侪马郑,固应院体薄徐严。冰壶玉鉴襟怀澈,霁月光风气度兼。无怪吴兴俞太史,逢人说项喜沾沾。""幸从三益友多闻,岂料今朝竟失君。三策不曾收贾谊,九原谁与哭刘蕡。问年亦止逾中寿,录稿终当拾散文。愧乏韩欧大手笔,西悬岭畔表遗坟。"①

◎ 丁未七月初七日(1907.8.15),冯贞群编定《求恒斋书画目录》,内分甲乙两录。

按,《求恒斋书画目录》卷末题记:"予家旧藏书画二巨簏,皆先王父所收存者。自王父弃养,遗簏尘封殆将三年,思欲排次整第之,而因于家政,卒卒竟无少暇。丁未夏日,始得与吾友赵君曙民排日类比,审别精粗,次第甲乙,凡五日而毕。辄写定目录一册,俾藏于家。庶以宝先人手泽于无穷云尔。是岁七月七日冯群记。"②

◎ 冯君木四伯父冯黎卿病卒。

按,《回风堂文》卷1《应子穆翁八十寿序》云:"余故居在城东慈溪巷,门前有槐树三,远望青苍际天,为远祖翔宇府君所手植,吾曾王父白于府君诗所谓'门前大树有槐花'者也。洎吾祖,始他徙;阅五六十年,余复奉伯父黎卿先生入居之。……后吾伯父弃养,越四年,复遘妇俞之戚。"③考《妇学斋遗稿》书末冯君木"记"云:"亡妇俞君来归廿年,辛亥八月,以腹疾死。"④据此推算,是知冯黎卿病卒于光绪三十三年。

又,考《清代朱卷集成》光绪丁酉科冯君木贡卷,可知冯君木有四伯父,长曰允骥,字侣琴,国学生;次曰允骏,字玉如,即冯莲青之父;三曰允骙,字伟生,一字俊卿,号蕙生;四曰允骧,字里千,号蔾卿。⑤

---

① 陆廷黼:《镇亭山房诗集》卷18,载《清代诗文集汇编》第730册,第377页。
② 骆兆平:《冯贞群著作考述》,载骆兆平:《伏跗室书藏记》,第32页。《求恒斋书画目录》,朱丝栏稿本一册,今藏伏跗室,未刊。
③ 冯君木撰,唐燮军等校注:《冯君木集校注》,第282页。
④ 冯君木:《妇学斋遗稿》后记,载《回风堂文集》附录。
⑤ 顾廷龙主编:《清代朱卷集成》第400册,第377—378页。

藜卿即黎卿。

光绪三十四年　戊申(1908.2.2—1909.1.21)　三十六岁

◎ 戊申正月,冯君木特地赶到鹳浦,看望病中的郑念若。

> 按,《回风堂诗》卷1有诗名《至鹳浦视郑念若病,临别感赋》,且明言作于戊申年。①

◎ 戊申正月,郑念若卒。冯君木连作《哀念若》《祭郑念若文》两文加以悼念。②

> 按,陈训正《哭剡山》之三,明言"正月哭郑生,八月君又死",且诗末所附自述,又称"剡山之死,在戊申八月"。③ 是知郑念若卒于光绪三十四年正月,故系之。

◎ 戊申四月,冯君木、应叔申、陈训正三人相聚于冯氏家中,相约六月同游太白山、普陀等地。尔后,应冯君木之请,陈训正为作《夫须阁诗叙》。

> 按,天婴《夫须阁诗叙》:"伏四明有病夫三,宿昔以诗相性命。戊申之四月,三病夫不盟而会于冯。……期以六月,颠太白山,道瑞岩,放舟蛟水,挝蛟门过陆,乃普陀。凡游必以诗,诗必三,吾人互读之,必责其偿于橐所遗始饫。……去之日,冯子捉余肘曰:'子不可无言乎吾诗。'余曰:'诺。'因仿佛日者情事,文而荐之,至准其诗度,则冯子尝有言曰:'悔复才而俊,天婴才而奇,才而雅乎,吾其不古人弱也。'呜呼,冯子固自信之矣,余复何言。"④

◎ 姚寿祁自上海返归慈溪,夜宿冯君木家中,且赋诗纪事。

> 按,姚寿祁《蓼阳馆诗草》录有一诗,题为《自沪旋里,宿君木斋中感赋》,且明确交代该诗作于戊申年。

---

① 冯君木撰,唐燮军等校注:《冯君木集校注》,第77页。
② 冯君木撰,唐燮军等校注:《冯君木集校注》,第77、379页。
③ 陈训正:《天婴室丛稿》之一《无邪诗存》,载沈云龙主编:《近代中国史料丛刊》第63辑,第14—15页。
④ 天婴:《夫须阁诗叙》,载《广益丛报》第235期,1910年发行,第1—2页。后被改称《冯君木诗序》,收入《天婴室丛稿》之三《无邪杂著》。

◎ 戊申七月,冯贞群在冯君木《求恒斋藏书目》的基础上编定《求恒斋书目》。

  按,冯贞群《求恒斋书目》题记:"群少孤,先君弃养时方八岁耳。遗书赖吾叔父君木先生整齐之,凡得八巨箱,比群稍长,堪读父书,乃举以付群。数年以来,续有购置,岁月既积,累累渐多,爰于长夏曝书时,分类排比,写定目录一册,合旧有八箱,都计书五千四百余册,地图碑帖百八十余品。后有所得,当陆续写入焉。光绪三十四年七月冯贞群记。"①

◎ 戊申八月,友人陈镜堂(1867—1908)卒于杭州。冯君木连作《哀陈晋卿》《陈镜堂传》《祭陈晋卿文》等诗文②,既表达哀悼之意,又试图为陈氏生前行迹盖棺定论,同时也明确表示愿替亡友照顾家室。

  按,陈训正《哭剡山》诗末自述:"剡山之死,在戊申八月,距其生之年,四十有二。……剡山名镜堂,字晋卿,一字山密,姓陈氏。"③

◎ 戊申初秋,身处上海的姚寿祁,风闻应叔申咳血,写信给冯君木,打听应氏近况。

  按,应叔申《悔复堂诗》录有一诗,题为《姚贞伯寿祁闻余咯血,自海上驰书君木问状,危言苦语,多可涕者。余病小间,君木出书见视,余感其意,辄力疾成此一首,付君木寄去》,且自我交代作于戊申年。又,冯君木《夫须诗话》云:"叔申好苦吟,一字未安,恒至申旦不寐……兹录数章以实余言:……'久要不忘姚贞伯,今日论交倍汝亲。千里一书能念我,十生九死尚为人。将来那不肝肠绝,看去浑余涕泗新。力疾吟成凭寄与,毋令天末独伤神。'尾注:'余秋初患作,贞伯驰书君木来问状,语多可悲者。及余病少间,君木出书视余。余感

---

  ① 骆兆平:《冯贞群著作考述》,载骆兆平:《伏跗室书藏记》,第32页。《求恒斋书目》,朱丝栏稿本一册,今藏伏跗室,未刊。
  ② 冯君木撰,唐燮军等校注:《冯君木集校注》,第79、292、380页。
  ③ 陈训正:《天婴室丛稿》之一《无邪诗存》,载沈云龙主编:《近代中国史料丛刊》第63辑,第14—15页。而冯君木《陈镜堂传》则云:"光绪三十四年,浙江高等学堂聘镜堂为教习,竟病殁杭州,年四十有四。"此从陈训正《哭剡山》。

◎ 戊申秋,冯君木与陈训正同舟而行,唱和诗歌,遂有《舟中同陈天婴作》②《舟中同君木作》③之传世。其意,因疾成此一首,付君木寄去。'"①由此,可进一步确定是在戊申初秋。

◎ 戊申秋,冯君木与陈训正同舟而行,唱和诗歌,遂有《舟中同陈天婴作》②《舟中同君木作》③之传世。

> 按,冯君木《夫须诗话》云:"天婴诗才……戊申秋日,忽出视《过鹏山》一律……未几,与余同舟,又赋一律云:'归途吾与子,薄莫发江洲。来日知何地,余生共此舟。情多杂今昔,迹有但欢愁。一霎都无话,相看月满头。'余大惊,自此所作必以律。"④

◎ 戊申秋,冯君木虽有病在身,但在得知应叔申病重的消息后,仍特地前往探望。

> 按,《回风堂诗》卷1有诗曰《病中闻叔申病剧,力疾走省,赋此》。⑤

◎ 戊申秋,冯君木病愈,而应叔申病情也有所好转。就在冯君木卧病期间,洪允祥寄诗问候:"病骨支离不耐秋,碧天凉思晚悠悠。一畦芳草经霜变,永夜寒江抱月流。入世非才频中酒,去家未远亦登楼。一言寄与张平子,莫倚危时咏四愁。"⑥

> 按,《回风堂诗》卷1录有《病起》《喜叔申病间》两诗。这其中,《病起》隐约提到写作时间:"薄暝池亭留雨色,经秋草树带霜声。"⑦

◎ 戊申九月初七日(1908.10.1),冯君木初识寄禅(1851—1912)于鄞县饭佛禅院。

> 按,冯开《夫须诗话》:"寄禅上人敬安,今之皎然、贯休也,道韵渊

---

① 王培军、庄际虹校辑:《校辑民权素诗话廿一种》,第133页。
② 冯君木撰,唐燮军等校注:《冯君木集校注》,第81页。
③ 陈训正:《天婴室丛稿》之一《无邪诗存》,载沈云龙主编:《近代中国史料丛刊》第63辑,第16页。
④ 王培军、庄际虹校辑:《校辑民权素诗话廿一种》,第133页。
⑤ 冯君木撰,唐燮军等校注:《冯君木集校注》,第81页。
⑥ 洪允祥著,吴铁佶点校:《悲华经舍诗存》卷1《寄君木》,浙江古籍出版社,2011年,第17页。
⑦ 冯君木撰,唐燮军等校注:《冯君木集校注》,第82、83页。

冲,抱之无尽。余初识上人,在吾邑饭佛禅院。是日为重阳前二日,风雨飒沓中,相见一握手,即汩汩谈诗不倦,至夜分始别。上人诗,初学陶、谢五古,多冲夷安雅之音;近岁又喜孟东野,所诣益超。……上人口吃,又不工书,每字点画,辄随己意为增损。然余则酷爱之,以为古拙,有汉人遗意,胜于近今书家万万也。"①

◎ 戊申秋,寄禅通过陈训正,邀请冯君木加入即将成立的"诗社"。冯君木即刻答应,并作《次韵天婴,寄寄禅上人_{敬安}》。②

  按,陈训正有诗曰《夜宿君木斋中,余告君木:"寄禅长老将招要吾党结一诗社,月课数诗。"君木首肯。因赋诗一律示君木,并寄寄禅》。③ 又,冯君木《夫须诗话》:"天婴诗才……戊申秋日,忽出视《过鹏山》一律……余大惊,自此所作必以律。是岁凡得五七律数十篇,高浑简淡,无篇不佳。录其尤超隽者于此。……《寄禅和尚将招要吾党为诗社首赋一诗视君木》云……真王介甫、陈后山一辈吐属也。"④

◎ 戊申十月,陈训正向张美翊呈示冯君木所作《应悔复诗序》。

  按,张美翊《溪上诗人三病夫一狂夫歌》云:"戊申十月,由赣回甬,溪上陈子天婴示余以冯君木《应悔复诗序》,文甚奇。"⑤

◎ 戊申十一月初十日(1908.12.3),冯君木被选为慈溪县教育会评议员。

  按,《申报》1908年12月5日第11版《慈邑教育会劝学所成立》云:"慈邑教育会劝学所尚未成立,该邑学界爰于前日在学署明伦堂开会组织,到者一百余人。先由发起诸君宣布开会宗旨,并通告教育会及劝学所章程,当即投票公举陈屺怀为正会长,钱吟华为副会长,并选定洪北麈、孙莘墅、冯君木、宓莲君、柳镜斋、凌受益、葛望云、胡

---

① 王培军、庄际虹校辑:《校辑民权素诗话廿一种》,第135页。
② 冯君木撰,唐燮军等校注:《冯君木集校注》,第85页。
③ 陈训正:《天婴室丛稿》之一《无邪诗存》,载沈云龙主编:《近代中国史料丛刊》第63辑,第17页。
④ 王培军、庄际虹校辑:《校辑民权素诗话廿一种》,第133—134页。
⑤ 张美翊:《溪上诗人三病夫一狂夫歌》,载陈训正:《天婴诗辑》。

良箴、钱吟瑾、周家甫为评议员。"①
◎ 戊申十二月二十八日(1909.1.19),雪后初晴,冯君木与杨睿曾踏雪东山,赋诗纪事,其后又将该诗寄予陈训正。

> 按,《回风堂诗》卷1有诗,题作《岁不尽二日,与石蚕踏雪东山,并柬天婴》。②

◎ 戊申十二月三十日(1909.1.21),冯君木与应叔申、杨睿曾同游西郊,赋诗纪事,是为《除日,与叔申、石蚕出西郊,用前韵》。③

> 按,应叔申《悔复堂诗》录有一诗,题为《除日同君木、杨石蚕睿曾游西郊,至横黛庵小憩,次君木东山诗韵》,且明确交代此诗作于戊申年。

◎ 定海胸山出土唐代墓砖一块,上刻《大唐故程夫人墓志铭并序》。县人汤濬以其拓片邮赠冯君木。

> 按,冯昭适《飞凫山馆笔记·唐程夫人墓志》云:"定海胸山于清光绪三十四年出一砖,为《唐程夫人墓志》,县人汤邂盦濬以拓本邮赠家叔祖君木翁。……家叔祖言:'是志不著撰书人名,古碑刻常例也。……盖唐以后,此等句法不讲久矣。今得此刻,盖可证明古碑刻之有助文章如此,匪独证史也。'"④

◎ 冯君木将卢雅雨刻本《大戴礼记》《尚书大传》《易乾凿度》赠予冯贞群。

> 按,骆兆平《伏跗室文献辑略·雅雨堂丛书》:"乙巳岁,九叔父君木先生以卢雅雨刻本《战国策》见赐。后三载又畀予卢本《大戴礼记》及《尚书大传》《易乾凿度》三种。"⑤

◎ 冯贞群从宁波西门天禄阁,以低价购得《尚书注疏》(共20卷),但脱前

---

① 《申报》编写组编:《申报影印本》第97册,第534页。
② 冯君木撰,唐燮军等校注:《冯君木集校注》,第84页。
③ 冯君木撰,唐燮军等校注:《冯君木集校注》,第84页。
④ 冯昭适:《飞凫山馆笔记·唐程夫人墓志》,载《宁波旅沪同乡会月刊》第38期,1926年9月发行,第23—24页。
⑤ 骆兆平:《伏跗室文献辑略》,载骆兆平:《伏跗室书藏记》,第135页。

三卷。

　　　　按，《尚书注疏》冯贞群题记："《尚书注疏》二十卷，六册，皮纸印者，昔岁以廉值得之西门天禄阁，脱首三卷。越二十二年六月，访获首册，遂成完书，不胜欣幸！……装修告成，并记岁月，民国二十年辛未孟秋之月二十六日冯贞群识于临水宦。"①

◎ 作于戊申且流传至今的冯君木诗篇尚有：《送别学官关来青师_{维震}归杭州》《有感》《赠洪佛矢_{允祥}》《菊花》。

　　　　按，《回风堂诗文集》之《回风堂诗》卷1明言上列诸诗皆作于戊申年。

清逊帝宣统元年　己酉（1909.1.22—1910.2.9）　三十七岁

◎ 己酉正月，冯君木与应叔申、杨石蚕同游，并相约赋诗纪事。结果，应叔申连日未就，冯君木遂作《叔申连日赋诗未就，叠前韵调之_{己酉}》。②

　　　　按，冯君木《夫须诗话》云："己酉正月，与叔申、石蚕日作近山之游，相约赋诗以纪，石蚕与余诗各成数章，而叔申犹未得一字也，累日敦迫，辄复枝梧，余戏叠韵嘲之云：'应生健者孰抗行，一语能令天雨晴。笔下有神杂奇怪，目中无宋况元明。峇峇故仵停云兴，兀兀深矜唾地情。蛙吠蚕鸣徒聒耳，最难衰世凤皇声。'"③

◎ 己酉三月，张美翊作《溪上诗人三病夫一狂夫歌》，尔后分别寄给冯君木、陈训正、应叔申和洪允祥。

　　　　按，张美翊《溪上诗人三病夫一狂夫歌》云："戊申十月，由赣回甬，溪上陈子天婴示余以冯君木《应悔复诗序》，文甚奇。三君皆善病，故号病夫，读其诗尤奇。余谓慈溪尚有一狂夫，则洪君佛矢是。其文奇、诗奇、人奇，与三病夫同也。久不见四君，歌以讯之。宣统己

---

　　　① 骆兆平：《伏跗室文献辑略》，载骆兆平：《伏跗室书藏记》，第137页。
　　　② 冯君木撰，唐燮军等校注：《冯君木集校注》，第84页。此诗，宁波天一阁所藏《回风堂诗》卷2，题作《叔申连日赋诗未就，三叠前韵调之》。
　　　③ 王培军、庄际虹校辑：《校辑民权素诗话廿一种》，第134页。

酉三月,寒叟。"①又,袁惠常《冯回风先生事略》:"少以孤童子自奋,才气绝人,工诗文,与同县陈训正屺怀、应启墡叔申、洪允祥佛矢三先生齐誉,有'三病夫一狂夫'之目,鄞张让三先生作歌纪其事。狂夫谓洪先生也。"②

◎ 己酉六月,冯君木自我交代《秋辛词》的写作时间与著述宗旨。

  按,《秋辛词》卷首:"《秋辛词》一卷,始于戊子,止于戊戌,盖余二十前后回肠荡气时作也。自是厥后,耗心忧患,神思都索,扼吭不飞,引衷靡绪。譬彼眢井,澜则涸矣,翻视旧著,心灵忽动。少日光景,若在天际,若在眼前,辄比而写之,追逝风、拾队尘,亦以自伤老大焉尔。宣统纪元六月,冯开。"③

◎ 己酉六月,冯君木为其堂侄冯贞群藏书室题字"伏跌室"。

  按,骆兆平在宁波天一阁博物馆库房内找到冯君木所书"伏跌室"三字横批,且其上题"宣统元年六月",落款"君木为曼孺书",并下钤"冯氏君木"朱文方印。④ 又,骆兆平《冯贞群先生年表》宣统元年条:"六月,从叔君木先生题其室曰'伏跌'。"⑤

◎ 己酉秋,宁波牛疫大作,危及百姓性命。冯君木因此而作《牛疫叹》诗。

  按,《回风堂诗》卷1《牛疫叹》诗序:"宣统元年秋,宁波牛疫作,耕牛死,村人弃之河,骱骼戢戢,乘潮下上,人民饮,其毒乃灾于厥躬,厉气播扬,遂成大札。冯子伤之,作是诗也。"⑥

◎ 己酉九月初九日(1909.10.22),杨石蚕冒雨来访,冯君木赋诗纪事。

  按,《回风堂诗》卷1录有一诗,题作《重九日,石蚕冒雨过存,流连竟日而去》。⑦

---

① 张美翊:《溪上诗人三病夫一狂夫歌》,载陈训正:《天婴诗辑》。
② 袁惠常:《雪野堂文稿》卷上《冯回风先生事略》。
③ 冯君木:《秋辛词》,未刊稿,宁波天一阁博物馆藏。今可见冯君木撰,唐燮军等校注:《冯君木集校注》,第399页。
④ 骆兆平:《伏跌室藏书往事》,载骆兆平:《伏跌室书藏记》,第4页。
⑤ 骆兆平:《冯贞群先生年表》,载骆兆平:《伏跌室书藏记》,第110页。
⑥ 冯君木撰,唐燮军等校注:《冯君木集校注》,第88页。
⑦ 冯君木撰,唐燮军等校注:《冯君木集校注》,第89页。

◎ 盖自本年起,冯君木愈益受耳疾之苦,也因此婉拒陈训正往游天童山之邀。

> 按,徐珂《大受堂札记》卷2云:"冯君木贻书,谓有还甬上冢之役;以久别,亟访之,则云:'戒期矣,耳疾比又发。'不果行。盖耳神经之疾也。其旧诗有'双耳已生百泉响,寸心忽照万山明'句,题为《天婴约余游天童山,辞之矣病》①。诗为宣统己酉作。丁巳中华民国六年至今,中西医杂治之,犹未瘳。"②

◎ 作于己酉且流传至今的冯君木诗篇尚有:《叠韵赠寄禅》《寥阳丧偶不娶,顷自上海纳姬归,为赋一诗》《不死》《何条卿贻余梅赧翁书,赋此报谢》《秋夜忆叔申》《寄天婴》。

> 按,《回风堂诗文集》之《回风堂诗》卷1明言上列诸诗皆作于己酉年。

宣统二年　庚戌(1910.2.10—1911.1.29)　三十八岁

◎ 庚戌四月间,在《求恒斋书目》纂成16年后,冯君木又作补记于书末。

> 按,冯君木《求恒斋藏书目题记》:"右书目为甲午春日所写,时距吾兄之卒未一年。所谓福、禄二侄者,福即贞群,禄则于乙未即殇,念之可涕也。今距写目时已十六年,贞群颇知买书,精装细校,矻矻不倦,所蓄已逾万卷。追忆吾兄初卒时,贞群生才八年,每授书,素衣侧侍,余辄为之伤心,尔时但期能读父书耳,岂意今日所蓄弃者乃过其父不啻十余倍,亦吾始料所不及者矣。因书是目后,既识余喜,亦泄余悲。庚戌四月君木题记。"③

---

　　① 即宁波天一阁所藏两卷本《回风堂诗》卷2《天婴约余游天童山,辞以病,叠前韵己酉》,载冯君木撰,唐燮军等校注:《冯君木集校注》,第454页。

　　② 徐珂:《大受堂札记》卷2,《心园丛刻一集》,杭县徐氏聚珍仿宋版,1925年,第22页。《申报》1926年3月20日第17版《各书坊寄售〈心园丛刊〉、谭评〈词辨〉》:"《心园丛刊》一集,用聚珍仿宋版精印,内有樊绍述文,李侍郎文田诗,谭复堂大令《复堂词话》,冯君木、袁伯夔、陈叔通古文,为治文学者不可不读之书。定价大洋一元八角。"详参《申报》编印组编:《申报影印本》第221册,第435页。

　　③ 冯君木《求恒斋藏书目题记》,载骆兆平:《伏跗室书藏记》附录,第141页。

◎ 约庚戌八月,冯君木卧病月余,弟子章闿照顾有加。

  按,《回风堂诗》卷1录有《卧病两月,章生巨摩闿时时存问,感而赋此》诗。①

◎ 庚戌八月,冯君木病中作《病中寄寄禅》诗,不久便收到八指头陀的答诗,即《冯君木开病中以诗见寄,作此问讯,兼柬天仇、惨佛》。②

  按,《八指头陀诗文集》在收录《冯君木开病中以诗见寄,作此问讯,兼柬天仇、惨佛》时,明确交代该诗作于宣统二年(1910)。③ 而冯君木《病中寄寄禅》则又进一步透露出写作时间:"凄其以风八月中,秋之为气太清空。"④

◎ 庚戌九月,冯君木致函冯贞群,同时又将雅雨堂丛书若干册赠予冯贞群。

  按,骆兆平《伏跗室文献辑略·雅雨堂丛书》:"今岁九月,忽得九叔书,并赐予旧籍若干册,则匹雅雨堂丛书也,合之旧日所得,竟成完璧,数年分散,一旦合并,既以自幸,亦为是书幸已。装既讫,爰录其目,并识得书颠末如此。宣统二年十一月五日冯群。"⑤

◎ 因未能有效控制病情,冯君木不得不到上海求医。在上海治病期间,冯君木不但得到杨省斋先生的悉心照料,而且先后撰写了《底用》《咯血》《旅夜遣怀》《旅病杂诗》⑥。

  按,《回风堂诗》卷1有诗名曰《病久不愈,至上海就医,杨省斋师同居逆旅中,朝夕在视,将护备至,感呈一诗》。⑦

---

① 冯君木撰,唐燮军等校注:《冯君木集校注》,第90页。1915年7月15日,该诗又以《卧病月余,处州章生闿时时存问,为赋一诗》为题(署名君木),发表在《民权素》第八集,文字有所出入。

② 乙卯六月初四日(1915.7.15),《冯君木开病中以诗见寄,作此问讯,兼柬天仇、惨佛》诗见刊于《民权素》第八集。

③ 释敬安撰,梅季点校:《八指头陀诗文集》,岳麓书社,2007年,第347—348页。

④ 冯君木撰,唐燮军等校注:《冯君木集校注》,第91页。此诗后又以《寄寄禅上人》为题,发表在《民权素》第八集(1915.7.15出版)。

⑤ 骆兆平:《伏跗室书藏记》附录,第135页。

⑥ 冯君木撰,唐燮军等校注:《冯君木集校注》,第94—95页。

⑦ 冯君木撰,唐燮军等校注:《冯君木集校注》,第93页。

◎ 冯君木在上海疗病近一个月后,老友胡良箴来信问候。①

　　按,《民权素》第十四集(1916.1.15 出版)所刊胡良箴《君木养疴上海,寄诗问讯》云:"别君忽已三十日,寂寂都无一纸书。苍莽诗心应不减,支离病骨近何如?天涯消息萦残梦,海国风尘入累欷。愁思迷茫向谁道,独摩泪眼倚穷间。"兹据"别君忽已三十日"而系之。

◎ 庚戌九月三十日(1910.11.1)夜,八指头陀回到天童寺,静坐间忆及冯君木、戴季陶与洪允祥。

　　按,《八指头陀诗文集》录有一诗,名曰《九月晦日,还山夜坐,忆君木开、天仇、惨佛,得四绝句》,并明言作于宣统二年,且其一、二首便与冯君木有关:"君木开身才四尺余,可知其心包太虚。山河大地复何物?渠正是我我非渠。君木开为诗瘦且寒,癯松病鹤相对看。穷冬绝粒茅檐下,只嚼梅梢雪一团。"②

◎ 冯君木在收到应叔申的来函后即可回复,在回信中,既自我宣称业已于庚戌十一月十八日(1910.12.19)剪去辫子,又告以剪去辫子的原因。

　　按,冯君木《致应申叔书》云:"……回忆春尾足下咯血,秋间弟又病内热,怜卿怜我,自分已矣。岂料将槁之木,未绝生机……弟于十八日,将三尺烦恼丝划除净尽,儿子璧及、外甥文俌,亦皆一律剪去。其时城中尚无一人剪发者,弟之毅然为此,初非欲自附于新党也,实以剪发时机已将成熟,煌煌谕旨,旦夕当下。回念二百余年前薙发令下,吾辈先人为此几根头发呕气者何限,今日实不愿再为功令之奴隶,以至无一发自主权也……闻天婴、佛矢亦皆剪去,未审公与君晦又当如何?岂必欲待上谕下后,再拜稽首,向北谢恩,三熏三沐而剪之耶?"③

---

　① 胡良箴字君诲,号飘瓦,曾与陈训正、洪允祥等慈溪同乡创设"通社"于上海。辛亥慈溪光复时,曾任同盟会慈溪支部副会长。
　② 释敬安撰,梅季点校:《八指头陀诗文集》,第348页。
　③ 君木:《致应叔书》,载《民权素》第十三集,1915年12月15日发行,第18页。

考陈训正《告发》自序云："庚戌十一月十一日,余将去发……不可无辞,爰赋诗以告之。"又,《荐发》自序云："余既告发,明日同郡赵八、湖州戴季为余落之。越三日,复成《荐发》辞。"①准此,足以认定冯君木于庚戌十一月十八日剪去辫子。

◎ 洪允祥在应叔申处见到冯君木的回信,并因此得知冯氏业已剪去辫子后,特地致函冯君木表示祝贺。

按,天醉《致冯君木书》云:"……昨过叔申处,见君木书,知于近日断发,此举大快人意。盖我辈断发,与时流不同。彼效欧风,我遵佛制……足下之书乃曰:'恐为功令之奴,先自解脱。'此种见解,亦复自关蹊径,然能并此耿耿孤怀而能脱之,则尤近于道矣。"②

◎ 在上海接受近百日治疗之后,冯君木基本康复,离沪返甬之际,赋诗感谢杨省斋先生。

按,《回风堂诗》卷1《病间归里,留别省斋师》云:"百日沉疴今渐起,非公救我倘应难。似将明月悬心眼,能使春风着肺肝。揽镜不愁生意尽,吟诗稍觉病怀宽。自携面目还家去,尽许妻孥仔细看。"③

◎ 作于庚戌且流传至今的冯君木诗篇尚有:《病中蓄秋虫十许头,啁哳斋壁间,借破寂寥》《内热》《寄怀洪佛矢》《闭关》《天婴抵书垂问病状,读罢感赋》《底用》《咯血》《旅夜遣怀》《旅病杂诗》。

按,《回风堂诗文集》之《回风堂诗》卷1,明确交代上列诸诗皆作于庚戌年。

宣统三年　辛亥(1911.1.30—1912.2.17)　三十九岁

◎ 辛亥八月,发妻俞因(1871—1911)病卒。冯君木、应叔申、章闇、钱蕤音、俞鸿檀、俞鸿槚、俞鸿枏、俞鸿樫、冯崇业、冯贞群、冯度杨佶夫妇、冯彦

---

① 陈训正:《天婴室丛稿》之二《无邪诗旁篇》,载沈云龙主编:《近代中国史料丛刊》第63辑,第61—62页。
② 天醉:《致冯君木书》,载《民权素》第十七集,1916年4月15日发行,第13页。
③ 冯君木撰,唐燮军等校注:《冯君木集校注》,第96页。该诗后又刊载于《民权素》第十四集(1916.1.15发行)。

轨魏友葰夫妇、徐文俌、聂朏、钱美、罗明宜、罗芳宜、罗宛宜、应曼昭皆曾作挽联以悼之（详参表10）。

  按，俞因《妇学斋遗稿》冯君木后记："亡妇俞君来归廿年，辛亥八月，以腹疾死。"①又，冯君木《回风堂文》卷1《送章生归处州序》："辛亥、癸丑间，余累丧其偶，戚戚无以自克。"②

  又，《四明清诗略续稿》卷八："冯贞胥述略：先母生九岁而孤，邻有沈氏媪守节卅年，知书识字，老矣，母师事之，母于先大母俞太孺人为侄，及来归，事之弥谨，疾则侍奉左右，衣不解带者逾半载。太孺人病革，遍属家人而不及母，曰：'汝贤，无所用吾属。'既遭丧，吾父终岁客授，外内凌杂，悉倚母以办。复于其暇授贞胥读，兼教女弟子十余人，以所入佐日用，如是数年，而母之心力瘁矣。母笃嗜吟咏。贞胥既生，家政繁，无复囊昔意兴。旋患腹疾，年四十一卒。"③

表10 俞因挽联统计表

姓名身份	挽联
冯君木 夫君	君死亦何心，将内外诸责任，尽付漂流，下地上天，何处更求贤妃偶 我来知不远，奈旦夕大解脱，未能证果，药炉茶灶，余生谁伴病维摩
应叔申 夫君挚友	病十九不治，亡之命矣夫，岂足为医罪。独愁故人开，已尔许奇穷，全赖内助贤，又复摧折之，将胡由善厥后；死万一有知，生者寄而已，当能作达观，惟念小子胥，所恃以存活，仅此病父在，多可顾虑者，则难免恫其灵
章閎 夫君弟子	天促结璘归，纵有仓公奈痼疾 重添摩诘恨，最难裴迪侍闲居

---

① 冯君木：《妇学斋遗稿》后记，载《回风堂诗文集》附录。
② 冯君木撰，唐燮军等校注：《冯君木集校注》，第280页。
③ 〔清〕董沛、忻江明辑，袁元龙点校：《四明清诗略》，第2206—2207页。

续 表

姓名身份	挽　联
钱蕤音 挚友	为贤妇,为慈母,为名师,屈指此日,深闺真无过子 若漆胶,若琴瑟,若骨肉,伤心卅年,知己更有何人
俞鸿檀兄	厥疾早知难着手,此行胡竟不回头
俞鸿槚兄	十年来,吾颠倒情形殊难细数,惟或游或病,仗尔在亦庶几放怀,每当梦醒更阑,聊堪自慰;几日中,虽依稀消息犹费悬猜,即半死半生,于汝家已不可设想,况乃魂消魄逝,夫复何言
俞鸿枏弟	果然病是赘疣,悔不当初,从刀圭早着手 况复情关骨肉,到于今日,便铁石也伤心
俞鸿梃 从兄	夫婿文学家,儿子幼弱者,此后家常心事将付伊谁,挥泪对秋风,岂但为参差雁字;抱病十余载,撒手片时而,可怜贫薄生涯何曾舒展,招魂当古寺,最难堪凄楚虫声
冯崇业 从子	疾痛虽十载余,欣宿痼方除,重负脱然今可释 元气才一息属,叹回生无术,慈容倏尔渺难亲
冯贞群 从子	若教育,若会计,若中馈,只手操持,真足令巾帼生光须眉削色 凡朋友,凡亲戚,凡族党,同声惨恸,那不教弱弟泣血病叔嚎啕
冯度 杨佶	疾革郡中,正值湖湘变故,此后欢欣鼓舞,庆祝共和,谁于妇学斋前,更添自度曲;辱在门下,借悉文字渊源,才劳子细商量,撮成优俪,忍见秋辛馆里,忽赋悼亡诗
冯彦轨 魏友葭	礼文法式,出入郝钟,一身备女中师,岂但家庭论教育 烽火戈铤,苍黄江汉,拭目观天下事,特完魂魄即神仙
徐文俌 外甥	世变亟矣,病势笃矣,一了百了,在阿母未尝非福 内政赖之,外事咨之,而今而后,我舅氏何以为情
聂朏 私淑弟子	绛帷设教,令德孔昭,其颓乎,其坏乎,是吾党之泰山梁木 彤管有辉,寸衷私淑,若恍兮,若惚兮,愿招魂于黑塞青林
钱美 弟子	居弟子列已许年,窥夫人德容言工,随处足为金闺矜式 据医家言真奇病,顾世变仓皇危急,问师可从琼岛逍遥
罗明宜 弟子	受业一二年,读书四五本,先生教我,我犹能忆 抱病十余载,撒手片时间,弟子哭师,师竟不闻

续　表

姓名身份	挽　联
罗芳宜 弟子	抠衣负笈来从先生游,数载辛勤,曾向班姑聆《女诫》 视敛送终,未尽弟子职,一江迢递,总惭宋玉赋《招魂》
罗宛宜 弟子	自是女中师,记得春风曾坐我 忝为门下士,何堪秋雨赋招魂
应曼昭 弟子	流涕哭师门,从林际春申望故乡山,但觉黯黯有伤心色 回头思往事,记闽中秋日读弟子职,能不忽忽感授业情
出处	《妇学斋遗稿》附录《挽联》

◎ 辛亥九月,冯贞群从王奎后裔处喜获《南雷文抄》。

　　按,伏跗室藏《南雷文抄》冯贞群题记:"《南雷文抄》四十六首,于宣统三年秋九月得于王斗瞻茂才奎后人所,题下注黄太冲先生笔,且'玄'字不讳,盖其门人所手写者。"①

◎ 应叔申乘船来访冯君木,中途遭遇暴风,几乎丧命;相见后,两人彻夜长谈。

　　按,应叔申《悔复堂诗》明确交代其所录《航海归访君木,中途遇风,舟几覆,赋诗纪之》《自海上归宿君木斋中,夜话赋此》两诗皆作于辛亥年。而冯君木《回风堂诗》卷1亦称其所录《叔申自上海来,中途遭大风,舟几覆,见面惊喜,为赋一诗》作于本年。②

◎ 冯君木应鄞县人范承祜之请,为其祖范樾遗著《莼乡诗集》作序。

　　按,冯君木《莼乡诗集序》:"《莼乡诗集》,鄞范荫侯广文樾著。……光绪七年,引年乞老,优游子舍,不关世纷……后三十年,广文孙承祜,缉耆遗著,都得诗若干首,写定二卷,属开校审。开乡里小生,义不当有所论列,谨次行义,著之简端,知人论世,庶资后之君子。"③兹由光绪七年下推三十年,而系之于宣统三年。

◎ 辛亥十二月三十日(1912.2.17)夜,冯君木作诗悲叹生活之艰辛。

---

① 骆兆平:《伏跗室文献辑略》,载骆兆平:《伏跗室书藏记》,第139页。
② 冯君木撰,唐燮军等校注:《冯君木集校注》,第102页。
③ 冯君木撰,唐燮军等校注:《冯君木集校注》,第258—259页。

按,《回风堂诗》卷1《辛亥除夕》云:"我生三十九除夕,今夕伤心第几回。已痛死妻抛我去,况堪新病迫人来。鲜民余感头头触,腊鼓残年续续催。迸入昏沉怀抱里,人天无有此奇哀。"①

◎ 作于辛亥且流传至今的冯君木诗篇尚有:《自题〈逃空图〉,次寄禅韵》《次寄禅韵,赠太虚上人》《赠林黎叔端辅》《赠巨摩》《雨风竟日迟,巨摩不来》《独处》《梦中作》《纪梦》《见巨摩作家书感赋》《江行》。

按,《回风堂诗文集》之《回风堂诗》卷1明言上列诸诗皆作于辛亥年。

壬子(1912.2.18—1913.2.5)　四十岁

◎ 壬子正月,冯君木将俞因所作诗词整理为《妇学斋遗稿》1卷(详参表11),并交予长子冯都良(1901—1977)保管。

按,《妇学斋遗稿》书末冯君木"记"云:"亡妇俞君来归廿年,辛亥八月以腹疾死。君遗著《妇学斋诗词》,皆庚子、辛丑以前作,是后为家政所牵率,米盐凌杂,不复有子辞只调矣!君死后数月,乃始检君故箧,手施厘订。君词胜于诗,所作又绝少,故不忍割薙;诗则删存十之四五,都写定为一卷。以付儿子贞胥藏之。壬子正月,冯开记。"②

表11　《妇学斋遗稿》的样貌③

诗24	《夜坐闻箫》《傍晚湖上》《秋日病起》《中秋赋呈君木》《君木二十初度》《梅花》《送君木读书甬江》《夏日郊外》《病中读君遗诗,凄然有作》《忆弟扬州》《秋夜怀君木杭州》《秋海棠》《君木伴其兄病归,不及就试,赋诗慰之》《君木以诗见寄,即次其韵》《纪梦并序》《次韵君木赠别》《暮游北湖》《病夜忆君木》《寄钱灵华蘷音》《春日即事》《五月五日吊屈灵均》《读君木与应叔申茂才迭韵诗,次韵题其后》《寄君木》《送君木赴处州并呈从兄仲鲁》

---

① 冯君木撰,唐燮军等校注:《冯君木集校注》,第103页。
② 俞因:《妇学斋遗稿》,载冯君木:《回风堂诗文集》附录。宁波天一阁所藏两卷本《回风堂诗》附录《妇学斋遗稿》,仅载词而未录诗,且其文末所云与此又稍有不同:"君词胜于诗,所作又绝少,故不忍删削,删存十之四五,都写定为一卷。忧病余生,今日乃为君料理及此,吁可悲也。壬子正月冯开记。"
③ 《妇学斋遗稿》的书名,后由吴昌硕先生题写。

	续表
词 14	《望江南》《清平乐·为君木制客枕，绣此词其端》《忆秦娥》《醉太平》《苏幕遮》《锦堂春》《点绛唇·草用林君复韵》《山花子·题〈漱玉词〉后》《临江仙》《菩萨蛮》《蝶恋花·戊戌八月感事和君木》《念奴娇·寄君木处州》《清平乐·寄君木》《菩萨蛮》
壬子正月冯开"记"	
附录	挽联

◎ 应冯君木之请，应叔申为俞因《妇学斋遗稿》题诗二首。

  按，《悔复堂诗·为君木题其亡妇俞因女士〈妇学斋遗稿〉壬子》云："无尽嫶妍意，空函佳侠光。抽思增婉笃，刻骨写芬芳。病久情应涸，愁深泪与量。寥寥不百首，的的断人肠。""凌杂米盐事，都来萃一身。真能忍清苦，不自觉劳辛。力疾支昏晓，恬吟慰贱贫。故人绵眇意，四海一俞因。"

◎ 壬子五月，赵叔孺为冯孟颛（1886—1962）作《伏跗室校书图》，同时刻藏书印"伏跗室"白文方印。①

  按，赵叔孺《君木广文属题其犹子孟颛文学群伏跗室校书图》云："闲寻小阮竹林游，庭院深沉鸟语幽。满壁图书一尊酒，举头明月即沧洲。盈阶草色绿成茵，绕屋溪山自绝尘。莫问琅嬛真福地，神仙亦是读书人。"②

◎ 冯君木敦劝弟子陈布雷不可锋芒毕露："佳人陈彦及，弟畜亦多年。……冥心通世变，白眼薄时贤。……艰难吾与汝，结舌对苍天。"③

  按，《陈布雷回忆录》民国元年条："余斯时年少气盛，自视若不可一世，尤喜演说，每逢会集，辄自登坛，好评骘人，尤力诋彼时学法政者之志趣卑下……以此甚招当时父老之忌，君木师闻之，招往诲

---

 ① 骆兆平：《冯贞群先生年表》，载骆兆平：《伏跗室书藏记》，第111页。
 ② 赵叔孺：《君木广文属题其犹子孟颛文学群伏跗室校书图》，载《佛学丛报》第2期，1912年12月1日发行，第148页。
 ③ 冯君木撰，唐燮军等校注：《冯君木集校注》，第107页。

戒……余深感师意,遂力自检饬,自兹勿复在广座中轻易发言。"①
◎ 壬子九月,陈布雷的四姐若娟成为冯君木的继室。

    按,《陈布雷回忆录》民国元年条:"是年四姊归冯君木先生为继室,作伐者大哥也。"②又,宁波天一阁所藏两卷本《回风堂诗》卷2录冯君木《后悼亡词癸丑》云:"昔者吾丧偶,离家称羁鳏。而翁凤稔我,知我当图婚。云有第二女,愿言缔戚姻。季秋九月中,妇也来入门。嘉礼幸获展,永结为弟昆。"③

    相比较而言,陈布雷"作伐者大哥也"之说,其可信度不如"而翁凤稔我,知我当图婚。云有第二女,愿言缔戚姻"。

◎ 冯君木致信弟子朱炎复,畅谈他对文学的理解,以为"文章之事,笃雅为上,虚锋腾趠,易堕下乘"。

    按,冯君木《与朱炎父甲寅》:"炎复足下:屡以文视,极欲为足下畅发之,牵于人事,逡遁未果。昨见所作《候涛山游记》,未尝不斐然可诵,然于鄙人期许足下之意,犹相左也。文章之事,笃雅为上,虚锋腾趠,易堕下乘。所谓虚锋者,言之无物,徒以间架波磔取胜也。……奇偶互发,匪曰重儓,文而已矣,何分骈散,诚能效法齐梁,折衷汉魏,辞气渊雅,文质相宜,斯为美也。……文章真境,乃在于是。桐城视之,瞠乎后矣。足下劬学媚古,锲而勿舍,必当有成。相爱有素,故敢布其胸臆,愿足下勉之而已。"④

◎ 壬子冬,八指头陀(1851—1912)圆寂于北京⑤,冯君木作《吊寄禅长老》诗:"长风自北来,俄传阿师逝。……已矣天丧我,蹙蹙将安倚。抉眼太白

---

① 陈布雷:《陈布雷回忆录》,第59页。
② 陈布雷:《陈布雷回忆录》,第60页。
③ 冯君木撰,唐燮军等校注:《冯君木集校注》,第456页。
④ 冯君木:《与朱炎父甲寅》,载王文濡选辑:《当代名人尺牍》下卷,上海文明书局,1926年,第55—56页。
⑤ 郑逸梅云:"寄禅诗僧致死之原因有二:一谓民国初年寺院多为军队占据,寄禅往京请愿,寓法源寺,时值隆冬,寄禅畏寒,入睡时,未熄煤炉,致煤气中毒死;或谓寄禅代表佛学会,入京请发还湘中寺产,与内务部主管司长某伧夫大言语抵牾,伧夫怒,掴其颊,寄禅愤懑之余,死于法源寺。"载郑逸梅:《艺林散叶》(修订版),第269页。

·107·

山,魂兮归来只。"①

> 按,廖公侠《八指头陀传》云:"八指头陀讳敬安,字寄禅,湘潭黄氏子也。曾于四明阿育王寺燃二指供佛,厪八指,因以为号焉。……寄禅生于咸丰辛亥十二月初三日,以民国元年某月日圆寂于北平法源寺,享年六十有一。"②

◎ 壬子除夕,继室陈若娟病重,而冯君木仍不忘赋诗怀念俞因。

> 按,《回风堂诗》卷2有诗曰《除夕感念亡妇,时继妻陈病方笃》③,且明确交代该诗作于壬子年。

◎ 作于壬子且流传至今的冯君木诗篇尚有:《醉后作》《上海观泠乐,赠贾郎璧云》《幽怀诗》《展亡妇殡宫》《伤心谣》。

> 按,《回风堂诗文集》之《回风堂诗》卷2明言上列诸诗皆作于壬子年。

癸丑(1913.2.6—1914.1.25) 四十一岁

◎ 结婚仅三月,继室陈若娟病卒于癸丑正月十五日(1913.2.20),冯君木在自撰联语之余,既为陈布雷代撰联语,尔后又作《后悼亡词》,详述联姻始末及陈若娟病卒经过:岳父小妾的冷遇,被认为是陈若娟迅即病故的主因。

> 按,陈布雷《致沈剑侬函》云:"剑侬足下……姊氏希则女士,长弟二载,幼习诗书,稍解讽咏,君所知也,自先母见背以来,家政巨细,匪所不操……遂尔疢疾婴身,幽忧为抱。方于去秋言归冯君木先生为继配,私谓得丽才人,没齿无恨,而结悦未久,旧患转剧,床蓐淹棉,困顿滋甚,今正八日,力疾归宁,病陷膏肓,医穷扁鹊,竟于元夕溘逝母家。呜呼痛哉!"④

---

① 冯君木撰,唐燮军等校注:《冯君木集校注》,第106页。
② 廖公侠:《八指头陀传》,载《南社湘集》1937年第7期,第147—149页。
③ 冯君木撰,唐燮军等校注:《冯君木集校注》,第108页。
④ 陈布雷:《致沈剑侬函》,载《陈布雷回忆录》附录二《书信》,第325页。

又,《僧孚日录》庚申十月初一日(1920.11.10)条录冯君木之语:
"……吾挽继妻联云:'天刑桎梏,备以一身尝之,恒干亦何常,不如用大舍法除诸般苦恼;短期夫妻,仅及四月止矣,灵魂能再世,窃愿于有情界补未了因缘。'又为彦及挽其四姊联云:'母家虽好,不若婿家,安魂兮归去来,有郁郁三槐树,盍其往认来日;大难弥悲,逝日苦,死者长已矣,在哀哀诸弟妹,何以为情。'"①

又,宁波天一阁藏两卷本《回风堂诗》卷2所录冯君木《后悼亡词癸丑》有云:"季秋九月中,妇也来入门。……三月为君妇,一卧经冬春。……其弟亦来迓,遂以篗舆还。……父妾得闻之,哮口争断断。女是他人妇,留此欲何云。便可速遣去,去去毋俄延。……所悲汝命薄,不获承亲恩。天之云阴阴,鸺鹠啼屋山。鬼伯苦催促,无术用挽牵。张眼呼负负,气绝声暗吞。回风飒以起,奄忽归黄泉。"②

◎ 癸丑二月,冯君木和从子冯孟颛在马公桥畔,找到了其八世祖冯京第与另一抗清志士王翊的合葬墓,遂赋诗以纪其事。

按,冯贞群《冯王两侍郎墓录》有诗,题曰《癸丑二月,与从子贞群寻冯簞溪、王笃庵两侍郎墓,得之》。③

又,冯昭适《飞凫山馆笔记·冯簞溪》云:"民国二年二月,家大人侍九叔祖君木翁往访之,过马公桥,叔祖指公墓曰:'此殆是耶。'至则蓬蒿没人,苔藓封碑,碑文驳落,不可辨识。旋于其旁,见'明故兵科给事中皇清赐谥忠节董公志宁墓石',则大喜,以为公茔当在此矣。乃洗碑手摸良久,始得'明兵部侍郎都察院佥都御史慈溪簞溪冯公''姚江笃庵王公'诸字,坟茔颓圮,狐兔成穴,询之土人,曰:'父老相传,此人头坟也。'"④

---

① 洪廷彦主编:《沙孟海全集·日记卷》,第42页。
② 冯君木撰,唐燮军等校注:《冯君木集校注》,第456—457页。
③ 冯贞群:《冯王两侍郎墓录》,载张寿镛辑:《四明丛书》第6册,第3407页。此外,《冯王两侍郎墓录》载陈训正所作《谒冯簞溪王笃庵两先烈墓》三诗。
④ 冯昭适:《飞凫山馆笔记·冯簞溪》,载《华国》第1卷第10期,1924年6月15日发行,第134—135页。

◎ 癸丑夏,冯毓孽、冯君木等联名呈请鄞县、慈溪两知事,请求确定墓地边界,以便兴工重建"三公墓",随即在八月五日收到鄞县知事的肯定答复。

按,冯毓孽《修墓呈文》云:"……今年春,开、贞群因村人之导,寻得之。……显扬先德,表彰乡贤,后死者之责也。……今公既有毓孽等为其别子之裔,王公又与公同穴,不愿率请公款,过事张皇,愿自行捐资修葺,以恧人言。惟墓旁四周为丛葬之所,恐界址未清,致生交涉,为此抄附鄞、慈溪两县志,呈请知事简委第一科诸职照会城自治董事,克期与毓孽等勘明界址,俾便兴工重修,无任待命之至。谨呈。"随后,鄞县沈知事批示:"来牍阅悉。……良深慰佩。至应如何妥慎修护、明定界址暨设龛祭扫等事,希候再行照会城董事会并案,与诸君子克期面商办理,并派员会同诣勘可也。黏抄各件存。此复。中华民国二年八月五日。"①

◎ 癸丑夏,应张美翊之请,冯贞群手录清抄本《吞月子集》,并加以编目。

按,《吞月子集》张美翊题记:"毛象来《吞月子集》,凡诗四首,文七十四篇,首列《吞月子制义序》,无目录。旧藏其族裔毛伯墩、介臣父子家,后归镇亭山房陆氏。今年夏,借观,旋浼冯子孟颛传抄一册,并为编目,增入谢山先生《毛户部传》。……癸丑七月,后学张美翊记。"②

◎ 冯君木自慈城迁居鄞县县城,其地据说就在今宁波海曙宝兴巷11号墙门内。③

按,《回风堂文》卷1《〈慈劳室图〉序》云:"癸丑之岁,余尽室徙鄞。"④又,沙孟海《冯君木冯都良父子遗事》:"先生中年寓宁波宝兴

---

① 冯贞群:《冯王两侍郎墓录》,载张寿镛辑:《四明丛书》第6册,第3404—3406页。
② 张美翊:《吞月子集》题记,载〔明〕毛聚奎撰:《吞月子集》,宁波天一阁博物院藏。
③ 蔡义浩等《冯君木在宁波的"回风堂"故居》及李本侹《回风堂今何在?》,通过对传世文献相关记载的解读和实地考察,皆认定回风堂就在今宁波市海曙区宝兴巷11号。两文皆可见《古镇慈城》第55期、《古镇慈城合订本》第2册,第585、593页。
④ 冯君木撰,唐燮军等校注:《冯君木集校注》,第273页。

年　谱

当弄时,自题楹帖云:'葆爱后生若珠玉,抛遗世法等唾洟。'"①

◎ 冯君木致函钱太希,表达对其书法的欣赏与敬意。

　　按,冯君木《与钱太希癸丑》云:"在甬时,目睹足下挥毫之洒落,令我爽然若有所失。……恽南田与王石谷论书画,谓书画习气,由于用力之过,不能适补其本分之不足,而转增其气力之有余,是以艺成而习亦随之。足下用力于不用力处,不用力之过,即其用力之过,吾恐有无习之习之随其后也。吾爱足下笃,不欲以泛泛谀词进,心有所嗛,辄一吐之以为快,足下其谓何? 有以语我,幸甚幸甚!"②

◎ 癸丑十二月三十日(1914.1.25)夜,冯君木既感慨时光飞逝,更深切怀念亡妻俞因(在继室陈若娟病卒后不久,又再娶李道宁)。

　　按,《回风堂诗》卷2《癸丑除夕》云:"匼地穷阴腊已残,端居感逝一汍澜。坐依清夜成萧瑟,剩切深哀到肺肝。惘惘流光将梦去,堂堂遗挂剪灯看。帷屏在眼浑如昨,独与新知共岁寒。"③

◎ 作于癸丑且流传至今的冯君木诗篇尚有:《春日忆季则》《独酌》《怀巨摩》《小屋》。

　　按,《回风堂诗文集》之《回风堂诗》卷2,明言上列诸诗皆作于癸丑年。

甲寅(1914.1.26—1915.2.13)　　四十二岁

◎ 甲寅二月十六日,次子冯贞用(1914.3.12—1966.11.30)生于慈溪县城。

　　按,冯昭珏《冯宾符先生年谱》:"1914年3月12日,生于浙江省慈溪县慈城镇。……母李道宁。兄冯贞肯(字都良),妹冯贞俞。"④又,沙孟海《冯君木冯都良父子遗事》云:"先生原配俞夫人,生男贞

---

① 沙孟海:《冯君木冯都良父子遗事》,载《浙江文史资料选辑》第47辑,第99页。
② 冯君木:《与钱太希癸丑》,载王文濡选辑:《当代名人尺牍》下卷,第54—55页。
③ 冯君木撰,唐燮军等校注:《冯君木集校注》,第111页。
④ 冯宾符著,杨学纯、沈中明编:《冯宾符国际问题文选》,世界知识出版社,2002年,第923页。

骨,即都良。继配陈夫人,无出。再继配李夫人,生男贞用,女贞俞。贞用原名感孙,字仲足,一字宾符,中年以后所有写作常自署宾符,遂以字行。贞俞原名俞孙,字叔然,适同县魏友棐。"①

◎ 甲寅二月十九日(1914.3.15),冯君木与冯毓孳、冯贞群等合祭其八世族祖簟溪府君墓。

按,冯君木《八世族祖簟溪府君墓祭文》之序云:"维中华民国三年三宫十有五日,实思陵殉国后二十七十年,夏历阏逢摄提格之岁二月庚子也。慈溪冯氏福聚本支族仍孙毓孳、开,族云孙贞群,谨具牲醴之仪,诣鄞北郊马公桥,奉奠明督师兵部侍郎都察院右佥都御史谥忠隐显十四世族祖京、十六簟溪府君,兼奠明督师兵部侍郎都察院右佥都御史余姚寓贤慈溪笃庵王公、明兵科给事中鄞幼安董公之墓前。"②此所谓"夏历阏逢摄提格之岁",即甲寅之年。

◎ 甲寅三月十六日(1914.4.11),太虚在《生活日报》第12版发表《寄冯君木》诗两首,向知己倾诉壮志难酬的悲愤。

按,太虚《寄冯君木》云:"吾喙三尺天难诉,零涕空益寒江流。幽抱不关谢尘事,浊醪无力攻奇忧。腐骨终须齐舜跖,文章容易铸恩仇。天下而今不堪忍,只将人□看佛头。""平生奕奕飞动意,欲决沧海回横流。忽逢慷慨悲歌士,各有沉沦破碎忧。力弱难拔天下溺,心孤遑论恤众人。别来思子不可见,望断苍茫云尽头。"

◎ 甲寅四月,陈训正在与次子陈建雷的往返书信中,得知应叔申病重,遂赶至上海,将之接回慈溪。③ 某日,冯君木前去看望,被拜托整理应氏遗著。

---

① 沙孟海:《冯君木冯都良父子遗事》,载《浙江文史资料选辑》第47辑,第104—105页。
② 冯贞群:《冯王两侍郎墓录》,载张寿镛辑:《四明丛书》第6册,第3406页。《八世族祖簟溪府君墓祭文》,冯贞群《冯王两侍郎墓录》引作《祭三忠墓文》。考冯可镛《浮碧山馆骈文》卷1有《公祭龙山明季忠臣祠文》,其开篇曰:"维年月日慈溪人士某某等,谨以牲醴束帛之奠,致祭于明……之位前。"疑两文大抵同时所作。
③ 按,陈训正《追悼叔申六首》之四:"三月儿书来,为报君病始。四月得儿书,知君病难已。苍黄出蹈海,相见心为悸。君体夙不丰,被骨岂有赀。一别百余日,其愈乃至此。他乡不可居,……送君龙山址。"详参陈训正:《天婴室丛稿》之一《无邪诗存》,载沈云龙主编:《近代中国史料丛刊》第63辑,第49页。

按,《回风堂诗》卷2录有一诗,约作于春夏之交,题作《返里视叔申疾,为举诵余〈呕心未尽平生意〉一绝,叔申潸焉出涕,因曰:"子真知我者,行当以著作相托,自问所诣不止此,今止此命也。子他日必为我刻绳而严删之。"余悲其意,赋一诗以申前旨》。①

◎ 甲寅六月,业师杨省斋先生六十寿诞。冯君木被要求为《杨省斋先生六十寿诗》作序,其序不但简要地回顾了杨先生的主要事迹,而且将之概括为"仁"与"慈"。

按,《回风堂文》卷1《杨省斋先生六十寿诗序》:"甲寅六月,先生六十生日……承学之士,咸从先生饮酒,赋诗上寿,用为乐方,而属开序之。……先生明医恺恻,常善救人,曰仁曰慈,昭著盖夙,……惟仁慈,故心恬定;惟勇,故气充然而无所馁。外召天和,内固灵明,延年之道,靡弗由此。辄发其旨,为先生寿。"②

◎ 甲寅夏,冯贞群从书商处购得南宋椠本《名臣碑传琬琰集》,并拒绝高价转让。

按,冯昭适《伏跗室善本书记·新刊名臣碑琬琰传》云:"民国三年夏,家父孟颛先生在书贾家得是集,见其字体古秀,纸色旧黄,每本钤有季振宜等藏印,识为宋本,乃市归。……俄有人来购,愿出价银一千六百版,父不许。藏伏跗室已二十一年矣。"③

◎ 甲寅八月,冯君木选录其16—30岁时所作诸诗为《回风堂诗前录》。

按,《回风堂诗》前录卷2末云:"右诗为余十六岁至三十岁时作,意趣神气,与十年来迥异。知交中多有谓余诗前胜于后者,辄删存十一,用曹子建例,题曰《前录》。徇故人之意,聊复宥之云尔。甲寅八月,木居士记。"④

---

① 冯君木撰,唐燮军等校注:《冯君木集校注》,第125页。
② 冯君木撰,唐燮军等校注:《冯君木集校注》,第278页。
③ 冯昭适:《伏跗室善本书记·新刊名臣碑琬琰传》,载《浙江省立图书馆馆刊》第4卷第2期,1935年4月30日发行,第11页。
④ 冯君木撰,唐燮军等校注:《冯君木集校注》,第74页。

◎ 甲寅八月,发妻俞因病卒已三年,冯君木为写《心经》百卷并赋诗二首。陈训正作《冰蚕引》,冀以排解冯君木心中郁结。

  按,《回风堂诗》卷2录有《为亡妇俞写〈心经〉百卷,忌日设位焚之,并赋二律》诗。① 又,陈训正《冰蚕引》"叙":"《冰蚕》伤俞因女士也。因字季则,为吾友冯开君木元妃。淑慎温雅,荣于文辞,著《妇学斋词》,婉笃有宋人风。殁三年矣,君木婘思贤偶,过时而哀。陈子叹之,用述是篇。宁直俞之悼,庶以曼音促节,少泄君木之郁伊云尔。"②

◎ 甲寅初秋,冯君木与弟子徐韬在慈城保黎医院住院治疗,期间赋诗唱和;冯君木作《医院与句羽夜坐》,徐韬次韵而作。③

  按,姚寿祁《寥阳馆诗草》录有一诗,题为《君木同徐句羽韬养疴保黎医院,以唱和诗见示,次韵奉答》,且明言该诗作于甲寅年。又,姚寿祁答诗中有"萧疏帘幕闻初雁,惨淡星河见早秋"④,故系于初秋。

◎ 冯君木从保黎医院出院后,顺道返归慈城,走亲访友。

  按,《回风堂诗》卷2录有《返慈数日,存问亲友,都无好怀,感赋一律》诗。⑤

◎ 甲寅秋,应叔申住院治疗期间,赋诗以赠冯君木:"庭树萧萧叶渐零,高楼坐对一灯青。不知明岁秋风起,可在人间与汝听。"

  按,应叔申此诗见录于《悔复堂诗》,名《医院秋夜示君木》,且明确交代作于甲寅年。

◎ 在甲寅十月十二日(1914.11.28)费绍冠五十大寿之前,冯君木作《寿

---

 ① 冯君木撰,唐燮军等校注:《冯君木集校注》,第119页。
 ② 陈训正:《天婴室丛稿》之一《无邪诗存》,载沈云龙主编:《近代中国史料丛刊》第63辑,第33—34页。
 ③ 冯君木撰,唐燮军等校注:《冯君木集校注》,第117页。《僧孚日录》1923年1月11日条称:"翁须妻父徐君句羽韬,亦出吾师门下。宦游河北,不恒家处。"
 ④ 姚寿祁:《寥阳馆诗草》,1942年余姚黄立钧《悔复堂诗 寥阳馆诗草》合刊本。诗末小字夹注:"句羽所居,名竹竿巷。"
 ⑤ 冯君木撰,唐燮军等校注:《冯君木集校注》,第118页。

费冕卿_{绍冠}》。①

　　按,张美翊《慈溪费君冕卿行状》云:"君讳绍冠,字冕卿,世为浙江慈溪费市人。……卒于壬戌九月廿三日亥时,生于同治乙丑十月十二日酉时,享年五十有八。"②兹据费绍冠(1865—1922)生卒年推算而系之。

◎ 约甲寅初冬,冯君木与洪允祥因论诗不合而发生论战,经张美翊自沪函甬劝解始罢。事后,作诗答谢张氏。

　　按,《回风堂诗》卷2有诗曰《与佛矢论诗不合,致相龃龉,张寒叟_{美翊}贻书解纷,赋诗报之》。③ 又,沙孟海《冯君木冯都良父子遗事》云:"1914年,冯、洪两人论诗不合,曾发生论战,经张让三先生自上海来信劝解始作罢。《回风堂诗集》卷二有《论诗示天婴》七绝十七首(天婴是陈先生别号)及谢张让三诗。"④

◎ 甲寅十一月初四日(1914.12.20),冯君木风闻应叔申病笃而前往探视,但在到达前,应氏已然病故。遂赋诗两首即《闻叔申病笃,旋里存问,至则已逝矣,抚尸哭之》及《哭应叔申》加以悼念⑤,尔后又为作《应君墓志铭》。

　　按,《回风堂文》卷3《应君墓志铭》:"君讳启墀,字叔申,姓应氏。其先鄞人,曾祖元治始迁慈溪,至君凡四世,遂隶籍焉。……好为深湛之思,凡所撰著,冥心苦索,寻蹶要眇,必期精造乃已。年十七八,即以文章著闻州里,寻成诸生。累试不中第,乃援例以廪贡生就职训导,而君年则既三十矣。……生平哀乐过人,三十以后,浡更忧患,浸改常度,杜门却轨,罕与世接,冷澹孤诡,迥异畴曩,神明内索,兴象亦

---

① 冯君木撰,唐燮军等校注:《冯君木集校注》,第120页。
② 张美翊:《慈溪费君冕卿行状》,载《宁波旅沪同乡会月报》第6期,1923年3月发行,第65—67页。除冯君木《寿费冕卿_{绍冠}》外,尚有赵仲琴所作《寿费冕卿先生五旬集唐》四首见刊于《广益杂志》第18期。
③ 冯君木撰,唐燮军等校注:《冯君木集校注》,第126页。
④ 沙孟海:《冯君木冯都良父子遗事》,载《浙江文史资料选辑》第47辑,第100页。
⑤ 冯君木撰,唐燮军等校注:《冯君木集校注》,第126—127页。

损,识者忧其不永年也。贞疾逡巡,驯至绵惙,以共和三年甲寅十一月四日卒,春秋四十有三。"①

◎ 甲寅十二月二十三日(1915.2.6),冯贞群跋李邺嗣《杲堂文钞》。

  按,冯贞群《跋》:"辛亥八月,在黄东井后人处,售得写本《杲堂内集文稿》一册,合《西汉节义传论》《李氏家传》,得文百三十首,藏之箧中,已历四载。顷张丈寒叟谋刻《杲堂诗文集》,命贞群任编校之役,并以杲堂族孙彭年君所藏衣德楼本文抄四册见示……校录既毕,辄以数语跋之。甲寅长至节,冯贞群书于伏跗室。"②

◎ 作于甲寅且流传至今的冯君木诗篇尚有:《巨摩大醉堕水,戏效舒铁云体调之》《既以前诗示巨摩,巨摩答诗有"从今不饮真大愚,朝尽千榼暮百觚"云云。天婴见诗,诧曰:"巨摩困于酒,子又张之。杀巨摩者,必子之言夫。"余闻而悔焉,复用前体,自讼且儆巨摩》《夜访陈天婴、张申之传保、徐句羽韫于愒园》《谢句羽饷茶》《一落》《彼蠓》《遣兴口号》《天婴以〈杀牛诗〉见视,用广其意》《赠蔡君默同瑞》《用前韵》《叠韵即事》。

  按,《回风堂诗文集》之《回风堂诗》卷2,明言上列诸诗皆作于甲寅年。

乙卯(1915.2.14—1916.2.2)　四十三岁

◎ 乙卯二月初七日(1915.3.22),冯君木《夫须诗话》见刊于《民权素》第五集。

  按,《夫须诗话》是目前所知冯君木篇幅最大的传世作品,点评了郑孝胥、寄禅、应叔申、陆智衍、杨石盦、陈训正、杨岘、王定祥等人的诗篇,不但内具较高的史料价值,且其部分见解相当独到,例如:"闽县郑太夷京卿孝胥《海藏楼诗》,茹藻而不露,敛才而不放,精能之至,乃见平澹,萧寥高旷,一语百折,唐之姚武功、宋之陈去非,往往有此

---

① 冯君木撰,唐燮军等校注:《冯君木集校注》,第322页。
② 〔清〕李邺嗣著,张道勤校点:《杲堂诗文集》,浙江古籍出版社,2013年,第769页。

意境。"①

◎ 乙卯三月二十一日(1915.5.4)，镇海人虞清华(1854—1915)卒。冯君木为作《虞补斋先生事略》。②

  按，虞辉祖《虞君希曾墓表》云："君姓虞氏，讳瑞铿，字希曾，籍于学官，曰清华，一老诸生也。其性独和惠，好为人世解纷。……其生平尝设乡校，浚河渠，承祠事而修谱牒，盖又多可纪者。……君殁于共和纪元四年三月二十一日。……年六十有二。"而《寒庄文外编》在收录《虞君希曾墓表》时，明确交代该文作于乙卯(1915)。③ 冯君木《虞补斋先生事略》当与虞辉祖《虞君希曾墓表》同期而作。

◎ 乙卯六月初四日(1915.7.15)，冯君木在《民权素》发表《一饭难》，以春秋笔法，严厉抨击慈溪学界个别学者忘恩负义、欺师灭祖的恶劣行径。

  按，《一饭难》发表在《民权素》第八集，文末以正史卷末史论的形式加以评论："木居士曰：'此吾慈溪事，篇中所摹写，皆实状，无虚构者。慈溪以孝乡称，不幸学界中产此枭獍。吾草此篇，吾心痛。'铁头陀曰：'小儿已得好榜样。'"④

◎ 乙卯夏，冯君木与陈训正、陈布雷等人，因积极参与创办社会教育团体，被《申报》视为"地方志士"。

  按，《申报》1915年7月20日第6版《之江纪行》云："社会教育团体之发起：宁郡新发起之事，以此为最可喜悦。地方志士感于国耻，乃创为此举，团长为费冕卿，商会总理也，理事为陈谦夫、范均之、林端甫、施竹晨、林世钦诸人，讲演为林莲村、王东园、余润泉诸人，编辑为冯阶青、钱吟苇、陈屺怀、陈训恩诸人，皆一时之选。并闻有热心董事李霞城、赵芝室、赵林士、蔡芹孙诸人创捐私资，以备添置图画、幻

---

  ① 冯君木：《夫须诗话》，载《民权素》第五集，1915年3月22日发行，第73页。
  ② 冯君木撰，唐燮军等校注：《冯君木集校注》，第309—310页。
  ③ 虞辉祖撰，冯君木整理：《寒庄文外编》，1923年铅印本，复旦大学图书馆藏。
  ④ 君木：《一饭难》，载《民权素》第八集，1915年7月15日发行，第83—85页。1924年12月15日，《一饭难》又见刊于《精武》第46期，第9—11页。

灯种种引起兴味之物。宁波社会之沉迷或因此而觉迷乎，跂予望之。"①

◎ 乙卯七月初五日（1915.8.15），洪允祥《寄君木》见刊于《民权素》第九集。同日，冯君木胸痛几殆，且此后两个月内，时或发作。

> 按，1915 年 8 月 15 日面世的《民权素》第九集，详载洪允祥《寄君木》云："病骨支难不耐秋，碧天凉思晚悠悠。一畦芳草经霜变，永夜寒江抱月流。入世非才频中酒，去家未远已登楼。苦言寄与张平子，好倚危时咏四愁。"②
>
> 又，《回风堂诗》卷 3 录有《七月五日胸痛几殆，病间有作》《胸腹患作两月未愈，赋诗自遣》两诗。③

◎ 冯君木在白衣寺避暑期间，某夜遇盗；万幸的是，应叔申遗稿未被窃。事后赋诗纪事，并通知陈训正。

> 按，《回风堂诗》卷 3 录有《迨暑白衣寺，夜被胠，箧几尽，惟书籍狼藉草地中，弃而勿取，叔申遗稿在焉。收拾，感叹，赋诗，示天婴》诗。④

◎ 冯君木执教于宁波效实中学，业师陆镇亭先生得悉后，特地前来相见。

> 按，《僧孚日录》庚申九月十七日条引冯君木忆语："年二十三时，作《落叶词》，为陆镇亭太史廷黼所赏识，专招我至其家读。余以太史时方豪盛，未往。后二十年，太史闻余教授郡中效实学堂，躬导舆，累次过访不遇。太史生平最恶学堂，未尝有所入，今为余而来学堂，余感其意，往谒相见。时太史年八十余，耳已无闻，惟目力尚强，出粉板，使余书以为应答。犹能诵余当日之《落叶词》也。太史后以文稿索序于余，虽未即就，终当为之。太史文虽未深谐，知己之感，正使人

---

① 《申报》编写组编：《申报影印本》第 135 册，第 330 页。又，张原炜《萚里日记》1927 年 12 月 17 日条云："病卧无憀，闻老友范均之在杭病殁。"是知范均之卒于丁卯年。
② 惨佛：《寄君木》，载《民权素》第九集，1915 年 8 月 15 日发行，第 28 页。该诗后又被收录在《悲华经舍诗存》卷 1，但文字小异。
③ 冯君木撰，唐燮军等校注：《冯君木集校注》，第 133 页。
④ 冯君木撰，唐燮军等校注：《冯君木集校注》，第 133—134 页。

何能已已!"①兹由冯氏"年二十三"下推二十年而系之。

◎ 陈训正第三子建斗(1904—1978),因在水中捞取所玩足球时搞得一身泥泞而挨揍。冯君木作诗解其围。

> 按,《回风堂诗》卷3录有一诗,名《玄婴幼子建斗蹴鞠为戏,鞠落水,斗跃入撩取,迨出,泥水淋漓满其身。玄婴挞之,余戏以一诗解之》。②

◎ 历经半年,时至乙卯八月,冯君木终将亡友应叔申的遗作整理为《悔复堂集》二卷,尔后又将应叔申所作"联语"录入《脞记》中,遂作《编定叔申遗诗,仅得七十篇,为一卷,题诗其后》《悔复堂诗序》等诗文以纪其事。

> 按,冯开《悔复堂诗序》云:"《悔复堂集》二卷,慈溪应启墀叔申撰。叔申天才闳俊,劲出横贯,不可羁勒。年未三十,渐趋韬敛,厌薄少作,十九捐弃,风昔雅自矜尚,凡所撰属,不轻视人。病亟,余往省视……且锐以编菅自任,则曰:'第慎之!严绳勇削,宁苛毋恕。吾今以没世之名累君木矣。'叔申既逝,余搜其遗箧,得稿寸许,亟思删次,用践宿诺……病间深居,发箧觑理,汰之又汰,十存二三。……写定,得诗若干首,文若干首,合为二卷,俟付杀青。……虽单弦孑唱,声响寂寥,而特珠片玉,光气自越。平生久要,期无旷负,后死有责,所尽止是,掩卷喟然,可以伤心矣。民国四年乙卯八月,冯开。"③

> 又,冯君木《回风堂脞记》:"余既编定叔申遗集,复得其联语数十耦,不忍弃之,择其尤,录入《脞记》中。……是皆叔申十七八岁时吐属,其隽颖已若此。沉沦困厄,中年遽陨,天之生才,果何为也!"④

◎ 冯君木次子宾符(1914—1966)聪颖异常,时至乙卯九月,不足两岁的他,业已识得四五十字,也因此被冯君木寄予厚望。

---

① 洪廷彦主编:《沙孟海全集·日记卷》,第37—38页。
② 冯君木撰,唐燮军等校注:《冯君木集校注》,第134—135页。
③ 冯开:《悔复堂诗序》,载应叔申撰:《悔复堂诗》,1942年余姚黄立钧《悔复堂诗 寥阳馆诗草》合刊本。
④ 冯开:《回风堂脞记》,载应叔申撰:《悔复堂诗》外录,1942年余姚黄立钧《悔复堂诗 寥阳馆诗草》合刊本。

  按,《回风堂诗》卷3录有一诗,名曰《次子贞用,生十九月,知识字,口不能言,以手指之,字之便于上口者,亦能发音焉。已识得四五十字,错易颠倒,历试勿爽,亦可谓"小时了了"矣。赋诗纪之》。① 自甲寅二月冯贞用出生至乙卯九月,正好19个月,故系之。

◎ 乙卯九月初七日(1915.10.15),《民权素》第十一集刊出冯君木《何条卿贻余梅椒翁书,赋此报谢》《寄怀天婴杭州》两诗及《夫须阁随笔》②,同时发表陈训正答诗《次韵君木见怀》③。

  按,《民权素》第十一集版权页明言:"中华民国四年十月十五日出版。《民权素》第十一集,定价大洋五角。编纂者:蒋著超。总发行所:上海四马路麦家圈口民权出版部。"

◎ 乙卯秋,冯君木通过陈训正,始与虞辉祖相识。

  按,《回风堂文》卷1《〈寒庄文集〉题词》云:"余与含章相闻久,乙卯之秋,始因陈玄婴定交。时玄婴居后乐园,吾二人得间即造之。"④

◎ 乙卯九月下旬,冯贞群从张美翊处,借得王芑孙等人的手批汲古阁本《三国志》,随即予以校注。

  按,伏跗室藏《三国志》卷首冯贞群题记:"从张丈寒叟借得王芑孙及其弟亮生鋆手批汲古阁《三国志》,遂移录于此。自四年九月一日展卷,中间人事纷沓,作辍靡定,越四月始得卒业。五年(1916)一月晦,孟颛冯贞群识于伏跗室。"卷末注:"乙卯冬依王芑孙评点本过录,冯贞群。"⑤

---

  ① 冯君木撰,唐燮军等校注:《冯君木集校注》,第138页。
  ② 君木:《何条卿贻余梅椒翁书,赋此报谢》,载《民权素》第十一集,1915年10月15日发行,第28页;又,君木:《寄怀天婴杭州》,载《民权素》第十一集,第28页;又,君木:《夫须阁随笔》,载《民权素》第十一集,第179—183页。
  ③ 天婴:《次韵君木见怀》,载《民权素》第十一集,1915年10月15日发行,第29页。该诗后被收录于《天婴室丛稿》之一《无邪诗存》,两相比较,文字略有不同。
  ④ 冯君木撰,唐燮军等校注:《冯君木集校注》,第266页。又,沙孟海《冯君木冯都良父子遗事》云:"民国初年,各位先生曾一度就郡中后乐园创国学社,招收学生,补习经史文学,推陈先生为社长,执教者又有镇海虞含章(辉祖)、冯汲蒙(毓犨),皆一时胜流。张让三先生旅外时多,冯、陈、洪三先生则久处郡中,主持风会。"但证诸《〈寒庄文集〉题词》,可知沙氏此说显然有误。
  ⑤ 骆兆平:《冯贞群辑校书知见录》,载骆兆平:《伏跗室书藏记》,第44页。

◎ 乙卯十月初九日(1915.11.15),冯君木《赠洪佛矢》诗见刊于《民权素》第十二集。①

按,《民权素》第十二集版权页明言:"中华民国四年十一月十五日出版。《民权素》第十二集,定价大洋五角。编纂者:蒋著超。总发行所:上海四马路麦家圈口民权出版部。"

◎ 冯君木应李玉麟之请,为其父李尹夫(1861—1909)撰写墓表。

按,《回风堂文》卷3《李君尹夫墓表》云:"君讳志莘,字尹夫,鄞李氏……李氏故以货殖起家,绵延数世,蓄藏弥殷。君既遭大故,自以身为家督,有克家之责,追惟父祖缔造之艰,深惧勿胜负荷,骧其先绪,遂弃儒书,治商业,滞鬻迁引,动致兼赢。……春秋四十有九,宣统元年己酉十二月二十九日卒。……民国四年乙卯某月,(其子)玉麒将葬君于某乡某原,先期以状来请表墓,乃摭其实书之,以质行道而讯方来。"②

◎ 乙卯十月或稍前,冯君木应郑滋蕃之请,为其父郑起凤(1858—1913)撰写墓志铭。

按,《回风堂文》卷3《郑君墓志铭》云:"君讳起凤,字梧生,世为慈溪郑氏。……慈溪当革政之初,新故代嬗,会计出纳,尤纠纷不可得理,邦人君子,佥谓综核之责非君莫属。君亦毅然引为己任……寻被推为县署财政长,知事杨敏曾、王兰芳更迭倚仗,若左右手。……又被举为屿台镇自治总董,劝农兴学,百废俱举……春秋五十有六,民国二年夏时癸丑五月二日卒。……四年乙卯十月,葬于丁家隩之山麓。先期(其子)滋蕃来请铭。"③

◎ 乙卯十月初六日(1915.11.12),姚寿祁之子燕祖(1898—1915)病卒,年仅十八岁。燕祖生前好学,又时来请教,故在十一月下葬之前,冯君木应邀为作铭文。

---

① 君木:《赠洪佛矢》,载《民权素》第十二集,1915年11月15日发行,第31页。
② 冯君木撰,唐燮军等校注:《冯君木集校注》,第321页。
③ 冯君木撰,唐燮军等校注:《冯君木集校注》,第324—325页。

| 冯君木年谱

按,《回风堂文》卷3《姚燕祖葬铭》云:"燕祖字孝诒,慈溪人,吾友姚寿祁贞伯子也。生十八年,得瘵疾有间矣,一夕呕血死。……十年以来,贞伯哭其女,哭其妻,悲不可自聊,今又哭其子焉。……如贞伯者,家庭之乐至是而索焉殆尽,其畸零惨沮之况,尤可念也。燕祖之卒,以民国四年乙卯十月六日,逾月,贞伯为葬之某所,而属余以铭。"①

◎ 乙卯十一月初九日(1915.12.15),冯君木《寄答叔申》诗见刊于《民权素》第十三集。

按,1915年12月15日面世的《民权素》第十三集详载其词云:"别汝未三月,闭门余六旬。频频劳慰问,颇颇惜沉沦。倘缓须臾死,终成旦暮人。凄凉同病感,千里接吟呻。"

◎ 乙卯冬,随身二十七年的先父遗物——烧制于明成化年间的窑水注——忽然冻裂,冯君木深表痛惜,赋诗纪事。

按,《回风堂诗》卷3录有一诗,题作《旧蓄明成化窑水注一,先君遗物也。自先君弃养,随余几三十年,严寒不戒,忽为冰裂。且惜且悲,赋诗纪之》。②

◎ 乙卯冬,冯贞群从陈季衡处借得明人虞堪所撰《鼓枻稿》,以便抄录。

按,伏跗室所藏抄本《鼓枻稿》冯贞群题记:"乙卯冬向陈季衡处借写此册,丙辰春中与陈本对读一过。冯贞群。"③

◎ 作于乙卯且流传至今的冯君木诗篇尚有:《慰章叔言》《调汲蒙》《杂兴》《遇叔申故居》《答佛矢,即效其体》《再赠佛矢》《示玄婴》《〈空游〉一首贻玄婴》《夏日简洪左湖(日湄)》《示陈生建雷》《病中作》《赠陈次农(康緼)》《次韵佛矢》《纪事》《无题》。

按,《回风堂诗文集》之《回风堂诗》卷3,明言上列诸诗皆作于乙

---

① 冯君木撰,唐燮军等校注:《冯君木集校注》,第326页。
② 冯君木撰,唐燮军等校注:《冯君木集校注》,第141页。
③ 骆兆平:《冯贞群辑校书知见录》,载骆兆平:《伏跗室书藏记》,第41页。

卯年。

丙辰(1916.2.3—1917.1.22)　四十四岁

◎ 丙辰二月初八日(1916.3.11),张美翊六十大寿。冯君木作诗两首以寿之,即《回风堂诗》卷4所载之《寿张謇叟六十_{丙辰}》。①

按,洪允祥《张让三先生六十征诗文启》云:"我让三张先生,明山间气,浙水通儒。……将于今年二月八日先生初度之辰,举称觞之典。……所冀东京才子,南国词宗,贶以佳章,光兹盛举。"②于是,洪允祥、冯君木等人纷纷作诗相赠,仅《甬上青石张氏家谱·赠言》所录,便有张元济、吴士鉴、唐文治、孙宝瑄、盛炳纬、虞辉祖、陈康黼、徐珂、周庆云、缪荃孙等18人。

◎ 何其枢(1880—?)在来信中述及近日奉天社会风气之恶化,冯君木答诗慰藉。

按,《回风堂诗》卷4录有《何甘荼_{其枢}自奉天寓书,言客中人心变幻,使人不敢不匿其真性情,而以假面目相见。其言绝痛,赋一诗寄慰之》。③

◎ 丙辰仲秋,慈城保黎医院扩建工程顺利完工。冯君木受托,为撰《保黎医院题名记》,既详述吴欣璜诸人扩建保黎医院的来龙去脉,更建议世人消除对西医的偏见。

按,《回风堂文》卷5《保黎医院题名记》:"吾邑之有医院也,自保黎医会始也。……先是,院故僦吾冯氏废塾为之,因其陋,粗加髹饰,取足集事而巳。效既著,乃鬻而隶诸会,复次第券纳前后左右旷地,基稍稍立矣,以鸠财之不易,构作之不可以缓,则益推大医会,冀合众力以济……五六年间,役凡四攻,(沆)[迄]于今日,廊庑阑楯,虚明高

---

① 冯君木撰,唐燮军等校注:《冯君木集校注》,第142页。
② 洪允祥:《悲华经舍文存》卷2,1936年铅印本,并见张美翊主纂《甬上青石张氏家谱·赠言》,1925年味芹堂铅印本。又,《僧孚日录》1926年3月18日条亦尝明言:"八日为謇师七十冥寿。"载洪廷彦主编:《沙孟海全集·日记卷》,第962页。
③ 冯君木撰,唐燮军等校注:《冯君木集校注》,第145页。

旷,养疴之室,游翔之所,衺亘错列,规模粲焉具备……居恒窃谓中西医术互异,其所执持,率画然不得相比傅,然海陆沟合,耆欲日新,彼邦之服物、饮食,举不能无所濡染,形气盈虚,与时消息,尊生之道,宜何所从也。……共和五年九月,院成,吴君援汉碑书出钱人例,而题会员之名于壁,属冯开记之,辄发其凡,用谂方来。"①

◎ 丙辰十月,冯君木应李镜第之请,为其父李承莲(1832—1916)撰墓志铭,简述其生平事迹。

按,《回风堂文》卷3《李府君墓志铭》云:"君讳承莲,字澄廉,镇海人。……洪杨乱定,盐策失正,浮食奇民,擅牟海利,巧法私鬻,诘奸无方。君生长海国,周知情伪,值当事觊理醝纲,主干者倚君为助,整齐利道,弗苟弗漏,牢盆所籍,垂三十年,课算奇美,而民不敝,君之劳也。……春秋八十有五,以共和纪元五年夏正七月十六日卒。……其年十月,(其子)镜第葬君于崇邱乡布阵岭之麓。校行述德,职在文字,宜申幽赞,用谂无竟。"②冯君木此文,可与虞辉祖作于1916年的《李君澄濂墓表》相参看。③

◎ 盖应好友徐珂(1869—1928)之请,冯君木为钱唐人朱大勋(1829—1885)作墓表。

按,《回风堂文》卷3《朱府君墓表》云:"君讳大勋,字研臣,姓朱氏。……咸丰十年、十一年,杭州再被寇,元妻良子,苍黄迸命,君跳身出走,惟奉先世图像与俱,流连海上,殆三年所。乱定旋归,故居煨毁,君拮据图度,仅乃得复。……晚岁自称胥山老农,筑乐山草堂于山半……人事消长,漠若无与。禀命不康,婴疾遂殆,春秋五十有七,以光绪十一年乙酉五月十八日告终家術。……君卒之明年,(子)景彝葬君于西湖南山之普福岭,以金夫人合兆。荏苒卅载,未有表揭,

---

① 冯君木撰,唐燮军等校注:《冯君木集校注》,第370—371页。
② 冯君木撰,唐燮军等校注:《冯君木集校注》,第327—328页。
③ 虞辉祖此文之碑刻,今存于宁波市镇海区文保所,题作《小港李澄濂墓表》。碑高60厘米,宽57厘米,厚10厘米。碑文行书。其字句与《寒庄文编》所载《李君澄濂墓表》有所不同。

摧伤先德,靡所置念。是用甄述景行,刊石墓道,播休行路,垂辉方来。"①兹自光绪十二年下推三十载而系之,庶几无误。

◎ 丙辰十一月十一日(1916.12.5),鄞县烟酒公卖局局长王艺卿(1870—1916)积劳成疾,赍志而殁。约年末,冯君木应邀为作墓志铭。

　　按,《回风堂文》卷3《王君墓志铭》:"君讳绍翰,字艺卿,奉化王氏……及成诸生,即锐乎有用世志,年三十四,充优贡生,朝考,授职知县。既而以亲老调归,主讲府中学校,旋任监督,先后数载,学子大和。自政体改革,屡被辟公府,襄理庶绩,本县知事某侯、鄞县知事萧侯,迭资倚办。……最后受任榷税,深虞苛娆病民,益恩恩务综核,簿籍旁午,每至申旦。日月销铄而病遂亟,春秋四十有七,民国五年丙辰十一月十一日卒。……某年某月,(子)子让葬君于某山,先期来谒铭。"②

◎ 丙辰冬,冯君木将陈训正的诗集《天婴室集》赠送给况蕙风。

　　按,《申报》1925年2月6日第12版蕙风《餐樱庑漫笔》则明确交代集内《观猴子戏》作于丙辰冬:"君木贻余《天婴室集》,凡诗四卷,慈溪陈训正无邪所作。……《观猴子戏》云:'大猴毛绥绥,小猴足趯趯。……作戏聊自娱,汝猴真可儿!'《猴戏诗》作于丙辰冬,意盖有指云。"③

◎ 作于丙辰且流传至今的冯君木诗篇尚有:《送虞含章辉祖》《梦中作》《感怀》《题含章文稿》《喜句羽自鄂至》《于人家屋后得荒原,距所居不百许武,水树窈曲,可以徘徊》。

　　按,《回风堂诗文集》之《回风堂诗》卷4,明确交代此上所列诸诗皆作于丙辰年。

---

① 冯君木撰,唐燮军等校注:《冯君木集校注》,第331—332页。1934年,该文以《朱君墓表》为题,被刊登在《青鹤》第2卷第7期"君木遗文"栏。
② 冯君木撰,唐燮军等校注:《冯君木集校注》,第329—330页
③ 《申报》编写编组:《申报影印本》第209册,第558页。沈其光《瓶粟斋诗话》初编卷四云:"诗箧中得陈无邪《观猴子戏》古风一首,可谓形容毕肖……无邪名训正,慈溪人。此诗似为丙辰袁氏称帝而作。"

丁巳(1917.1.23—1918.2.10)　四十五岁

◎ 丁巳正月十三日(1917.2.4),族兄冯慎余(1852—1917)病卒,享年六十六岁。冯君木为作墓碣铭。

> 按,《回风堂文》卷4《冯君墓碣铭》云:"君冯氏,讳慎余,慈溪籍,匠者徒。……岁丁巳,春正月,十三日,君病殁,六十六。……牛之山,青狳狳,铭墓石,族弟开。"①

◎ 丁巳三月,虞辉祖在陈训正的催促下,撰就《回风堂诗序》。

> 按,《回风堂诗文集》卷首虞辉祖《回风堂诗序》:"……君木、无邪皆慈溪人,慈溪与吾县近,吾少闻陈、冯之名,后遂相遇,与交密。前年余馆甬上,二君亦以避乱寓郡城,吾每与君木访无邪,游城北后乐园,为诗酒之会。吾不善诗,二君喜以诗相视,无邪尝欲有为,乱后意有所不乐,故其诗多幽沉郁宕之音,君木意量翛然,虽居困而有以自得,故其诗有萧旷高寒之韵,要皆吾甬上诗人之绝出者也。……嗟乎! 君木殆欲以诗托命也耶? 余为序之,亦以慰君木之意于无穷也。丁巳三月,镇海虞辉祖。"②

◎ 丁巳春,冯可镛《浮碧山馆骈文》二卷,由宁波钧和公司刊行。

> 按,《浮碧山馆骈文》扉页明确交代:"丁巳之春钧和公司校印。"其《目录》卷1列有《张麟洲见山楼诗集序》,而正文则无此篇。

◎ 丁巳五月,冯贞群开始抄录章炳麟《说文解字讲演》,至十月毕功,并撰题记。

> 按,伏跗室藏《说文解字》卷首冯贞群题记:"《说文解字讲演》十四篇,马准绳甫述,其师章太炎说也。是本以段注为宗,益以钱、朱二家所记,钱为归安钱夏中季,朱为海盐朱光祖逖先,皆章弟子也。丁巳中夏向绳父借得,手写一本,作辄靡定,越五月始毕,辄记之。"③

◎ 丁巳十月,由蒋尊簋(1882—1931)领导的"浙人治浙""宁波独立"运动

---

① 冯君木撰,唐燮军等校注:《冯君木集校注》,第352页。
② 虞辉祖在自定《寒庄文编》时,将此文列入卷1并更名为《冯君木诗序》。
③ 骆兆平:《冯贞群传抄典籍纪略》,载骆兆平:《伏跗室书藏记》,第52页。

乍兴乍衰。冯君木身处其间,事后作《丁巳十月甬上纪事》诗,末曰:"十万黄金供馈赂,明日将军横海去。"①

　　按,陈炳翰《洁庵文稿·丁巳宁波独立》所述与《丁巳十月甬上纪事》所叙,显系同一事,其词云:"蒋尊簋者,辛亥革命巨子也,共和成立,向隅已久。是岁十月十日,蒋忽与旧日军官周凤岐航海抵甬。宁波旅长叶焕章,昔在蒋麾下,与谋独立,欲驱逐浙督杨善德而代之也。次日开会,宣布独立……浙督闻警,立命师长童保煊率兵驻萧山,与宁兵隔一娥江。十四、十五开仗两次,宁兵败,纷纷逃回。官长闻败耗,惧溃兵之滋事也,即派警察、防勇保护各机关及繁盛街衢。十六日晨,溃兵至……幸是夜远近无恙。天明,知昨日溃兵枪毙二人,捕二十余人,官长向四明银行提银八万两给肇祸魁首,使远扬;溃兵各给洋五十元,缴械遣散。"②

◎ 丁巳十二月,应弟子章叔言之请,冯君木为作《应子穆翁八十寿序》。

　　按,《回风堂文》卷1《应子穆翁八十寿序》:"余故居在城东慈溪巷……其西为应氏,邻吾家亦百余年。……自余移家甬上,不获常接翁颜色,而翁孙儒根,又尝受业于吾徒章生叔言,其事余甚谨,道甬往返上海,辄迂回过省余,因时时得闻翁消息。……丁巳十二月,叔言自慈溪至,言翁明岁八十,致其子若孙之意,欲得余一言为寿。"③

◎ 丁巳冬,冯君木作《和〈述怀〉,步〈秋兴〉韵》八首,用以唱和梁秉年《述怀,次少陵〈秋兴〉韵》。同时唱和者,尚有范文甫、李廷翰、高振霄、邓楫、李蠡、谢迓、卢恺、水颜屏、李商山、张天锡,共计十一人。

　　按,冯君木《和〈述怀〉,步〈秋兴〉韵》小字夹注:"君方谋校刊谢山《续耆旧诗》,是书当日未有刊本,各本传抄互有同异,流传端绪,难于寻究。吾师镇亭先生写定本,可付教青君,折衷陆本,复参他本,以为

---

　　① 冯君木撰,唐燮军等校注:《冯君木集校注》,第154页。
　　② 张传保等修,陈训正等纂:民国《鄞县通志》,《中国地方志集成·浙江府县志辑》第17册,第394页。
　　③ 冯君木撰,唐燮军等校注:《冯君木集校注》,第282页。

增损。异日书成,信双韭之功臣矣。"①又,梁秉年《续甬上耆旧诗·原序》:"盖吾乡藏是书者,以谢、陆两本为最完备,而溪上冯贞群孟颛留心掌故,所搜储旧本又不止一家。年来时局变更,余垂垂老去,深恐长此沉埋,无以竟后死者之责,爰发大愿,谋刊斯编……始事丁巳仲秋,竣工戊午岁杪……戊午季冬月,邑后学梁秉年识。"②准此,足以认定该诗作于丁巳冬。

◎ 张美翊将仿宋本《韩子苍集》《饶德操集》赠予冯君木,并题诗于其端。③冯氏收到赠书后,赋诗纪事。

　　按,《回风堂诗》卷4有诗曰《次韵张寒叟见贻放宋本〈陵阳〉〈倚松〉二集,盖嘉兴沈乙庵所刊者。沈有序,自署"老民",其纪年犹曰宣统癸丑也》,且明确交代作于丁巳年。④

◎ 作于丁巳且流传至今的冯君木诗篇尚有:《题京伶梅兰芳瘗花小象》《寒夜追忆叔申》《题徐仲可珂《纯飞馆填词图》》《朱鬯父景彝为其先公研臣先生大勋写〈乐山草堂图〉,并合先生遗墨为一册,属题》《复题研臣先生墨迹》《属疾数月,佛矢有诗见念,赋此为报》《为杨季眉显瑞题旧藏崔问琴鹤所画〈李香君小象〉》《久病几殆,范君文甫赓治治之,不十日而大差,赋示文甫》《文父治余疾,意甚挚,当疾亟时,日自十里外临视,其高义可感也。酬之不受,强以梅赧翁墨迹赠之,并媵以诗》《小住寥阳馆示贞伯》。

　　按,《回风堂诗文集》之《回风堂诗》卷4,明言上列诸诗皆作于丁巳年。

戊午(1918.2.11—1919.1.31)　　四十六岁

◎ 戊午春,冯君木在慈城保黎医院住院治疗期间,听说钱纫灵家有二株

---

① 冯君木:《和〈述怀〉,步〈秋兴〉韵》,载张天锡编:《棠阴诗社初集》卷1,见南江涛选编:《清末民国旧体诗词结社文献汇编》第11册,国家图书馆出版社,2013年,第199—201页。
② 〔清〕全祖望辑选,方祖猷等点校:《续甬上耆旧诗》,杭州出版社,2003年,第9页。
③ 张美翊:《以仿宋本〈韩子苍〉〈饶德操〉二集赠君木,题诗其端》,载冯君木撰,唐燮军等校注:《冯君木集校注》,第148页。
④ 冯君木撰,唐燮军等校注:《冯君木集校注》,第147页。

海棠，特地求得一株置于房内，并赋诗纪事；收到海棠后，这才得知钱纫灵家其实只有一株。

  按，《回风堂诗》卷4录有两诗，分别题作《春日养疴保黎医院，闻钱君纫灵_{经湘}家有海棠二树，余乞其一，遣人迎致，先之以诗_{戊午}》《海棠既至，乃知纫灵家止此一树，前诗为失实矣，再赋三绝，兼调纫灵》。①

◎ 戊午三月二十八日（1918.5.8），冯贞群撰成《津逮秘书》题记。

  按，伏跗室藏《津逮秘书》冯贞群题记："《津逮秘书》……盖卷帙浩繁，易于分散。宣统纪元六月以金二百市于甬上，虽有脱佚，然其印刷极早，迥出他本之前，深足矜也。今写佚目列于下方，以为将来合并之地。戊午立夏后二日冯贞群识于伏跗室。"②

◎ 历经七年，时至戊午五月初一日（1918.6.9），冯贞群最终完成对《元朝名臣事略》的整理。

  按，《元朝名臣事略》冯贞群题记："辛亥九月，武昌兵起，江浙震动，鄞为浙东□邑，讹言日至，风鹤频惊，避地之人，十室九空。予奉母氏，寓居鄞城，有人持残书求市，审为明抄《元朝名臣事略》，佚首三卷。……越六岁，丁巳，向孙君翔熊假得聚珍版本，方谋补抄，又遭兵变，城门昼闭。及兵溃，开始缮写……凡一月告毕。用黄色笔校勘一通，复以朱笔校元统余志安刊本，采诸家书目为考证一卷，冠之卷端。岁越七年，时更五月，乃成完书……戊午（民国七年）五月一日冯贞群书于伏枤室。"③

◎ 戊午五月，冯贞群通过钱太希借得《鸣野山房汇刻帖目》手写本，遂雇人抄写，然后断断续续地加以校补。

  按，伏跗室藏《鸣野山房汇刻帖目》题记："戊午五月，嘱钱君太希向其舅氏胡莒先生炳藻借得手写《鸣野山房汇刻帖目》一册，倩人传

---

① 冯君木撰，唐燮军等校注：《冯君木集校注》，第156页。
② 骆兆平：《伏跗室文献辑略》，载骆兆平：《伏跗室藏记》，第135页。
③ 骆兆平：《伏跗室文献辑略》，载骆兆平：《伏跗室书藏记》，第136页。

抄,中多伪夺(帖贾往往以奇零之本改易首尾,冒称足刻),乃出所藏诸帖重为校正,就耳目所及,遗佚不少。拾遗补缺,续其未备,积稿百纸,以事中辍,聊记于此,不审何日践此愿也。癸亥七月冯贞群识。"①

◎ 历经三个月的治疗,冯君木约于戊午夏离开保黎医院。

  按,《回风堂诗》卷4录有《与海棠相对,几及三月,临行怅惘,赋诗志别》诗。②

◎ 在得知老友陈次农去世之后,冯君木既赋诗悼念,又与诸友同赴薛楼,追忆往日时光。

  按,《回风堂诗》卷4录有冯君木所作《哭陈次农同年》《次农之丧,诸交旧会哭薛楼。三年前,恒与次农游燕于此,感旧伤逝,不能无诗》两诗。③

◎ 业师关来青之父年届八十,冯君木赋诗贺寿。

  按,《回风堂诗》卷4录有冯君木所作《寿关太翁八十》,且其诗序云:"太翁为吾师来青先生父,早岁官河南。工画山水,兼精刻印。"④

◎ 戊午秋,冯君木在致函王龟山时,对浙江省第二届省议会选举颇有微词。

  按,冯君木《与王龟山戊午》云:"顷者省议员选举运动之烈、票价之高,有非计虑所及者。……议员是何物事,而眈逐之若是?厥意安在?下走怀疑久矣。要其归宿,殆不出利名两途。……足下在庄岳之间,处众咻之地,奥窔所在,或测一二;有喙三尺,幸毋我秘。某顿首。"⑤众所周知,浙江省议员选举,三年一届,7月1日初选,8月1日复选。是故,系其事于戊午秋。

◎ 戊午九月,冯君木用行书复录虞辉祖所撰之《赠自勋序》,并将之寄给

---

① 骆兆平:《冯贞群辑校书知见录》,载骆兆平:《伏跗室书藏记》,第45页。
② 冯君木撰,唐燮军等校注:《冯君木集校注》,第157页。
③ 冯君木撰,唐燮军等校注:《冯君木集校注》,第161—162页。
④ 冯君木撰,唐燮军等校注:《冯君木集校注》,第163页。
⑤ 冯君木:《与王龟山戊午》,载王文濡选辑:《当代名人尺牍》下卷,第57—60页。

当时任职山西的虞自勋。

> 按,冯开《行数序》:"……右虞君含章赠其族人自勋提学序。含章北游归,出稿□余书之,将寄提学山西。含章旧赠余《诗序》,盖提学所书者,书法北派,矜□为对庄士。余以柔软之书报之,殆不中为役矣。戊午九月,冯开。"①

◎ 陈训正葬其父懿宝于大枫塘,冯君木应邀为撰《陈府君墓表》。

> 按,陈训正《先妣讣状》云:"先公讳儒珍,先王父讳某字克介之长子,其行谊详冯开所为《墓表》。"②而《回风堂文》卷3《陈府君墓表》云:"君讳懿宝,字儒珍。……春秋三十有九,以光绪六年八月二十六日告终家衖。……君之卒三十八年,训正葬君于大枫塘之西原。训正荣辞懋行,著闻州闾。君身之不昌,庶大其后。辄发抒潜德,刊诸墓石,以声行路而谂异世。"③又,附录于《晚山人集》的沙文若《陈屺怀先生行状》、陈训慈《陈君屺怀事略》,皆称陈懿宝卒于光绪七年(1881),由此下推38年,便是民国七年。

◎ 戊午冬,冯君木为刊刻应叔申遗作《悔复堂集》而四处筹集资金。

> 按,姚寿祁《寥阳馆诗草》既备注其《冬夜忆叔申》诗作于戊午年,又其诗末小字夹注云:"君木为君编定遗集,方谋付刊。"

◎ 戊午岁末,冯君木与陈训正、张于相、蔡明存相聚于宁波江上楼,并赋诗感怀。

> 按,《回风堂诗》卷4录有一诗,名曰《岁暮与陈天婴、张于相原炜、蔡君墨集江上楼,感旧有作》,又明确交代该诗作于己未。④

◎ 冯君木为陈训正《无邪诗存》作序:"玄父诗,不患其不奇,而患其不驯。昌黎云:'文从字顺,各识职。''识''职'二字,即'驯'字脚注。凡诗文,无

---

① 冯开:《行数序》,载刘正成主编:《中国现代美术全集·书法1》,河北美术出版社,1998年,第103页。虞辉祖《赠自勋序》,载虞辉祖撰:《寒庄文编》卷2。
② 陈训正:《天婴室丛稿第二辑》之一《塔楼集》,1934年铅印本,宁波天一阁博物院藏。
③ 冯君木撰,唐燮军等校注:《冯君木集校注》,第337页。
④ 冯君木撰,唐燮军等校注:《冯君木集校注》,第164页。

论清奇浓淡,必须臻'驯'字境界,方为成就。玄父似犹有待也。"①

按,陈训正《无邪诗旁篇》卷首:"居白衣恤孤院二年,院主事若严为余裒诗得一百四十六首,题曰《无邪诗存》。既又搜得筐衍蝉蟫赜尾,尚留百五十首,年时错出,不能次第,因为《诗旁篇》。火之不忍,将以灾木,此戋戋者,化鱼所弃吐,尚欲流视人间耶。己未春,玄婴识。"②又,《僧孚日录》乙丑四月十七日条:"陈玄丈《天婴室丛稿》刊印已竣,于明存阁见其书,喜甚。归舆,因绕道过《商报》馆,索得一部稿。凡九种,曰《无邪诗存》,曰《无邪诗旁篇》,曰《无邪杂著》,皆己未以前作。《诗存》曩曾刻之。庚申以后之作,曰《哀冰集》,曰《秋岸集》,曰《逃海集》,曰《庸海集》,曰《庸海二集》,曰《阏逢困敦集》。"准此,冯君木此序当作于己未春之前。姑系之。

◎ 作于戊午且流传至今的冯君木诗篇尚有:《种海棠于医院,赋诗纪之》《王龟山德馨六十索诗》《题钱逸琴经藩〈山中校庄图〉》《听歌赠李生》《初秋自西乡归,舆中口占》《含章为余作诗序,属其族子自勋提学铭新书之以赠。自勋曾以诗卷自山西抵余,至是赋一诗报之,兼示含章》《赠钱太希罕》。

按,《回风堂诗文集》之《回风堂诗》卷4,明言上列诸诗皆作于戊午年。

己未(1919.2.1—1920.2.19)　四十七岁

◎ 己未正月十九日(1919.2.19),镇海人虞和钦(1879—1944)赋诗以和冯君木:"偶婴尘纲窃时名,心境澄潭我自清。美酒并门悲旅鬓,新诗慈水寄春来。年来猿鹤幸无恙,时至稊秭赖有成。政喜风烟静南北,哦诗宁效

---

① 陈训正:《天婴室丛稿》卷首《诸家评识》,载沈云龙主编:《近代中国史料丛刊》第63辑,第3页。
② 陈训正:《天婴室丛稿》之二《无邪诗旁篇》,载沈云龙主编:《近代中国史料丛刊》第63辑,第57页。

候虫鸣。"①

按,虞和钦《次韵答冯君木》之副题,明确交代:"南北和平会议前一日作。"而诸多载籍皆称南北和平会议召开于民国八年,例如陈锡璋《细说北洋》云:"民国八年(1919年)2月20日,南北双方代表会议在上海黄浦滩德华银行内举行。北政府代表九人,以朱启钤为总代表……南方军政府代表十人,以唐绍仪为总代表……经数度谈判后,以南方代表屡易提案,且坚持取消新国会,必须废止'参战借款'及取消中日间一切军事协议之密约,致无法续谈,卒未能获得结论。"②

◎ 己未春,大雪,冯君木乘车出宁波城。

按,《回风堂诗》卷5有诗题曰《新岁雪中车行》,且明言作于己未年。③

◎ 己未暮春,同窗好友冯宜铭去世,冯君木作诗哀悼。

按,《回风堂诗》卷5《哀家辛存宜铭》云:"昨者过君家,纸灰飞庭前。虚堂睹遗像,恍惚平生欢。寥寥书室外,牡丹方含芳。……作诗雪悲感,一字声三吞。"④兹据"牡丹方含芳"及《回风堂诗》谨按时序排列的原则,足以确定该诗作于己未暮春。

◎ 己未暮春,冯君木应张原炜之请,为其妾孙姞相片题诗二首。

按,《回风堂诗》卷5有诗名《于相属题其姬人孙姞小象,时于相又将挈姞赴杭州》。⑤

◎ "五四运动"期间,冯君木既曾推动成立浙江第四师范学校"学生自觉会"与宁波效实中学"学生自治会",又尝为效实"学生自治会"所办周刊亲题刊名,并署名"金口",按期撰写语体评论和小说剧本。

---

① 干人俊编纂:《民国慈溪县新志稿》,浙江省慈溪县地方志编纂委员会办公室、浙江省慈溪县档案馆,1987年,第138页。
② 陈锡璋:《细说北洋》,商务印书馆,2016年,第198页。
③ 冯君木撰,唐燮军等校注:《冯君木集校注》,第165页。
④ 冯君木撰,唐燮军等校注:《冯君木集校注》,第168页。
⑤ 冯君木撰,唐燮军等校注:《冯君木集校注》,第168页。

> 冯君木年谱

按，沙孟海《冯君木冯都良父子遗事》："五四运动时，先生在宁波担任第四师范、效实中学两校教师。痛恨北洋政府卖国行为，奋身投入这一爱国运动。亲自推动师范学生组织起来，取名'学生自觉会'。又推动效实中学学生组织起来，取名'学生自助会'。这些学生组织配合全市11个中等学校成立'宁波学生联合会'，更联系商界，组成'宁波商学联合会'。……效实学生自助会为扩大宣传，还发行中型的周刊，先生亲题刊名，并且按期用'金口'署名撰写语体评论和小说剧本，情绪极为高涨。"①

◎ 从己未五月二十四日（1919.6.15）开始，冯贞群用十天时间，移录蒋学镛（全祖望弟子）对《鲒埼亭集外编》卷50的批注。

按，伏跗室藏《鲒埼亭集外编》卷50末冯贞群题记："民国八年五月二十四日起过录樗庵蒋学镛批点，凡十日而毕，贞群。"②

◎ 己未夏，冯都良毕业于宁波效实中学；在此之前，就已表现出不俗的文学才华。

按，沙孟海《冯君木冯都良父子遗事》云："十四五岁时，都良写出一篇《先母事略》，有景有情，生动悱恻，老辈皆惊叹，目为神童。1916年进国学社，老师中虞含章先生最赏识他，说他文章自然有桐城义法。后来进效实中学，广泛学习各种基础知识。1919年毕业。"③

◎ 冯君木原本应聘为北京大学国文教员，但因身体多病，未能成行。

按，《北京大学日刊》第458期第1版《教务处布告》："（一）理预科国文教员冯君木不克来校，第一年四班模范文三小时改请毛常先生担任，其中甲乙丙三班之文法均归陈家蔼先生担任，而陈先生所任钟点，请孟寿椿先生代讲。此布。"④ 又，沙孟海《冯君木冯都良父子遗事》："北京师范大学和广州中山大学皆慕先生名，先后请他担任中

---

① 沙孟海：《冯君木冯都良父子遗事》，载《浙江文史资料选辑》第47辑，第102页。
② 骆兆平：《冯贞群辑校书知见录》，载骆兆平：《伏跗室书藏记》，第46页。
③ 沙孟海：《冯君木冯都良父子遗事》，载《浙江文史资料选辑》第47辑，第105页。
④ 国立北京大学：《北京大学日刊》第458期，1919年10月11日发行，第1版。

国文学教授,因身多疾病,惮于远行,皆辞未就。"①此云北京师范大学,显然有误。

◎ 己未秋,冯君木在复函姜可生时,既阐述对词的理解,又述及作词的亲身经历。

  按,冯君木《与姜可生己未》云:"……词虽小道,导源乐府,意内言外,研寻非易。仆少溺此,差别流变,缘情造端,颇糜日力;壮岁自嗛,不复缴绕,逡巡廿载,此事遂废。顷被新构,宛娈孤吟,亦欲按蘋洲之笛谱,偿东泽之语债,而华辞绮思,寒产不属。……道里阻隔,思君湛湛。单车东出,幸辱左顾。秋气弥厉,为道自爱。"②

◎ 己未秋,冯君木与张原炜(1880.6.22—1950.2.12)相聚于濠上楼,突然灵光乍现,此前日思夜想的李阳冰所书之《三坟记》,竟仿佛了然于胸,遂赋诗一首。

  按,《回风堂诗》卷5录有一诗,题曰《曩集少温〈三坟记〉,得"风止"十字。秋日坐濠上楼,仿佛遇之,足成一律,示于相》。③

◎ 己未十月十三日(1919.12.4),冯贞群复写乃父遗著《适庐遗诗》。

  按,其题曰:"《适庐遗诗》毕,民国八年十月十三日男贞群谨写。"④

◎ 己未十月,冯君木接受同县王幼度的请求,为其父王定祥诗文全集作序(但此后一年内仍未完成)。

  按,《僧孚日录》庚申十月十六日(1920.12.25)天头冯君木批注:"吾邑王文甫孝廉……名定祥,一字缦云,为王君仲邕之父,有《映红楼诗文集》。《诗集》为同邑童君赓年所校刊,《文集》犹未付梓。近其季子幼度方谋合刻诗文全集,属序于余,一诺年余,未有以应也。"⑤

---

① 沙孟海:《冯君木冯都良父子遗事》,载《浙江文史资料选辑》第47辑,第98页。
② 冯君木:《与姜可生乙未》,载王文濡选辑:《当代名人尺牍》下卷,第60—61页。
③ 冯君木撰,唐燮军等校注:《冯君木集校注》,第168页。
④ 骆兆平:《冯贞群传抄典籍纪略》,载骆兆平:《伏跗室书藏记》,第52页。另有一复本,题"己未三月男贞群谨写"。
⑤ 洪廷彦主编:《沙孟海全集·日记卷》,第52页。

◎ 鄞县孝子范淞焘(1857—1902)卒后十七年下窆,冯君木为作墓表。

  按,《回风堂文》卷3《范君墓表》云:"君讳淞焘,字启邠,姓范氏。……君蚤失怙,母全淑人中岁病痿痹,手足不良,动止辄倚人。君屏绝人事,躬服劳,给供养,积岁月益虔。……君终世颙颙,舍事亲外,佗事不复屑意,子职未竟,中道诀弃,依恋之诚,忽焉与年寿以俱尽,斯生人之极哀已。君卒以光绪二十八年十一月三十日,春秋四十有六。……共和八年某月,规葬君于西郊之靴脚漕。遂揭君至行于阡,以谂行道君子。"①

◎ 镇海人陈寥士(1898—1970),盖自本年起,拜冯君木为师。冯君木摘取孟郊《秋怀》"商叶随干雨,秋衣卧单云"之诗意,将陈氏书斋命名为"单云阁",同时又建议陈氏研读钱载所著《箨石斋诗》,用以改进其偏于软弱的行文风格。

  按,《海潮音》1935年第12期刊出陈寥士所作组诗(共四首),名曰《十六年前,君木师取孟东野"秋衣卧单云"诗意,为余名阁。今始由印西上人补作〈单云阁图〉,赋此题谢》,且其三云:"命名一十六年前,萧瑟行藏泣逝川;今日图成师宿草,秋蛩春鸟总堪怜。"②

  又,陈寥士《单云阁诗话》云:"二十余年前,初见回风师,师评余所作,诗不如词。药诗之法,可先取《箨石斋诗》读之,取其瘦硬,以医肤浅浮廓也。余谨如命。"③而作于1931年5月冯君木病卒后不久的陈寥士《哭冯君木师》,又曾述及:"忆自列门下,弹指十年前。授我以秘钥,指引得真铨。"④故系其事于本年。

◎ 作于己未且流传至今的冯君木诗篇尚有:《赠圆公》《次韵寥阳,春日感怀》《题〈桃源避秦图〉》《哀家辛存宜铭》。

---

  ① 冯君木撰,唐燮军等校注:《冯君木集校注》,第333—334页。
  ② 郑逸梅则云:"寥士师事冯君木,君木诗有'穷居门巷比云单',一时传诵,寥士取为斋名,曰'单云阁'。"载郑逸梅:《艺林散叶》(修订版),第602页。
  ③ 王培军、庄际虹校辑:《校辑近代诗话九种》,上海古籍出版社,2013年,第312—313页。陈寥士原名道量,字企白,一作器伯,号寥士、玉谷、十园。幼年颖悟,早有诗名,著有《单云甲戌稿》《单云阁诗》《单云杂著》《单云阁诗话》等。
  ④ 陈器白:《哭冯君木师》,载《卷烟季刊》第1卷第1期,1932年1月发行,第79页。

按,《回风堂诗文集》之《回风堂诗》卷5,明言上列诸诗皆作于己未年。

庚申(1920.2.20—1921.2.7)　四十八岁

◎ 庚申二月二十八日(1920.4.16),鄞县人范端揆继配金氏(1852—1920)去世。金氏在范端揆卒于南川知县任上后,独力抚养遗孤,以至成年。在金氏行将下葬之际,冯君木为作墓志铭。

按,《回风堂文》卷3《范母金恭人墓志铭》云:"恭人金氏,鄞南川县知县范君端揆之继配也。……君一膺乡荐,服官苏、蜀间,尤以廉清自矢,卒官成都,遗孤皆幼,恭人间关万里,卒以丧归。既归,贫甚,节衣啬食,恳恳与子女相保。诸孤既长,督饬弥严,劬劳艰辛几二十年,诸子之不失德,范氏之获以再造,恭人力也。……年六十九,以民国九年二月十八日卒。……于其葬,慈溪冯开为之铭。"①

◎ 庚申四月,鄞县人翁传泗(1872—1920),因饮酒过度而暴卒于北京,冯君木应邀为作墓志铭。

按,《回风堂文》卷3《翁君墓志铭》云:"君字厚父,鄞人,家世高訾,歉不自有。与人煦煦,务为抑损,虽处仆御,不大声色,推诚乐易,视若等夷。……君以民国九年庚申四月某日卒,春秋四十有九。……将以某年某月葬君于某地。不有纪述,隐微曷章?爰埋石重泉,用昭幽墓。"②

又,陈训正《翁处士述》云:"处士名传泗,字厚父,姓翁氏,居鄞西鄙。……性嗜酒,一日访兄京师归,过饮,失血卒,年四十有九。"③

又,洪允祥《翁厚甫哀辞》:"共和九祀,岁次庚申,孟月某夕,吾友翁君厚甫,仓卒遘疾,向晨而陨,年四十有九。医者曰:'饮醇蕴毒,阳

---

① 冯君木撰,唐燮军等校注:《冯君木集校注》,第338—339页。
② 冯君木撰,唐燮军等校注:《冯君木集校注》,第339—340页。
③ 陈训正:《天婴室丛稿》之四《哀冰集》,载沈云龙主编:《近代中国史料丛刊》第63辑,第196、200—201页。

炎裂脑。'呜呼痛哉,岂诚然欤!"①

对于翁传泗赴京及其速死的来龙去脉,《鄞县通志·文献志·人物二·人物类表·节概》的相关记载,无疑更为准确:"传泗兄传洙有子文灏,治地质学,有重名,奉父宦京师。一日,传泗念兄切,往访兄京邸。时文灏门下颇盛,贵游宾朋往来尤殷,不得常侍奉父叔。传泗心闵兄孤寂,不忍舍去,性好酒,日与兄痛饮,比归,得失血症,益郁郁寡欢,谓其客曰:'吾今始知贫贱家庭之乐矣。'"②

◎ 庚申六月上旬至七月十四日间,冯都良邀集师友到宁波效实中学讲习文史。冯君木亦时或莅临指导。

按,《僧孚日录》辛酉六月七日(1921.7.11)条:"去岁集般吉巷,天婴先生、翁须以四日至,余以五日至,于相师以九日至。"③

又,陈训正《答洪佛矢》云:"仆自别佛矢,习静般吉巷,冠者六七人,挈以俱来,老友中济、于相、仲邕实主,余、君木闲一过之,两弟彦及、行叔,朝夕并首……今日之集,不意而甚乐,惜乎吾佛矢不与也。日所课亡定程,任自择,唯范围文与史,不涉他科学,计住此四十日,饮酒而外,吟诗酣眠而已。选伎、拥揶、游戏之事,屏绝既久。"④

又,《僧孚日录》庚申八月十四日(1920.9.23)条:"晚与翁须、行叔赏月……前月今夕,般吉巷之文社将散,吾辈曾来游,此三人外,尚有徐伯起可燸,俯仰谈笑,甚乐也。"⑤

又,沙茂世《沙孟海先生年谱》1920年暑期条:"与冯都良、徐公

---

① 洪允祥:《悲华经舍文存》卷2《翁厚甫哀辞》,第11页。
② 张传保等修,陈训正等纂:民国《鄞县通志》,《中国地方志集成·浙江府县志辑》第16册,第186页。
③ 洪廷彦主编:《沙孟海全集·日记卷》,第175页。
④ 陈训正:《天婴室丛稿》之四《哀冰集》,载沈云龙主编:《近代中国史料丛刊》第63辑,第210—211页。
⑤ 洪廷彦主编:《沙孟海全集·日记卷》,第1页。徐可燸,字公起,浙江鄞县人,在《僧孚日录》中被称作公起、伯起。除此四人,参与"文会"者,尚有奉化俞子怡、慈溪葛夷父,此则《僧孚日录》庚申九月初四条言之甚详,详参洪廷彦主编:《沙孟海全集·日记卷》,第18页。

起(可燸)、陈行叔、俞子怡、葛夷谷同住在效实中学,讲述文史,并请冯君木、陈屺怀(训正)、张于相(原炜)等前辈作指导。钱仲济先生(保杭)与陈彦及先生(训恩、布雷)短期亦来指导。因效实中学校址在宁波城西般吉巷,此次活动被称为'般吉集'。陈屺老有诗纪其事,编入他的《天婴室丛稿》中。"①

又,沙孟海《冯君木冯都良父子遗事》云:"1920年暑期,趁效实中学放假日子,都良邀集文学界师友到校避暑,讲习文史。前辈有陈屺怀、张于相两先生,皆住宿校中,指导我们学习。冯先生家住近地,虽不住宿,亦经常莅临,共同研讨。同辈友人集处者,都良自己外,有徐公起(可燸)、陈行叔、俞次异、葛夷谷和我。钱仲济先生(保杭)与陈布雷先生则短期来住过。屺老《哀冰集》中有《逃炎》五古一首纪其事,见《天婴室丛稿》初辑卷四。"②

◎ 庚申七月中旬,鄞县人沙孟海(1900—1992)从此成为冯君木的弟子。

按,《僧孚日录》云:"庚申八月十四日以前所作日记已得五本,今以前体例未善且不便于记录,故易是册,自十五日始,时辞梅虚馆,来处回风先生门下,将一月矣。"③沙孟海《冯君木冯都良父子遗事》云:"1922年秋,招我住入他家西偏小轩,亲自督课。半年后推荐我到本城屠宅充家庭教师。相去不远,仍得随时请教。"④沙氏的后一追忆,显然有误。

◎ 庚申七月十七日下午至十九日晚(1920.8.30—9.1),经张美翊介绍,冯贞群、冯君木、钱罕等人相继结识来宁波游历的著名藏书家刘承幹。冯贞群更赠以《礼记集说》,以助刘氏刊印《吴兴丛书》。

按,刘承幹《庚申日记》云:"七月十七日午后三时,让三丈见顾,

---

① 沙茂世编撰:《沙孟海先生年谱》,西泠印社出版社,2010年,第8页。
② 沙孟海:《冯君木冯都良父子遗事》,载《浙江文史资料选辑》第47辑,第106页。
③ 洪廷彦主编:《沙孟海全集·日记卷》,第1页。《僧孚日录》1921年6月19日条云:"余去年得生平不可再得之事二。一、般吉巷之会集,……其一则回风堂之寄居,吾师非开馆课生徒者。"载洪廷彦主编:《沙孟海全集·日记卷》,第161—162页。
④ 沙孟海:《冯君木冯都良父子遗事》,载《浙江文史资料选辑》第47辑,第100页。

茗谈良久，招……至江北岸火车站普天春晚酌。……未几，冯孟颛、孙仲玙来，即入席，散后即归。十八日午后三时，偕醉愚、培余弟出至水凫桥访冯孟颛，谈良久而出。……十九日午前，冯孟颛来访，小谈而去。午后三时，偕履橰、醉愚、培余弟出至水凫桥，应孟颛之招，至则让三丈已在，孟颛出示书籍画卷，……约余等出北门至马公桥，谒其先世明季殉节侍郎公墓，……即至冯处，晤其叔君木广文开，并钱君太希罕，遂入席。……孟颛赠以《东钱湖志》、太希所书《洛神赋》手卷，又拓本墓铭数张，又其家藏有郑元庆所撰《礼记集说》稿本，余以乡先著刻，乞其假刊，伊则特以见赠，余决不敢当也。"①

◎ 庚申夏秋之际，冯君木领沙孟海拜谒张美翊。

按，《僧孚日录》辛酉八月廿二日（1921.9.23）条："与夷父谒张謇叟先生于薛楼……张謇叟先生年六十余，向在扈上，近谢事回乡，奖宠后进，唯恐不至。去年夏秋间归，娄因人寄言招余顾一见，余曾从夫子一往谒之。此次归来，又有书来招余，故又往谒。吾邑耆旧凋谢略尽，独此一老存耳。……先生日前寓北郭，今日适移居薛楼，方扫室布席，匆匆未及多言而出。"②

◎ 庚申秋，冯君木与陈训正、张于相、虞含章、蔡明存、沙孟海等人相聚于宁波城东濠上楼。

按，沙孟海《蔡君五十之颂并序》："余少时，则闻邑中有好义君子曰蔡君君默。九年秋，尝从冯君木、陈无邪、张于相、虞含章诸先生集城东濠上楼，君亦来，是为余识君之始。"③

◎ 庚申八月初，虞辉祖过访冯君木，次日清晨，与冯都良、沙孟海详述其治学之艰辛；当晚在张原炜的濠上楼，以诗酒相唱和。

按，《僧孚日录》辛酉十月廿四日条云："虞先生……中年劬学，刻苦为文，有非人所能晓。去年八月，宿吾师回风堂，早起，为翁须及余

---

① 刘承幹：《求恕斋日记》第6册，国家图书馆出版社，2016年，第278—280页。
② 洪廷彦主编：《沙孟海全集·日记卷》，第215—216页。
③ 汪济英主编：《沙孟海全集·文稿卷》，西泠印社出版社，2010年，第444页。

二人详言之。"①

又,《僧孚日录》辛酉六月初七日条:"抄含章先生《史君生圹志》于文录中。去岁先生来访吾师,持此文来,为余始见先生之时。次日,集濠上楼,先生讽籀是篇,言节纡扬,神情湛然。于时天风江水发发苍苍,吾师为藻孙扇头,题记是事,当日景状历历在目,而先生殁则三月矣。"②

◎ 庚申八月十四日(1920.9.25)晚,冯君木与冯都良、沙孟海、陈训恕同游观音寺。

按,《僧孚日录》辛酉八月十二日条:"午后,夷父、次曳来。傍晚,招我过宿吁雷室。夜,雨霁,见月。相与添衣,出游,坐谭观音寺侧小桥之上。忆去年与翁须、行叔从师夜游于此,为中秋前一夕,已一周年矣。风景不殊,正自有聚散之感耳。"

◎ 庚申八月十六日(1920.9.27)傍晚,洪曰湄来访;冯君木命沙孟海帮洪氏代写其所撰寿联。

按,《僧孚日录》庚申八月十六日条云:"傍晚,洪丈左湖曰湄来访,吾师属余代写寿人联语。余方欲与翁须、行叔适市,因随为购联而归。……(十七日)代洪丈左湖写寿联。"③

◎ 庚申八月十八日(1920.9.29)傍晚,钱太希父子来访,冯君木出视谢镇涛所临《龙门造像》。

按,《僧孚日录》庚申八月十八日条云:"傍晚,钱太希先生罕携子水如平来师许,间就余案索视所刻印。师又以谢生所临龙门造像视先生,先生以为可嘉,因其能免于板重也。先生语余:'学龙门造像,须注意于其生动处,要知古人之作此书,其笔断非近时之用羊狼毫,徒求形似,终必失之于板,甚无为也。'"④

---

① 洪廷彦主编:《沙孟海全集·日记卷》,第260页。
② 《史君生圹志》后以《史君晋生生圹志》为题,被收录在《寒庄文编》卷2,《寒庄文编》卷首《诸家评议》所录吴辟畺先生之论,称其"文兼《史》《汉》风味,末段陈意尤高"。
③ 洪廷彦主编:《沙孟海全集·日记卷》,第3—4页。
④ 洪廷彦主编:《沙孟海全集·日记卷》,第4页。

◎ 庚申八月十九日(1920.9.30)，冯君木评阅沙孟海近期所作之《袁君述》。

  按，《僧孚日录》庚申八月十九日条云："午前为《袁君述》成。……师改《袁君述》毕，谓古气历落，非颛颛于桐城者所能为。"①

◎ 庚申八月二十一日(1920.10.2)前夕，冯君木作诗悼念为奔走国事而牺牲于去年的宁波学生自助会会长袁敦襄。此外，其长子翁须也曾撰辞以致哀。②

  按，《僧孚日录》庚申八月二十一日条云："朝与翁须、子望赴袁次助_{敦襄}追悼会，在府学明伦堂。袁，余故不与相识，由翁须、行叔所言，诚笃人也。其死，为去年抵拒日本货物事。夫子亦有诗悼之。"③

  又，沙孟海《冯君木冯都良父子遗事》："五四运动时，先生在宁波担任第四师范、效实中学两校教师。痛恨北洋政府卖国行为，奋身投入这一爱国运动。亲自推动师范学生组织起来，取名'学生自觉会'。又推动效实中学学生组织起来，取名'学生自助会'。……效实同学以袁敦襄、张坤镛、陈训恕、毛起为骨干，工作做得很多。袁敦襄后被推为全市学生联合会会长，积劳得病，遂以身殉。先生赋《嗟哉袁生行》七古一首，哭之几恸。"④

◎ 庚申八月二十三日(1920.10.4)，冯君木为沙孟海形象地比较《史记》《汉书》之短长，并示以崔适《史记探源》。

  按，《僧孚日录》庚申八月廿三日条："师云：'《史记》如飞，《汉书》

---

① 洪廷彦主编：《沙孟海全集·日记卷》，第5页。
② 冯都良《追悼宁波学生运动牺牲者王显琛与袁次助》云："同学友袁次助，曩岁以病废其股，初乃因创深死。君为人谨厚，勇于任事，顾故旧不能徇众意，往往用是招尤。共和八年五月，日本人要我青岛，结吾国大夫之外市者为援系，以挟制政府，政勿能校，民人恫焉，群起策自救，创议于学校学生，而贾人应之约，凡物货自东瀛来者辄摈勿承，欲以是朘其利源。又惧人心不一，则集乘力纠之，户说巷劝，相戒勿与敌通市易，违则罚。诸学生奔走督责，以班临贾区阅视，见有敌货，即引去。君被举长其曹(案，袁君时曾被举为学生自助会会长)，尤劳困，日十数往返，……君既属丧足，势奄奄渐不支，明年竟卒，九年某月某日也。……君讳敦襄，字次助，慈溪袁氏，卒时年二十二。"载宁波《爱国青年》杂志，1925年9月30日发行，第22—23页。
③ 洪廷彦主编：《沙孟海全集·日记卷》，第5页。
④ 沙孟海：《冯君木冯都良父子遗事》，载《浙江文史资料选辑》第47辑，第102页。

如走。论其文字,《汉书》自不及《史记》,而学之必当以《汉书》为正宗。舍走而求飞,鲜有不颠且坠者。'师示我《史记探源》,近人归安崔适字觯甫著。所言皆事实之考证,其校勘又大施,更易于《史记》原文。略翻阅之,不知其确否,然以其非言文章也,此时不欲观之。"①

◎ 庚申八月二十四日(1920.10.5),冯君木教沙孟海以学诗之道及其他文史知识。

  按,《僧孚日录》庚申八月廿四日条云:"唐人诗专讲格律,学之卒至千篇一律,无甚趣味;宋人诗可参入议论,无千篇一律之弊。师诲我云。师又云:'杜诗包括万有,宋诸家之所长,少陵皆有之,学诗自宜从杜入手。杜诗以钱注为善,仇沧柱注不及也。'又云:'江西诗派,清末学者群尚之,所谓同光体也。清初,盛言盛唐而大非宋人。'又云:'宋人若陆放翁、范成大辈,则又一派,与山谷、后山不同。'……师云:'竹枝词之正格,为借儿女子口吻,以述风俗人情,其后乃有单言风俗而不借儿女口吻者,此为通例。又有单言儿女情而不及风俗,则失其本旨矣。竹枝词,唐刘禹锡始为之。'师云:'又有柳枝词者,乃专讲柳枝,每句皆有柳枝字,与竹枝词大异。柳枝词乃曲名,始于隋。'师云:'《三国志·谯周传》中有用余字者,陈承祚自称也,甚为可异;史传之格例,于此时亦未完备耳……《史记·大宛传》:"安息国以银为钱……吾国革政以后,亦放其制,不知汉时西域乃已有此也。"'"②

◎ 庚申八月二十五日(1920.10.6),沙孟海在日记中详载冯君木等人对桐城派的态度、虞辉祖对冯君木与陈训正诗文的评价,以及冯君木对虞辉祖、张原炜文才的比较。简言之,由于冯君木并无门户之见,故能深刻地认识到虞辉祖、张原炜文才之短长。

  按,《僧孚日录》庚申八月廿五日条:"郡中诸公,虞含章先生_{辉祖}专主桐城,洪佛矢先生_{允祥}痛诋桐城,张于相先生为桐城而兼好桐城

---

① 洪廷彦主编:《沙孟海全集·日记卷》,第9页。
② 洪廷彦主编:《沙孟海全集·日记卷》,第10—11页。

以外文字，陈天婴先生_训正文亦与桐城殊，吾师为汉魏文而并不轻视方、姚。杨逊斋先生_{敏曾}于诸公为前辈，其为文不喜桐城，并不喜汉魏文字，乃服膺于侯、魏、湛园诸人；师语余，以为可异也。杨先生好《二十四家文钞》，归安徐斐然敬斋所辑。含章先生半月前曾来，为翁须与余言：'甬上文人诗，自推天婴、回风二公，足传无疑。二公之文，天婴尚欠声调一番功夫，回风为汉魏文，余所不讲者，要皆能附于其诗以传。至言文，则吾自居矣。'含章先生论文，非桐城则不为家数，故所言如是。师谓：'含章、于相二人，若言古文，则于相自不及含章功力之深；若论文章，则含章不及于相之范围宽大而中正也。'师云：'桐城文字一变而为曾文正，再变而为吴挚父。至吴挚父，而其去章太炎仅一间矣。'"①

◎ 庚申九月初二、三日（1920.10.12—13），冯君木连日伤风。

  按，《僧孚日录》庚申九月初二日条云："一之伏跗室，师命取书也。午后，于相师来，坐顷而去。师患伤风，今日犹未瘥。……师云汪容甫、章太炎之散文，亦与方、姚诸家不同，往往转折处不用虚字；汪、章一派文字，上宗《左传》，后法《文选》，方、姚一派文字，上宗《史记》，后法八家，而《汉书》则两派俱不可省。师云：'谈文章自以不分骈散之文为正，此合容甫、太炎之所以为无偶耳。'"又，同书庚申九月初三日条云："天婴先生来看吾师，吾师疾犹未瘳也。"②

◎ 庚申九月初六日（1920.10.16），俞因五十冥诞，冯君木赋诗感怀："草草缘何短，依依梦不真。半生终负汝，十载尚为人。渐觉成衰老，谁能慰苦辛？风轩遗挂在，滴泪作生辰。"③宾客渐散后，张原炜前来告别，将于明日赴杭出席浙江省议会会议。对张原炜尽删沙孟海《袁君述》中"效实""宁波"等字，冯君木不以为然。

  按，《僧孚日录》庚申九月初六日条："师母冥诞……宾客渐散，

---

① 洪廷彦主编：《沙孟海全集·日记卷》，第12—13页。
② 洪廷彦主编：《沙孟海全集·日记卷》，第16—17页。
③ 冯君木撰，唐燮军等校注：《冯君木集校注》，第169页。

于相师来。师为省议士,明当赴会,今来辞别吾师也。……《袁君述》于相师所去'效实学校''效实学生''宁波'等字,吾师以为未免太过,致失其实,所谓效实云云,若昔时之东林书院,文章中必须用之,不可省去也;且善用之,反是佳处。"①

◎ 庚申九月初七日(1920.10.17),冯君木告诉沙孟海"太孺人"称谓之来历及其变化。

  按,《僧孚日录》庚申九月初七日条:"太孺人之称,生前因其子而称之,卒后则配于其夫而去'太'字,与皇太后同例。师诲余云。"②

◎ 庚申九月初八日(1920.10.18),陈训正来访。据《僧孚日录》记载,冯君木在评述孙学濂文论时,坚称方苞、姚鼐的文才远超唐顺之。

  按,《僧孚日录》庚申九月初八日条:"天婴先生来看吾师,良久乃去。……阅《文艺全书》,遵义孙学濂之论散体文,极崇王湘绮,知孙氏亦主张汉魏文者也,然误方苞、姚鼐祖法欧阳,自矜绝学,究其所极诣,尚不逮唐顺之。吾师以为唐亦学八家者,同以八家论,方、姚自远出唐上;谓为不逮,则太过矣。"③

◎ 庚申九月初十日(1920.10.20),冯君木再次得病,咳嗽且全身发热;直到二十八日,方才痊愈。

  按,《僧孚日录》庚申九月十日条:"夜,与翁须奉师命,以事之纫工所。既还,依吴氏点勘本点次《汉书·外戚传》十页,及看孙学濂之论散体文二篇。师疾曾愈,近又复作咳,身热。学校功课已倩人代矣。"又,庚申九月二十八日条:"师疾已愈,然犹不可以风来往校也。"④

◎ 庚申九月十三日(1920.10.23),冯君木教导沙孟海:孙学濂对章炳麟《文学陶隐居》评论不当;作诗用典贵能假借。在评阅沙孟海日记之余,拟题沙氏书房为"决明馆"。

---

① 洪廷彦主编:《沙孟海全集·日记卷》,第19—20页。
② 洪廷彦主编:《沙孟海全集·日记卷》,第21—22页。
③ 洪廷彦主编:《沙孟海全集·日记卷》,第24页。
④ 洪廷彦主编:《沙孟海全集·日记卷》,第25、40—41页。

按,《僧孚日录》庚申九月十三日条:"孙学濂论章炳麟《文学陶隐居》,吾师以为殊不得当。后告余云:'近有论章太炎得力于《弘明集》者,孙氏盖本其说,而误以弘明与陶弘景字通明相混耳。'……师云:'作诗用典贵能假借,用本事本物典,则一翻类书即得,不足惊奇也。'……闻师言作诗用典之法,瞿然惊愕,一若此典专为此诗欲用而造者,何其巧也!师论翁须及余二人之日记,各有面目:翁须思想显豁,余所不及;余留意者,实亦翁须之所忽。此后宜各补其短、专其长。翁须之长,近于子书;余之长,近于小学也。往年所作日记,自戊午正月至庚申秋,凡五册。师阅毕,有批语数条,总评有云:'始终如一,见其有恒;内省绝严,见其自克。'师拟题余书室曰'决明馆',用少陵诗'雨中百草秋(烂)[溺]死,阶下决明颜色鲜'(即《秋雨叹三首》)之意。"①

◎ 庚申九月十四日(1920.10.24),冯君木当面教导沙孟海和冯贞胥,作诗须略有诙谐之气。

按,《僧孚日录》庚申九月十四日条:"夜与须父侍师坐。师为言作诗,须略有诙谐之气,然亦不宜太深,致落小家相。"②

◎ 庚申九月十七日(1920.10.27),冯君木教沙孟海以写作韵文之道。

按,《僧孚日录》庚申九月十七日条:"师云:'作韵文用韵,不必限定两句或三句、四句转韵。转韵之第一句,亦不必处处协韵。处处协韵则体例反俗,又有忽而句句皆协韵者,无有定法,要在多读,自能领悟。'又云:'均文意转则均亦转,乃常例也。然往往有意转而均仍不转者,更有均转而意亦不转者。'"③

◎ 庚申九月十八日(1920.10.28),冯君木应邀代写寿人联语,并与陈训正一起,介绍沙孟海明年去屠家做家教。

按,《僧孚日录》庚申九月十七日:"学作《沈氏祠堂碑》,文裁二三

---

① 洪廷彦主编:《沙孟海全集·日记卷》,第27—29页。
② 洪廷彦主编:《沙孟海全集·日记卷》,第30页。
③ 洪廷彦主编:《沙孟海全集·日记卷》,第36页。

行。有人来丐师代撰寿人联语,余为书之。……有屠氏者,以吾师及天婴先生为介,要余明年教其子读。屠氏家在鉴桥畔,距师门不远,因诺之。"①

◎ 庚申九月二十一日(1920.11.1)夜,冯君木收到虞辉祖最新力作《新疆山脉图志序》,予以高度评价。

  按,《僧孚日录》庚申九月二十一日条:"夜,含章先生寄到近作《新疆山脉图志序》一首。师谓:'不必据界力争,但以自然之迹象为证,正自持之有故,冲夷恬适,举重若轻,入后用心弥深,造诣弥高,必传无疑。'"②又,《寒庄文编》卷首《诸家评议》论《新疆山脉图志序》云:"冯君木曰:'不必据界力争,但以自然之迹象为证,吾圉自固。用心弥苦,造境弥高。'吴联笙曰:'考核之文,而能有情韵,有波澜,且于义法一毫不苟,此岂易得耶!'"

◎ 庚申十月初一日(1920.11.10),冯君木指示沙孟海代撰《绍属旅甬同乡会祝词》,同时又教沙氏以写作联语之道。

  按,《僧孚日录》庚申十月初一日条:"代人作《绍属旅甬同乡会祝词》,未竟也。……师云作联语,句尾用平侧法,与骈文同,侧起平收,复以平承,以侧收。此上联也,下联反是。又有撑几句者,若上下联各五句,则第一二三句及末句如法,第四句之平侧依第三句而定。此谓撑一句,联语加长由此类推。……又云:'集句联之用平侧,可稍宽假,然末句则上联必侧声,下联必平声,为不可变。又有联语全不顾平侧者,不特集句联然也,此则难学。譬如古诗有平侧,乃律诗也。'"③

---

 ① 洪廷彦主编:《沙孟海全集·日记卷》,第38页。
 ② 洪廷彦主编:《沙孟海全集·日记卷》,第39页。《寒庄文编》卷2《新疆山脉图志序_{庚申}》云:"新疆在西陲万山中,自三代不及以政。汉唐而还,轮蹄交错,声教始通……挽近军兴,斯拉夫之族侵入其阻,当事者稍以边境为非《禹贡》所及,不甚顾惜,厥后两国每以地界相持。试自昆仑左转旁腾格里之阴,度伊犁、额尔齐斯诸河抵阿尔泰,复折而西向,芒芒千里,其河流多自东南来,而其山脉隐见,皆与我相属,诚我有也。……予谓昔大人每因忧患而作,先生筹策边庭,窃想见其怀铅握椠,徘徊四望于天山南北时也。"
 ③ 洪廷彦主编:《沙孟海全集·日记卷》,第41—43页。

◎ 庚申十月初二日(1920.11.11),沙孟海撰成《绍属旅甬同乡会祝词》,冯君木稍加改动,便交给绍属旅甬同乡会。

  按,《僧孚日录》庚申十月初一日条:"为《同乡会祝辞》成。酬应之作最乏趣味,师亦不甚加之改削。"①

◎ 庚申十月初三日(1920.11.12),冯君木告诉沙孟海:是否用虚字,正是唐宋律诗的显著差别。

  按,《僧孚日录》庚申十月初一日条:"师云:吾少时有律句云:'斜日半帆鲈尾酒,新霜几笔马头山。'不著虚字,此学唐人也。唐人律句以不著虚字为难而可贵,宋人则必著虚字,其佳处则别有在矣。"②

◎ 庚申十月初六日(1920.11.15),杨贻诚家添丁,大宴宾客,冯君木、钱太希、沙孟海等人皆应邀前往。

  按,《僧孚日录》庚申十月六日条:"午后为杨鞠亭师贻诚刻'端虚室'三字白文印,石佳,用刀亦稳于昔日。鞠师生子,今晚享客于城东。吾师及太希先生与夷父、须父等皆往,余亦与焉。八时许返。"③

◎ 庚申十月初七日(1920.11.16)午后,冯君木为沙孟海等人选定唐诗以细读之,并拟别选近人诗。

  按,《僧孚日录》庚申十月初七日条云:"午后,师为吾等选唐人诗五七绝……又拟别选近人诗……盖师前有《萧瑟集》之录皆宋诗,师母俞孺人亦有《古诗纂略》也。"④

◎ 庚申十月初八日(1920.11.17),冯君木建议冯都良、沙孟海仿照周嘉猷《南北史捃华》,编纂《两汉书捃华》。

  按,《僧孚日录》庚申十月初八日条云:"翁须于旧书肆得《南北史捃华》一书,乃清人(吴)[周]嘉猷摘录《南北史》,依《世说》分类,观览

---

① 洪廷彦主编:《沙孟海全集·日记卷》,第43页。
② 洪廷彦主编:《沙孟海全集·日记卷》,第43—44页。
③ 洪廷彦主编:《沙孟海全集·日记卷》,第45页。
④ 洪廷彦主编:《沙孟海全集·日记卷》,第45—46页。

甚便。师因诏吾辈可放此例作《两汉书捃华》,若是,读书不患其不记得也。《三国志》已有人作捃华。师云孟颛顼得写本《汉语》十卷,为鄞李邺嗣所撰,即《两汉书捃华》也。其书未经刊行。"①

◎ 庚申十月十一日(1920.11.20),冯君木为沙孟海讲述"志表文字"的历史变迁。

> 按,《僧孚日录》庚申十月十一日条:"师云:'志表文字,自以汉魏体为正格,然嫌其于千篇一律,不能极其才思。文学家自尊其体,恒不敢放;若少年为文,则不宜专模此式也。'又云:'试观蔡中郎诸作,虽以伯喈旷代逸才,亦若不能不为绳墨所囿也,他无论矣。韩、柳代兴,遂乃别开阡陌,此固物极必变一定之理也。'又云:'汪容甫文字何等高雅,独至志表,则不用中郎文体,亦此意也。'"②

◎ 庚申十月十七日(1920.11.26),冯君木命沙孟海刻"冯汉强"诸印。同日,见沙氏所作《叶翁八十有三寿序》议论"平拖无味"、文气"支吾不振",遂建议沙孟海多多练笔。

> 按,《僧孚日录》庚申十月十七日条:"赵㧑叔为周季贶刻急就章,语曰'周千秋',又为胡菱甫制印,文曰'年寿考曰胡'。师命余刻印,文曰'冯汉强',曰'有文在手曰开,亦此类也。'师又谓:'可为太希先生刻罕言二字印,语本《论语》。又可自作印曰印淫。近人能刻印者,辄有印佣之号,曰印淫,语较新美,本皇甫谧、刘峻之书淫也。'吴挚父有《武强贺先生八十有三寿序》,近作《叶翁八十有三寿序》,命题本此。叶翁序,师已改定,余文议论往往平拖无味,而文气支吾不振,此亦平日少读之故也。师谓后宜多用提笔。"③

◎ 庚申十月二十三日(1920.12.2),冯君木、陈训正同赴上海。

---

① 洪廷彦主编:《沙孟海全集·日记卷》,第46—47页。吴嘉猷显系周嘉猷之误。嘉猷字辰吉,号两塍,钱塘人。官山东益都知县,著有《两塍集》《南北朝史表》等。
② 洪廷彦主编:《沙孟海全集·日记卷》,第50页。
③ 洪廷彦主编:《沙孟海全集·日记卷》,第52—53页。《北堂书钞》卷97引皇甫谧《玄晏春秋》云:"余学或兼夜不寐,或临食忘餐,或不觉日夕,方之好色,号余为书淫。"又,《梁书·刘峻传》曰:"峻好学,家贫,寄人庑下,自课读书,常燎麻炬,从夕达旦,……清河崔慰祖谓之书淫。"

◎ 庚申十一月初五日（1920.12.14），冯君木从上海回到宁波；在上海期间，曾与章太炎相遇于镇海人余岩所设宴会中。

> 按，《僧孚日录》庚申十一月初五日条："师至自申。……师此次往上海，曾遇章太炎于医者余岩席上。章先生近家上海，今年年五十二，状貌亦犹人耳。语有不言，言则滔滔无尽。饮酒亦不计杯数。是夕客散去，章独留与主人语。夜深，仆御咸倚几睡……是夕所语，皆医药、佛道，未及文学。人言章氏绝不欲人言其文学，其自居乃为政治家云。"②

◎ 庚申十一月初十日（1920.12.19）晚，冯君木领沙孟海等门人前往天宁寺，参加冯曼孺先祖的冥寿庆典。

> 按，《僧孚日录》庚申十一月初十日条："晚与子望，从夫子之天宁寺，与冯曼孺先祖冥寿之筵。"③

◎ 童第德恳求冯君木为其父童树庠（1869—1917）作墓志铭，并以所藏双龙砚作润笔。冯君木既于庚申十一月十一日（1920.12.20）赋诗答谢④，尔后又撰成《童君墓志铭》。

> 按，《僧孚日录》庚申十一月十一日条："童次布求吾师志父墓，以双龙砚作润笔。师今夕先作诗报之，半就，呼余往视。……师谓用事如此，斯谓生动。又谓字句尚须略加改易。"⑤
>
> 又，《回风堂文》卷3《童君墓志铭》曰："讳士奇，字树庠。……光绪季年，始行地方自治制，君被推为乡正，周咨博采，务既其实，举错

---

① 洪廷彦主编：《沙孟海全集·日记卷》，第57页。
② 洪廷彦主编：《沙孟海全集·日记卷》，第62页。
③ 洪廷彦主编：《沙孟海全集·日记卷》，第64页。
④ 冯君木：《童次布第德求为其父铭墓，以双龙砚见赠，赋诗答之》，载冯君木撰、唐燮军等校注：《冯君木集校注》，第172页。童第德（1893—1968）生平事迹，可见周采泉《童藻荪先生碑传后语》，载周采泉：《文史博议》，广东人民出版社，1986年，第208—210页。
⑤ 洪廷彦主编：《沙孟海全集·日记卷》，第64—65页。

兴革,谋奏悉当,舆诵洋洋,益归之矣。君于学靡所不窥,阴阳、卜筮、星命、医药之书,皆究其微。年四十九,值小极,即自知不起,遍召家人,顾言周至,神明湛然,如无疾者,明日日中遂逝,民国六年丁巳八月二十八日也。妻张氏,后君一年卒。越三年,辛酉某月,合葬于某乡之原。"①

◎ 慈溪董维锷葬其父董锡畴(1862—1898)于袁府山麓,冯君木为作墓志铭。

按,《回风堂文》卷3《董君墓志铭》云:"君讳锡畴,字叙九,慈溪董氏,汉孝子征士黯后也。……君名家年少,夙耽坟素,米盐凌杂,非所厝意,而部署觞理,秩秩不紊,臧获亲附,族党称能,……春秋三十有七,以光绪二十四年戊戌三月十八日卒。前夫人方,后夫人陈。子一:维锷。……民国九年,维锷将葬君于县西干岙口袁府山麓,述德累行,实中铭法。是用镌词贞石,永垂方来。……中华民国十二年夏正癸亥四月,同县冯开撰文。"②

◎ 冯君木向吴昌硕当面索要画梅图。

按,《吴昌硕艺文述稿》民国九年条云:"冯君木开索画梅,应之并题以长诗。"③

◎ 庚申十二月初一日(1921.1.9)之前,鉴于弟子袁孟纯病狂(详参表12),冯君木特遣人送其回奉化老家。

按,《僧孚日录》庚申十二月初一日条云:"孟纯近病狂,师已遣人送归其家。孟纯家贫,耆书,其在学堂固已格格不入,又苦心攻书,志太奢,意太急,郁为狂疾,致可悯也。今日夷父、殊玉、行叔诸人皆来,皆谈孟纯事。"④

---

① 冯君木撰,唐燮军等校注:《冯君木集校注》,第344—345页。"越三年,辛酉某月,合葬于某乡之原",在新近出土的《童君墓志铭》中,已被改作:"又九年,丁卯二月,合葬于大诚乡无底坑沿溪铎山。"详参刘晓峰等编著:《天一阁藏宁波地区石刻史料集录(民国卷)》,上海古籍出版社,2024年,第276页。
② 冯君木撰,唐燮军等校注:《冯君木集校注》,第341—342页。
③ 吴昌硕著,吴超编:《吴昌硕艺文述稿》,上海人民美术出版社,2019年,第285页。
④ 洪廷彦主编:《沙孟海全集·日记卷》,第72页。

又，郑逸梅《艺林散叶》云："袁孟醇师事冯君木，因寝馈典籍，专勤逾分，忽患精神病。某次，叩师门而诟斥之，君木不之理，遣人送之归。家人遂将典籍束诸高阁，不许诵阅，如是者年余始瘥。"①

表12　袁惠常《雪野堂文稿》对"病狂"的追忆和诠释

卷上《先大母事状》	忆二十岁时，大病几殆，大母朝夕调护，竭心力审治之，病加甚，大母恒累月不寝，如是者半年而愈，大母发骎骎白矣。
卷中《赠徐镜斋先生序》	余少也愚，尝废寝月余，奋发读书，以至病狂，家人乃至藏弃余之书册。
卷下《随安居记》	念予少时，亦因困勉而病狂……当余之病也，风雪中，走荒野大呼，所呼乃震川、望溪之名字，冀得一遇也。迄今思之，辄自笑。

◎ 庚申十二月初三日（1921.1.11），冯君木为即将运行的《商报》题作颂辞。大抵也就在此后不久，冯都良到《商报》任编辑。

按，《僧孚日录》庚申十二月初三日条："《商报》将开版，师集碑帖字作颂辞，并代人作数首，使余用响拓法钩勒之。"②

又，沙孟海《冯君木冯都良父子遗事》云："冯都良，原名喜孙，后改名贞胥，字须父……后来进效实中学，广泛学习各种基础知识。1919年毕业。次年冬，就上海《商报》编辑。"③

◎ 庚申十二月中旬（1921.1.21—1.23），冯君木离开宁波，前往慈城老家办事。

按，《僧孚日录》庚申十二月十三日条："午后，夫子以事往慈。"又，同月十五日："今日，师自慈反。晚与子望从师之伏跗室食松江之鲈。日前亦有人遗师以松花江之白鱼，皆有盛名，食之，了不异于他鱼耳。"④

---

① 郑逸梅：《艺林散叶》（修订版），第232页。
② 洪廷彦主编：《沙孟海全集·日记卷》，第72页。
③ 沙孟海：《冯君木冯都良父子遗事》，载《浙江文史资料选辑》第47辑，第105页。
④ 洪廷彦主编：《沙孟海全集·日记卷》，第76—77页。

◎ 庚申十二月二十日（1921.1.28），冯君木为陈训恕（1905—1931）书房题名为"博依室"。次日，再次离甬赴沪。

> 按，《僧孚日录》庚申十二月二十日条："师为行叔题其书室曰'博依室'。《学记》'不学博依，不能安诗'，义取乎此也。余即为制印。……（廿一日）师今日复以事赴申。"①

◎ 庚申十二月，冯君木应鄞县人张延章之请②，作《奉题张母戴孺人〈旌节录〉》："菀枯原不异春冬，风烈昭昭到管彤。年少贞心冰与雪，岁寒苦节柏兼松。国风窈窕诗称教，家学芬芳礼可宗。今日九原应笑慰，一门孙子尽麟龙。"③

> 按，《甬上青石张氏家谱》卷4《古迹》云："'志洁行芳'，大总统题褒张戴氏，民国九年十二月颁。"④准此，冯君木此诗当作于庚申十二月或稍后。

◎ 冯君木到上海后，意欲来年谋生于此地，故未回宁波过年。逗留上海期间，曾与虞辉祖短暂会面。

> 按，《僧孚日录》庚申十二月廿六日条："今晚师家送年。余今年将于城中度岁，因师明年或当旅申，命余此次多住几日。……廿八日，未起，翁须自上海至，又非初意之所及。师拟在上海度岁，故未来。"⑤
>
> 又，《回风堂文》卷5《祭虞含章文》云："去岁腊尾，我游沪滨，君闻我至，驱车相看，归装既戒，不得盘桓，岂意一别，永隔人天。"

◎ 作于庚申且流传至今的冯君木诗篇尚有：《挽何倦翁》。

> 按，《回风堂诗文集》之《回风堂诗》卷5明言该诗作于庚申年。

---

① 洪廷彦主编：《沙孟海全集·日记卷》，第81页。
② 按，陈训正《书张氏〈旌节录〉》："鄞张生延章，年少而有孝思，念其祖母戴太孺人苦志守节四十余年，生既尽其养，殁又为之请旌如例，并求当世之能文者歌咏其事，裒而《旌节录》。"载张美翊主纂：《甬上青石张氏家谱》卷3《赠言》，第79—80页。
③ 张美翊主纂：《甬上青石张氏家谱》卷3《赠言》，第84页。
④ 张美翊主纂：《甬上青石张氏家谱》卷4《古迹》，第62页。
⑤ 洪廷彦主编：《沙孟海全集·日记卷》，第84、86页。

辛酉(1921.2.8—1922.1.27)　四十九岁

◎ 辛酉正月二十二日(1921.3.1),钱罕心疾(至二十四日方愈),冯君木前往探视。夜,为沙孟海讲授吴汝纶(1840—1903)之文。

> 按,《僧孚日录》辛酉正月廿二日条云:"太希先生患心疾,师往视。余乃过夷父,夷父亦未上馆,相与看行叔。反于回风堂。夜,师为讲吴挚父文。"①

◎ 辛酉正月二十六日(1921.3.5),沙孟海拜别冯君木夫妇,任教于鄞县屠用锡(字康侯,1879—1954)家。

> 按,《僧孚日录》辛酉正月廿六日条:"余今岁馆于屠氏,夷父馆于陈,玉殊馆于杨,子怡馆于慈溪徐氏,皆廿六日上馆,晨餐已,各各分散,拜别夫子、师母。日中抵屠氏。屠氏子名洵规,年十五,以足疾,父命专习中国文学,弗能入学堂也。"②

◎ 辛酉二月二十三日(1921.4.1)午后,冯君木告诫沙孟海,须趁年轻,多作诗文。

> 按,《僧孚日录》辛酉二月廿三日条:"午后,之回风堂。师诫余诗文不可不多作;及年壮强,眼高手疏,悔莫及矣。"③

◎ 辛酉二月二十四日(1921.4.2),冯君木予李详《学制斋骈文》以高度评价。

> 按,《僧孚日录》辛酉二月廿四日条:"在回风堂见《学制斋骈文》,兴化李详审言所著,展读数首。夫子谓隶事绝精雅,近世不易得也。夫子题识云:'渊懋修絜,蹊径甚高,摽季凌杂,正声旷绝,不意永嘉之末,犹闻正始之音。'刘孝标作《自序》,比迹敬通。汪容甫亦有《自序》,比迹孝标。李审亦有《自序》,比迹容甫。夫子谓清代又有杨芳灿字蓉裳者,亦有《自

---

① 洪廷彦主编:《沙孟海全集·日记卷》,第94—95页。
② 洪廷彦主编:《沙孟海全集·日记卷》,第95页。洵规乃屠用锡次子,字孟昭,后改名果,字武仲。事见《僧孚日录》1921年4月27日条:"孟昭,夫子为改字曰武仲。"又,《僧孚日录》1921年4月30日条:"子怡午后将返所馆洋墅,要余更制一印,且谓夫子已为改字曰次曳,又为取号曰太容洞主。"载洪廷彦主编:《沙孟海全集·日记卷》,第132、133页。
③ 洪廷彦主编:《沙孟海全集·日记卷》,第95页。

序》,则无足观。杨氏廑能为四六骈俪之文也。_{杨蓉裳,随园弟子也。李爱伯亦有《自序》,亦放容父而作。}"①

◎ 辛酉三月初八日(1921.4.15)午后,冯君木、沙孟海师徒专程往谒赵叔孺而不遇。在此前后,冯君木既指导沙孟海读《滑疑集》,又为回风学会定规矩。

  按,《僧孚日录》辛酉三月初八日条:"午后,之回风堂,夫子导余谒赵叔孺先生,不遇,盖已赴申矣。既反,师授余《滑疑集》_{青田韩锡胙湘严著}曰:'文华陋俗,汝当可任意点窜之,著其疵病,亦学文之一法也。'《滑疑集》中有《古貌》二卷,夫子随以示余曰:'颇足为初学摹古之助,此可存也。'归馆后,夷父曾来,近写《屠母功德碑》_{天婴先生撰},携来视余。夷父云:'吾于今人书,服膺者三人耳,南海、苏堪而外,太希师之碑志,二家勿能过也。'夷父既去,灯下作《屠母寿序》,逮寝,犹未半就。近与诸友结回风学会,_{因皆回风堂之弟子,故名。}夫子为定每人看书、作文规程,无故间断有罚,从下星期始。"②

◎ 辛酉三月十七日(1921.4.24),冯君木得病,两天后基本无碍。期间,指令次子冯宾符师从沙孟海。

  按,《僧孚日录》辛酉三月条:"十七日……夫子方患寒热,卧床呻吟。……十八日,夫子命次子感孙就余读书,朝来暮去。感孙年八岁,学《道因法师碑》,颇能得其笔意,其耆学亦甚挚。尝与夷父语,以为吾辈十数岁能留心于学,较诸常人已为秀出,感孙乃七八岁便如此,真可谓空世所有矣,故余乐教导之。……(十九日)夫子病已差愈,但未出户。"③

◎ 辛酉三月二十八日(1921.5.5),冯君木在与沙孟海交流时,称苏东坡诗不如王安石诗那么"冰练"。

  按,《僧孚日录》辛酉三月廿八日条:"夫子云:'近合观东坡、荆公

---

① 洪廷彦主编:《沙孟海全集·日记卷》,第114页。
② 洪廷彦主编:《沙孟海全集·日记卷》,第125页。
③ 洪廷彦主编:《沙孟海全集·日记卷》,第131—132页。

诗,毕竟苏氏少逊荆公诗冰练之至。'"①
◎ 辛酉三月二十九日(1921.5.6),冯君木完全认可沙孟海为他代作的《屠母寿序》初稿。同日,冯曼孺向冯君木展示其新搜集的数种甬人诗文集。

> 按,《僧孚日录》辛酉三月廿九日条:"午后,之回风堂,夫子疾病仍未全愈,改余《屠母寿序》已毕。此文,余试代夫子作。夫子谓可用,即命录一通寄去。曼孺近搜集甬人诗文稿数百种,持数种视夫子,乃梅姚伯及朱箟石<small>不知其名</small>、郑勋<small>忘其字</small>三人物,或手写,或他人所代抄,皆有删削痕迹及收藏印识,盖洵可爱也。"②

◎ 辛酉三月,冯孟颛聘请长洲人顾镕手拓其亡父墓志。

> 按,冯昭适《飞凫山馆笔记·鉴别碑帖》云:"长洲顾翁啸山镕,业碑帖四十年矣,打拓颇精,幼失学,其于碑帖新旧真赝,颇能鉴别,章实斋所谓'横通'也。辛酉三月,家大人属其手拓先祖墓志,年近七十,终日植立,持椎打拓,石声铿铿,矍铄者是翁也。"③

> 又,《僧孚日录》辛酉四月廿九日(1921.6.5)条云:"乃与夷父、玉殊、公延之伏跗室观拓墓志,拓工特从苏州招来,曰顾啸三,年六十余矣。"④

◎ 辛酉春,冯君木复函宓如卓,认为时下青年受所谓"文化运动"的负面影响,存在"夸大""偷惰""浅躁""专愎""诞妄""轻薄""残忍"七大"恶德";其结果,不但"忠厚之性,丧失尽矣",更可能在"数十年后,中国将无人才之可言,而学问道德之途,或几于芜绝矣"⑤。

> 按,冯开《与宓生如卓<small>辛酉</small>》云:"……尝谓今之青年有七大恶德,

---

① 洪廷彦主编:《沙孟海全集·日记卷》,第135页。
② 洪廷彦主编:《沙孟海全集·日记卷》,第135页。
③ 冯昭适:《飞凫山馆笔记·鉴别碑帖》,载《宁波旅沪同乡会月刊》第57期,1928年4月发行,第19页。
④ 洪廷彦主编:《沙孟海全集·日记卷》,第153页。
⑤ 也无怪乎在侯学书看来,《与宓生如卓》正是冯君木坚守传统文化的具体例证。详参侯学书编著:《张美翊手札考释注评》下册,第346—348页。

试为足下发之。一曰夸大。改造社会,提倡文化,大言炎炎,自命先觉,标高揭己,目空一世,心得浅深,不复内省。二曰偷惰。厌文学之深博,斥之为陈死;畏科学之精实,诋之曰物质。自由思想,不学骄人,清谈误国,今岂异古!三曰浅躁。但逞血气,不问理解。以急激见锋颖,目审慎为畏葸。甚嚣尘上,动辄盲从。四曰专愎。解放改造,奋斗觉悟,劳工神圣,恋爱自由,语有定谱,句有定式,文有定符号,论有定主议。千言雾塞,万喙雷同,小持异议,便遭抨击,深闭固拒,不容调和。五曰诞妄。新旧抵牾,匪伊夕朝,诚意感孚,庶收厥效。乃危言激论,好为欺诈,或肆口污蔑,或深文周内,故甚其词,冀相鼓动。习惯即成,信用斯失。六曰轻薄。主张不同,言论自异,往复辩难,学者恒事。乃恶言伤人,无复蕴蓄。冷嘲刻詈,盈篇累简。类市儿之交哄,等村姬之勃豀。意量之隘,贻讥大雅。七曰残忍。主义则趋于破坏,议论则敢于推翻。讦人阴私以逞词锋,毁人名誉以彰直道,甚至父子革命、夫妇离婚。但期立异,无难实践。割恩绝爱,恬不为疚。忠厚之性,丧失尽矣。综是七者,要以一言括之,曰趋时自衒而已。……爱之也深,不觉言之也尽;望之也殷,不觉责之也厚。诸青年或当闻而见谅耶。……春寒飒沓,惟为学珍重。开白。"①

◎ 辛酉春,冯贞群从倪传基家借录高宇泰所撰《敬止录》。

按,烟屿楼校本《敬止录》封面冯贞群题:"原来藏倪倬如传基家,辛酉春日,向其借录此册,以事未由借写其全。孙翔熊家湉处藏有一种,不分卷次,有夏佩香校语,予曾寓目。"②

◎ 辛酉四月初一日(1921.5.8),冯君木为沙孟海改定《陈宜人诔》并加以点评。

按,《僧孚日录》辛酉四月初一日条:"(为屠用锡代)撰《陈宜人诔》,半日而毕。……余之回风堂呈文,夫子即为改定,谓诔词音调颇

---

① 冯开:《与宓生如卓辛酉》,载王文濡选辑:《当代名人尺牍》下卷,第61—63页。
② 骆兆平:《冯贞群传抄典籍纪略》,载骆兆平:《伏跗室书藏记》,第53页。

合。又词中叙制草纸及商店之需用草纸一段,夫子谓羌无故实,乃能运之以雅新,不易到。"①

◎ 辛酉四月,业师陆镇亭先生八十七岁生日,冯君木因病未能参加,赋诗致歉。

> 按,《僧孚日录》壬戌九月初十日条:"陆镇亭太史去年四月八十七生日,治酒招客。"②又,《回风堂诗》卷5录有《陆镇亭师廷黼生日招饮,病不克与,赋诗报谢 辛酉》诗。③

◎ 辛酉四月中旬,冯君木教沙孟海以学诗之道。

> 按,《僧孚日录》辛酉四月十五日条:"师云:'孟东野虽唐人,诗似宋派;陆剑南虽宋人,诗带唐音。'又云:'学诗若径从宋人入手较易,然患根柢不厚,故从汉唐入手为是。又若先学剑南,则在唐宋之间可彻上彻下,亦是一法。'因授余剑南诗。"④

◎ 辛酉四月十六日(1921.5.23),冯君木向沙孟海推荐《鬼董狐》。

> 按,《僧孚日录》辛酉四月十六日条:"《鬼董狐》五卷,宋人所撰,(迭)[佚]其名姓。师以示余,谓行文质而不俚,绝类堂人。余乘应对之暇,看三四事。"⑤

◎ 辛酉四月中下旬,冯君木应鄞县人赵安浩之请,为其父赵占绶四十寿诞作序。在序中,冯君木既简单追述了寿序的历史,更明确交代了寿序的适用范围。

> 按,冯君木《赵占绶先生四十寿辞》云:"寿序之作,南宋以后始有之。虞伯生导其源,归熙甫扬其流,风尚所趋,至今弥盛。中人之家,盘飧粗给,其生日也,必索文士一言以为侑爵之辞,初犹施之于高年退寿尔,驯而于壮强者亦为之,往往有三十、四十而即以寿言浼人者。操笔者以为病,余曰无病也,亦视其为人如何耳!……赵君占绶四十

---

① 洪廷彦主编:《沙孟海全集·日记卷》,第137页。
② 洪廷彦主编:《沙孟海全集·日记卷》,第357页。
③ 冯君木撰,唐燮军等校注:《冯君木集校注》,第170页。
④ 洪廷彦主编:《沙孟海全集·日记卷》,第143页。
⑤ 洪廷彦主编:《沙孟海全集·日记卷》,第143页。

初度,其子安浩来索序,述君之行义甚备。安浩之言曰:'……今年四月二十三日,为家君四十生辰,安浩不肖,无以致祝,敢乞一言为家君寿,可乎?'"①又,陈训正《赵占绶先生五十寿辞》云:"民国二十年四月,赵君占绶五十举庆。其哲嗣安浩昆季,状君生平嘉德,介而来请辞。"②据此,足以断定民国十年(1921)四月二十三日乃赵占绶四十岁生日。

◎ 辛酉五月初七日(1921.6.12),冯君木命沙孟海代作《秦府君诔辞》(详参表13)。

    按,《僧孚日录》辛酉五月初七日条:"雨,午后渐霁。终日牙痛。夫子命代作《秦府君诔辞》,欲起草而未果。"③

表13 《秦府君诔辞》的撰写过程

时　　间	《僧孚日录》的相关记载	位　　置
辛酉五月初八日	晨起,作《秦府君诔》,未竟。	(《沙孟海全集·日记卷》页158)
辛酉五月初九日	午后,雨,撰《秦府君诔》,殊不成调,当重作之。	
辛酉五月初十日	早起,即作《秦府君诔》,至日昃,方脱稿。	(《沙孟海全集·日记卷》页160)
辛酉五月十一日	代夫子写《秦府君诔》于轴。	

◎ 辛酉五月初八日(1921.6.13),冯君木撰成《虞君述》。稍后,其长子冯都良亦作《镇海虞先生传》。

    按,《僧孚日录》辛酉五月初八日条:"夫子撰《含章先生行述》,脱

---

① 冯开:《赵君占绶四十寿序》,载《宁波旅沪同乡会月刊》第89期,1930年12月发行,第56—58页。
② 陈训正:《赵占绶先生五十寿辞》,载《宁波旅沪同乡会月刊》第100期,1931年11月发行,第1—3页。
③ 洪廷彦主编:《沙孟海全集·日记卷》,第157页。然则《秦府君诔辞》大抵未尝流传至今。

稿。"①又,同书辛酉五月十七日条:"读翁须《镇海虞先生传》,涕泗被面。"②

◎ 辛酉五月初九日(1921.6.14),沙孟海在日记中详述冯君木对"四史"及其史家、《左传》所载部分史事的评论;同时,又称乃师建议他改号为"石荒"。

> 按,《僧孚日录》辛酉五月初九日条:"夫子云:'生平最耆四史,反复不厌。四史中各具面目,不相雷同。吾尝各以两字评之:《史记》曰妙远,《汉书》曰通赡,《后汉书》曰雅整,《三国志》曰精能。四史而外,更能参以《宋书》之凝谧,《南北史》之疏隽,叙事文得此,高矣,美矣,蔑以加矣。'又云:'龙门,神品也;扶风,精品也;蔚宗,雅品也;承祚,能品也;沈隐侯、李延寿,皆隽品也。'往夫子谓余可自制印曰'印淫',本古人之'书淫'也。今又谓:'《尚书》有色荒、禽荒,汝又可自制印曰石荒,并可作号,更胜于印淫矣。'"③

◎ 辛酉五月二十六日(1921.7.1),冯君木与张原炜同赴上海。直至六月初三日(1921.7.7),方才返回宁波。

> 按,《僧孚日录》辛酉五月廿六日条:"移馆屠氏家园中,间出,谒夫子,夫子已偕于相师赴申。"又,同书六月初三日条云:"夫子自沪归,即往谒,日中反馆。"④

◎ 辛酉六月十八日(1921.7.22),冯君木去慈城老家。六月二十六日(1921.7.30),回到宁波城内。次日得病,三日后有所好转,七月初三(1921.8.6)痊愈时,向沙孟海展示当年任职处州时所拓《丽水县庙学碑阴记》。

> 按,《僧孚日录》辛酉六月条:"十八日午后……次布来谒吾师,

---

① 洪廷彦主编:《沙孟海全集·日记卷》,第158页。《僧孚日录》1921年6月17日条云:"灯下抄夫子《虞君述》一篇。夫子《自记》谓是文绝峻雅,似范蔚宗,古文家必不喜也。"此外,冯君木尚作有《祭含章先生文》,详参《僧孚日录》1921年6月23日条。

② 洪廷彦主编:《沙孟海全集·日记卷》,第164页。

③ 洪廷彦主编:《沙孟海全集·日记卷》,第158—159页。《尚书正义》卷7《五子之歌》:"内作色荒,外作禽荒。"所谓禽荒,即沉迷于田猎。

④ 洪廷彦主编:《沙孟海全集·日记卷》,第168、173页。

师方往慈,未遇,谈顷而去。……(廿六日)与夷父之回风堂,夫子已自慈返家。……乃代次布兄作《戎母寿序》①,比成,天曙矣。廿七日,……夫子有疾。……(廿九日)夫子疾已减。""(七月初三日)午后,之回风堂。师疾既愈,有昔岁官处州时所拓得《丽水县庙学碑阴记》一纸见诒。元元贞间刻,王度书,学山谷绝似。师谓碑阴如此,其阳知必不劣,已为某官磨去,改刊俗书。朱酉生《幽梦续录》所谓'偏是市侩喜通文,偏是俗吏喜勒碑,偏是恶妪喜念佛,偏是书生喜谈兵',皆可憎可笑事也。"②

◎ 辛酉六月,冯君木替冯贞群孙女取名为"玄珠"。

按,《僧孚日录》辛酉七月十九日条:"冯曼孺前月得一女孙,吾师为命名曰'玄珠',以其上有高祖母。此二字亦有所本,师尝告我,今已忘之。又切于女子。已又失去,尤可惜也。"③

◎ 辛酉六月,陆镇亭先生病逝,享年八十七。冯君木作《挽陆镇亭师》诗。④

按,《僧孚日录》辛酉七月十八日条:"午后,辟方来,……持于师书,使代写陆镇亭太史挽辞。陆太史廷黼校定全氏《续四明耆旧诗》,其自著有《镇亭山房文集》十二卷、《诗集》十六卷、《骈体文》四卷、《报政录》四卷。前月卒,春秋八十有七。"⑤

◎ 辛酉七月十三日(1921.8.16),冯君木对谢镇涛(1905—1924,浙江象山人,原名镇涛,字彦冲,后改名道用,字冲尹)篆艺之进步,深表赞许。

按,《僧孚日录》辛酉七月十三日条:"夫子甚嘉冲尹篆刻进境之速。"⑥

---

① 《僧孚日录》1924年3月14日条云:"夜作《周氏寿颂》,……直至天曙乃成。晨风扇清,胸次转适,忘其未眠;邻园鸟语,尤可听。记辛酉六月,代洪佛矢作《戎母寿序》,亦彻晚始就,忽忽四年矣。"载洪廷彦主编:《沙孟海全集·日记卷》,第596—597页。
② 洪廷彦主编:《沙孟海全集·日记卷》,第182、186、187、188页。
③ 洪廷彦主编:《沙孟海全集·日记卷》,第197页。
④ 冯君木撰,唐燮军等校注:《冯君木集校注》,第171页。
⑤ 洪廷彦主编:《沙孟海全集·日记卷》,第196—197页。
⑥ 洪廷彦主编:《沙孟海全集·日记卷》,第197页。

◎ 辛酉七月二十四日（1921.8.27）前后，冯君木作文预祝宁波交易所成立。①

  按，《僧孚日录》辛酉七月廿四日条："师近有贺交易所成立集句联云：'交易而退，各得其所；变化有概，必立之平。'上句见《易》，下句上四字见《货殖传》，下四字见扬子《法言》。或谓宁波交易所以'平'字作商标，此联末句意双绾，尤胜矣。"②

◎ 辛酉八月初二日（1921.9.3），冯君木去上海办事。

  按，《僧孚日录》辛酉八月二日条："师今日以事赴申。"③

◎ 辛酉八月十八日（1921.9.3）前，周薇泉作诗点评《回风堂诗》，冯君木读后，认定其诗格律太疏。又称苏东坡诗句"万人如海一身藏"，实乃《海藏楼诗》的命名依据。

  按，《僧孚日录》辛酉八月初二日条："逭暑娑罗馆，周薇泉时时来。薇泉作诗有年，见余有手写《海藏楼诗》及《回风堂诗》，借去读之。数日来还，媵以四首诗，一题《海藏楼诗》，一题《回风堂诗》，一赠余，一娑罗馆。余后以此诗呈夫子，夫子谓：'大有佳语，惜格律太疏，可间为痛加绳削。'其题……《回风堂诗》云：'奇穷岁月自堂堂，东野诗篇政独昌。澹似孤花依晓月，哀如残雁落清霜。文章有道须非病，身世相遗老更狂。萧艾充帏兰芷拔，为君流涕惜芬芳。'"师云："东坡诗'万人如海一身藏'，郑苏戡《海藏楼》名本此。"④

◎ 辛酉九月初六日（1921.10.6），冯君木自沪回甬后，负责纂定墨海楼丛书第一集，以便年内付刊。

  按，《僧孚日录》辛酉九月初六日条："师近自申回。蔡君嘿<small>同常</small>今岁刻墨海楼丛书，请吾师纂定之。初定凡六种，蔡氏先集二种，毛介臣先生<small>宗藩</small>诗文集，并《悔复堂集》《天婴室集》《回风堂集》，此为第

---

① 陈训正亦有《市箴二·为甬交易所作》，详参陈训正撰：《天婴室丛稿》之六《逃海集》，载沈云龙主编：《近代中国史料丛刊》第63辑，第252页。
② 洪廷彦主编：《沙孟海全集·日记卷》，第198、200页。
③ 洪廷彦主编：《沙孟海全集·日记卷》，第204页。
④ 洪廷彦主编：《沙孟海全集·日记卷》，第212—213页。

一集,今岁想可完工。"①

◎ 辛酉九月初八日(1921.10.8),冯君木高度评价山阴人俞恪士所著《觚庵诗存》。

> 按,《僧孚日录》辛酉九月初八日条:"《觚庵诗存》四卷,俞明震著_{字恪士,山阴人}。师谓海藏、散原以外,得此鼎足而三矣。"②

◎ 辛酉九月十一日(1921.10.11)前后,冯君木多次为人代笔撰挽联。

> 按,《僧孚日录》辛酉九月十一日条:"师集金石文字为柱铭者甚多,具见《联语录存》。中有数联,由钟鼎整饬之文缀作婉雅之辞,最有味,最非易,诸家集字所未有也。……师近代人撰挽联,其一云:'逾七十古稀年,忽随列御寇御风而行,悲哉天道;下八百孤寒泪,欲问刘善明居乡之德,但听人言。'_{八百孤寒齐下泪,宋人句也}。其一云:'看儿辈成名,三绝争称头腹尾;与君子偕老,一笑先赋《归去来》。'此联挽妇人,三子皆为银行行长也。又代人赠交易所经纪人云:'挹彼注兹,无信不立;候时转物,惟断乃成。'末句尤切事实。"③

◎ 镇海人刘崇熙病故于民国九年(1920年),预定民国十年十月下葬。辛酉九月十五日(1921.10.15)前,冯君木应镇海澥浦人余岩(1879—1954)之请,为撰《刘君墓志铭》。

> 按,《僧孚日录》辛酉九月十五日条:"师近应余君云岫岩之请,撰《刘府君墓志铭》,属余寄出。"④又,《回风堂文》卷3《刘君墓志铭》云:"君讳崇熙……举光绪某年乡试,明年成进士,改庶吉士,散馆以知县用,先后三宰盐城、怀仁、辅义,风政懋著。……自君归田,会值政变,乡人以民望所系,奉君知镇海县事。君义形于色,勉任其难,廉明慈惠,犹囊之绩。未几隐退,优游衡门,乐道自适。以民国九年庚申某

---

① 洪廷彦主编:《沙孟海全集·日记卷》,第222页。张美翊在1922年12月5日写给沙孟海的信函中,自称将建议张寿镛出资刻书,并由冯君木主持其事:"木公吾乡师表,老朽拟劝咏霓兄刻书,请木公总校。"详参侯学书编著:《张美翊手札考释注评》下册,第147页。
② 洪廷彦主编:《沙孟海全集·日记卷》,第224页。
③ 洪廷彦主编:《沙孟海全集·日记卷》,第228—229页。
④ 洪廷彦主编:《沙孟海全集·日记卷》,第232页。

月某日病殁家衖,春秋几十有几。……逾年十月,葬于某乡之原。是用追怀懋德,勒铭重泉。"①

◎ 辛酉九月二十七日(1921.10.27)之前,冯君木跋其族兄冯可镛所著之《浮碧山馆骈文》:"《浮碧山馆骈文》二卷,族兄舸月先生著。……是集为先生所自定,其子某谋校刊之,苦资不继,将丐助于人。属开一言,以为之先。惟此短书简帙,其传之之难已如是,而《三笺》之流布,益无望已。于呼,士之穷年矻矻,欲以其心力饷遗后人者,诚奚为也。"②

按,《僧孚日录》辛酉九月廿七日条:"《浮碧山馆骈文》二卷,慈溪冯可镛舸月先生著。夷父从伏跗室索一册见赠。冯为吾师族兄,所著《骈文》外,有《鲍系斋诗稿》已刊;最为巨帙者,《国朝骈体正宗三笺》未刊。其子不孝,几次将稿本灭名售与日本人,经他人阻止,始已。吾师跋所谓'《三笺》之流布益无望,士之穷年矻矻,不惜耗其心力以饷遗后之人者,诚何为也'!"③

◎ 辛酉十月十四日(1921.11.13),冯君木与沙孟海等人参加陈训正、钱罕的寿宴。

按,《僧孚日录》辛酉十月十四日条:"午刻,与诸子饮陈天婴、钱太希两先生酒。天婴先生今五十,太希先生四十也。"④

◎ 辛酉十月十六日(1921.11.15),冯都良与徐黎如结婚。⑤

按,《僧孚日录》辛酉十月十六日条:"在冯氏执婚事,夜分,始归馆。"⑥郑逸梅《艺林散叶》云:"冯君木娶媳,乃贾人女,见冯家书帙累累,讶曰:'何账簿如此之多耶!'"⑦但郑氏此说不可信,因为《僧孚日录》壬戌十一月二十五条(1923.1.11)明确交代:"翁须妻父徐君句羽

---

① 冯君木撰,唐燮军等校注:《冯君木集校注》,第348—349页。
② 冯君木撰,唐燮军等校注:《冯君木集校注》,第256—257页。
③ 洪廷彦主编:《沙孟海全集·日记卷》,第243页。
④ 洪廷彦主编:《沙孟海全集·日记卷》,第254页。
⑤ 《僧孚日录》1924年1月30日条称冯都良妻姓徐名黎如,详参洪廷彦主编:《沙孟海全集·日记卷》,第569页。
⑥ 洪廷彦主编:《沙孟海全集·日记卷》,第254页。
⑦ 郑逸梅:《艺林散叶》(修订版),第231页。

年　谱

韬,亦出吾师门下,宦游河北,不恒家处。"①

◎ 辛酉十月十九日(1921.11.18),章闓携其数种乡贤著作至回风堂。这其中的《灵棋经》,在冯君木看来,疑系宋人伪作。

> 按,《僧孚日录》辛酉十月十九日:"章君叔言携其乡先哲著作数种视夫子,刻本有:《两汉隽言》,宋括苍林越次甫辑;《木讷斋文集》,元龙泉王毅刚叔著;《草木子》,明剑川叶子奇世杰著,叶世杰乃王刚叔之弟子;《哀余问答》,清丽水王尚忠著,叶去病手改本。又有《沈青霞文集》及《灵棋经》,皆明板。《灵棋经》,晋颜幼明、宋何承天注,元陈师凯、明刘伯温解,唐李远《叙》云:'或云汉刘侯张良受之于黄石公。'吾师谓:'此言固妄,读其文辞,似宋人所伪作者。'写本有《观象玩占》,青田刘基著;《石门先生遗著》,不知何人作。《观象玩占》首尾有海刚峰、郑板桥、何蝯叟诸人印记,尤可宝贵。又有叔言手录《括州耆旧小种著作》,凡数十种,不记其名称矣。《灵棋经序》'留侯'作'刘侯',殊不可解。"②

◎ 辛酉十月二十日(1921.11.19)夜,冯君木向沙孟海出示应叔申遗文,并表示将整理、刊刻应叔申的诗文集。

> 按,《僧孚日录》辛酉十月二十日条:"夜侍师坐,师以应悔复先生遗文见示。应先生文不由八家畦径,委宛曲折,发于性灵,其才气固迈往无伦也。文所遗,仅十余篇,师将为之编次,合其遗诗刻之。"③

◎ 辛酉十月二十四日(1921.11.23)之前,冯君木为虞辉祖自定文集《寒庄文编》作序。④

> 按,《僧孚日录》辛酉十月廿四日条:"虞先生文,初编凡二卷,曰《寒庄文编》,今兹刊印告竣,师以部授余。此编乃先生手定,取舍极严,自乙巳汔庚申,仅得四十篇。"⑤是知《寒庄文编》问世于1921年

---

① 洪廷彦主编:《沙孟海全集·日记卷》,第432页。
② 洪廷彦主编:《沙孟海全集·日记卷》,第256—257页。
③ 洪廷彦主编:《沙孟海全集·日记卷》,第257页。
④ 冯君木撰,唐燮军等校注:《冯君木集校注》,第266—267页。
⑤ 洪廷彦主编:《沙孟海全集·日记卷》,第259—260页。

11月23日之前。

◎ 辛酉十月二十四日(1921.11.23),冯君木在为沙孟海讲解江西诗派与唐人律句是否讲究工整时,述及应叔申当年为《叶霓仙词》所题诗句。

按,《僧孚日录》辛酉十月廿五日条:"师云:唐人律句往往对偶甚工。江西诗派乃以工整为嫌,其妙处每在上句故意作平易,而下句之奥深钦奇乃益显,以反衬生色。如吾旧句:'遗芳已掩荒山土,积泪能生望海潮。'叔申先生题《叶霓仙词》诗,一联云:'含思作凄婉,点笔到苍茫。'皆是下句务欲其响突,上句何尝不可作此类之句以对之,诚恐合掌也。然此说通常言之,有时则偏须以工整为妙者,不可一例也。《霓仙词》,慈溪叶同春所著,近经吾师改定,将以付刊。"①此所谓"叔申先生题《叶霓仙词》诗",即1912年所作之《题叶霓仙同春遗词》,《悔复堂诗》载曰:"境迫愁无极,才高命转妨。含思作凄婉,点笔到苍茫。绮语偿东泽,悲歌吊北邙。伤心天福靳,何处问陈芳?"

◎ 辛酉十月二十七日(1921.11.26)之前,冯君木为杨省斋先生题《叶霓仙词》诗。

按,《僧孚日录》辛酉十月廿七日条:"师代杨省斋先生鲁曾题《霓仙遗词》诗,有云:'微云政尔惭淮海,翻得词人作亲家。'叶霓仙之长子秉成为杨先生女婿。师自谓用事绝巧妙。……'亲家'二字亦非无所本,见唐人诗。卢纶诗:'人主人臣是亲家。'"②

◎ 辛酉十月,冯君木不仅应邀为作《〈叶霓仙遗稿〉序》③,且在时隔二十余年后再度题词,是即见录于《回风堂词》的《玲珑四犯题〈叶霓仙遗词〉兼寄其弟琴西》④。此后,间有词作问世。

按,《霓仙遗稿》书末叶秉成"识":"先君子生平著述不自爱惜,每

---

① 洪廷彦主编:《沙孟海全集·日记卷》,第260—261页。此《叶霓仙词》与下文《霓仙词》《霓仙遗稿》《叶霓仙遗稿》,实同书异名。
② 洪廷彦主编:《沙孟海全集·日记卷》,第262页。又,卢纶诗句载〔唐〕卢纶著,刘初棠校注:《卢纶诗集校注》卷2《王评事驸马花烛诗》,上海古籍出版社,1989年,第211页。
③ 冯君木撰,唐燮军等校注:《冯君木集校注》,第260页。
④ 冯君木撰,唐燮军等校注:《冯君木集校注》,第431页。

有所作，随手散落，留存甚鲜。自壬寅弃养①，迄今廿年，秉成兄弟衣食奔走，卒卒少暇，先人遗绪，末由觑理。去岁，叔弟秉良自奉天归，始谋刊印，发箧搜讨，写成一册，凡得诗二十五首、词三十六首，合为一卷。援林佶《写渔洋精华录》例，属钱君伯留书而刊之。辛酉十月，长男秉成谨识。"

又，《僧孚日录》辛酉十一月三日条小字夹注："师自谓戊戌以后不复作词，近始有《玲珑四犯》一解题《叶霓仙词》。"②又，《僧孚日录》辛酉十一月四日条："师自戊戌始戒词不为，至今二十余年，近因改删《叶霓仙词》，又自作一词题其卷端。师谓既破戒，则当赓续为之，多作几首，异日别为一卷，不与前作《秋辛词》混合，并谓可刻一印曰'老玄填词'。此亦美事也。"③

◎ 辛酉十一月初一日（1921.11.29）之前，冯君木应陈亚渔之请，为其母作寿序。诚如沙孟海所云，该寿序模拟汪容父旧作《叶天赐母家传》的痕迹比较明显。

按，《僧孚日录》辛酉十一月初一日条："师作陈亚渔_{用梁}母寿序，有一段云：'用梁毕业归，容止体度英挺，有成人风，孺人骤不识面，误为他家男子，仓猝欲起避，旋闻用梁呼母声，始悟遮立己前者，即凤昔所提携保抱之孤稚也。于是母子相持而泣，邻里亲族人人谓孺人有子矣。'汪容父《叶天赐母家传》亦云既长而归，母子骤不相识：儿入门，母见儿却立，儿呼母：'安在？'母曰：'在地，此矣。'曰：'儿某也。'遂相抱持哭，室中人皆哭。二文意境相同。"④

◎ 辛酉十一月初二日（1921.12.1），冯君木对杨霁园的行文风格颇不以为然。

按，《僧孚日录》辛酉十一月初三日条："朱子泉_{锦云}来，示余以其

---

① 按，《霓仙遗稿》卷首陈训正《叶君碑阴记》云："君讳同春，霓仙其字也。……君以咸丰五年乙卯二月初四日生，光绪二十八年壬寅六月十八日卒，得年四十有八。"
② 洪廷彦主编：《沙孟海全集·日记卷》，第265页。
③ 洪廷彦主编：《沙孟海全集·日记卷》，第267页。
④ 洪廷彦主编：《沙孟海全集·日记卷》，第264—265页。

师杨霁园先生所撰《朱芙亭墓志铭》及《方孺人录》二文,骤视纯似唐人之作,迨视诸作,师谓其主张太过,反生不自然之病,有意为佶屈聱牙之辞,按之理脉绝不融,毋所谓艰深,文浅陋也;惟文无俗气,此可取者。"①

◎ 沙孟海已入不敷出,于辛酉八九月间,请冯君木帮他到银行谋一差事。时至辛酉十一月初九日(1921.12.7),在改行意愿行将达成之际,沙氏却又突然反悔,并为此征求冯君木的意见。冯君木明确表态,支持沙氏来年继续任教于屠家。

按,《僧孚日录》辛酉十一月初九日条:"八九月间,曾告吾师教授所入,不足敷诸弟学用之费,求为申银行中觅一文书之职,今已有端倪,岁初当就。余心乃滋惧,急致书于师,谓:'今度所入可强支持,不忍弃诗书之业,远君子之居。且屠氏见留之意亦颇殷殷,一请于夫子,再询于天婴先生,又托义庄之人数以为言。……屠氏子果顽鲁不足施教,则已矣,今其人固颖慧向学者也。'意谓不必他适。师亦以为然。"②

◎ 辛酉十一月十二日(1921.12.10),冯君木为沙孟海解读金圣叹、赵尧生,并示以万树红所著《词律》。

按,《僧孚日录》辛酉十一月十二日条:"师云:金圣叹虽是小家,要其学问固非凡常。……自来学杜之神,似莫逾于此。又其所评古文,亦绝审核。师云:金圣叹谓少陵《闷诗》'卷帘惟白水,隐几亦青山','惟'字、'亦'字极写闷中无聊赖之状,反以山水可娱之物为可厌。'青山白水'四字,它人从未有如此用法。又云:赵尧生诗'花红草绿富春山','花红草绿'四字,粗浅之至,一经运用,便尔新颖可憙。赵尧生名熙,号香宋。师示余《词律》,阳羡万树红友所著,为学词应看书之最通常者,颇便初学。其所点句逗及旁注,可平可仄之处,实未采

---

① 洪廷彦主编:《沙孟海全集·日记卷》,第266—267页。
② 洪廷彦主编:《沙孟海全集·日记卷》,第272—273页。

当也。"①

◎ 辛酉十一月二十九日(1921.12.27)晚,冯君木敦促沙孟海静心读书,并当即为之改文十篇。

  按,《僧孚日录》辛酉十一月廿九日条:"晚,之回风堂,呈师所为诗词。师谓音调生疏,少读功耳。夜改文十篇。"②

◎ 冯君木任教于宁波效实中学,奉化人袁惠常(1899—1984)再次厕身于冯氏门下。

  按,葛旸《袁母屠太夫人七十寿序》云:"吾慈溪山邑也……硕学通士,代有其人。……逮及清代,有姜宸英,文名满天下,学者称湛园先生,与秀水彝尊、无锡严绳孙齐名,所谓'江南三布衣'者也。去湛园二百余年而冯君木先生开出。……先生,旸舅氏也,得厕门墙,躐列班末,获与四方知名之士相音接,或师焉,或友焉,通赡如萧山朱鬻卿鼎煦、鄞县杨菊庭贻诚、同县陈彦及训恩,渊雅如鄞县沙孟海文若、吴公阜、陈器伯道量,旷澹如丽水章叔言誾、同县朱炎复咸明、冯孟颛贞群,清简如奉化俞次曳亢、同县王幼度程之,朴茂如奉化周公延覃、袁孟纯惠常。孟纯木讷好学,与余年相若,又相好也。辛酉之岁,冯先生讲学郡校,孟纯负笈来学。当时列弟子籍者三百余人,孟纯尤笃奉先生,受教兢兢,不敢稍息忽。"③

◎ 冯贞群葬其父莲青(1864—1893)于西屿乡上午里,冯君木为作墓志铭。

  按,《回风堂文》卷3《清儒林郎冯君墓志铭》云:"君讳鸿薰……幼眚一目,父念其不堪大受,使就贾人习废著术。君顾弗乐,依违市廛间,用读书自救厉,久之,渐通群籍。既成诸生,益务闳洽……文辞尔雅,动依古义,下笔成轨,靡不赡举。丰才啬遇,累试累黜,以附贡

---

① 洪廷彦主编:《沙孟海全集·日记卷》,第276—277页。
② 洪廷彦主编:《沙孟海全集·日记卷》,第282页。
③ 葛旸:《袁母屠太夫人七十寿序》,载《宁波旅沪同乡会月刊》第67期,1929年2月刊行。葛旸(1900—1955),字夷之、夷谷,慈溪人,后居鄞县。冯君木外甥,其书室曰吁雷室。

生援例授儒林郎,非其志也。光绪十九年癸巳八月二十七日病殁,春秋三十。……君卒之二十八年,(其子)贞群始葬君于西屿乡上午里之原,于是开撅君行义而为之铭。"①

又,陈训正《清儒林郎冯君墓表》:"光绪十九年……君卒,八月二十七日也,春秋政三十。前夫人朱氏,后夫人钱氏,妾谢氏。子男一,贞群,诸生。……民国十年十二月,贞群将葬君于西屿乡上午里之原,开既铭其幽,复以余习其世,来谒词。爰为揭君庸行于阡,俾后有述焉。同县陈训正表,钱罕书并题额。"②

◎ 辛酉岁末,冯君木仿《汉书·外戚传》之成例,作《燕燕谣三章》以讽刺时政。

按,《回风堂诗》卷5《燕燕谣三章》之序曰:"班书《外戚传》录成帝末京师童谣,音节儇急,见当时民生迫蹙之象。辄仿为之,用刺今之为政者。时辛酉岁暮。"③

◎ 作于辛酉且流传至今的冯君木诗篇尚有:《次韵佛矢》《题玄婴〈松菊犹存图〉》。

按,《回风堂诗文集》之《回风堂诗》卷5,明言上列两诗皆作于辛酉年。

壬戌(1922.1.28—1923.2.15)　五十岁

◎ 壬戌正月,慈溪人叶同春(1855—1902)所著《霓仙丛稿》行将刊印。当此之际,冯君木应其子叶秉成、叶秉良之请,为撰《叶霓仙遗稿序》,并被用作《霓仙丛稿》之序。

按,《霓仙丛稿》扉页明确交代:"壬戌正月写印。"又,冯君木《叶霓仙遗稿序》云:"叶君霓仙……生平微尚,雅擅填词,取径姜、张,分

---

① 冯君木撰,唐燮军等校注:《冯君木集校注》,第334—335页。"君卒之二十八年",《慈溪碑碣墓志汇编(清代民国卷)》作"君卒之二十九年"。自光绪十九年(1893)至民国九年(1920),历时28年。
② 慈溪市文物管理委员会办公室等编:《慈溪碑碣墓志汇编(清代民国卷)》,第568页。
③ 冯君木撰,唐燮军等校注:《冯君木集校注》,第173页。

寸悉协。虽所存亡多,而单丝子轸,归于雅适,寻其意旨,要越常伦。余与君年辈差悬,戊戌客京师,逆旅盘停,朝夕奉手,文字密合,遂结忘年之契。……二十年来,世变胶扰,风流歇绝,嗣音寂寥。追惟畴曩晤语,清言微笑,惝恍在眼,日月弃我,冉冉老至,死生契阔,永隔天壤。徘徊今昔之思,盖不徒为君伤已。属伯子秉成、叔子秉良刻君遗著讫,遂书其端,用发叹喟。"①

◎ 壬戌二月初四日(1922.3.2),冯君木身处上海。

  按,《僧孚日录》壬戌二月初四日条:"(晚)饭后,往回风堂,师方在扈。过看夷父,稍谭,便反。"②

◎ 壬戌二月二十一日(1922.3.19),老友钱保杭(1878—1922)卒。冯君木作《哭钱仲济》以悼之:"举世多冈生,独清政奚为?斯人不五十,愤愤关天意。……徘徊展遗象,自顾觉形赘。已矣国无人,奚止伤气类。"③

  按,陈训正《钱君事略》云:"君讳保杭,字仲济,一字吟韦……君生平无它耆,耆饮酒……卒以是致疾。……君以十一年壬戌二月二十一日殁,春秋四十有五。"④是故,冯氏此文当作于壬戌二月二十一日稍后。

◎ 壬戌二月中下旬,冯君木与诸友游览杭州,随即赴沪。在杭期间,既曾夜游西湖,亦尝与李镜第、陈训正等老友会饮西泠印社,更曾专程前往灵峰探梅。

  按,《回风堂诗》卷5录有《夜至湖上》《与李霞城_{镜第}、赵芝室_{家荪}、陈玄婴、叶叔眉_{秉良}、胡君诲_{良箴}、何秋荼、家仲肩_堪、王幼度_程之会饮湖上西泠印社,林亭水石,布置绝胜,赋诗纪之》《游灵峰,登来鹤亭,山僧出陆小石〈探梅画卷〉见视,中多咸丰诸老题字,感赋二绝》《湖上书

---

 ① 冯君木撰,唐燮军等校注:《冯君木集校注》,第260页。此外,尚可见1922年石印本《霓仙丛稿》卷首,但文字与《回风堂文·叶霓仙遗稿序》略有不同。
 ② 洪廷彦主编:《沙孟海全集·日记卷》,第300页。
 ③ 冯君木撰,唐燮军等校注:《冯君木集校注》,第174—175页。
 ④ 陈训正:《天婴室丛稿》之七《庸海集》,载沈云龙主编:《近代中国史料丛刊》第63辑,第293—297页。

又，冯君木《与葛甥夷谷壬戌》云："夷甥览：吾于十七日到杭，留此五日，日日作湖上游。盖自乙巳（沲）[迄]今，十八年不到杭州矣。……吾尝谓一乡名胜所在，其间联额题署，最足觇察是乡之人文。入境者一览即得，不待交其人士而知之。今以都会之盛，湖山之胜，而心目所接触者，乃若是，可见浙西人文之衰落，远非昔比矣。世变所关，正非细故。湖滨踯躅，所由慨息弥襟也。吾明日即当赴申，在申尚须小作句留。"②准此，则冯氏这次杭州之行，当在二月十七日至廿二日间（3.15—3.19）。

◎ 冯君木委托冯贞群在壬戌三月二十六日（1922.4.22），致祭于故友钱仲济之灵。

按，《回风堂文》卷5《祭钱仲济文》："民国十一年，岁在壬戌，三月乙未朔，越二十六日庚申，故人冯开遣从子贞群，谨以庶羞、清酒之仪，致祭于钱君仲济之灵曰：'……吾自子逝，忽忽若亡，哽泪于臆，欲洒无方，执绋有日，而病在床。平生惭负，抚枕旁皇，遣我犹子，荐子一觞。甬江带水，幽明相望，呜呼哀哉，尚享。'"③

◎ 鄞县人杨璘（1869—1906）卒后十六年，入葬于西成乡七里堰之原。壬戌四月，冯君木盖应其次子杨贻诚（1888—1969）之请，为作墓表，以"纪述"其茂行清德。

按，《杨君墓表》云："君讳璘……先世故以商业起家，君益推引其绪，游金华，历江西，塯鬵往复，动致兼赢。昌大家业，惟君之力，而推财让产，昆季悉洽……尝与里中父老，就辨志书院创立学会，冀用实学，楝通风气。是时科举未废，士流方群骛于速化之术，君知微察来，独以名器象数导众先路，觊世之君子，所由弥服其前识也。春秋四十有八，以清光绪三十二年丙午十一月二十三日卒。配陈氏，妾陈氏、

---

① 冯君木撰，唐燮军等校注：《冯君木集校注》，第176—177页。
② 冯开：《与葛甥夷谷壬戌》，载王文濡选辑：《当代名人尺牍》下卷，第63—64页。
③ 冯君木撰，唐燮军等校注：《冯君木集校注》，第384—385页。

沈氏。男子三：贻训、贻诏、贻诚……民国十一年壬戌九月，贻训、贻诚葬君于西成乡七里堰之原。茂行清德，永冈幽兆，不有纪述，隐微曷章？是用征襄闻，刊嘉石，声行路，谂来叶。慈溪冯开表，慈溪钱罕书。民国十二年壬戌四月上石。"①

◎ 壬戌五月十五日（1922.6.10）前后，冯君木题《僧孚裒集师友尺牍》。

  按，冯君木题《僧孚裒集师友尺牍》云："僧孚裒集师友尺牍为一册，顷以见示。册中人大都吾所熟稔者，寒老之疏宕洒落无论已，如童次布，如杨菊庭，平日皆不以书名，杨则浑朴如鲁公，童则淡宕如倪迂。书艺虽微，要关怀抱。彼慭神囝而雕黑女者，但堪罔市利耳。不借书卷为灌溉，而惟以能至多金自豪，其书品盖可想见。吾愿僧孚、夷父自泽于古，勿与海上鬻书时流竞一日之短长也。翻阅是册，意有所感，遂书之，以为僧孚勖，兼勖夷父。壬戌五月木居士题。僧孚方与夷父同处，故并及之。"②又，张美翊题《僧孚裒集师友尺牍》云："沙君孟海聚师友函成册，乃有老朽恶札滥厕其间，甚愧甚愧。生平颇好推奖气类，与人为善，尤喜长笺言事，手自书之。今年老手颤，无能为矣。披阅一过，惘然久之。壬戌五月望，寒叟题，时年六十有六。"③

◎ 壬戌六月三十日（1922.8.22）或稍前，冯君木受赵叔孺之请，题诗于明建文牙牌拓本之上。④

  按，《僧孚日录》壬戌六月三十日条："明建文牙牌，赵叔孺先生得其拓本，请吾师题诗。此牌给方孝友，正学季弟也。"⑤

◎ 鄞县人朱复戡（1900—1989）获赠晋太康铭文砖后，凿之成砚以赠乃师张美翊，又刻22字铭文于其上："太康砖，晋初肇。中砚才，发笔藻。子子孙孙其永保。百行造。"壬戌四月末，张美翊为题《太康九月九日砖砚铭拓

---

① 刘晓峰等编著：《天一阁藏宁波地区石刻史料集录（民国卷）》，第188页。《杨君墓表》曾经见刊于《华国》第2期第1册，1924年11月发行，第83—84页。
② 侯学书编著：《张美翊手札考释注评》上册，第397页。
③ 侯学书编著：《张美翊手札考释注评》上册，第397页。
④ 冯君木：《题明建文牙牌拓本，为赵叔孺时橺》，载冯君木撰，唐燮军等校注：《冯君木集校注》，第178页。
⑤ 洪廷彦主编：《沙孟海全集·日记卷》，第305—306页。

本》;壬戌七月,冯君木亦为太康砖砚拓题辞。

> 按,《菉绮阁课徒书札》所录《木公题太康砖砚》云:"朱生义方,天才骏发,临摹碑版,下笔即似;又工刻石,秦玺汉印,往往乱真。年未二十,驰誉海上,琪花珠树,诚可宝而爱也。顷为张骞老造砚,铭词既雅,书刻尤古,合之砖文,可谓四美具矣。妙龄得此,蓄眼未见,欢喜赞叹,从而题之。壬戌七月,冯开。"①

◎ 壬戌七月十四日(1922.9.5),冯君木为沙孟海改定《蒋母冯夫人七十寿叙》。

> 按,《僧孚日录》壬戌七月十日条:"灯下,代钱君纫灵经湘作《蒋母冯夫人七十寿序》,十时搅稿,迫于时期,急赶成之。……十四日,阴。仲己早归,翁须来。《蒋母寿序》经师改毕,为录一通,寄与钱君。"②

◎ 为贺沙孟海祖母周氏(1842—1929)八十寿诞,并借以回应沙氏《家大母八十征言略》,冯君木在壬戌七月二十一日(1922.9.12)前,撰就《沙母周孺人寿诗》。③

> 按,《僧孚日录》壬戌七月廿一日条:"师作《家大母寿诗》已脱稿,手录一通,寄示并附札云:'惜寿诗不足入集也。'"④

◎ 壬戌七月二十二日(1922.9.13)前后,冯君木连日发热。即便如此,仍不时指导沙孟海。

> 按,《僧孚日录》壬戌七月条:"廿二日……前数日,吾师亦发热。……师连日发热,晡时趋谒,今日热已退。夜留余宿,戒余不可不学诗,且谓余但多作,声调便熟,而于藻采,殊可无虑。……(廿三日)师数日前,书余文稿上二百余言,以作文太少为戒,略云:'行文宜求洁,固也,然求洁太过,涉笔辄为所阻……孰且入于枯窘而不自知,久之,或不敢下笔矣。东坡有言:少年文字,须令气象峥嵘绚烂

---

① 张美翊著,樊英民编校:《菉绮阁课徒书札》,《新美域》2008年第2期,第100页。浙江鄞县人朱复戡(1900—1989),原名义方,字百行,别署静戡。40岁那年改名起,字复戡。
② 洪廷彦主编:《沙孟海全集·日记卷》,第314—315,317页。
③ 冯君木撰,唐燮军等校注:《冯君木集校注》,第179页。
④ 洪廷彦主编:《沙孟海全集·日记卷》,第323页。

之极,乃归平淡。善哉斯言,英俊之士所当奉为圭臬者也。……孟海勉之望之。'"①

◎ 壬戌七月二十三日(1922.9.14),冯君木在阅读前一册《僧孚日录》后,予以充分肯定并题记数语于卷端。

> 按,《僧孚日录》壬戌七月廿三日条:"以前册《日录》呈师评阅,师谓:'每阅汝《日录》,每岁必改观,此册精语益多矣。'因题记卷端,有云:'不意后生之记事珠,乃为老夫作特效药。臭洽味同,岁寒得慰;沙生,吾得子,其可以老矣!'"②

◎ 壬戌七月二十九日(1922.9.20)前,冯君木耳病复发,时至八月十二日仍未痊愈。

> 按,《僧孚日录》壬戌:"(七月廿九日)师近耳疾又作,五年前,师患耳疾甚剧,经范文虎医治得愈。晡后,与夷父过谒,稍痊。……(八月一日)师疾犹未愈。……(八月七日)师疾渐愈。……(八月十二日)午后,与夷父、次曳诣回风堂,师疾亦未愈。"③

◎ 壬戌八月十三日(1922.10.3),屠康侯邀请沙孟海去其上海居所,继续做家教。而沙氏也有意离甬赴沪,唯冯君木颇有不舍。

> 按,《僧孚日录》壬戌八月十三日条:"屠康侯近旋里,过我,谓:'洵规之病,在素体羸弱,一经痾疾,益复不支,此乃虚(证)[症],断非一朝一夕所能疗治。甬地医生又未必精,而家居养疴,荒学殊甚,馆师于家,则重累老母,令走就受课,又非便。拟携之上海康侯家眷在上海,此间独有老母,不知先生肯往彼否?'……余之去甬而它适,第一憾事为不得数数获侍吾师耳,师亦谓'汝去,吾乃益寂寞矣',疾中思欲有诗赠余,殊不耐构思,仅得'得子,吾可老'五字也。"④

◎ 壬戌八月二十七日(1922.10.17),冯君木病中为沙孟海评改《梦尔臧》

---

① 洪廷彦主编:《沙孟海全集·日记卷》,第324—326页。
② 洪廷彦主编:《沙孟海全集·日记卷》,第326页。
③ 洪廷彦主编:《沙孟海全集·日记卷》,第331—332、335、340页。
④ 洪廷彦主编:《沙孟海全集·日记卷》,第340—341页。

《钱君墓碣》诸诗,并赋诗分别赠送沙孟海、葛旸等人①。同日,由冯君木作序、沙孟海题词的《霓仙遗稿》问世。

> 按,《僧孚日录》壬戌八月廿七日条:"师耳疾犹未愈,有五古一首赠余,五律一首赠次曳、夷父,读后大意。余前作五律四首,师为评改两首。《梦尔臧》一首,师谓前廿字惊心动魄。生平不解作诗,今日始渐有所入乎。《梦尔臧》诗前廿字云:'死别惊相见,依稀认未真。梦中君尚病,愁里我为人。'后太萎弱,师为改易云:'魂魄犹应怜,文章或有神。裴回思昨夜,揽涕欲沾巾。'《钱君墓碣》,师疾中亦即为改定之。《霓仙遗稿》,余曾为写其题辞,今兹脱印已毕,师授我八本。……师赠余诗,拟作二首,病中不耐构思,先成其一。诗云:'吾生老好事,爱才若瑰宝。……含睇伫山阿,得子吾可老。'"②

◎ 壬戌八月二十九日(1922.10.19)晚,沙孟海留宿回风堂,发现《清文汇》收录六篇冯君木旧作,即《应醉吾传》《先兄莲青先生事略》《含黄伯传》《冯母秦太宜人八十寿诗叙》《三岩游记》《冯母董夫人六十寿叙》。

> 按,《僧孚日录》壬戌八月廿九日条:"夜深,留宿,阅《清文汇》。所录吾师文凡六七篇,皆早年作也。"③

◎ 壬戌九月初七日(1922.10.26),俞次曳将所作《哭伯兄诗》《感秋诗》呈请冯君木指正。

> 按,《僧孚日录》壬戌九月七日条:"抄《回风堂诗》含章先生《叙》及删余之诗。……次曳近作《哭伯兄诗》《感秋诗》数首,缮呈师正。"④

◎ 听说沙孟海将来上海,陈训正特地致信冯君木,而冯都良闻讯后,也写信表示欢迎。

> 按,《僧孚日录》壬戌九月初十日条:"天婴先生日前致吾师札,有

---

① 此即《赠俞亢、葛旸》及《赠沙孟海文者,即送其赴上海》之一,载冯君木撰、唐燮军等校注:《冯君木集校注》,第180、182页。
② 洪廷彦主编:《沙孟海全集·日记卷》,第349页。
③ 洪廷彦主编:《沙孟海全集·日记卷》,第351页。
④ 洪廷彦主编:《沙孟海全集·日记卷》,第354页。

云'闻孟海将来沪,为之大喜'云云。翁须昨来书云:'前闻来沪之讯,喜而不寐,久未奉书,深惧中途或有变卦。昨日大札颁到,执简手颤,莫辨吉凶,既知所望已遂,晋侯之喜可知已。'"①

◎ 壬戌九月十二日(1922.10.31)上午,冯君木点评沙孟海所作《王君墓志铭》。傍晚,陈训正造访回风堂,出示《定海县志》初稿。

  按,《僧孚日录》壬戌九月十二日条:"诣回风堂,呈视《王君墓志铭》。师谓:'文调未顺,过事做作,病在太繁,殊不自然,铭词则佳。'……天婴先生傍晚亦来。先生近撰《定海县志》,已成《舆地》《财赋》《食货》《鱼盐》诸志,携稿本见示。记载审确,归于有用,一除前人陈滥迂远之弊。先生谓:'改革以来,所修方志不下数十种,世论以《宝山志》为最精。吾此志当与争先后矣。'……天婴先生修《定海志》,分大目为十六,曰《舆地志》《营缮志》《财赋志》《食货志》《鱼盐志》《人物志》《物产志》《交通志》《职官志》《教育志》《礼俗志》《故实志》《兵警志》《救恤志》《选举志》《艺文志》。鱼盐亦物产之一事,定海岛邑,相地立名,故别开一类耳。方志之有名者,若康海《武功县志》、韩邦靖《朝邑县志》,张孝达谓已为洪稚存、章实斋所议见《书目答问》,吾不见洪、章之言若何,而《武功志》亦未经目,仅见《朝邑志》,帙薄如瓦,约之已甚,全以文词为事,初无裨于考检,亦一病也。天婴先生谓《武功志》亦约之已甚,康、韩同时,其著作体例亦相仿佛。"②

◎ 壬戌九月十四日(1922.11.2),蔡明存有意挖角沙孟海,遂致函冯君木。同日,冯君木为周薇泉改定《效五君咏》,要求沙孟海牢记并落实"文学镞镞,无能不新"八字口诀。

  按,《僧孚日录》壬戌九月十四日条:"蔡君明存致吾师札,谓屠康侯近欲移寓觅屋未得,武仲亦已入医院养疴。蔡君之意,欲乘此时延余教其子宾年,并谓拾理图书。其寓与屠氏楼近,谓当商之康侯,想无不允诺也。周薇泉《效五君咏》,吾师为之改定。……师云:'凡作

---

① 洪廷彦主编:《沙孟海全集·日记卷》,第357页。
② 洪廷彦主编:《沙孟海全集·日记卷》,第358—359页。

诗词，下字遣辞，最忌熟烂。所谓文学镁镁，无能不新，学者于此八字，不可不加之意也。譬之肴羞，与其臭腐，毋宁清烹。凡喜用词藻而不避陈滥，适厌人意，不如不用之为当耳。'"①

◎ 壬戌九月十六日（1922.11.4）前，冯君木作律诗二首——《自吾移家甬上，与葛氏姊为邻，葛甥旸相依问学，几十年所。壬戌九月，徙而他适，感旧恻怅，不能无词。会张謇叟有诗赠旸，遂次其韵，兼呈吾姊》②——赠予葛夷父，用贺乔迁新居之喜。

  按，此所谓"壬戌九月，徙而他适"，乃指葛旸于九月十六日（1922.11.4）搬迁到青石桥畔全祖望双韭草堂故址。③ 又，《僧孚日录》壬戌九月十九日条云："得夷父长笺，并录师近作二律《次謇公韵，赠夷父》见视，即作复。"④即1922年12月7日沙孟海收到葛旸寄自宁波的长信，以及附录于这封长信的冯君木新作的两首律诗。准此，冯君木此诗理当作于九月十六日之前。

◎ 壬戌十月初五日（1922.11.23），沙孟海终于离甬赴沪；冯君木再赋一诗，恋恋不舍。⑤

  按，《僧孚日录》壬戌十月初五条："余又过回风堂，师前赠诗既成一首，兹复成第二首……即送余赴上海。"⑥

◎ 冯君木为沙孟海改定的墓志铭，于壬戌十月十一日（1922.11.29）邮至上海沙氏住处。

  按，《僧孚日录》壬戌十月十一日条："前作王冰生父墓志铭，师已改定，寄稿至。序多所删次，录词则颇古质，未易一字也。"⑦

◎ 壬戌仲冬，《兵事杂志》第103期刊发王幼度的诗作《西泠印社会饮，次

---

① 洪廷彦主编：《沙孟海全集·日记卷》，第361—362页。
② 冯君木撰，唐燮军等校注：《冯君木集校注》，第185—186页。
③ 洪廷彦主编：《沙孟海全集·日记卷》，第351、364页。
④ 洪廷彦主编：《沙孟海全集·日记卷》，第395页。
⑤ 冯君木：《赠沙孟海文者，即送其赴上海》之二，载冯君木撰，唐燮军等校注：《冯君木集校注》，第180页。
⑥ 洪廷彦主编：《沙孟海全集·日记卷》，第379—380页。
⑦ 洪廷彦主编：《沙孟海全集·日记卷》，第383—384页。

君木师韵》:"清景无边入画楼,坐窗一日足清游。湖山到眼愁都豁,觞榼随身醉可谋。尽有新诗酬气类,暂将佳约践林丘。中年哀乐须陶写,莫遣风光笑白头。"①

按,《兵事杂志》第103期版权页云:"民国十一年十一月出版。编辑者:浙江军事编辑处。"

◎ 壬戌十月二十二日(1922.12.10)前,冯君木致函沙孟海。

按,《僧孚日录》壬戌十月廿二日条:"得师并炎父、夷父三书。"②

◎ 壬戌十月,在得知冯贞群帮章闿编辑《处州丛书》后,张美翊喟然感慨,以迄今尚未编辑乡邦文献丛书为憾事。

按,冯贞群《编辑四明丛书记闻》小字夹注:"十一年十月,贞群为友人丽水章闿代编《处州丛书》,叟闻而大喟曰:'四明为古鄮山人始创丛书之地,反不及偏陋山乡耶!'"③

◎ 壬戌十一月五日(1922.12.22),冯君木生日将至,沙孟海诸弟子拟送寿幛、贺辞,沙孟海也有意作序以寿之。

按,《僧孚日录》壬戌十一月五日条:"吾师生日,蔡氏诸子女拟送寿幛,来问格式,并告前伯姐已为文,不日即可脱稿,呈余是正,复姊妹中择一人书之。末学小子,因事致敬,不计工拙,度亦先生之所憙也。余亦常思作序一篇,真未易下笔。今者期近,当勉为之。"④

◎ 冯君木生日将至,蔡氏姐弟四人各作一文为寿,壬戌十一月十四日(1922.12.31)晚相继脱稿,沙孟海随即改定其中一篇。

按,《僧孚日录》壬戌十一月十四日条:"吾师生日,绰如姊弟

---

① 幼度:《西泠印社会饮,次君木师韵》,载《兵事杂志》第103期,1922年11月发行,第156—157页。
② 洪廷彦主编:《沙孟海全集·日记卷》,第401页。
③ 张寿镛著,张芝联编:《约园著作选辑》书末《纪念文选》,中华书局,1995年,第420页。
④ 洪廷彦主编:《沙孟海全集·日记卷》,第415页。

四人亦各作一文为寿,揣摩三日,今晚相继脱稿,即为改定一篇。"①

◎ 在壬戌十一月十九日五十寿诞(1923.1.5)到来之前,冯君木得知其子正暗中操办寿筵,特作《五十生日前告诫贞胥贞用》加以拒绝,并述及反对举办生日庆祝会的内因外缘。

  按,《回风堂文》卷5《五十生日前告诫贞胥贞用》云:"……今吾年五十矣,修名未立,而始满之期忽焉已至,隐微疚恨,所怀万端。微闻汝曹狃于风习,将有生日燕集之举,是重伤吾心也。夫欲博朝夕之欢,而转戚戚焉以伤其心,斯亦不可以已乎?成事不说,是用豫戒,小子识之。素士之家,无高会之乐;鲜民之生,有终身之忧。天不我恩,倘缓须臾,六十七十,犹斯志矣。"②

◎ 壬戌十一月十八日(1923.1.4),沙孟海自沪返甬,以便参加冯君木的五十寿宴。

  按,《僧孚日录》壬戌十一月十八日条云:"到甬,寒冻,小河皆胶舟矣。早抵回风堂,师与翁须皆未起。……日上,渐暖,与师并翁须坐语南檐,仿佛二年前处师门时也。"③

◎ 壬戌十一月十九日(1923.1.5),冯君木五十岁生日。尽管冯君木不愿举办寿筵,但该日仍宾朋盈室,会饮者众。为祝冯君木五十寿诞,蔡明存赠以寿山石,并嘱沙孟海刻以"木翁不朽"四字。

  按,《僧孚日录》壬戌十一月十九日条:"师生日,诸前辈及朋侪咸集。师曾有《生日前告诫二子文》,谓'孤露余生,方当感伤哭泣之不暇,何事称觞受贺'?又云'素士之家,无高会之乐,鲜民之生,有终身之忧',盖不愿有庆祝之举重伤其心,而世伪之礼亦未能尽废,故今日诣友人家避之。日午,会饮。"④

---

  ① 洪廷彦主编:《沙孟海全集·日记卷》,第424页。
  ② 冯君木撰,唐燮军等校注:《冯君木集校注》,第393页。该文曾见刊于《华国》第2期第11册,1926年1月发行,第75—76页。
  ③ 洪廷彦主编:《沙孟海全集·日记卷》,第427—428页。
  ④ 洪廷彦主编:《沙孟海全集·日记卷》,第428页。

又,《僧孚日录》癸亥七月廿八日条:"吾师五十生日,明存以寿山石相赠,属刻'木翁不朽'四字。今日为补成之。"①

◎ 壬戌十一月二十一日(1923.1.7),宁波效实中学为其已故教师王子让召开追悼会,冯君木、陈训正皆与会。

按,《僧孚日录》壬戌十一月廿一日条:"午刻,拟与同门诸子饮夫子酒,用介眉寿。夫子小极,未果。……效实学校今日为王教员子让开追悼会,吾师、屺丈皆在。"②

◎ 壬戌十一月二十五日(1923.1.11),冯君木收到寄自洪佛矢的生日祝福——诗句"渊思雅才文中王",并被要求对联,虽欲答以"酒杯诗卷吾家物",但终未答复。

按,《僧孚日录》壬戌十一月廿五日条:"夫子生日,洪佛师欲以联语寿之,得《华严经》中'渊思雅才文中王'一句,未有出句,以书抵夫子,谓:'有友人年五十,请足下为代撰七字,成联赠之。至其人品学,颇类足下。姑射畏垒,在若近若远间,此时机缘未至,尚不欲使足下知耳。'此事极趣,夫子后思得高季迪句'酒杯诗卷吾家物',自谓未甚佳,且系近代人,未作复也。"③

事实上,在上年陈训正五十生日到来之前,洪佛矢也曾作七古一首以祝其寿,《僧孚日录》辛酉四月十一日条载曰:"五磊青青稿矗天,山灵不记鸿荒年。山南奥处饶竹石,有人夜读黄庭篇。我方学定山之北,遥闻鸾啸被林谷。兴来跨虎访寒山,何见林间人逐鹿。梦中得鹿任何人,缘督南华善事亲。游世只余虚刃在,养生待作太平民。为仙为佛浑不辨,浊酒一尊有妙理。周瑜苟或总灰尘,忏尽元龙湖海气。酒边玉女幼娉婷,见否莲池抽碧茎。删除仙姥沧桑话,赠尔无量寿佛经。"④

---

① 洪廷彦主编:《沙孟海全集·日记卷》,第472页。
② 洪廷彦主编:《沙孟海全集·日记卷》,第429页。
③ 洪廷彦主编:《沙孟海全集·日记卷》,第433页。"渊思雅才文中王",《大方光佛华严经》卷14实作"雅思渊才文中王";至于"酒杯诗卷吾家物",则出自明人高启《客舍夜坐》诗。
④ 洪廷彦主编:《沙孟海全集·日记卷》,第141页。

◎ 壬戌十一月二十六日(1923.1.12)午后,冯君木与杨庭菊及其弟子等共计17人,在宁波城内后乐园摄影留念。沙孟海时至癸亥七月二十五日(1923.9.5),方才经由葛夷父之手,收到该照片①。

  按,《僧孚日录》壬戌十一月廿六日条:"今日约与同门诸子侍夫子摄影于后乐园。朱炎父、冯曼孺父子、董贞柯、葛夷父、俞次曳、竺玉姝、徐叔葇、冯威博、冯子衡、周微旃、钱舒于及杨菊师,不列弟子籍而服膺甚至者,并夫子二子伯须、仲合与余,都十七人。冯威博名度,冯子衡名忠敦。后与夷父、须父、次曳别摄一影。"②

◎ 壬戌十二月初一日(1923.1.17),冯君木为拜见李审言(1859—1931),专程赶到上海。

  按,《僧孚日录》壬戌十二月初一日条:"师今早到沪,夜来蔡氏。师此行为访李䃳叟,而李适以事先一日归扬州,以年老,明岁不复来此,师谓相见无期矣。声气相投,彼此向慕,而一面之难如此,盖亦有天焉。"③

  又,《回风堂诗》卷5有诗名曰《渡海访李审言,至则先一日归扬州矣,叠前韵寄之》。④

◎ 壬戌十二月初二日(1923.1.18)中午,应金雪塍之邀,冯君木与陈训正、李云书、沙孟海等人聚餐于功德林。

  按,《僧孚日录》壬戌十二月初二日条:"从师赴功德林蔬食,金雪塍贤棠作主人,同坐者有陈屺丈、李云书兄弟、王一亭震。"⑤

◎ 壬戌十二月初三日(1923.1.19)上午,金雪塍(1885—?)登门赠送《澹

---

 ① 按,《僧孚日录》1923年9月5日条:"夷父来,前于后乐园所摄影,夷父携来,题字,藏之。"载洪廷彦主编:《沙孟海全集·日记卷》,第471页。
 ② 洪廷彦主编:《沙孟海全集·日记卷》,第433页。又,袁惠常《赠章公绩序》称章公绩曾为冯君木绘肖像画:"向者尝为慈溪冯君木先生写象,用远西人拉斐尔脂象法,神情笑貌栩栩然,见者诧为神。"详参袁惠常:《雪野堂文稿》卷中。
 ③ 洪廷彦主编:《沙孟海全集·日记卷》,第437—438页。
 ④ 冯君木撰,唐燮军等校注:《冯君木集校注》,第188页。
 ⑤ 洪廷彦主编:《沙孟海全集·日记卷》,第438页。

静庐寿言》,并恳请冯君木为其父七十生辰作寿诗。① 晚,胡仲持等人为冯君木设宴祝寿。筵会后,冯君木与陈训正同宿。

> 按,《僧孚日录》壬戌十二月初三日条:"金雪塍来年三十九,此君谈吐优雅,亦吾党中人,以其父《澹静庐寿言》册子分赠吾师及余。序凡三篇:一王晋卿撰,郑太夷书;一马通伯撰,赵声伯书;一沈乙盦撰,曾子缉书、撰。雪塍今来求师作寿诗。午后,翁须、行叔过谈。仲回、仲持等今夜要吾师饮酒为寿,招余陪坐。傍晚,与翁须、行叔赴之。同坐十余人,皆乡人也。……师今夕宿屺丈许。"②

◎ 壬戌十二月初四日(1923.1.20)晚,冯君木赠沙孟海以《清代闺阁诗人征略》。

> 按,《僧孚日录》壬戌十二月初四日条:"晚间,为诸弟子谈古今印派,并拓印章旁款。师自外归,以《清代闺阁诗人征略》见贻。"③

◎ 壬戌十二月初五日(1923.1.21)下午,虞和育前来请求冯君木整理其父虞祖辉文集的续编。同日,蔡明存在冯君木的劝说下,同意二女继续读书,但冯君木却也因此招致蔡夫人的抱怨。

> 按,《僧孚日录》壬戌十二月初五日条:"午后,翁须偕虞孟维和育来,含章先生之子也,特来谒师,谋印其父续集。……明存自丧贤后,疾病浸寻,室人交谪,此境殊难以堪。近病虽已愈,而两女在甬读书,为之母者必欲召还,以为女子何须学问,故意与明存为难;两女又绝好学,每试辄冠其曹。日前为其外祖母生辰召来,既来则痛詈严责,勿令复往。两女涕泣父前,并求吾师为之劝说,今晚始随父以去。其

---

① 陈训正《书金氏〈澹静庐寿言〉册子》云:"余友镇海金君俶凭,耆儒磷叟之子也。先生有潜德,自景宁罢讲归,直国变,益用自晦,而世亦遂与先生相忘。俶凭念先生隐居全道,足为世重,不可无所襮白,会先生年七十,于是谨状先生言行,走数千里外,历谒当世能文之士,如王晋卿、马通伯诸先生者,求一言为寿,都得叙若干首、赋一首、诗与颂若干首。既又历谒海内名书家,为之书摄于石,缀为一册,曰《澹静庐寿言》。俶凭可谓能尽孝子之用心矣!"详参陈训正:《天婴室丛稿》之九《阏逢困敦集》,载沈云龙主编:《近代中国史料丛刊》第63辑,第363页。
② 洪廷彦主编:《沙孟海全集·日记卷》,第439页。胡仲持(1900—1968),字学志,笔名宜闲,胡愈之胞弟,浙江上虞人。
③ 洪廷彦主编:《沙孟海全集·日记卷》,第439—440页。

母乃……怨吾师,谓何与乃事?"①

◎ 壬戌十二月初六日(1923.1.22),蔡明存离沪赴甬后,冯君木便寓居上海商报馆。

按,《僧孚日录》壬戌十二月条:"六日……明存往甬,师亦去矣。……(七日)师尚未旋甬,顷在商报馆。……(九日)傍晚,师反报馆。明存往甬后,师寓报馆。"②

◎ 壬戌十二月十二日(1923.1.28),冯君木帮沙孟海改定《费冕卿家传》,并予以高度评价。

按,《僧孚日录》壬戌十二月十二日条云:"《费冕卿家传》费数日心力成之,有意学《史》《汉》,粗得仿佛耳。师夜中为之改定,评云:'叙事核而不冗,用笔敛而不肆,充其所至,自是戴东原、周保绪一辈人,方、姚不足多也!'是固余之所蕲向者也。"③

◎ 壬戌十二月十三日(1923.1.29),沙孟海、朱百行奉冯君木之命,将《圣母帖集联拓本》交给秦绗孙,并索取润资。

按,《僧孚日录》壬戌十二月十三日条:"与百行同出,访罗子经,未值。诣商报馆,谒吾师。师令吾两人往艺苑真赏社看秦绗孙文锦,绗孙请师集圣母帖字为联。今集毕,送去,取润资来。"④

◎ 壬戌十二月十七日(1923.2.2),冯君木将李详、张美翊、陈训正近日所寄诸诗,出示沙孟海。

按,《僧孚日录》壬戌十二月十七日条云:"往商报馆。师在馆,以李龥叟近寄手毕并二律及与寒丈、屺丈两诗见示,书词凄恻,可见文章知己之难。"⑤

---

① 洪廷彦主编:《沙孟海全集·日记卷》,第440—441页。蔡明存妻之外祖,乃小港李氏基业创始人李梅塘,此则《僧孚日录》1926年3月2日条小字夹注言之甚明:"明存以沈寐翁撰《书李君梅塘墓志铭》影印本见赠。李君,明存夫人之外祖也。"详参洪廷彦主编:《沙孟海全集·日记卷》,第953页。
② 洪廷彦主编:《沙孟海全集·日记卷》,第441—442页。
③ 洪廷彦主编:《沙孟海全集·日记卷》,第444页。
④ 洪廷彦主编:《沙孟海全集·日记卷》,第444页。
⑤ 洪廷彦主编:《沙孟海全集·日记卷》,第447—448页。

◎ 冯君木原拟壬戌十二月二十二日(1923.2.7)返甬,但在蔡明存的挽留下,继续待在上海。

> 按,《僧孚日录》壬戌十二月廿一日条云:"叔谅、叔行兄弟今日归去,师定明日去。"又,同书壬戌十二月廿二日条:"午后,诣商报馆,明存已回申,挽吾师勿亟归。"①

◎ 壬戌十二月二十四日(1923.2.9)中午,冯君木、沙孟海随蔡明存去其姻家吃年糕汤。

> 按,《僧孚日录》壬戌十二月廿四日条:"午,往商报馆,明存亦在。招师及余往其姻家凌氏吃年糕汤。反于报馆,与翁须、仲持之市,购办归途用具并糕饵脍炙之属,用馈送师友。……明日归矣。冬旱,海水入江,沪上自来水变咸已数日。"②

◎ 壬戌十二月二十五日(1923.2.10),冯君木与沙孟海、冯都良同舟回宁波过年。

> 按,《僧孚日录》壬戌十二月廿五日条:"日中设饯,师与翁须亦今日归。饮罢,与翁须先下舟,仲持送之舟中。少顷,师亦至,三人同舱。夜中,有叶德之懋宣、励建侯诸人过谈。"③

◎ 壬戌除夕(1923.2.15),冯贞群作题记,交代集注《列女传》的缘起与过程。

> 按,伏跗室藏《古列女传》冯贞群题记:"女子纾也与绰也读《列女传》既毕,问其义勿能详,乃采诸家之说,集注是本。间日为之讲解,始于仲春朔,讫于季冬既望。壬戌除夕冯贞群识。"④

◎ 冯贞群编定《示儿书目》。

> 按,骆兆平《冯贞群著作考述》云:"民国十二年(1923)编著,乌丝栏稿本一册,伏跗室陈列,未刊。无序跋,卷首题'天贶节伏跗居士

---

① 洪廷彦主编:《沙孟海全集·日记卷》,第450—451页。
② 洪廷彦主编:《沙孟海全集·日记卷》,第452—453页。
③ 洪廷彦主编:《沙孟海全集·日记卷》,第453页。
④ 骆兆平:《冯贞群辑校书知见录》,载骆兆平:《伏跗室书藏记》,第45页。

题'一行,卷末题'癸亥六月五日伏跗居士手录示儿昭适'一行。著录古典目录学参考书目,分部录、编目、补志、题跋、考订、校补、引书、版刻、未刻书目、藏书约、释道藏,共十一篇。"①

◎ 作于壬戌且流传至今的冯君木诗篇尚有:《题〈美人伏虎图〉》《别家坎民》《答李审言详》《忆犬诗》《蹇叟饷黄岩橘,报之以诗》《五十生日书感》《为李云书部郎题其母张太夫人〈船灯照海图〉》《次韵赠王幼度》《簋衍得儿时故砚题之》。

  按,《回风堂诗文集》之《回风堂诗》卷5,明言上列诸诗皆作于壬戌年。

癸亥(1923.2.16—1924.2.4)　　五十一岁

◎ 癸亥正月初,冯君木收到王幼度壬戌除夕(1923.2.15)寄出的诗篇,遂作诗答复。

  按,《回风堂诗》卷6有诗曰《新岁得幼度除夕书,迭韵寄答,并问徐句羽近状》,且明确交代该诗作于癸亥年。②

◎ 癸亥二月,冯君木受锦飙之托,为书虞集(1272—1348)所作《偶成》诗三首、《桂亭》诗二首、《田舍》一首③。

  按,《慈溪遗珍:慈溪市博物馆典藏选集》云:"野田闲水浸秋天,随意行吟到水边。樵牧各归鱼鸟散,微风吹面鬓萧然。半亩秋阴近石床,倚床自炷水沉香。新凉透骨清如水,几个筹篁共夜长。鹤骨新来怯晓寒,东窗睡觉日三竿。蒲团深坐香如缕,尘几残经亦倦看。……夜色澄澄海气深,水光荡漾入帘旌。冰肌玉骨便清梦,不为吹箫送月明。璧月珠星绕四周,团团翠树屋东头。黄金布地香为国,此是山中富贵秋。……晨昏车马乱云烟,花下追游亦偶然。百舌无

---

① 骆兆平:《冯贞群著作考述》,载骆兆平:《伏跗室书藏记》,第33页。
② 冯君木撰,唐燮军等校注:《冯君木集校注》,第190页。
③ 〔元〕虞集:《道园学古录》卷30,影印文渊阁《四库全书》本。冯君木的这幅行书四条屏,纸本,立轴,长106厘米,宽21.5厘米,现藏慈溪市博物馆。

声春亦去,萧萧田舍日高眠。……虞道园诗,锦飙仁兄属,癸亥二月,冯开。"①

◎ 癸亥二月二十七日(1923.4.12),宁波《四明日报》刊出周利川所作《题冯君木先生〈回风堂诗稿〉》。

按,《四明日报》1923 年 4 月 12 日第 5 版周利川《题冯君木先生〈回风堂诗稿〉》云:"奇穷岁月自堂堂,东野诗篇政独昌。淡似孤花依晓月,哀如残雁落清霜。文章有道贫非病,身世相遗老更狂。萧艾充帏兰茝拔,知君流涕惜芬芳。"②

◎ 癸亥三月十五日(1923.4.30),冯君木参加由"新征社"组织的祭拜乡贤全祖望之举。

按,《张寒叟先生文稿》:"孟颛道兄左右:明日,新征社祭谢山先生,系张芋香弟当办,在开明桥当业公所。闻已邀令叔与祭,请公同往,藉谈掌故。……张美翊谨状,十四。"③

考冯昭适《飞凫山馆笔记·新征社》云:"鄞全谢山先生祖望,……其有功于名教甚大。嘉庆二十年,鄞人士卜地学宫之西,建施忠庙,祀钱公忠介、张公苍水及明季忠臣遗民,而以后之左室奉先生附食焉,士大夫设征社,岁时祭之。光绪甲辰岁,邑士人……金以征社日久陵迟,共相咨嗟,谋再振之。会于冷滩得先生画像,乃集友,设新征社,每岁春秋悬像拜祭,以次轮值……甲子之春,家父以张寒叟之介入社。乙丑九月秋祭,次值吾家。"④

兹据"张美翊谨状,十四""新征社,每岁春秋悬像拜祭,以次轮值……甲子之春,家父以张寒叟之介入社。乙丑九月秋祭,次值吾家"及张美翊生卒年等信息加以推断,而系其事于癸亥三月十五日,

---

① 慈溪市博物馆编:《慈溪遗珍:慈溪市博物馆典藏选集》,上海辞书出版社,2008 年,第 126 页。
② 同时刊出的周利川诗作,尚有《赠沙孟海》《赠俞次曳》《赠孙兆梅》《春日即事》四首。
③ 张美翊:《张寒叟先生文稿》,1923 年抄本,宁波天一阁博物馆藏。
④ 冯昭适:《飞凫山馆笔记·新征社》,载《宁波旅沪同乡会月刊》第 34 期,1926 年 5 月发行,第 37 页。

庶几无误。

◎ 癸亥五月二十五日（1923.7.8）乃镇海李徵五四十九岁生日。冯君木赋诗以寿："君独何为漫不赀，倾家为侠忘其私。四十九年无是处，破喉一骂君应知。"①

    按，《僧孚日录》甲子五月廿五日条云："师与明存合宴李徵五少将，李年政五十，酒以寿之也。"②

◎ 癸亥六月十二日（1923.7.25）乃慈溪赵家荪五十岁生日。冯君木赋诗以寿："行空天马白日徂，五十之年犹须臾。有酒不饮宁非愚，赋诗聊复申区区。"③

    按，洪允祥《赵芝室五十寿诗序》云："凡在癸亥六月十有二日，为余旧友赵君芝室五十生日。吾郡文章之士，多为诗歌以赠，而属余为之序。"④

◎ 癸亥六月，洪允祥《题君木坐禅小影》见刊于《世界佛教居士林林刊》："人间何世堪一哭，天下健者冯君木。秋风傲骨撑枯株，夜雨高歌振穷谷。……无端饶舌任丰干，寒拾诗成人不识。拍手大笑陈天婴，老逐昌黎用孔墨。"⑤

    按，《世界佛教居士林林刊》第2期版权页有云："佛历纪元二九五〇年六月出版。……发行者：上海海宁路锡金公所内世界佛教居士林。"即癸亥六月。

◎ 癸亥七月初，宁波旅沪同乡会召开理事会；冯君木与陈训正等五人被推选为"出版委员"。

    按，《申报》1923年8月13日第14版《甬同乡会新推各股委员名单》："宁波旅沪同乡会于日前开理事会，照章更推各股委员，业付审查，兹拟定诸君姓氏录后……出版委员：冯君木、陈屺怀、江觉斋、林

---

① 冯君木撰，唐燮军等校注：《冯君木集校注》，第195页。
② 洪廷彦主编：《沙孟海全集·日记卷》，第647页。
③ 冯君木撰，唐燮军等校注：《冯君木集校注》，第194页。
④ 洪允祥：《悲华经舍文存》卷1《赵芝室五十寿诗序》，第12页。
⑤ 樵龄：《题君木坐禅小影》，《世界佛教居士林林刊》第2期，第122—123页。

宾逸、吴槑弇。"①

◎ 癸亥七月,上海钱业界领袖秦润卿(1877—1966)创建修能学社;冯君木因为反对新文化而与秦氏同调的关系,被聘为社长。

> 按,民国三十六年(1947)三月,陈布雷作《修能图书馆记》,内称:"社经始于民国十二年癸亥七月,聘吾师慈溪冯回风先生为之长,主国故、经传、文史之属;无锡杨君历樵副之,主外国语、算数、会计之属。训恩与同邑洪成阿先生、朱君炎复、钱君太炎、冯君都良、鄞沙君孟海、屠君心源,奉化俞君次异,兴化杨君孟昂等,各据所长,并膺讲席。"②

◎ 癸亥七月初九日(1923.8.20),冯贞群作《伏跗室书目》史部书目题记;稍后,又作《伏跗室书目》子部书目题记。

> 按,冯贞群《伏跗室书目》史部书目题记:"箧中典籍史最凌杂。旧目讹脱,不足翻检,长夏曝书,排比乙录,分别部居,区类十六,阅日三十二,写定此册。后有所得,当续入焉。癸亥七夕后二日冯贞群。"又,子部书目题记:"右目次序仿清库目例,始于己未七月,人事牵帅,中辍四载。癸亥长夏,排日曝书,史部目录整理写定,续成此册,聊备翻检。冯贞群识。"③

◎ 癸亥七月十五日(1923.8.26)夜,爆竹四起,冯君木、沙孟海等人在户外观望;留沪外国人也入乡随俗,竞相燃放爆竹。

> 按,《僧孚日录》癸亥七月十五日条:"癸亥中元……师留蔡氏。……月食二分,爆竹四起,与师及诸生同立门外观望,西人习华,

---

① 《申报》编写组编:《申报影印本》,第194册,第274页。此外,尚有审查委员5人、评事委员9人、调查委员9人、教育委员9人、书报委员6人、社交委员9人、统计委员8人、审计委员3人、考察委员5人、慈善委员9人、征求委员8人、注册委员8人、游艺委员4人、乡产陈列委员7人、职业介绍委员9人。

② 沙孟海:《修能图书馆记石刻拓本(一九四七)》,载《沙孟海书法集》,上海书画出版社,1987年,第12页。《冯君木冯都良父子遗事》作"1925年始就上海修能学社社长",显然有误。

③ 骆兆平:《冯贞群著作考述》,载骆兆平:《伏跗室书藏记》,第32—33页。

亦往往举火以为笑乐云。"①

◎ 癸亥七月十六日(1923.8.27),冯君木外出办事,傍晚与陈布雷等人到蔡家共饮。

> 按,《僧孚日录》癸亥七月十五日条:"炎热,师与翁须同出。……傍晚,师与陈彦及亦来,夜饮阁外阑楯间。"②

◎ 经冯君木做媒,癸亥七月二十日(1923.8.31),蔡明存次女许配给钱保杭(1878—1922.3.9)长子钱箕传。

> 按,《僧孚日录》癸亥七月二十日条:"明存仲女道依许字钱箕传鸿范,乃吾师作伐。箕传,仲济先生之子也。今日日中宴客,师与太希先生皆来。傍晚散去。"③

◎ 癸亥七月二十六日(1923.9.6)晚,冯君木来蔡家并留宿;姚贞伯同来,不久后便离去。

> 按,《僧孚日录》癸亥七月廿六日条:"夜,缮录《先君事略》,将呈师正之。师与姚贞伯丈来蔡氏,谈顷,姚去,师留。"④

◎ 冯君木收到张美翊癸亥七月二十八日(1923.9.8)的两封来信,一则认同冯君木在修能学社注重传统文史教育的做法,二则引荐弟子朱复戡。

> 按,张美翊《致冯君木》:"木公先生侍史:得夷弟函,知贵社教法乃与鄙见符合。此时方知经书之宜读,从前亦尝主张废经,不料祸至此也。……日本大灾,谣言中秋黑暗,殆重见混沌耶?人心如此,天道可知。七七甲子之末年,真不易过,而兵戈未已,可叹。敬问道祺。弟张美翊状,七月廿八。……再:敝门下朱生百行,作字刻印,若有天授,摹岳老《石鼓》乱真矣。润格附览。叔驯可与为友,无新文化习

---

① 洪廷彦主编:《沙孟海全集·日记卷》,第455页。
② 洪廷彦主编:《沙孟海全集·日记卷》,第456页。
③ 洪廷彦主编:《沙孟海全集·日记卷》,第464—465页。陈训正《钱君事略》云:"君讳保杭,字仲济,一字吟韦,……以十一年壬戌二月二十一日殁,春秋四十有五。取胡氏。子男三人:鸿范,工学士;鸿陶,鸿业。"详参陈训正:《天婴室丛稿》之七《庸海集》,载沈云龙主编:《近代中国史料丛刊》第63辑,第293—297页。
④ 洪廷彦主编:《沙孟海全集·日记卷》,第471页。

气也。再问台祺。弟又启。"①

◎ 癸亥七月,冯贞群重编《敬遗轩书目》。

按,冯贞群《敬遗轩书目》题记:"鄞卢椿六桥家藏书不多,颇有旧本。六桥为抱经族人,其书先抱经散佚,出中若《群书考索》《广韵》《贝清江集》《苏门集》《宛陵集》《弇州山人稿》《大清律》《五代会要》诸种,皆归于我。癸亥七月重装此目,并识数字,冯贞群。"②

◎ 癸亥七月底之前,冯君木为陈介闇题写《碧玉造象题名记》拓本:"其玉今为赵叔孺所藏,叔孺用石绿拓其文,并刻二印钤之拓本。一白文,曰:'天地间有数文字。'一朱文,曰:'辛酉十二月,四明赵叔孺得《梁玉象题名记》,矜宠至矣。'陈介闇得其一本,属题。"③

按,癸亥七月廿八日(1923.9.8)张美翊《致冯君木》云:"报登大作,知赵叔孺兄有《碧玉梁造像》,务乞代向三兄索一纸,贾苏合一,必佳无疑。"④参此,并结合冯诗之诗序,足以确定此诗乃应陈介闇之请而作,见刊后,遂有张美翊来信索取《碧玉造象题名记》拓本,故该诗必作于癸亥七月底之前。

◎ 癸亥八月初五日(1923.9.15),冯君木为蔡明存代拟黄庆澜亡妻的诔文。⑤

按,《僧孚日录》癸亥八月初五日条:"得师手札,为明存代作黄道尹之妻张氏诔词已成,余为书之。"⑥

又,癸亥五月廿八日(1923.7.11)释印光《复黄涵之居士书二》云:"五月廿八接廿四手书。知尊夫人病体沉重,诸医束手,因祈令令

---

① 侯学书编著:《张美翊手札考释注评》上册,第344、346页。1923年9月1日,日本关东发生特大地震,9月4日,上海慈善团体代表管趾卿等人在一枝香饭店、仁济堂连续举行会议,商讨予以救济。详参王中秀编著:《王一亭年谱长编》,上海书画出版社,2010年,第289—295页。
② 骆兆平:《伏跗室文献辑略》,载骆兆平:《伏跗室书藏记》,第136页。
③ 冯君木撰,唐燮军等校注:《冯君木集校注》,第192—193页。
④ 侯学书编著:《张美翊手札考释注评》上册,第344页。
⑤ 1922年7月3日,张美翊《致朱复戡》云:"黄道尹张夫人,六月廿六日五十生辰。"详参侯学书编著:《张美翊手札考释注评》下册,第12页。
⑥ 洪廷彦主编:《沙孟海全集·日记卷》,第476页。

眷,代为念佛,以祈寿未终则速愈,寿已终则速生耳。岂料夫人净业已熟,脱体而去。昨由契西来函方知,不禁为阁下失贤助,为令郎失所恃叹。"①是知黄庆澜亡妻病卒于癸亥五月底。

◎ 癸亥八月初六日(1923.9.16),冯君木作《朱赞父鼎煦自甬寄秋虫数头至,赋诗报之》。②

> 按,《僧孚日录》癸亥八月六日条:"鄦卿有秋蛩数头寄赠吾师,师携其两头来此。夜置之枕旁,更深人静,令令作响,客梦乍回,听之尤使人意远。"③

◎ 癸亥八月十八日(1923.9.28),冯君木拟于今日离甬赴沪,后因故推迟一天。沙孟海则如期乘船返沪。

> 按,《僧孚日录》癸亥八月十八日条:"师拟今日赴申,董贞柯、陈器伯来送行。……中食罢,师以事往江东,恐不及下舟,因张一日行。……乃下船,朱炎父新受修能学社之聘,今日启行,余与同舱。"④

◎ 癸亥八月十九日(1923.9.29),沙孟海奉冯君木之命,向秦绗孙索得《圣母帖集联拓本》及《三坟记集联》拓本各二册。

> 按,《僧孚日录》癸亥八月十九日条:"到申,与朱炎父雇马车至修能学社。日向午,与炎父诣商报馆,访陈玄丈……与夷父同出,往艺苑真赏社,持师函致秦绗孙,索观新印《圣母帖集联拓本》,其联皆吾师所为集也。……《圣母帖集联拓本》索得二册,又索得《三坟记集联》拓本二册。师本言将分赠吾辈,余因取《三坟记》一册以归。秦绗孙,市侩耳,口谈金石,妄托风雅,求吾师集联极多,计字致酬,不稍假借,润笔之外,并不肯于印就后分一册相饷。"⑤

---

① 释印光著,张景岗点校:《增广印光法师文钞卷》,九州出版社,2012年,第210页。
② 冯君木撰,唐燮军等校注:《冯君木集校注》,第196页。朱鼎煦(1885—1968),浙江萧山人,字赞父,又字鄦卿(亦作赞卿、宰卿),号别宥、香句,以鄦卿之字行。
③ 洪廷彦主编:《沙孟海全集·日记卷》,第477页。
④ 洪廷彦主编:《沙孟海全集·日记卷》,第488页。
⑤ 洪廷彦主编:《沙孟海全集·日记卷》,第489—490页。

《申报》1925年4月24日第12版蕙风《餐樱庑漫笔》:"唐李阳冰书《三坟记》,篆势凝劲,得籀斯典型。君木集字为楹言,丽句与深采并流,偶意共逸韵俱发,所谓契机入巧,联璧其章者也。七言云:'海国沙明朝见雁,林堂风转夜闻鸟。'又,'老子骨相比灵石,天人风标若名花。'又,'古调得闻安世乐,新词为述少年游。'八言云:'迁固之文信为良史,斯冰而下直到小生。'又,'名花标格若逢宜主,小词腴朗不思韦郎。'又,'少年游戏得无上乐,故人珍重述长相思。'又,'新词腴朗若花闲集,天人标格有林下风。'"①此"七言""八言"者,大概就是《僧孚日录》所谓的《三坟记集联》。

◎ 癸亥八月二十一日(1923.10.1),修能学社因朱炎父将去汉口发展而缺乏教师,冯君木命沙孟海来补其缺,同时让冯都良取代沙孟海,去蔡、屠两家授课。对于此一安排,沙孟海颇有异议,并因此致函冯君木。时至二十六日,此事终因朱炎复放弃汉口之行而作罢。

　　按,《僧孚日录》癸亥八月廿一日条:"朱炎父将有汉口之行,修能学社少人。师命余补其阙,而令翁须来馆蔡、屠。师命固不敢违,然以居停之贤否、生徒之佳恶,彼此相较,余极不愿舍此适彼也。"又,"廿三日,感昨日事,无意授课,终朝无所事,念不日将离此,于两家子女诸所期望,统归销沉。回首往日,意念灰尽,致师书不知果得所请否?"又,"廿六日……朱炎父罢汉口之行,修能事乃定。"②

◎ 癸亥九月初三日(1923.10.12),冯君木为蔡纡改字为宛顾,同时又为朱炎父题写书斋名为北坎室。

　　按,《僧孚日录》癸亥九月初三日条:"师夜来此,与绰如姊妹侍坐师谭。……师为柔宜更字曰宛顾,又为朱炎父题书斋曰北坎室。"③

---

① 《申报》编写组编:《申报影印本》第211册,第440页。
② 洪廷彦主编:《沙孟海全集·日记卷》,第491—494页。《僧孚日录》1925年4月14日条:"为师整比札牍,得余癸亥八月所上书,为不就修能教席事也。……日月不居,寒暄再易,向之不就者,今则既就矣。人事变迁,固可逆料耶?"载洪廷彦主编:《沙孟海全集·日记卷》,第799页。
③ 洪廷彦主编:《沙孟海全集·日记卷》,第491页。

◎ 癸亥九月初八日(1923.10.17)，冯君木拜托沙孟海代作《陈君造桥碑》(详参表14)。

  按，《僧孚日录》癸亥九月初八条："《澹灾碑》尚未脱稿，邑人赵君介十四叔请作《医方类编序》，师亦命代作《陈君造桥碑》。三文催索甚亟，数日内必须成之，而念比日心绪缭乱，实为往昔所未有。"①

表14 《僧孚日录》所载《陈君造桥碑》的写作进程

时　间	简　况	页　码
癸亥十月廿九日	代师作《陈君造桥碑》，仅得一段也	531—532
癸亥十一月廿五日	灯下作《陈君造桥碑》，夜深人倦，愈改愈拙，未成篇即眠	547
癸亥十一月廿六日	夜，作《陈君造桥碑》成之	547

◎ 癸亥十月十七日(1923.11.24)，冯都良电话告知沙孟海，称其岳父徐韬有意请沙氏明年任职京城。冯君木得知此一消息后，随即予以断然拒绝。

  按，《僧孚日录》癸亥十月条："十七日，未出门，杂读唐宋诗。夜得翁须电话，谓其外舅徐君顷自京来申，欲招余明年北上佐理笔札。有此消息，则余之行止不知又须费几许计量矣。……(二十日)得师书，京事已先为余谢却矣。"②

◎ 癸亥十月二十四日(1923.12.1)，冯君木为沙孟海修改《澹灾碑》。

  按，《僧孚日录》癸亥十月廿四日条："晚饭罢，往修能学社。《澹灾碑》师已为评改毕。""师谓余文以《澹灾碑》为最佳……碑文评语云：'文心静细，无丝豪蹶张之气。色泽既茂，韵味亦远。内外兼到，波澜老成，的未易才。'"③

---

 ① 洪廷彦主编：《沙孟海全集·日记卷》，第500页。
 ② 洪廷彦主编：《沙孟海全集·日记卷》，第523—524、526页。
 ③ 洪廷彦主编：《沙孟海全集·日记卷》，第528、533页。

◎ 癸亥初冬,冯都良作《接物》诗;冯君木见后,特作《示儿子贞胥》诗加以鼓励。

> 按,《僧孚日录》癸亥十月廿五日(1923.12.2)条:"翁须近作诗以《接物》一首最工,余每喜诵之,因录其词云:'非无贻玖投琼意,终被风吹雨打回。颠倒裳衣无是处,熟知接物亦须才。'"①
>
> 又,《回风堂诗》卷6《示儿子贞胥》诗序:"顷见贞胥有一绝,云:'非无贻玖投琼意,终被风吹雨打回。颠倒裳衣空复尔,从知入世要奇才。'怜其意,次韵广之。"②
>
> 又,沙孟海《冯君木冯都良父子遗事》云:"都良性行耿介,真率刚正,嫉恶如仇,而讷于言辞,不善交际,尤其不乐与政界商界人士往还。……1923年,他曾有七绝一首云:'非无贻玖投琼意,终被风吹雨打回。颠倒裳衣空复尔,从知入世要奇才。'那时先师尚在,见而悯之,随以积极并教导的立场,次原韵,鼓励之:'男儿入世凭心力,要与艰难战一回。脆骨媚肤徒娓娓,饥寒能忍是奇才。'"③

◎ 癸亥十一月初二日(1923.12.9),冯君木身体略有不适。

> 按,《僧孚日录》癸亥十一月初二日条:"闻师小极,因往省视,晚归。"④

◎ 癸亥十一月初四日(1923.12.11),冯贞群作题记,交代校注《战国策》的缘起与过程。

> 按,伏跗室藏《战国策》冯贞群题记:"癸亥二月,展卷教授儿女,采高邮王氏之说,移写卷端。伏日曝书,编定目录,中秋于役松江,人事牵帅,中辍四月,讫仲冬四日,灯下乃方点毕。冯贞群。"⑤

◎ 癸亥十一月初六日(1923.12.13),冯君木代人为浙江省省长张载阳(1873—1945)之父作寿诗。

---

① 洪廷彦主编:《沙孟海全集·日记卷》,第530页。
② 冯君木撰,唐燮军等校注:《冯君木集校注》,第191页。
③ 沙孟海:《冯君木冯都良父子遗事》,载《浙江文史资料选辑》第47辑,第106—107页。
④ 洪廷彦主编:《沙孟海全集·日记卷》,第533页。
⑤ 骆兆平:《冯贞群辑校书知见录》,载骆兆平:《伏跗室书藏记》,第45页。

> 按,《僧孚日录》癸亥十一月初六日条:"师代人寿张喧初省长载阳之父诗,余为书之。此诗随口道出,未尝属稿,其一联云:'是公合具公孤器,有子能提子弟军。'用两'公'字、两'子'字。喜而录之。"①

◎ 癸亥十一月初十日(1923.12.17)晚,蔡明存宴请李思浩、李徵五、虞洽卿等宁波名流,陈训正亦参与此一聚会。

> 按,《僧孚日录》癸亥十一月初十日条:"晚间,明存宴客,坐中若李赞侯思浩、李少将徵五、沈伏盦鸿昭、虞洽卿和德、傅筱庵宗耀,皆吾甬所谓达官硕贾也。陈玄丈亦在坐。"②

◎ 癸亥十一月十四日(1923.12.21),冯君木婉拒徐韬请沙孟海入职行政机构的建议。

> 按,《僧孚日录》癸亥十一月十四日条:"徐君曼略又为师言,坚欲致余。师以余必不甚意此,而宦海浮沉,大非易事,故仍辞之。辞之,正余意。然徐君之意,则甚可感。"③

◎ 冯君木耳疾复发,以蔡家清净特来养病,时至癸亥十一月十九日(1923.12.26),将《寒庄文编》未收的虞辉祖遗作,辑为《寒庄文外编》并作序。

> 按,《僧孚日录》癸亥十一月条:"十七日,师留蔡氏。师近日耳疾又作,在社中苦多宾客,无由屏绝,因来此养病。……十九日,阴。十一时起。师留蔡氏,编定《寒庄文外编》。"④

> 又,《僧孚日录》甲子十一月廿一日条:"《寒庄文外编》,虞先生临殁,顾言属吾师为之编次。去岁十一月,师养病明存阁,始为删次,讫今已刊印告竣。"⑤

---

① 洪廷彦主编:《沙孟海全集·日记卷》,第537页。张载阳字春曦,号喧初,浙江新昌人。1922年10月任浙江省省长,次年为其父做七十大寿,编辑、发行《张以柏封翁暨德配王太夫人七秩双庆寿言》。又,《棠阴诗社三集》卷四录有张天锡《祝喧初省长封翁以柏老伯暨伯母太夫人七旬双寿》,可见南江涛选编:《清末民国旧体诗词结社文献汇编》第12册,第526—527页。
② 洪廷彦主编:《沙孟海全集·日记卷》,第539页。
③ 洪廷彦主编:《沙孟海全集·日记卷》,第541页。
④ 洪廷彦主编:《沙孟海全集·日记卷》,第543—544页。
⑤ 洪廷彦主编:《沙孟海全集·日记卷》,第736页。

◎ 梅兰芳来沪演出，风靡上海。① 癸亥十一月二十三日（1923.12.30），冯君木与屠康侯、钱罕、沙孟海、张于相等人一道观看梅兰芳的演出。

  按，《僧孚日录》癸亥十一月廿三日条："张重伯来，康侯舆往共舞台观梅兰芳。同往者，师及钱希公、朱炎父三人。张于师昨由杭至申，亦并舆致。梅伶名闻天下，今日始获一见，缓歌谩舞，无数不妍，真所谓'北方佳人，遗世独立'者矣。……夜，侍师谈，二时眠。"②

◎ 癸亥十一月二十六日（1924.1.2），沙孟海撰就《陈君造桥碑》；尔后，冯君木将之改写为《陈君造桥碑记》。③

  按，《僧孚日录》癸亥十一月廿六日条："师耳疾未全愈，今日旋甬，午后往送行。陈彦及、翁须皆来修能学社，明岁增聘彦及讲授中文。傍晚，返馆。夜，作《陈君造桥碑》成之。……谭仲储有《叶君修桥碑》，今作《陈君造桥碑》，仿其例也。"④

  又，冯君木《陈君造桥碑记》："君姓陈氏，名磬裁，鄞人。体蹈勤慎，起家梓人，周施仁恤，赴义若渴，仁心为质，谁昔然矣。县东大咸之乡，梅溪之上，爰有石桥，当鄞奉化孔道，秋潦放溢，戕杠发梁，三建三圮，物力罢劫，行者病涉，临流震掉。君闻而闵之……斥万三千金，鸠集徒众，刻日作治，经始民国十年辛酉十二月，明（季）[年]壬戌六月工讫。其秋大水三至，道路堤阏，所在漂荡，桥身岿然，卒用勿坏，乡人念其成劳……题名旌宠，名曰磬裁，舆诵洋洋，以永风誉。……中华民国十二年岁在癸亥二月，慈溪冯开撰，慈溪钱罕书。是役也，乡人童中莲实创之，惧力不继，简于作始，借君宏济，遂毕巨绩。集事于陈，而造端于童，成务开物，厥功均也。敢援汉绥民校尉熊君碑例，

---

① 1923年12月25日晚，于右任特意在美丽川饭店宴请梅兰芳。时王一梅、吴昌硕皆在座，且王氏即席画达摩像一尊，而吴氏亦裁笺画梅，一座俱欢。详参《时报》1923年12月27日《梅兰芳之消息》。
② 洪廷彦主编：《沙孟海全集·日记卷》，第546页。
③ 两相比较，不但文名不同，且其内容也有所差别。例如沙氏称《陈君造桥碑》以《叶君修桥碑》为蓝本，冯氏则称《陈君造桥碑记》乃参照《汉绥民校尉熊君碑》之例而成。
④ 洪廷彦主编：《沙孟海全集·日记卷》，第547页。

兼著其绪,用诒后来。"①

◎ 癸亥十二月初九日(1924.1.14),沙孟海收到冯君木寄自宁波的来信。来信详述冯衷博备受章太炎青睐之近况,敦促沙孟海来年尤须刻苦自厉。

按,《僧孚日录》癸亥十二月初九日条:"得师谕有云:'章太炎又有一书致衷博,指论平实,且见循循善诱之心。老辈对于后生,态度固应如是,特见之于章先生,为尤难得耳!衷博无意中获此良师,吾亦为之欣喜。彼盖全从勤恳得之,以文学程度言之,诚不及尔,然其刻苦勤奋,不惜出全力以从事,其一种精动向上之朝气,以视尔曹之悠悠忽忽玩愒岁月者,目前所诣虽若差胜,至异日之成就孰多,吾不能不为尔曹惕惕矣!岁行尽矣,时不我与,明年甲子,一切更新,深望尔与夷父、稚望、须父,确自树立,力求精进,即以此书为豫约焉可也。'读竟,汗下。"②

◎ 癸亥冬,冯君木应邀为陈训正等人所纂《定海县志》作序,既纵论方志的性质、源起、职掌、史料构成,又予《定海县志》以高度评价。③

按,陈训正《定海县志例目》云:"右志凡十五门,体裁节目,大半依据近刊《宝山县志》钱淦等撰。……而参之以马君瀛、沈君椿年、施君皋之主张。《礼俗志》风俗、方言二分目实马君助成之,图事则施君之力为多,列岛及盐场各项调查,皆沈君所饷云。中华民国十二年十二月,慈溪陈训正。"④

◎ 癸亥十二月三十日(1924.2.4),冯君木与范贲虎、董贞柯同过蔡明存。

按,《回风堂诗》卷6有诗曰《除日,与范贲虎世桢、董贞柯同过明存家居,时明存眷属留滞上海》。⑤

---

① 朱永宁编著:《宁波古桥碑刻集》附一,宁波出版社,2021年,第588—589页。
② 洪廷彦主编:《沙孟海全集·日记卷》,第557—558页。
③ 冯开:《定海县志叙》,载陈训正等纂:民国《定海县志》卷首,《中国地方志集成·浙江府县志辑》第38册,第433页。
④ 陈训正:《定海县志例目》,《史地学报》第3卷第6期,上海商务印书馆1925年发行,第53—64页。
⑤ 冯君木撰,唐燮军等校注:《冯君木集校注》,第201页。

◎ 作于癸亥且流传至今的冯君木诗篇尚有:《寄章叔言,再叠前韵》《赠傅宜耘》《雨中坐明存阁,迟友不来》《为徐朗西题〈寒雅荒冢画帧〉》《题秦润卿_{祖泽}僧服小象》《再题润卿僧服小象》《冬夜明存过谈》《慰明存》《赠范贲虎,用去年与幼度酬唱韵》。

  按,《回风堂诗文集》之《回风堂诗》卷 6,明言上列诸诗皆作于癸亥年。

甲子(1924.2.5—1925.1.23)　五十二岁

◎ 甲子正月十九日(1924.2.23)前后,冯君木耳病复发。

  按,《僧孚日录》甲子正月十九日条:"与(宁波商业学校校长)董贞柯同诣回风堂,师近又患耳疾。"①

◎ 甲子正月二十五日(1924.2.29),冯贞群校毕《鲒埼亭集》卷 2;同日,陈训正《贻沙生僧孚》定稿,正月二十八日发表于某报。②

  按,伏跗室藏《鲒埼亭集》卷 2 末冯贞群题记:"甲子(民国十三年)正月廿五日雨窗过笔此卷,春寒弥厉,手为之僵。"③

  又,《僧孚日录》甲子正月廿五日条:"陈玄丈见过。三年前求丈作家大母寿序,顷已撰竟,惠不可言。_{其稿尚未携示。}……(廿八日)玄丈所撰一文,顷于报端披露,不曰寿序,其体例为尤高。文中以畜德、安贫、养志、毋辱相戒勉,读之惶惧。敬录其辞,用自匡饬。寒文、翁须旧有撰作,师友风期,殊辞同意,以类相从,因并录焉。"④

◎ 甲子二月初三日(1924.3.7)稍前,冯君木作《耳疾自遣》诗。⑤

  按,《僧孚日录》甲子二月初三日条:"又得师谕,录示近作《耳疾自遣》七古一章,有云'他人不闻我独预,矜宠付与宁非天。由来丝竹

---

① 洪廷彦主编:《沙孟海全集·日记卷》,第 582 页。
② 沙茂世误系其事于 1925 年 2 月,详参沙茂世编撰:《沙孟海先生年谱》,第 18 页。又《贻沙生文若》,陈训正《天婴室丛稿》之八《庸海二集》题作《贻沙生僧孚》。
③ 骆兆平:《冯贞群辑校书知见录》,载骆兆平:《伏跗室书藏记》,第 45—46 页。
④ 洪廷彦主编:《沙孟海全集·日记卷》,第 584—586 页。
⑤ 冯君木撰,唐燮军等校注:《冯君木集校注》,第 203 页。

不如肉,妙音在耳谁能传?'矜宠付与,语奇而趣。"①

◎ 甲子二月十六日(1924.3.20)稍前,冯君木为董贞柯母作寿屏。

  按,《僧孚日录》甲子二月十六日条云:"为董贞柯写其母夫人寿屏。师撰其文。"②

◎ 甲子二月十九日(1924.3.23),俞因被蔡道依(明存次女)选入所辑《甬上闺阁诗人汇传》。

  按,《僧孚日录》甲子二月十九日条:"道依所辑《甬上闺阁诗人汇传》,为之校勘一过。书籍真苦太少,所得六十人。……六十人姓氏具录下方,以资考览。……俞因字季则,冯先生元妃,有《妇学斋词》。《天婴室集》。"③

◎ 时至甲子二月三十日(1924.4.3),冯贞群完成对《鲒埼亭集》卷38的抄录。

  按,伏跗室藏《鲒埼亭集》卷38末冯贞群题记:"甲子二月晦灯下移录告竟,自正月廿四日展卷,中以嗣考七十生日,历旬日未读,一旦卒业,乐何如之。冯贞群识。"④

◎ 在收到冯君木《耳疾自遣》后,陈训正连作《慰君木,即次其〈耳疾自遣〉韵》《次前均再慰君木》。两诗看似安慰冯氏,实则抨击时势。尔后约在甲子初春,冯君木又作《玄婴两次韵见慰,目余为聋,三叠前韵报之》,深以陈氏所论为然。⑤

  按,《慰君木,即次其〈耳疾自遣〉韵》云:"世音可观不可听,能反听之无涯边。劝君冥居好持养,得趣何妨琴无弦。此心自具哀与乐,希声岂必假鸣宣。"《次前均再慰君木》曰:"元音自在空灵中,不与人间通际边。收响反听吾独会,嗷急有管繁有弦。"⑥

---

① 洪廷彦主编:《沙孟海全集·日记卷》,第593页。
② 洪廷彦主编:《沙孟海全集·日记卷》,第599页。
③ 洪廷彦主编:《沙孟海全集·日记卷》,第599—601页。
④ 骆兆平:《冯贞群辑校书知见录》,载骆兆平:《伏跗室书藏记》,第46页。
⑤ 冯君木撰,唐燮军等校注:《冯君木集校注》,第204页。
⑥ 陈训正:《天婴室丛稿》之八《庸海二集》,载沈云龙主编:《近代中国史料丛刊》第63辑,第342—343页。

◎ 甲子三月初五日(1924.4.8),经由冯君木撮合,钱箕传与蔡道依在宁波旅沪同乡会举办结婚典礼。

  按,《僧孚日录》甲子三月初五日条:"道依出阁,假同乡会举礼。"①

◎ 甲子三月十六日(1924.4.19),冯君木自甬返沪。

  按,《僧孚日录》甲子三月十六日条:"师自甬至,午后过谒。日晡,与师同出,从游书肆。傍晚,散归。"②

◎ 甲子春,经张美翊介绍,冯孟颛加入新征社。

  按,冯昭适《飞凫山馆笔记·新征社》:"鄞全谢山先生祖望,生平表章明季遗民,潜德幽光,赖以勿灭,其有功于名教甚大。嘉庆二十年,鄞人士卜地学宫之西,建施忠庙,祀钱公忠介、张公苍水及明季忠臣遗民,而以后之左室奉先生附食焉,士大夫设征社,岁时祭之。光绪甲辰岁,邑士人江定甫仁征、周子鹏振翰、徐弢庵方来、洪复斋家泂、陆珠浦澍咸等,佥以征社日久陵迟,共相咨嗟,谋再振之。会于冷滩得先生画像,乃集友,设新征社,每岁春秋悬像拜祭,以次轮值,凡预祭者,人出银一版,迄今二十余年矣。甲子之春,家父以张寒叟之介入社。"③

◎ 甲子四月初三日(1924.5.6),冯君木教沙孟海以写作骈体文之法。

  按,《僧孚日录》甲子四月初三日条:"师来,钱箕传来。师夜宿于是,灯下问为骈体之法,一时眠。"④

◎ 甲子四月初五日(1924.5.6),冯君木与沙孟海等人同观国产电影《玉梨魂》。

  按,《僧孚日录》甲子四月初五日条:"随师及翁须、芳伊往夏令配克译音戏院名也看试《玉梨魂》影片《玉梨魂》小说,十年前徐枕亚所作,风行一时。

---

① 洪廷彦主编:《沙孟海全集·日记卷》,第611页。
② 洪廷彦主编:《沙孟海全集·日记卷》,第608页。
③ 冯昭适:《飞凫山馆笔记·新征社》,载《宁波旅沪同乡会月刊》第34期,1926年5月发行,第37页。
④ 洪廷彦主编:《沙孟海全集·日记卷》,第622页。

常看影戏者,谓中国制片如此已有进步,然殊未脱新剧气也。夜八时半归,师命刻'萧条高寄,不与时务经怀'十字,孙兴公语也,较其自刻'刃游'十字稍精。侍师谈,一时眠。"①

◎ 甲子四月初七日(1924.5.10)晚,冯君木与蔡明存、钱箕传、沙孟海小酌。在此前后,冯君木见沙文求所作《拟苏武报李陵书》,既击节称赏,又进而借题发挥,痛批彼时士风之败坏。

按,《僧孚日录》甲子四月初七日条:"师来,晚与师及明存、箕传饮酒。迨罢,十一时矣。……师见仲己拟苏武《报李陵书》,以为笔有古气,绝去恒畦,因寄书勖之,有云:'今日学者,虚伪成风,哀乐不诚,耆好亦矫,俯印由人,笑嗁非我,冷眼旁观,真有汲汲不可终日之势。其实物希为贵,无旧非新,但须就性所近,自内鞭辟,正不必逐人车,复走耳。'前数语,道尽近时士流习气!"②

◎ 张美翙在上海广慈医院接受治疗,甲子四月二十五日(1924.5.28)上午,沙孟海等人特地前往探视,因医院有戒条而作罢。

按,《僧孚日录》甲子四月廿五日条:"与武仲、仲合往金神父路广慈医院谒张蹇丈,丈近养疴于此,医戒勿见客,留刺而退。"③

◎ 甲子四月二十八日(1924.5.31)傍晚,冯君木、沙孟海在修能学社听冯衷博讲述章太炎的故事。

按,《僧孚日录》甲子四月廿八日条:"午后,往修能学社。四时课毕,侍师谈。衷博亦来,为述章先生事,听之忘倦。六时,归馆。"④

◎ 定海人毛起(1899—1961)即将游学美国,甲子五月初五日(1924.6.6)之前,冯君木赠以扇子并题诗两首。

按,《回风堂诗》卷6有诗曰《毛生无止起游学美利坚,赠之以扇,

---

① 洪廷彦主编:《沙孟海全集·日记卷》,第623页。
② 洪廷彦主编:《沙孟海全集·日记卷》,第624—625页。沙文求(1904—1928),字端己、仲己,乃沙孟海次弟。
③ 洪廷彦主编:《沙孟海全集·日记卷》,第634页。
④ 洪廷彦主编:《沙孟海全集·日记卷》,第635页。

并题二绝》。① 又,《僧孚日录》甲子五月四日条云:"为无止刻名、字两印,名印较佳。……无止拟游学美洲,今日暂回定海,并往送其行,缘有要事,奔走汗滂。"②

◎ 甲子五月十五日(1924.6.16),对于沙孟海所作《朱丈七十寿征文启》,冯君木甚为满意,未作任何改动,便寄给朱鄼卿家。

> 按,《僧孚日录》甲子五月十五日条云:"删润《征文启》,既脱稿,缮写一通,送呈师正。……得夷父电话,述师言:'所为启甚佳,已寄甬矣。'为之喜慰。"③

◎ 李徵五(1875—1933)年五十,甲子五月二十五日(1924.6.26),冯君木与蔡明存联合宴请,并赋诗祝寿。④ 同席者,尚有张美翊之子张裴伯。

> 按,《僧孚日录》甲子五月廿五日条:"师与明存合宴李徵五少将,李年政五十,酒以寿之也。张君裴伯,安令、慧令之父,余未曾与一面,顷自青岛来沪省蹇丈疾,今日并要致在坐,始遇之。师傍晚去。"⑤

◎ 甲子五月二十六日(1924.6.27)晚,陈仲慈招饮冯君木于法租界南阳桥寓舍。沙孟海、冯都良等四人亦应邀作陪。

> 按,《僧孚日录》甲子五月廿六日条:"陈仲慈置酒于寓斋以宴师,并招夷父、翁须、稚望及余作陪。仲慈虽游学生,雅好为诗,积稿甚多,回国后教授沪上。其寓斋在法租界南阳桥,房室陈设多西国品物,亦复有致。九时散归。"⑥

◎ 甲子五月二十九日(1924.6.30),沙孟海将所作《朱丈寿序》,寄给身处宁波的冯君木,请予修改(详参表15)。同日,原本在上海西门路润安里静养的张美翊启程回宁波。

---

① 冯君木撰,唐燮军等校注:《冯君木集校注》,第207—208页。
② 洪廷彦主编:《沙孟海全集·日记卷》,第623、638页。
③ 洪廷彦主编:《沙孟海全集·日记卷》,第642页。
④ 冯君木:《寿李徵五》,载冯君木撰,唐燮军等校注:《冯君木集校注》,第195页。
⑤ 洪廷彦主编:《沙孟海全集·日记卷》,第647页。
⑥ 洪廷彦主编:《沙孟海全集·日记卷》,第647—648页。

按,《僧孚日录》甲子五月二十九日条云:"删润《朱丈寿序》,缮稿寄甬,呈师削正。勉撑篇幅,凑杂成文,殊乏条理,不及前作《征文启》多矣。"①

表15 《僧孚日录》所载《朱丈寿序》的写作进程

时 间	详 情	页 码
五月廿六日	灯下始草《朱丈寿序》,殊不得要领	662
五月廿七日	夜作《朱丈寿序》,十时半始,至二时终篇,得六百余字,殊嫌太短,又甚粗疏,明日须大加增改	663
五月廿九日	删润《朱丈寿序》,缮稿寄甬,呈师削正	663

又,《僧孚日录》甲子五月三十日条:"寒丈出医院后,赁屋西门路润安里以养疴。今与夷父寻至其处,过谒之,则丈已于昨日旋甬矣。老人衰惫,不知此去,病体果愈否? 为可念耳。"②

◎ 甲子五月,冯君木为《赵㧑叔手札》作跋。

按,冯氏《赵㧑叔手札跋》:"会稽赵益甫大令之谦书融冶南北,妙蹑自然,视迤日书流削圆成觚,诎曲耳势者,气象迥殊,庶所谓潇洒流落、翰逸神飞者已。光绪初年,与鄞董觉轩先生沛同官江右,书疏往复,不日则月。先生即世,家人检其箧衍,得大令书札盈束。二十年后,先生族人茹生翔遂以重金收之,都手书百十余通。凋疏跌宕,弥复有晋人散髻斜簪意度。书中类多瘦词隐语,栖迟下位,涉笔触讳,其抑塞磊砢之概,尤足为才人不得志者发涕也。会董氏将付景印,辄题其尾。甲子五月,冯开。"③

其实,冯君木早在辛酉九月廿四日就已接触到《赵㧑叔手札影印

---

① 洪廷彦主编:《沙孟海全集·日记卷》,第663页。
② 洪廷彦主编:《沙孟海全集·日记卷》,第649页。
③ 赵之谦著,戴家妙整理:《赵之谦集》附录二《序跋题辞》,浙江古籍出版社,2015年,第1267页。

本》,《僧孚日录》载其事曰:"傍晚,与犀望之回风堂。夷父亦至。有《赵扲叔手札影印本》,浏览多时。夷父谓其真迹藏吾郡某氏。"①

◎ 甲子六月初一日(1924.7.2),冯君木为沙孟海修改其新作《童中莲生圹志》。

按,《僧孚日录》甲子六月初一日条云:"师来,为师书扇又一面,录少陵七言古数章。……近作《童中莲生圹志》呈稿于师,即为削正。师日晡去。"②

◎ 甲子六月初五日(1924.7.6),俞次曳、马君敏夫妇举办婚礼于上海远东饭店,冯君木、陈布雷等人皆参加婚宴。次日晚,马志千(俞次曳岳父)宴请媒妁于唐家湾,冯君木既应邀参加,又戏作一诗。

按,《僧孚日录》甲子六月初五日条:"四时举行婚典,仲回、翁须为介绍人,朱炎父为证婚人,师与陈彦及、叔谅、胡仲持、洪彦直、潘怡生、董密父定凤皆集。……晚间会饮,十时散归。(次日)赴西门唐家湾马宅饮。日午,马君宴其新婿,晚间置酒于家,拟谢媒妁也。师与朱炎父、陈彦及皆已先至。……新夫妇合照,夷父署字其上,称'甬上诗人',师因戏题一诗云:'定情才罢催妆又,彩摹玲珑手自携。促此红闺添本事,不须寄托到无题。'"③

《申报》1924年7月8日第21版《婚礼汇志》:"甬上诗人俞次曳君,孤高自赏,中年未娶,顷由冯君木、陈屺怀两君介绍,与马君志千之女公子君敏女士订婚,于前日下午四时,在远东饭店举行婚礼,来宾跻跄,一时称盛。"④

◎ 冯君木原拟甲子六月十五日返乡,后因故被迫推迟至六月十七日(1924.7.18)。同日,蔡明存自甬返沪,带来张美翊病重的消息。

按,《僧孚日录》甲子六月条:"十五日……师拟今日挈仲合归里,

---

① 洪廷彦主编:《沙孟海全集·日记卷》,第241页。
② 洪廷彦主编:《沙孟海全集·日记卷》,第649页。《僧孚日录》1925年2月5日条谓童中莲生圹筑于鄞县旨悉庵旁。
③ 洪廷彦主编:《沙孟海全集·日记卷》,第650—651页。
④ 《申报》编写组编:《申报影印本》第204册,第191页。

余以十时许,与仲合同出购外国糕饼赠其行,又引之登冻食肆,啖冰醍醐、牛乳之属。至修能学社,师以事不能归,暂留一二日,遣仲合先归。翁须、叔谅先后集,侍师谈至十时,始归。……十七日,炎暑,明存率志华、宾年至自甬。……师今日回甬。晡,与翁须送之至船坞。……明存自甬来,言謇丈病甚剧,近日似少有差减,然不能不为之深忧。"①

◎ 甲子六月,陈布雷在与冯君木、陈训正商量后,入职于中国通商银行。

按,《陈布雷回忆录》民国十三年条:"六月,通商银行总理傅筱庵先生嘱王心贯君来约余入彼行相助,心贯虽业商,而通赡有识,爱读余之文字,谓傅君宜有一明晓近代大势之人以为助,两度见访,敦劝备至,余为感动,商于君木师及大哥,遂应其聘,以六月辞修能教职,入通商银行任书记员,月薪七十两。"②

◎ 甲子七月初七日(1924.8.7)前,冯君木为作《冯味琴寿屏》。

按,《僧孚日录》甲子七月初七日条:"十时始写《冯味琴寿屏》吾师撰文,绢底泥金,真不易书,午后三时竣事,尚不费时。"③

◎ 甲子七月初十日(1924.8.10),张美翊病逝于宁波,享年六十八。冯君木作《张君行述》以悼之④,陈训正作《湖上得謇翁讣,赋此述哀》⑤。冯昭适作《张謇叟先生传》⑥。

按,《甬上青石张氏家谱》卷2《系录》云:"生咸丰七年丁巳二月初八日午时,卒民国十三年七月初十日申时,寿六十八。"⑦又,《僧孚

---

① 洪廷彦主编:《沙孟海全集·日记卷》,第654、657、658页。
② 陈布雷:《陈布雷回忆录》,第103页。傅筱庵(1872—1940),名宗耀,字筱庵,浙江镇海人。15岁入上海英商造船厂,后投靠盛宣怀。1931年控制中国通商银行,任董事长兼总经理。1938年附逆投敌,出任伪上海特别市市长。1940年10月11日,被朱升源用菜刀砍毙。
③ 洪廷彦主编:《沙孟海全集·日记卷》,第667页。
④ 冯君木撰,唐燮军等校注:《冯君木集校注》,第317—319页。
⑤ 陈训正:《天婴室丛稿》之九《阏逢困敦集》,载沈云龙主编:《近代中国史料丛刊》第63辑,第378页。
⑥ 冯昭适:《张謇叟先生传》,载《宁波旅沪同乡会月刊》第17期,1924年发行,第20—21页。
⑦ 张美翊主纂:《甬上青石张氏家谱》卷2《系录》,第69页。

日录》甲子七月十一日条:"晨得翁须电话,知张寒丈于十日申刻病故,为之泫然。人之云亡,吾邑风教文物,于斯颓矣,岂但哭其私而已。"①又,《申报》1924年8月12日第14版《甬同乡会前会长张让三逝世》云:"宁波旅沪同乡会昨接甬电,知该会前会长张让三君在原籍病故,该会以张君系创造该会有功之人,闻讯极为哀悼,因于昨日下半旗一天,以表哀思云。"②

◎ 甲子七月十五日(1924.8.15),《华国》第1卷第12期面世,其所载冯昭适《族祖梦香先生传》一文,在详述冯梦香生前行迹的基础上,试图予以盖棺定论。

按,冯昭适《族祖梦香先生传》:"历主衢州正谊、西安鹿鸣、镇海鲲池、余姚龙山、新昌鼓山诸书院讲,宁波辨志精舍舆地斋长,凡三十年,尽心评骘,士论推服。中间并就杭州求是书院、绍兴府学堂总教习,龙游志局总纂,尝为山阴徐氏编定《绍兴先正遗书》、订藏书楼约。性好蓄书,修脯所入,见书尽鬻之。其学经史而外,九流百氏,靡不综览。讲学不立门户,以实践为归。研经之余,尤熹研讨《老子》《黄帝内经》《算术》,多所心得。……先生治朴学,长于经术,为吾乡百年来所未有。晚客徐氏,时值徐锡麟就大通师范学校朝夕讲武、谋革命,书楼与校宇相望,徐凡创议新政,恒请其列名,先生固拒,徐乃不告而署之,由此即引疾归,杜门勿出。尝语人曰:'学校诸生,阴构大事,将来必受奇祸。'后果如其言,而先生已前没矣。"③

◎ 甲子七月十九日(1924.8.19),冯君木撰就诗句"酒尽渭城三迭后,泪流河满一声中"。

按,《僧孛日录》甲子七月十九日条:"有为诗钟者,以'城''满'二字分对此二字,殊不易对。师撰二句云:'酒尽渭城三迭后,泪流河满

---

① 洪廷彦主编:《沙孟海全集·日记卷》,第670页。
② 《申报》编写组编:《申报影印本》第205册,第268页。
③ 冯昭适:《族祖梦香先生传》,载《华国》第1卷第12期,1924年8月15日发行,第96—97页。该文后又以《冯梦香先生传》为题发表在《宁波旅沪同乡会月刊》第48期,1927年7月发行,第23—24页。两者文字有所出入。

◎ 甲子八月初一日（1924.8.30），冯君木因故未能与沙孟海按原定计划同日赴沪。

> 按，《僧孚日录》甲子八月初一日条云："师本拟今日与余同行赴申，后以事不果。余独下舟。……在回风堂得武仲书，师见之，颇赞武仲尺牍之得体也。"②

◎ 甲子八月初七日（1924.9.5），冯君木返沪，并因陈布雷辞职而俞次曳又未能即刻来修能学社任教，特令沙孟海临时顶岗。对此一安排，沙孟海颇有怨言。

> 按，《僧孚日录》甲子八月初七日条："师今日到申。……陈彦及已辞修能教职，师初属意章叔言、俞次曳二人，今准拟召次曳来，而次曳远在慈溪，又须料理彼方事，待其至，不知在何时矣。余之代庖，义难辞责，顾以近顷内忧外劳，摧枒之余，对此缁尘，不令人色沮乎？"③

◎ 甲子八月初八日（1924.9.6），安心头陀开始主持宁波白衣寺。

> 按，《僧孚日录》甲子五月廿八日（1924.6.29）条："安心上人来，为写名刺。上人由湘回甬后，甬人士请其住持白衣寺，毋复往湘。已定于八月八日就任矣。"④

◎ 甲子八月十六日（1924.9.14）夜，冯君木与蔡明存、沙孟海、钱箕传，依宁波风俗，共度中秋佳节。

> 按，《僧孚日录》甲子八月十六日条："日中，饮酒过节，虽居是邦，犹从乡仪。……晚，与师、明存、箕传同饮。"⑤

◎ 甲子八月底，"苏浙战争"的战火波及宁波，冯君木因此作《甲子秋日感事》："红羊浩劫有循环，六十年来物力还。似怪东南太寥寂，要将血色著江山。安忍由来必阻兵，伤怜何暇到民生。弥天炮火如雷起，不抵将军鼻

---

① 洪廷彦主编：《沙孟海全集·日记卷》，第675页。
② 洪廷彦主编：《沙孟海全集·日记卷》，第683页。
③ 洪廷彦主编：《沙孟海全集·日记卷》，第685—686页。
④ 洪廷彦主编：《沙孟海全集·日记卷》，第663页。
⑤ 洪廷彦主编：《沙孟海全集·日记卷》，第690页。

息声。"①

> 按,《僧孚日录》甲子八月廿七日(1924.9.25)条:"卢永祥去浙后,整旅沪上,专意挞伐。浙省则孙传芳、陈调元争欲为督,近又闻蒋尊簋、潘国纲先后至甬,兴师抗直_{孙、陈等皆曹、吴之党,号为直系},以甬为根据地,吾甬于是亦不免兵祸矣。吾师顷作战事诗,有云:'似厌东南太寥寂,要将血色染江山。'沉痛言之。"②

◎ 唯恐宁波大乱,冯妻陈道宁于甲子八月二十九日(1924.9.27)抵达上海。

> 按,《僧孚日录》甲子八月三十(1924.9.28)条:"午后,雨,衣云自甬至。师母挈藻孙、俞孙昨亦违难来申。"③

◎ 甲子九月初四日(1924.10.2),冯君木身体不适,沙孟海等五人专程赶来学社探望。

> 按,《僧孚日录》甲子九月初四日条:"日晡,偕衣云、道依、绰如、宛颀四人,诣修能学社,省视师疾。"④

◎ 甲子九月初九日(1924.10.7),冯妻陈道宁生日;晚,诸弟子设宴上海同华楼以庆生。

> 按,《僧孚日录》甲子九月初九日条:"晡,往修能学社,与同门诸子合宴师母于同华楼。"⑤

◎ 甲子九月二十二日(1924.10.20)前,冯君木作《感事》诗五首,辛辣讽刺那些道貌岸然的政客。⑥

> 按,《僧孚日录》甲子九月廿二日条:"甬自治军一合再合,其人虽前后有所出入,要皆失职无聊之徒,乘机狻起,初无家国之虑。吾师近作《感事》五首,所谓'小姑居处本无郎,疗妒翻寻海外方'也。项孙

---

① 冯君木撰,唐燮军等校注:《冯君木集校注》,第208页。
② 洪廷彦主编:《沙孟海全集·日记卷》,第698页。
③ 洪廷彦主编:《沙孟海全集·日记卷》,第699页。
④ 洪廷彦主编:《沙孟海全集·日记卷》,第701页。
⑤ 洪廷彦主编:《沙孟海全集·日记卷》,第703页。
⑥ 冯君木撰,唐燮军等校注:《冯君木集校注》,第209页。

传芳已遣周凤歧东下，吕、屈等无以为计，索赂巨万即扬矣。堂堂荐绅，其行则盗贼，其心则蛇蝎。细观今之从政者，何一非若人之俦？"①

◎ 甲子九月底，冯君木致函同在上海的徐仲可："昨从李君拔可许托递一函，计达左右。<small>并附《感事》七律五首</small>。顷朱炎父见视手章，兼附大著两首，具审芳躅近在沪郊。……兵事结束，会晤匪遥，伫望光仪，庶慰饥渴。肃此，敬候兴居。"②

　　按，兹据其小字夹注"并附《感事》七律五首"，推断时在甲子九月底。

◎ 冯君木虽以善治古文辞著称，却也不乏白话诗佳作。例如作于甲子秋的《吊花冢》，就曾触发况蕙风对其亡妾卜氏的思念。

　　按，郑逸梅《艺林散叶》："旧诗人冯君木间亦作白话诗，某次，作《吊花冢》诗一首：'花吓！你排愁超出清虚境，我还是带水拖泥不肯行。'时况蕙风丧其继室卜氏，诵此两句，触类增感，为之泪下。"③考《僧孚日录》甲子十二月初三日(1924.12.28)条云："(况)先生今年六十又五，谈语绝趣……篋室卜清姒女士<small>娱</small>，今秋始殁。"④是知《吊花冢》作于甲子秋。

◎ 甲子十月十一日(1924.11.7)，冯君木等人自沪返甬。

　　按，《僧孚日录》甲子十月十一日条："端师、夷父家今日徙回甬上，夷父亦同去。午后，为往代课。<small>师亦以今日归</small>。"⑤

◎ 甲子十月十八日(1924.11.14)宁波兵变，冯君木等人于十月二十二日返沪以避其乱。

　　按，《僧孚日录》甲子十月廿二日条云："十八日，甬上又尝兵变，

---

① 洪廷彦主编：《沙孟海全集·日记卷》，第708页。此事详情可见陈炳翰《洁庵文稿》之《甲子宁波骚扰记<small>民国十三年</small>》，载张传保修，陈训正等纂：民国《鄞县通志》，《中国地方志集成·浙江府县志辑》第17册，第395页。
② 冯开：《与徐仲可书》，载王文濡选辑：《当代名人尺牍》下卷，第64—65页。
③ 郑逸梅：《艺林散叶》(修订版)，第232页。
④ 洪廷彦主编：《沙孟海全集·日记卷》，第739页。
⑤ 洪廷彦主编：《沙孟海全集·日记卷》，第722页。

明存奉其老母并挈衣云、赤华、宾年皆来申,师与夷父、翁须、仲合皆以今日至。"①

◎ 甲子十月,冯昭适所撰《林晋霞先生传》见刊,该文在简要追述林颐山(1851—1906)生前行迹的基础上,充分肯定其经学成就。

> 按,冯昭适《林晋霞先生传》云:"先生讳颐山……少承父业,笃好汉学家言……光绪初,宁波知府宗源瀚以辨志六斋课士,首重经学,聘定海黄元同先生主讲,得先生文,辄叹曰……遂厚相结纳,一时名流冯一梅、叶意深、王定祥、费德宗,皆敛衽推服,相申为师友之契。……十七年辛卯,举于乡;明年壬辰,成进士。……以知县候补江苏。方值变法之际,士大夫多狃于外学,而先生守其经说,泊如也。……其学博综经史,旁逮舆地、天文、医经,皆通大义。……以光绪三十二年卒于江苏,春秋五十有六。"②

◎ 冯君木新近结识临桂况夔生,并甲子十一月初二日(1924.11.28)午后,将与况氏交往之详情,悉数告知前来问候的沙孟海。

> 按,《僧孚日录》甲子十一月初二日条:"午后,往修能学社。师顷新与临桂况夔生先生相识,为言况之近状甚详。"③

◎ 甲子十一月初三日(1924.11.29)夜,沙孟海将冯君木所作《虞君述》等四文,随信寄给《华国》月刊编辑汪东(1890—1966),请予刊布。

> 按,《僧孚日录》甲子十一月初三日条:"致汪旭初书,寄师诗文若干篇,请为刊入《华国》,以汪系《华国》月刊之编辑也。"④又,沙孟海《致汪旭初书》:"自《华国》月刊出世而后,海内媚学之士,始得有所庥荐,诚不朽之盛事也。文若乡曲鲰生,孤陋少文……忽见贵刊采及拙作《王君墓志》,芜秽芜秽。……吾师慈溪冯君木先生,凤昔服膺章先生最深,其文章见录于贵刊者,惟《杨君墓志》一篇,非其惬意之

---

① 洪廷彦主编:《沙孟海全集·日记卷》,第727页。
② 冯昭适:《林晋霞先生传》,载《华国》第2卷第1册,1924年11月发行,第84—86页。
③ 洪廷彦主编:《沙孟海全集·日记卷》,第730页。
④ 洪廷彦主编:《沙孟海全集·日记卷》,第730页。汪东原名东宝,字叔初,后改名东,字旭初。早年曾留学日本,20年代初任职于章太炎主办的《华国》月刊编辑部。

作。顷写奉《虞君述》,应、姜《墓志》,《五十生日前告诫二子》四篇,并希随时刊布。"①此后,《虞君述》等四文相继面世。

◎ 甲子十一月初四日(1924.11.30),冯定辞去修能学社教职,转而去北京发展,沙孟海亦因此深表不满。

> 按,《僧孚日录》甲子十一月初四日条:"夜深,得次曳电话,谓稚望即将北上,修能教习阙人,师拟命余往为庖代。此次代课,为日益长,对蔡氏、屠氏亦有为难者,若径辞却之,则重累吾师。余因怪稚望既辞修能明年教务,此二月事岂可遂弃如遗。京事非有定约,若顷不往稍缓,未必遂无著,何戒装之速而不为佗人地乎?"②

◎ 甲子十一月初五日(1924.12.1)晚,冯君木赴饮威海卫路。

> 按,《僧孚日录》甲子十一月初五日条:"师赴人家饮,地近威海卫路。涂中随师步行。"③

◎ 甲子十一月初十日(1924.12.6),冯贞群抄录汲古阁《诗词杂俎》本《断肠词》。

> 按,伏跗室藏《断肠词》封面冯贞群题:"《断肠词》一卷,伏跗居士手写本。"又,其第六页题曰:"甲子仲冬十日,冯贞群据毛刻诗词杂俎本手写一本。"④

◎ 甲子十一月十七日(1924.12.13)晚,冯君木与沙孟海同游西施公司。

> 按,《僧孚日录》甲子十一月十七日条:"晚饭后,侍师游西施公司屋顶花园,射诗虎。始同往者,有陈佑丞 光清,后它适。九时半出园,师略有所购买,即返修能,余亦归。"⑤

◎ 甲子十一月二十一日(1924.12.17),由冯君木整理而成的《寒庄文外编》,正式付梓刊行。

---

① 李立中主编:《沙孟海全集·书信卷》,西泠印社出版社,2010年,第15页。1925年5月,《致汪旭初书》以《沙文若来书》为题,见刊于《华国》第2卷第7期"通讯辑录"栏目。
② 洪廷彦主编:《沙孟海全集·日记卷》,第731页。冯定(1902—1983),原名昌世,字稚望,浙江慈溪人,乃冯君木侄子。
③ 洪廷彦主编:《沙孟海全集·日记卷》,第731页。
④ 骆兆平:《冯贞群传抄典籍纪略》,载骆兆平:《伏跗室书藏记》,第53页。
⑤ 洪廷彦主编:《沙孟海全集·日记卷》,第734—735页。

> 按,《僧孚日录》甲子十一月廿一日条:"《寒庄文外编》,虞先生临殁,顾言属吾师为之编次。去岁十一月,师养疴明存阁,始为删次,迄今已刊印告竣。师以一册见贻。"①

◎ 甲子十一月二十四日(1924.12.20),冯君木等人原拟拜访况周颐,因沙孟海临时有事而作罢。

> 按,《僧孚日录》甲子十一月廿四日条:"午后,往修能。课后,约与师及炎公、翁须过访况先生,会明存有要事以电话招余归,未果。明存是日往甬。"②

◎ 甲子十一月二十七日(1924.12.23),修能学社有学生被处分后出言不逊,冯君木严加管教。

> 按,《僧孚日录》甲子十一月廿七日条:"修能学生顽皮已甚,上课时必心火上悬,诃不绝口,乃就绳矩。……今日有一生最强顽,因记大过一次以示罚,而出言愈益不逊,师亦为之大怒,必欲斥退,经其人谢过改悔始已。此辈大都钱业人家子弟,货利之念深中于心,学问二字茫不知重,又多出自学校,暴恣跳踉,习与性成,虽有神力,亦难以革除之也。"③

◎ 甲子十一月,冯贞群从孙氏蜗寄庐借抄宋赵师秀所辑《众妙集》一卷。

> 按,伏跗室藏《众妙集》目录后冯贞群题记:"甲子十一月,向孙氏蜗寄庐借得毛刻诗词杂俎本,乃于十一月录写,凡半月告毕。"④

◎ 甲子十二月初三日(1924.12.28),冯君木先后拜访徐珂、况周颐。

> 按,《僧孚日录》甲子十二月初三日条:"傍晚,诣修能,师与朱炎父往看徐仲可珂,彼间独有夷父在。晚饭后,师等来,炎父即导余过谒况先生,师后亦至。先生居楼上,炎父居楼下,即坐炎父书

---

① 洪廷彦主编:《沙孟海全集·日记卷》,第736页。
② 洪廷彦主编:《沙孟海全集·日记卷》,第736页。
③ 洪廷彦主编:《沙孟海全集·日记卷》,第738页。
④ 骆兆平:《冯贞群传抄典籍纪略》,载骆兆平:《伏跗室书藏记》,第53页。

室。……十二点半散去。"① 又,《僧孚日录》甲子十二月二十日条:"况先生《餐樱庑漫笔》有一则记吾师事,末及鲰生。其词云:'甲子冬日,与慈溪朱君炎复结邻,因绍介获交其同县冯君木,声气之雅,倾盖如故,飘灯隔巷,风雪过从,良用慰藉。君木劬学媚古,唾洟世法,风趣略似半唐老人,文笔典重道上,得力于班、范两书,诗入宋名家之室。'"②

◎ 甲子十二月初九日(1925.1.3)起,冯贞群用三天时间,完成对《河岳英灵集》伏跗室藏本与汲古阁本的对校工作。

> 按,伏跗室藏光绪四年刻本《河岳英灵集》冯贞群题记云:"甲子十二月九日,用汲古阁本校,凡三日而毕,积雪压檐,手僵,读此聊以消寒。冯贞群。"③

◎ 应金雪滕之请,冯君木为撰其父寿辞,甲子十二月十三日(1925.1.7)成文。

> 按,《僧孚日录》甲子十二月十三日条:"一时半始起,啖炒年糕,用当中餐。往修能学社,师作金雪滕之尊人寿辞,方脱稿,命余书之于横幅,将以装手卷。"④

◎ 甲子十二月十五日(1925.1.9),冯君木父子三人与朱炎复一道自沪返甬。

> 按,《僧孚日录》甲子十二月十五日条:"师以今日旋里,午后过往送之仲合同往,即随师归。炎父、翁须皆同行。"⑤

◎ 甲子十二月十九日(1925.1.13),冯君木母亲俞孺人(1845—?)八十阴寿。

---

① 洪廷彦主编:《沙孟海全集·日记卷》,第739—740页。《僧孚日录》1924年12月28日条续云:"沪上饮食肆,有额曰'推谭仆远',为谭延闿书,过者咸莫知其义。师以语章太炎,章亦未详也。……师忽忆及《后汉书·西南夷传》,有译夷人诗影,必出此中。况先生亦恍然。"冯、况交往之密切,也由此可见一斑。
② 洪廷彦主编:《沙孟海全集·日记卷》,第749—750页。
③ 骆兆平:《冯贞群辑校书知见录》,载骆兆平:《伏跗室书藏记》,第46页。
④ 洪廷彦主编:《沙孟海全集·日记卷》,第745页。
⑤ 洪廷彦主编:《沙孟海全集·日记卷》,第745页。

按,《僧孚日录》甲子十二月十八日条:"以翌日为太师母俞孺人八十仙寿,余本拟今日与次曳同行旋甬,嗣为明存所留,事以中止。"①

◎ 丹阳姜瑞麟(1852—1921)卒后三年,行将窆封。应其长子绍兴县知事姜若等人之请,冯君木为作墓志铭。

按,《回风堂文》卷4《姜君墓志铭》:"君讳瑞麟……尤赡鉴识,烛微审几,言必有中。甲午会试,同年生南海康祖诒,伏阙陈书,请更成宪。辇下耸动,钦其风烈,连衔署名者,多闳俊茂异之士,君独默默不肯下笔,退而语人:'危言哗世,党祸将兴,吾为此惧矣。'财及五稔,其言竟验。……君以民国十年辛酉九月二十四日告终家衖,春秋六十有六。……君殁之三年,(子)若等奉君柩与赵夫人合葬于武进西乡赵家庄。以君名德,于法中铭,敢镌玄石,下声无纪。"②

◎ 萧山朱穮谷年将七十,自撰年谱。应其子朱鄮卿之请,冯君木为其自撰年谱作序。冯氏此序,既效仿当年龚自珍为阮文达六十岁年谱作序之先例,而名之曰《第一叙》,又在序文中纵论其史学观念。

按,《回风堂文》卷1《朱穮谷翁自撰年谱第一叙》云:"甲子之岁,翁年七十,叔子鄮卿以翁自次年谱属叙。……是谱也,下以增家乘之故实,中以资方志之征信,上以备国史之要删,细大不遗,要有待于后人之论定,而非马、班之自叙成书最举大要者比矣。曩者,龚璱人为阮文达公六十岁年谱叙,其末有云:'俟公七十之年,更增十卷之书,当更叙之。'此其第一叙云尔。鄮卿言翁暗修勤学,老而勿倦,神明强固,犹不减壮盛时。自今以往,十年、廿年、三十年,进德弥劭,所谱亦弥真实而有旨,汔绪之日,殆辽乎其不可期也!遂援龚氏例,书之为《第一叙》。"③

---

① 洪廷彦主编:《沙孟海全集·日记卷》,第749页。
② 冯君木撰,唐燮军等校注:《冯君木集校注》,第352—353页。该文曾见刊于《华国》第2卷第11期,1926年1月发行,第74—75页。
③ 冯君木撰,唐燮军等校注:《冯君木集校注》,第270—272页。

考《僧孚日录》甲子五月十日条云："灯下草《朱丈七十寿征文启》,大概略定。……(十四日)夜中,续成《征文启》。此文乃用汉碑句调,多之,恐贻不论之诮。……(十五日)删润《征文启》,既脱稿,缮写一通,送呈师正。……得夷父电话,述师言:'所为启甚佳,已寄甬矣。'为之喜慰。"①准此,则冯君木此叙,不当早于甲子五月十五日(1924.6.16)。

◎ 甲子年末,慈溪人赵家蕃(1872—1925)卒于杭州。冯君木得悉后,诗以挽之。②

按,陈训正《赵君林士述》:"余友赵君林士,殁于沪上旅邸,去其兄菊椒之丧,仅三月也。"③又,赵志勤《赵林士系年要录》称赵林士殁于1925年3月21日,④由此推算,是知赵家蕃卒于1925年1月初,而《挽赵菊椒》亦当作于此际。

◎ 作于甲子且流传至今的冯君木诗篇尚有:《为范贲虎寿李皋宇》《寨叟次韵见示,叠韵奉报》《再叠韵答贲虎》《次韵酬佛矢》《为上海严氏题〈三世耄耋图〉》《感事》《次韵徐仲可招饮寓斋》。

按,《回风堂诗文集》之《回风堂诗》卷6,明确交代此上所列诸诗皆作于甲子年。

乙丑(1925.1.24—1926.2.12)　五十三岁

◎ 乙丑正月初二日(1925.1.25)或稍后,冯君木将陈训正《天婴室集》转赠给况周颐。

按,《申报》1925年2月6日第12版蕙风《餐樱庑漫笔》:"乙丑首春二日,彊村诣岳庐,撰联书其门云:'老子不为陈列品,韦丞敢忘太

---

① 洪廷彦主编:《沙孟海全集·日记卷》,第640—642页。
② 冯君木:《挽赵菊椒﹙家蕃乙丑﹚》,载冯君木撰,唐燮军等校注:《冯君木集校注》,第212页。
③ 陈训正:《天婴室丛稿第二辑》之一《塔楼集》。
④ 赵志勤:《赵林士系年要录》1925年条,载《古镇慈城》第49辑(2011年9月),今可见《古镇慈城合订本》第二册,第326页。

平声。'书势视平昔尤庄朴，古谊深情，晚近不多觏也。君木贻余《天婴室集》，凡诗四卷，慈溪陈训正无邪所作。……冯开曰：'天婴诗不患其不奇，而患其不驯。昌黎云：文从字顺各识职。识职二字，即驯字注脚。凡诗文，无论清奇浓淡，必须臻驯字境界，方为成就。天婴似犹有待也。'盖皆定评云。"①

◎ 乙丑正月初七日（1925.1.30）前，冯君木将《霓仙遗稿》印本赠送给况周颐。

按，《申报》1925年1月30日第12版蕙风《餐樱庑漫笔》："冯君木以其同县叶君同春《霓仙遗稿》印本贻余。叶君光绪己卯举人，官国子监学正，其遗稿君木为之序，称其平生微尚，雅擅填词……霓仙词意境沉着，间近质朴，得力于南渡群贤，于常州词派为近。撰录卷中佳胜如右，质之君木，未卜当否？"②

◎ 乙丑正月初九日（1925.2.1），况周颐在所作《餐樱庑漫笔》中，盛赞冯君木的填词功夫，并称虞辉祖《汉口兴业银行记》"驭题有识"。

按，《申报》1925年2月1日第17版蕙风《餐樱庑漫笔》："余尝语炎复，惜君木不填词，设与余同者者，则雨窗剪烛，何异四印斋夜话时矣。曩彊村朱先生近四十始为词，半唐老人实染擩之，比者以词名冠绝当世矣，兰荃径香，引人易入。它日之君木，安知不为今日之彊村耶。《霓仙遗稿》卷端，有君木题词，调《玲珑四犯》，亟录如左，亦威凤之一苞也。……君木贻余《寒庄文编》，其乡人虞桐峰辉祖遗著，《汉口兴业银行记》云：……此文典雅简洁，未坠高格。作此等题者，当楷模奉之，驭题有识，题不为文病也。"③

◎ 乙丑正月十六日（1925.2.8），冯君木偕沙孟海过访蔡明存。此前，冯君木曾经自撰楹联，曰"宝爱后生若珠玉，吐弃世法等唾洟"。

按，《僧孚日录》乙丑正月十六日条："晚饭罢，随师过蔡明存，谭

---

① 《申报》编写组编：《申报影印本》第209册，第558页。
② 《申报》编写组编：《申报影印本》第209册，第424页。
③ 《申报》编写组编：《申报影印本》第209册，第467页。

至三时半返，宿师家。"①又，《申报》1925年2月8日第17版蕙风《餐樱庑漫笔》："君木自撰楹言：'宝爱后生若珠玉，吐弃世法等唾洟。'可想见其襟抱。"②

◎ 乙丑正月二十二日（1925.2.14）早晨，冯君木、冯感孙父子抵达上海，入居修能学社。

   按，《僧孚日录》乙丑正月廿二日条云："巨来过谭。午后二时半，挈行装书篋，移居修能学社。师与感孙今晨到申。扫除寓斋，安排物事，一几一榻，又此蘧庐。"③

◎ 乙丑正月二十四日（1925.2.16）晚，冯君木一行拜访况蕙风。

   按，《僧孚日录》乙丑正月廿四日条："过都良谈，留晚饭。返社，则诸子随师过访蕙风先生，余亦即往。一时半，始旋归。"④

◎ 乙丑正月二十七日（1925.2.19）晚，况蕙风回访冯君木。

   按，《僧孚日录》乙丑正月廿七日条："返社，则蕙风先生方过吾师谈，侍听，甚乐，一时半始眠。"⑤

◎ 乙丑正月二十八日（1925.2.20）晚，应范文虎长子范禾安（1899—1973）之邀请，冯君木赴宴明存阁。

   按，《僧孚日录》乙丑正月廿八日条："范禾安宴客，假座明存阁，招社中诸子同往。余先往，师与炎父、次曳后至。肴馔极美。十时返社。"⑥

◎ 由冯君木主政的修能学社，增聘洪曰湄为教习。乙丑二月初一日（1925.2.23），洪氏自甬至沪。

   按，《僧孚日录》乙丑二月初一日条："晚饭后去社中，增聘洪左湖

---

① 洪廷彦主编：《沙孟海全集·日记卷》，第764页。
② 《申报》编写组编：《申报影印本》第209册，第601页。
③ 洪廷彦主编：《沙孟海全集·日记卷》，第766页。
④ 洪廷彦主编：《沙孟海全集·日记卷》，第767页。
⑤ 洪廷彦主编：《沙孟海全集·日记卷》，第768页。
⑥ 洪廷彦主编：《沙孟海全集·日记卷》，第770页。

丈为教习,今日始至。"①

◎ 乙丑二月初三日(1925.2.25)夜,况蕙风过访冯君木,相谈甚欢,并因此关注冯君木前妻俞因的遗著。

> 按,《僧孚日录》乙丑二月三日条云:"蕙风先生夜复过师谭。……蕙风先生《餐樱庑漫笔》谓夜来香开时必有堂螂集其下,屡试不爽之二物,一若相依为命者。一夕,吾师语蕙风先生曰:'若仿王桐花句例,则当云妾是夜来香,郎是堂螂矣。'后先生与吾师连句,得《浪淘沙》一解,其词云:'风雨黯横塘,著意悲凉。残荷身世误鸳鸯。花国虫天回首忆,犹说情芳。蕙妾是夜来香,郎是堂螂。花花叶叶自相当。容易秋边寻梦去,点鬓繁霜。木'"②

> 又,《申报》1925年2月27日第17版蕙风《餐樱庑漫笔》:"《妇学斋遗稿》,君木元室俞夫人著,诗词各若干首,君木为之跋,谓词胜于诗。……夫人名因,字季则,慈溪人。君木长君翁须贞胥年甫逾冠,博学多通,工古文辞……得力于鲤对矣。"③

◎ 乙丑二月初六日(1925.2.28)晚,冯君木与况蕙风等人夜游上海新世界。

> 按,《僧孚日录》乙丑二月六日条:"晚集同华楼,仍此四人。师偕蕙风先生、朱炎父往游新世界,射诗谜。余与次曳亦往。一时半,始归。"④

◎ 乙丑二月初七日(1925.3.1),冯君木既命沙孟海刻"有殷勤之意者好丽"八字印,又代人作挽联致陈邦瑞。

> 按,《僧孚日录》乙丑二月七日条:"师刺取《韩诗外传》'有殷勤之意者好丽'八字,命刻印章。即灯下成之,二时眠。师代人挽陈瑶圃侍郎邦瑞联云:'钟簴已改,何以家为?世有陶先生,定许遗诗编甲子;

---

① 洪廷彦主编:《沙孟海全集·日记卷》,第772页。
② 洪廷彦主编:《沙孟海全集·日记卷》,第774—775页。
③ 《申报》编写组编:《申报影印本》第209册,第967页。
④ 洪廷彦主编:《沙孟海全集·日记卷》,第775页。

冯君木年谱

魂魄从亡,亦欲东耳。下见景皇帝,应将外史述庚申。'语绝沉郁。'庚申'盖用元顺帝故事_{万季野有《庚申君遗事》},'甲子''庚申'作对尤工。瑶翁慈溪人,身历显仕,居乡曾无势力,论者以为难得。"①

又,《申报》1925 年 3 月 20 日第 12 版蕙风《餐樱庑漫笔》:"慈溪陈瑶圃侍郎_{邦瑞}殁于沪滨,君木撰联挽之云:'惟先生风节,恨不令李杲堂、全谢山见之,问何人集仿中州,再为吾乡续《耆旧》?虽后死须史,忽已追瞿善化、陆元和去也,待他日亭开野史,好从故国赞名臣。'又代人撰联云:'故山松菊,莫忘义熙年,千里赋《归去来》,每念君恩,烈士壮心犹未已;大地兵戈,何殊永嘉末,一死谢人闲世,克全晚节,祝宗私愿不须祈。'又,'已矣斯哭斯歌,汐社萧条,不憖遗一老;免夫而今而后,孤臣节概,乃独有千秋。'又,'庙朝已改,何以家为?世有陶先生,定许遗诗编甲子;魂魄从亡,亦欲东耳。下见景皇帝,应将外史述庚申。'"②

◎ 乙丑二月初十日(1925.3.4)夜,冯君木出示旧著《回风堂脞记》,况蕙风择其新奇可喜者,移录至《餐樱庑漫笔》之中。

按,《申报》1925 年 3 月 4 日第 12 版蕙风《餐樱庑漫笔》:"君木持示旧著《回风堂脞记》,择其新奇可喜者移录如左。《脞记》云:'族弟空石_{全琪}刻《青珍馆诗》一卷。……是卷盖其近著,未刻者不啻倍蓰,大都非人闲语也。……'《脞记》又云:'亡妇俞因尝抄《飞燕外传》……因曰:吾闻高力士本冯姓,是宦者也。余曰:梁武帝时有俞三副者,独非宦者耶?遂相与大笑。今日读《飞燕传》,追往事,为之腹痛,辄拾而书之。'"③

◎ 乙丑二月十五日(1925.3.9)夜,况蕙风来冯君木处聊天。

按,《僧孚日录》乙丑二月十五日条:"后都良来,夜与同出闹市,

---

① 洪廷彦主编:《沙孟海全集·日记卷》,第 776 页。又,洪允祥亦尝作《陈瑶圃先生挽词》两首,载洪允祥著,吴铁佉点校:《悲华经舍诗存》卷 5,第 126—127 页。
② 《申报》编写组编:《申报影印本》第 210 册,第 376 页。
③ 《申报》编写组编:《申报影印本》第 210 册,第 70 页。

归。后蕙风先生夜复过师谈。"①

◎ 陈训正作《蝶恋华_{春江道上,赋寄蕙风、木公}》,②尔后况周颐答以《蝶恋华》。③乙丑二月十七日(1925.3.11)稍前,冯君木读到况蕙风该词,情绪低落。

> 按,《僧孚日录》乙丑二月十七日条:"蕙风先生近作《蝶恋华》词,和玄丈韵云:'少日年芳何处去。摇落江潭,总是伤心树。愁到今年无可语,十年漂泊愁边住。　杜宇声声朝后暮。未必天涯,只有春归处。往事如尘吹作雾,怕无碧落黄泉谙。'老怀萧槭,一至于此,吾师见后,为之不乐者竟夕。"④

◎ 乙丑二月二十日(1925.3.14)夜,修能学社诸子竞相作诗谜。事后,冯君木将之连为《菩萨蛮》《浣溪沙》二词。

> 按,《僧孚日录》乙丑二月二十日条:"夜深,与诸子相互制射诗谜。师后取全词为之,《菩萨蛮》云……《浣溪沙》云……散后,独坐至四时半,始眠。二词俱见谭复堂《箧中词续》。《菩萨蛮》,董佑诚作;《浣溪沙》,刘淮年作。"⑤

◎ 乙丑二月下旬,冯君木梦见况周颐自署"曲琼"。况氏因赋《蝶恋花》,君木又答以《浣溪沙》。

> 按,《僧孚日录》乙丑二月二十四日(1925.3.18)条:"师梦蕙风先生见过,刺上署名曰况曲琼。曲琼,帘钩也,见《楚辞·招魂》。先生因赋《蝶恋花》云:'庭院阴阴风雨过,人去帘垂,生受凄凉我。欲断旌悬何日可?输他银押偏宁妥。　牵挂早知成日课,瘦影寒宵,愁共纤蟾堕。更戛花风惊梦破,吉丁当是招魂些。'音节哀恻,深寓悼亡之意。师继赋《浣溪沙》,解之云:'听到琼钩亦断肠,疏疏风片作凄凉,梦魂吹堕吉丁当。　珠箔飘灯成惝恍,画帘垂雨正昏黄,不知今夜

---

① 洪廷彦主编:《沙孟海全集·日记卷》,第780页。
② 陈训正:《天婴室丛稿第二辑》之三《末丽词》。
③ 〔清〕况周颐著,秦玮鸿校注:《况周颐词集校注》,上海古籍出版社,2013年,第467页。
④ 洪廷彦主编:《沙孟海全集·日记卷》,第782页。
⑤ 洪廷彦主编:《沙孟海全集·日记卷》,第784—785页。

为谁长。'"①

又,《申报》1925年3月29日第17版蕙风《餐樱庑漫笔》:"君木梦中,字余曰'曲琼',以告余。曲琼,帘钩也,见《楚辞·招魂》。为赋《蝶恋花》云:'庭院阴阴风雨过,人去帘垂,生受凄凉我。欲断旌悬何日可?输他银押偏宁妥。牵挂早知成日课,瘦影寒宵,愁共纤蟾堕。更夏花风惊梦破,吉丁当是招魂些。'"②

◎ 乙丑三月初二日(1925.3.25)夜,况蕙风来找冯君木聊天。

按,《僧孚日录》乙丑三月二日条:"夜间,蕙风先生过吾师谈,欣然侍听于其侧。洪戍丈好饮酒,谈顷,辄复把盏自酌。余亦饮少许,不耐久坐,遂返室就寝,实已小醉矣。"③

◎ 乙丑三月初八日(1925.3.31),徐珂作《蝶恋花》词以和冯君木(详参表16)。

按,徐珂《大受堂札记》卷1云:"晡归,篝灯成《蝶恋花》一词。时乙丑清明前五日也。"④

表16 徐珂的词作《蝶恋花》

蝶恋花·感事,次君木广文韵 名开,慈溪人。所著《回风堂集》,文诗词皆卓然名家 柳外斜阳春欲去。过雨池塘,密霭生庭树。剪烛西窗前夜语。知谁解倩鹃声住。　中酒飘歌三月暮。飞絮撩人,别馆花深处。泪眼看花花隔雾。乱红丛碧迷歧路。

◎ 乙丑三月初九日(1925.4.1),况周颐在《申报》刊文,高度评价冯君木所作的若干小说。

按,《申报》1925年4月1日第12版蕙风《餐樱庑漫笔》:"君木曩撰某小说,绮组缤纷,通于讽论,其形容尽致处,尤语妙天下。余赏会

---

① 洪廷彦主编:《沙孟海全集·日记卷》,第787页。
② 《申报》编写组编:《申报影印本》第210册,第557页。
③ 洪廷彦主编:《沙孟海全集·日记卷》,第790页。
④ 徐珂:《大受堂札记》卷1,《心园丛刻一集》,第12页。

之,摘录如左……君木所撰小说中,有《吊花冢曲》云:'花吓!你是我生命的明星,你是我肉体的魂灵。方言可入曲,'明星''肉体'字,作海上方言用。心坎儿温馨,手掌儿奇擎,说甚么千红万紫放光明,我只是整顿全神注定卿,不奈何落红万点渐零零,黄沙如雨凄风紧。娉娉婷婷,杳杳冥冥,你把华年豆蔻粒粒和情殉,却教我咽泪搓肠过一生。是你无情,是我无情?花呀!你排愁超出清虚境,我还是带水拖泥不肯行,空悲哽,一任你黄泉碧落泠泠清清等。花呀!毕竟不是卿卿负我,是我负卿卿。'带水拖泥,其今日之蕙风乎?非不肯行,直是不放行耳。天厄我以生,我如天何哉?"①

◎ 乙丑三月十一日(1925.4.3)夜,雨,冯君木、沙孟海与况蕙风父子应邀聚餐于朱炎父家。席间,况氏出示所藏外国货币。

  按,《僧孚日录》乙丑三月十一日条:"侍师过朱炎父家,吃东坡肉,烹调绝美,和麦馒头啖之。蕙风先生父子俱集,先生后出所藏外国货币百余种,有六七百年前古币。得之极不易也。共相观赏。惜匆匆过眼,未能细玩耳。宵分散归,雨正急也。"②

◎ 乙丑三月十九日(1925.4.11)晚,冯君木、朱炎父、沙孟海、冯仲足聚餐于叶叔眉家。餐后,冯、沙又一道过访蔡家。

  按,《僧孚日录》乙丑三月十九日条:"晚,与师及炎父、仲足就叶叔眉家饮。饮罢,与师同过蔡氏。十一时半归,即眠。"③

◎ 乙丑三月二十四日(1925.4.16),叶叔眉设宴招待况蕙风,冯君木、沙孟海等亦应邀作陪。

  按,《僧孚日录》乙丑三月二十四日条:"叶叔眉置酒寓中,以享蕙风先生,招师及洪戍丈、朱炎父与余作陪,仲足亦同往。"④

◎ 应冯君木之请,况周颐选取童竹珊《贤已词》若干首至《餐樱庑漫笔》

---

① 《申报》编写组编:《申报影印本》第211册,第12页。
② 洪廷彦主编:《沙孟海全集·日记卷》,第795页。
③ 洪廷彦主编:《沙孟海全集·日记卷》,第798—799页。
④ 洪廷彦主编:《沙孟海全集·日记卷》,第800页。

中,刊于《申报》乙丑三月二十五日(1925.4.17)第12版。

  按,《申报》1925年4月17日第12版蕙风《餐樱庑漫笔》:"君木持示慈溪童竹珊《贤已词》手稿,属采入《漫笔》,借存其人。竹珊名春,光绪丙戌进士,官主事。词凡三册,逾二百首,盖于此道,致力甚深者。……《贤已词》颇规仿乐章集,乐章至不易学,无论学之未必能至,即敢学乐章者,吾见亦仅矣。"①

◎ 乙丑三月三十日(1925.4.22)晚,冯君木、沙孟海师徒随同况蕙风、朱彊村拜访吴昌硕,获赠吴氏诗集。

  按,《僧孚日录》乙丑三月三十日条:"晚,朱彊村先生来社,余因得识之。先生以廷试第四人,官至礼部侍郎,填词与蕙风先生齐名,吾师亦因蕙翁得与之交云。夜侍师及况蕙风、朱彊村两先生过访吴缶翁,……翁又以其诗集分赠师及余各一部。集凡四卷,吴兴刘承幹所为刻也。"②

◎ 乙丑春,冯君木收到姚寿祁寄自吴淞的《桃花》诗。

  按,姚寿祁《寥阳馆诗草》录有其所作诗篇,题曰《〈桃花〉四绝示陈玄婴训正、君木乙丑》,且其诗序云:"余前有《桃花》四绝。岁乙丑,客吴淞,意有所触,复成四绝。此中情事,惟知之者知之尔。"

◎ 乙丑四月初一日(1925.4.23)晚,冯君木为撮合况蕙风长女与陈巨来③,特地往访陈家。次日,冯君木与况蕙风、钱罕(1882—1950)相与结为婚姻。

  按,《僧孚日录》云:"(乙丑)四月一日……晚,侍师过巨来家。师方为蕙风之长女与巨来执柯也。既出,同往蔡家。晚食于佛陀街,步归。二日,晴,蕙风先生与吾师及钱希公相与结为婚姻。希公之次女许配又韩,先生之次女许配仲足,皆于今日过允帖。况、钱两家之冰

---

① 《申报》编写组编:《申报影印本》第211册,第308页。
② 洪廷彦主编:《沙孟海全集·日记卷》,第801—802页。
③ 郑逸梅有云:"陈巨来娶况蕙风女绵初,乃冯君木作伐。巨来为君木弟子。"载郑逸梅:《艺林散叶》(修订版),第132页。

人为吾师,今日由余及次曳代表之,午前往返两家成礼。"①

又,《申报》1925年5月13日第12版蕙风《餐樱庑漫笔》:"蕙风大儿维琦,今春缔姻,为太希门婿。同日,以小女维理,许字君木先生之次公子贞用。自惟弇陋,得附两先生光尘之末,欣幸何如矣!"②

◎ 乙丑四月初九日(1925.5.1),冯君木、朱炎复帮沙孟海改定《澹灾碑》。

按,《僧孚日录》乙丑四月初九日条云:"旧作《澹灾碑》结处措辞小有未当,改之又不易,逡巡至今,未能上石,今日始由师与朱炎父参酌改定之。"③

◎ 乙丑四月初十日(1925.5.2),冯君木与沙孟海夜访吴昌硕。

按,《僧孚日录》乙丑四月初十日条:"夜侍师过吴缶翁,蕙风先生亦在。九时半返,路虽短,方甚雨,以车行。"④

◎ 乙丑四月十三日(1925.5.5),蔡明存女绰如,为求学于修能学社事,来找冯君木。

按,《僧孚日录》乙丑四月十四日条:"绰如来,就木师商入学事也。"⑤

◎ 乙丑四月十四日(1925.5.6),冯君木与洪曰湄、沙孟海等人聚饮于蔡家。

按,《僧孚日录》乙丑四月十四日条:"今日社中休假,午与师及戌丈赴蔡氏饮。董贞柯、朱鄯卿、魏伯桢、范禾安皆在。夜十一时许,返。"⑥

◎ 乙丑四月十七日(1925.5.9),钱箕传设宴招待其外甥,冯君木与洪曰

---

① 洪廷彦主编:《沙孟海全集·日记卷》,第803页。
② 《申报》编写组编:《申报影印本》第212册,第250页。
③ 洪廷彦主编:《沙孟海全集·日记卷》,第805页。乙丑(1925)九月间,《澹灾碑》见刊于《华国》第九册。
④ 洪廷彦主编:《沙孟海全集·日记卷》,第806页。
⑤ 洪廷彦主编:《沙孟海全集·日记卷》,第808页。
⑥ 洪廷彦主编:《沙孟海全集·日记卷》,第808页。浙江慈溪人董贞柯,名世柯,浙江高等学堂首届毕业生,曾任宁波甲种商业学校校长,1927年前后就职上海《商报》总编。

湄、沙孟海等人作陪。同日,陈训正《天婴室丛稿》第一辑问世(详参表17),分为四册装订。

  按,《僧孚日录》乙丑四月十七日条:"七时许,诣蔡氏,箕传置酒以享其外甥,余为陪客。师与洪戍翁、钱希公、董贞柯、范禾安皆在。……陈玄丈《天婴室丛稿》刊印已竣,于明存阁见其书,喜甚。归舆,因绕道过商报馆,索得一部。稿凡九种,曰《无邪诗存》,曰《无邪诗旁篇》,曰《无邪杂著》,皆己未以前作。《诗存》曩曾刻之。庚申以后之作,曰《哀冰集》,曰《秋岸集》,曰《逃海集》,曰《庸海集》,曰《庸海二集》,曰《阏逢困敦集》。不分诗文,以时第次,盖用陆鲁望《笠泽丛书》例也。"①

  又,阮毅成《学者从政的典范——回忆陈屺怀先生》云:"屺怀先生所著的《天婴室丛稿》,于民国十四年出版,分为四册。有诗、有词、有文。前有镇海虞辉祖序及诸家评识。"②

表17 《天婴室丛稿》第一辑的内部构造

	《天婴室丛稿》 乙丑二月 钱罕		
《天婴室丛稿》第一辑	册一	《无邪诗存》《无邪诗旁篇》	册三	《哀冰集》《秋岸集》《逃海集》
	册二	《无邪杂著》	册四	《庸海集》《庸海二集》《阏逢困敦集》

◎ 乙丑四月二十三日(1925.5.15)前,冯君木作诗以寿厦门某翁。在况周颐看来,其属对工巧绝伦。

  《申报》1925年5月15日第17版蕙风《餐樱庑漫笔》:"君木寿厦门某翁八秩,句云:'簪缨世胄丁无白,蛮貊官声甲必丹。'属对工巧绝伦。甲必丹者,首领之义,有权以管理所属之众者,如军舰、商舶之船

---

① 洪廷彦主编:《沙孟海全集·日记卷》,第809页。
② 阮毅成:《学者从政的典范——回忆陈屺怀先生》,载《浙江文史资料选辑》第43辑,第147页。

主,陆海军之将校等,皆用此称。荷兰国属南洋群岛华侨众多处,亦设有此职。凡华人争讼,先由甲必丹审理,故必择华人深通律例、得商民同意者充之。"①

◎ 乙丑四月二十五日(1925.5.17),陈巨来与况蕙风长女结婚,冯君木、沙孟海师徒作为双方月老,主持婚礼。

按,《僧孚日录》乙丑四月廿五日条:"星期,晴。况、陈两家缔姻,师与赵叔老为冰人。叔老北行未还,由余代表。"②

◎ 乙丑暮春之初,冯君木、况周颐、胡君诲应邀夜集玉晖楼。

按,况周颐《蝶恋花》序:"暮春之初,余寒犹峭。糜仲招同君木、君诲,夜集玉晖楼,口占此解。自来比方玉容,辄曰如花;若夫娟静成韵,令人一见生怜,花亦未易克办。不图得之海市埃㵧中,而无一言通吾郑重,则'好丽'之谓何矣?'水韵'二句,是否妙肖其人,还以质之木公。"③况氏此序,又可见《申报》1925 年 4 月 15 日第 12 版蕙风《餐樱庑漫笔》④。

◎ 乙丑暮春,冯君木与陈训正等人被徐珂推为"当代之能文者"。

按,徐珂《大受堂札记》卷 5 云:"乙丑暮春,与王均卿论当代之能文者,则曰:'遍国中,当不及百人。''能言其姓氏欤?'珂复之曰:'珂谫陋,耳无闻,目无见也。姑举所知,则光宣迄今,长沙王益吾、桐城吴挚父、姚仲实、叔节、马通伯以古文著称,啧啧在人口,而南丰刘镐中为卓然大家,终其身,鲜有知者。秀水沈子培、镇海虞含章、闽县林琴南,亦皆卒。今惟义宁陈伯严、湘潭袁伯夔、新城王晋卿、余杭章太炎、会稽马一浮、桐城吴辟畺、闽县陈石遗、侯官吴翼亭、宁乡程子大、慈溪冯君木、陈天婴、朱炎复、仁和陈叔通而已。'"⑤

---

① 《申报》编写组编:《申报影印本》第 212 册,第 295 页。此外,冯君木"戏拈《石头记》人物比方清代诗家"的这一作法,也曾得到况周颐的充分认可,事详参《申报》1925 年 5 月 15 日第 17 版蕙风《餐樱庑漫笔》。
② 洪廷彦主编:《沙孟海全集·日记卷》,第 812 页。
③ 〔清〕况周颐著,秦玮鸿校注:《况周颐词集校注》,第 465 页。
④ 《申报》编写组编:《申报影印本》第 211 册,第 272 页。
⑤ 徐珂:《大受堂札记》卷 5,《心园丛刻一集》,第 5 页。

◎ 乙丑春末,况周颐对于冯君木二子的文才,赞不绝口。

  按,《申报》1925 年 5 月 15 日第 17 版蕙风《餐樱庑漫笔》:"君木之次公子贞用,字仲足,年甫十二,能为文章,言明且清,如秋水一泓,纤尘不染,进而愈上,其成就未可量也。书龚橙事云……此文雅洁可喜,龚橙事诙诡突兀,亦复不俗,不失其为名父之子也。"①

  又,《申报》1925 年 5 月 16 日第 17 版蕙风《餐樱庑漫笔》:"君木之长公子翁须贞胥,年甫逾冠,工古文辞,家学渊源,如颜测得父之文也。"②

◎ 乙丑闰四月十一日(1925.6.1),冯贞群题元次山所编《箧中集》。

  按,伏跗室抄本《箧中集》冯贞群题记:"元次山身丁珑乱,不谐时俗,录沈千运、王季友、于逖、孟云卿、张彪、赵微明、元季川之诗曰《箧中集》。诸子所作淳古淡泊,绝去雕饰。高山景行,异世同情,手写一通,置之座右。复从群籍采获考证一卷,别录一卷,傅之首卷。作者七人,实获我心。尚友千载,倘或庶几。乙丑闰四月十一日冯贞群编讫题记。"③

◎ 乙丑闰四月十五日(1925.6.5),冯君木令学社诸子打针预防伤寒。

  按,《僧孚日录》乙丑闰四月十五日条:"就余君打伤寒针。近有人患伤寒者,师恐传染,故令我辈打针预防。"④

◎ 乙丑闰四月十六日(1925.6.6),钱君卿置酒修能学社以宴请范禾安,社中诸子皆为陪客。

  按,《僧孚日录》乙丑闰四月十六日条:"为师刻两面小印,一面'冯'字……一面刻'木道人'三字。……晚间,钱君卿置酒社中,以享范禾安,此间诸子皆为陪客。余以体中未佳,不能快啖。"⑤

◎ 乙丑闰四月十八日(1925.6.8),冯君木、仲足父子与钱罕一道离沪返甬。

---

  ① 《申报》编写组编:《申报影印本》第 212 册,第 295 页。
  ② 《申报》编写组编:《申报影印本》第 212 册,第 315 页。
  ③ 骆兆平:《冯贞群辑校书知见录》,载骆兆平:《伏跗室书藏记》,第 42 页。
  ④ 洪廷彦主编:《沙孟海全集·日记卷》,第 824 页。
  ⑤ 洪廷彦主编:《沙孟海全集·日记卷》,第 824—825 页。

  按,《僧孚日录》乙丑闰四月十八日条:"乍晴乍雨……师挈仲足今日回甬,太希先生亦同归。"①

◎ 乙丑五月十三日(1925.7.3)早晨,冯君木自甬返沪,参加由钱业公会举办的祭祀关公的仪式。

  按,《僧孚日录》乙丑五月十三日条:"关帝生日,钱业公会设祭,_{会馆前有关帝殿,后有财神殿},招社中诸子同饮。师与希公、仲足以今晨到申。"②

◎ 乙丑五月二十三日(1925.7.13)晚,应励建侯之邀,冯君木与洪曰湄、钱罕、沙孟海、朱炎父一道,赴宴同华楼。

  按,《僧孚日录》乙丑五月廿三日条:"晚,与师及戌丈、希公、炎父赴励建侯之招,饮于同华楼。"③

◎ 乙丑五月二十七日(1925.7.17)前,冯君木为张道尹撰寿屏。

  按,《僧孚日录》乙丑五月廿七日条:"雨,王冰生来。去后,写张道尹寿屏_{师撰文},并联语等件。"④

◎ 葛旸画《慈劳室图》以祝慈母冯孺人六十生日。乙丑六月初三日(1925.7.23),冯君木既为沙孟海改定《慈劳室图记》,稍后又应葛旸之请,概述冯孺人事迹于《慈劳室图》右。

  按,《回风堂文》卷1《慈劳室图序》:"《慈劳室图》者,葛甥旸为其母冯孺人作也。……感于其母畴昔保家之苦,与其今者夙夜瞻望不可奈何之情,旁皇返顾,以有是图。斯亦凡百人子者,不得已之所为作也。……乙丑六月,孺人六十生日,旸受室既九载,生二子矣,将自上海归,蕲有以为母寿者。遂次较略,著之图右。"⑤又,《僧孚日录》乙丑:"(闰四月二十日)与通叔同过夷父,即就其斋所,为刻'夷谷'二字,又为题'慈劳室图'四字。图为陈姓者所写,夷父笃念慈劳,故制

---

① 洪廷彦主编:《沙孟海全集·日记卷》,第825页。
② 洪廷彦主编:《沙孟海全集·日记卷》,第834页。
③ 洪廷彦主编:《沙孟海全集·日记卷》,第839页。
④ 洪廷彦主编:《沙孟海全集·日记卷》,第839页。
⑤ 冯君木撰,唐燮军等校注:《冯君木集校注》,第272—274页。

此图,尝属余撰记,卒卒未遑为也。……(五月三十日)灯下作《慈劳室图记》,才得半篇也。……(六月初二日)灯次作《慈劳室图记》,成之。此文摹拟容父,殊不类耳。……(六月初三日)夜深,师为改定《慈劳室图记》。"①

据此,既可知《慈劳室图序》初稿乃沙孟海所拟,也足以确定该文定稿于1925年7月23日夜。

◎ 盖为葛旸之母祝寿,冯君木父子、钱罕皆于乙丑六月初四(1925.7.24)自沪返甬。

按,《僧孚日录》乙丑六月初四日条:"师与希公及都良、仲足,皆以今日归甬。"②

◎ 乙丑六月初九日(1925.7.29),冯君木在葛旸家为沙孟海、蔡明存等人补充或代写寿联。

按,《僧孚日录》乙丑六月初九日条:"往葛家,写寿联,余寿葛母联,上句剌容父文'更百苦,保其后'六字,苦不得对句,师为改撰之,云:'历百苦,保其后,更卅载,树之坊。'师又代康侯撰句云:'庭内多芳草,人间重晚晴。'又代明存云:'寿堂佳果陈宜母,海屋清尊会削仙。'皆余书之。"③

又,《申报》1926年6月29日第17版夔笙《天春楼胜语》之《集唐超逸》:"冯君木集唐诗为友人寿,'海上生明月''人间重晚晴'语,超逸可喜。亟记之。"④又可见北京《益世报》1933年9月25日第9版《忏吾联话(五四)》。

◎ 乙丑六月十八日(1925.8.7),杨容士设宴堇江春菜馆,冯君木应邀聚会。而在此日之前,冯君木抄录谢絪园的新作《蝶恋花 赠歌者梨云》,寄示况周颐。

---

① 洪廷彦主编:《沙孟海全集·日记卷》,第826、840—842页。
② 洪廷彦主编:《沙孟海全集·日记卷》,第842页。
③ 洪廷彦主编:《沙孟海全集·日记卷》,第844—845页。
④ 《申报》编写组编:《申报影印本》第224册,第709页。《申报》1926年7月10日第17版《天春楼胜语》,尚存有《棘闻异闻》,其文末云:"昔东坡在惠州,好强人说鬼。长夏无俚,过君木回风堂,值《胜语》须语怪,苦乏资,因强君木说鬼。君木搜索久之,语我以此,似乎非杜撰也。"

按,《僧孚日录》乙丑六月十八日条:"(杨)容士设筵于堇江春菜馆,木师与诸子皆集。"①

又,《申报》1925年8月7日第17版《餐樱庑漫笔》:"君木写示谢䌽园近词《蝶恋花赠歌者梨云》云:'听得声声珠络鼓,越夹吴妆,洛水凌波步。为是缠头邀一顾,不辞银鹘翻空舞。　豆蔻梢头年十五,貌比莲花,心比莲心苦。未必芳姿天亦妒,云涯怕有藏春坞。'䌽园,名抡元,余姚人。"②

◎ 乙丑六月二十六日(1925.8.15),冯君木自宁波致函况周颐,告以近日选用果实比方历史人物之趣闻。

按,《申报》1925年8月15日第17版蕙风《餐樱庑漫笔》:"君木自甬上来书云:'偶与友人评品果实,比方人物,客去草成十余条,以器之之评诗,效叔庠之说饼,亦消夏之一策也。'"③

◎ 乙丑七月初一日(1925.8.19),吴江顾悼秋赋诗催促冯君木赠送所著文集。也就在此前后,冯君木召集同志十人,结为茗社。

按,顾悼秋《灵云近稿》诗序:"酒后有作,用亚子先生赠楚伧孟美韵,并呈君木老人。余与老人订交于歌场中,昨许赠其所著文集,借此催之。老人姓冯名鸿墀,慈(豁)[溪]人。"又,诗云:"昨夜梧飘露井秋,排愁聊绮松江陬。采将蕉叶为诗稿,折取花枝当酒筹。时维八月日十九即阴历七月初一日,喓喓草虫尔知否?列宁不作中山薨,大道茫茫仗谁守?一代众工空复妍,耗奇借琐才翩翩。跋扈飞扬过年少,回头笑拍洪崖肩。热肠灾尽泪珠子,沧桑讵敢等闲视。有托而逃然未然,何堪偻指中华史。英雄末路例豪饮,剩水残山冲酒阵。裂月掌霆逞意难,此情终被时流哂。花间侧帽看婵娟,乌丝写煞陈其年。青眼高歌有延巳,奇文许读如游仙。大地皆秋一室春,仲瞿巩祚无嫌嗔。何当更

---

① 洪廷彦主编:《沙孟海全集·日记卷》,第848页。
② 《申报》编写组编:《申报影印本》第215册,第137页。
③ 《申报》编写组编:《申报影印本》第215册,第295页。

载如淮酒,结尽中原革命军。"①

又,发行于1925年10月2日的《新月》第1卷第1期,录有顾悼秋所作诗,名曰《君老木人招集同志十人,结茗社于乐园,听歌谭艺,有所归矣,赋此以纪》,且其词云:"十客无端集,三生以外缘。凉秋煎细慧,小梦蠹枯禅。花影从衣堕,茶香到骨妍。歌声归一代,莫漫问韶年。"②

◎ 乙丑七月初,冯君木致函徐珂,一则点评袁、陈两文,二则解释至今尚未撰就徐父《家传》的原因,并保证尽快完成。

按,冯君木《与徐仲可书》云:"仲可先生执事:前辱手章,并袁、陈两君传志文,具审一切。袁君文精卓简练,不愧名手。陈君初稿,微嫌近于酬赠之序,不类传状。……开自前月返甬,始而内热,继而耳疾,顷又病两膝挛痛,总之病在神经,只可听其自来自去,非药石得能奏效耳。先公《家传》初拟,病愈后执笔,今则迟之无可再迟,决于日内力疾为之。一误半载,讫未克践,死罪。开拟初十日来申,闻蕙风忽然移寓吴门,真出于意计之外。在申时曾力尼之,终于靡效。伤心人别有怀抱,益以见其孤愤疾俗之概矣。承索先兄《墓志》,开来申时,当随身带来。累日风雨甚骤,秋气飒然,乍凉乍暄,调摄不易,惟加意珍卫万万!"③

考《僧孚日录》乙丑六月二十七日条云:"蕙风先生以今日移家吴门,二时许,往送其行。"④而冯氏此函又明言:"开拟初十日来申(按:实则七月十五日自甬至沪,详后文),闻蕙风忽然移寓吴门,真出于意计之外。……累日风雨甚骤,秋气飒然,乍凉乍暄"。两相结合,足以断定此函作于乙丑七月初。

◎ 乙丑七月十五日(1925.9.2),冯君木、仲足父子自甬至沪。

---

① 顾悼秋:《灵云近稿》,载《新月》第1卷第1期,1925年10月2日发行,第174—175页。
② 1925年10月2日发行,第175—176页。此"君老木人",显系"君木老人"之刊误。
③ 冯开:《与徐仲可书》,载王文濡选辑:《当代名人尺牍》下卷,第65页。
④ 洪廷彦主编:《沙孟海全集·日记卷》,第852页。

按,《僧孚日录》乙丑七月十五日条:"师率仲足至自甬。"①

◎ 乙丑七月十七日(1925.9.4),冯贞群辑成《李易安丛集》。

按,冯贞群《李易安丛集》题记:"甲子之秋,浙江督办卢永祥与苏皖赣巡阅使齐燮元交战,警报日至,居民皇恐,东西奔走,十室九空。予家居无绪,手写易安《漱玉词》以排遣之。九月十五日夜半,鄞城第一旅旅长郝国玺潜攻师长伍文渊于其廨。……越二日,(昼)[尽]室之上海。半月事平归来,乱离之作,人事牵帅,易安之书遂告中辍。乙丑六月暴书,检得是册,复谋赓续,从《粤雅堂丛书》《癸巳类稿》中写出《打马图经》《易安事辑》,编次《易安著作考》,又倩孙君翔熊摹易安玉照于其端,李易安之作存于世者搜讨靡遗矣。七月十九日。"②

◎ 乙丑七月二十日(1925.9.7),沙孟海为冯君木代书《四明医院碑记》。

按,《僧孚日录》乙丑七月二十日条:"代师写《四明医院碑记》。记为盛省传撰,殊浅劣,恐亦出于代笔耳。"③

◎ 乙丑七月十五至二十一日间(1925.9.2—1925.9.8),冯君木致函徐珂,一则感谢徐氏《大受堂札记》将他列为全国范围内近20位善治古文辞的名家之一,二则保证在二十天内完成徐父《家传》,三则告诉徐珂已请吴昌硕题写《纯飞馆填词图》,四则恳请徐氏题咏《慈劳室图》。

按,冯君木《与徐仲可书》云:"仲可先生大鉴:辱两损书,并大著《札记》数叶,所以矜宠题拂之者甚至。……先公家传,至今未能属草,缘有志铭寿序五六事,期限已迫,无由展缓,不能不先了之。务望约定刊工,俾少停顿,俟诸篇廓清,即当努力脱稿,两旬之内,必以报命也。顷吴缶翁来,便将《纯飞馆填词图》丐题,缶已袖之而去。缶翁并赠公所刻《家集》及其自著《缶翁诗》都四种,兹特奉呈,恨恨如何。舍甥葛旸请赵叔孺作《慈劳室图》,用著母氏劳苦之绩,影印多纸,借

---

① 洪廷彦主编:《沙孟海全集·日记卷》,第863页。据下条冯贞群《李易安丛集》题记推断,冯君木父子显然亦为避乱而离甬赴沪。
② 骆兆平:《伏跗室文献辑略》,载骆兆平:《伏跗室书藏记》,第136页。
③ 洪廷彦主编:《沙孟海全集·日记卷》,第866页。

征名流题咏,兹附寄一纸,务希先生有以教之。……蕙风先生于廿一日赴吴门,大约五六日即归,并以附告。肃此敬承兴居。"①兹据冯君木与况蕙风的行迹、徐父《家传》的写作进程加以推断,庶几无误。

◎ 乙丑七月二十五日(1925.9.12)夜,冯君木、洪曰湄、陈训正往访况周颐于苏州,况又韩也与之同行。② 宴席中,冯君木与况周颐等人联句《浣溪沙》。事后,陈训正亦尝作《水调歌头 秋日,同木公、戍阿访蕙风吴门,信宿始别》词。③

按,《僧孚日录》乙丑七月二十五日条:"师与陈玄丈、洪戍丈晚车赴苏。又韩昨日来兹,与同去。"④

又,《申报》1925年9月18日第11版蕙风《餐樱庑漫笔》:"乙丑七月,左湖、天婴、君木,薄游姑苏,集阊门旅邸,蕙风来会,即席征歌。宝琴索词,君木、蕙风连句赋《浣溪沙》赠之,每句嵌座中人字。小美玉磨墨,冶叶老四捧砚。词云:左顾余情到酒边,湖山佳处辇吟鞭。是日左湖冒雨骑驴游虎邱。蕙婴伊软说嫩凉天。木风雨茜窗消宝篆,蕙兰芳意托琴弦。蕙凭君木石亦缠绵。木又,风满雕栊月满楼,玉容清美蕙兰秋。蕙红婴消息远天浮。木切莫四弦悲老大,湖波左计比情柔。蕙鄂君怅望木兰舟。木"⑤

◎ 乙丑七月二十七日(1925.9.14),冯君木、洪曰湄、陈训正自苏州回到上海。

按,《僧孚日录》乙丑七月二十七日条:"师与玄丈、戍丈游苏州归。"⑥

◎ 乙丑八月初三日(1925.9.20),冯君木所作《虞君述》见刊于《华国》月

---

① 冯开:《与徐仲可书》,载王文濡选辑:《当代名人尺牍》下卷,第66—67页。
② 况蕙风于乙丑年六月二十七日(1925.8.16)移居苏州,详参洪廷彦主编:《沙孟海全集·日记卷》,第852页。
③ 陈训正:《天婴室丛稿第二辑》之三《末丽词》。
④ 洪廷彦主编:《沙孟海全集·日记卷》,第870页。
⑤ 《申报》编写组:《申报影印本》第216册,第389页。又可见况周颐著,秦玮鸿校注:《况周颐词集校注》,第472页。
⑥ 洪廷彦主编:《沙孟海全集·日记卷》,第871页。

刊第二期第九册。

按,《申报》1925年9月20日第17版:"章太炎先生主任之《华国》月刊第二期第九册已出版。……文苑:○《虞君述》,冯开;○《雁荡述游》,金天羽;○《祭胡励生上将文》……华国月刊社启。"①

◎ 乙丑八月初六日(1925.9.23),况蕙风、又韩父子来沪,八日造访修能学社,并在傍晚返回苏州;冯君木与沙孟海等修能诸子送行至火车站。

按,《僧孚日录》乙丑八月条:"六日……蕙风先生自苏州来_{又韩侍行}……(八日)蕙风先生父子来。胡吉宣来。巨来来。蕙翁傍晚回苏,与师及诸子送之登火车。"②

◎ 乙丑八月二十日(1925.10.7),冯君木与洪曰湄一道探视沙孟海于蔡家。次日,在为沙孟海改定文章后离开蔡家。

按,《僧孚日录》乙丑八月二十日条:"晚间,夷父、辟方来蔡氏看余。去后,师与戌丈亦来蔡氏。师为留宿,余与戌丈一时许返社。……廿一日巳刻,往蔡家,以文就师削正。午后返。_{师亦旋返}"③

◎ 上海北市钱业会馆自光绪十七年(1891)建成以来,已逾三十年。约在乙丑八月二十三日(1925.10.10)赴饮钱业公会时,冯君木应钱业公会会长秦润卿(1877—1966)之请,为作《上海北市钱业会馆碑记》,用以追述建造会馆的历史背景、描述会馆建筑的内部构造。④

按,《僧孚日录》乙丑八月廿三日条:"秦润卿、盛筱珊、谢弢父_{皆钱业会董}置酒内园,与社中诸子赴饮。内园在城隍庙侧……故有东西二园,西园即明潘恭定豫园,今惟玉玲珑三峰仅存,东园即内园也。乾隆间,钱业同人购得之,以为南北市总公所。中更兵燹,辛酉重修,有碑记,况蕙翁撰,朱彊翁书之。"⑤据其"馆占地十六亩强,经始光绪十

---

① 《申报》编写组编:《申报影印本》第216册,第441页。此"第二期第九册",当可理解为第二卷第九期。
② 洪廷彦主编:《沙孟海全集·日记卷》,第878—879页。
③ 洪廷彦主编:《沙孟海全集·日记卷》,第883页。
④ 冯君木撰,唐燮军等校注:《冯君木集校注》,第375—376页。
⑤ 洪廷彦主编:《沙孟海全集·日记卷》,第884页。

五年己丑,讫功十七年辛卯""修葺有常,启闭有时,张皇周浃,亘三十余年""秦君祖泽属余为记"云云,足以认定《上海北市钱业会馆碑记》作于乙丑八月廿三日稍后。

◎ 乙丑八月二十四日(1925.10.11),冯君木与朱彊村、陈巨来、沙孟海同谒吴昌硕。

> 按,《僧孚日录》乙丑八月廿四日条:"傍晚返,彊村先生来社,巨来亦来。饭后,侍师及彊翁、巨来同谒缶庐先生,以近刻印存一册就正。……十时,与师及巨来同出,师它适。"[1]

◎ 乙丑九月初六日(1925.10.23),冯君木为人代撰美华利钟表公司50周年纪念日的贺词。

> 按,《僧孚日录》乙丑九月初六日条:"写对送美华利钟表公司五十年纪念,师代撰,句曰:'经之纬之,相时而动;悠也久也,与日俱长。'"[2]

◎ 乙丑九月初十日(1925.10.27)晚,冯君木应邀聚饮于陈仲慈住所。

> 按,《僧孚日录》乙丑九月十日条:"仲慈约今晚过饮其寓……仲慈寓华龙路……是夕,同席木师、希公、次曳及励建侯、王芑公。

◎ 乙丑九月十二日(1925.10.29)晚,冯君木和沙孟海、况又韩、冯仲足专程拜访吴昌硕。

> 按,《僧孚日录》乙丑九月十二日条:"晚归,饭后,侍师及又韩、仲足过谒缶庐。……后彊村先生亦至。十时返。"[3]

◎ 乙丑九月十五日(1925.11.1),冯君木既于下午三点过访蔡家,夜十一时又和沙孟海、蔡明存同到一品香用西餐。

> 按,《僧孚日录》乙丑九月十五日条:"周仰山招饮伯中之父,以汽车来接,与社中诸子同赴之。三时,与师及仲足过蔡家。傍晚,余就近过看巨来,不值。十一时,与师及明存同出阅市,遂诣一品香用西餐。

---

[1] 洪廷彦主编:《沙孟海全集·日记卷》,第885页。
[2] 洪廷彦主编:《沙孟海全集·日记卷》,第894页。
[3] 洪廷彦主编:《沙孟海全集·日记卷》,第896页。

◎ 乙丑九月十七日(1925.11.3),陈训恕(陈训正堂弟,字行叔)与洪日湄侄女洪素兰结婚②,冯君木赠联道喜。

> 按,《僧孚日录》乙丑九月十六日条:"明日为行叔昏期也。"③ 又,徐珂《冯君木赠陈行叔夫妇联》云:"陈行叔为天婴之弟,乙丑十月,娶洪左湖犹女为室。生同乡里,且生小相识也。冯君木集词句赠之云:'绣帘开明月窥人,却是旧时相识。粉墙低梅花照眼,也知芳思难禁。'"④

◎ 乙丑九月十九日(1925.11.5),冯君木所作《应君墓志铭》见刊于《华国》月刊第二期第十册。当晚,冯君木、杨逊斋、陈布雷等十人应邀聚会于诵清堂徐曼略家,为李赞侯创办学校出谋划策。

> 按,《申报》1925年11月5日第13版:"章太炎主任之《华国》月刊第二期第(九)[十]册已出版。本月刊已出版要目列下……文苑:《楚雨集自序》,曹元忠;《故直隶州州判金君墓表》,马其昶;《应君墓志铭》,冯开;《大咸乡澹灾碑记》,沙文若……华国月刊社启。"⑤
>
> 又,《僧孚日录》乙丑九月十九日条:"徐君曼略今夕设宴于诵清堂路寓中……与贞柯同至徐宅。会者十人,师与余及贞柯外,有杨逊斋先生敏曾、钱经宇智修、洪戍丈、朱炎父、陈彦及、叶叔眉季纯兄弟,诸客中惟钱君未与谋面。钱,嵊人,为《东方杂志》主任。李赞侯总长拟于沪上创一学校,委徐君为校长,今夕即会商是事也。"⑥

---

① 洪廷彦主编:《沙孟海全集·日记卷》,第898页。
② 按,《僧孚日录》1926年7月30日条:"傍晚,集四马路同兴楼,与夷父、都良、次曳、仲持及冯次行攸,公宴行叔及其夫人洪素兰女士,祖行叔之远行也。"详参洪廷彦主编:《沙孟海全集·日记卷》,第1030页。
③ 洪廷彦主编:《沙孟海全集·日记卷》,第898页。
④ 徐珂著,孙安邦、路建宏点校:《康居笔记汇函》,第544页。而《僧孚日录》1925年5月1日条的相关记载,则有所不同:"蕙风先生云:'礼乐征伐自天子出,流连荒忌为诸侯忧,两句属对绝工。'木师顷亦集词句为联云:'绣帘开明月窥人,却是旧时相识;粉墙低梅花照眼,也知芳菲难禁。'"
⑤ 《申报》编写组编:《申报影印本》第218册,第91页。此所谓"第二期第十册",当可理解为第二卷第十期。
⑥ 洪廷彦主编:《沙孟海全集·日记卷》,第900页。

◎ 乙丑九月二十二日(1925.11.8)晚，冯君木与沙孟海先后过访蔡家；至十点半，两人又同至浙江路吃夜宵。

  按，《僧孚日录》乙丑九月廿二日条："后往蔡家，师与贞柯亦在。（晚）十时半，与师步返，小食浙江路餐肆中。至社，已十二时余矣。"①

◎ 乙丑九月二十七日(1925.11.13)，冯君木告诫沙孟海，切不可因小失大而荒废学业。

  按，《僧孚日录》乙丑九月廿七日条云："比年忙烦，疲于奔走，学问一道，荒怠无似。今日经师痛加诲饬，以为凤昔于门下诸子中，期望余者最深且切，岂仅区区做几篇酬酢文字已耶！不图辗转蹉跎，暴弃至此。"②

◎ 乙丑九月，镇海人叶璋(1782—1924)下葬东管乡之原。冯君木应邀为作墓表。

  按，《回风堂文》卷4《叶君墓表》云："君讳璋，原讳贻铭，字又新……父成忠，二品衔候选道，诰授荣禄大夫。……荣禄公豁达乐施，晚岁斥金大万，就上海建设澄衷蒙学，用溉后进。君谋于昆弟，输十万金附益之，规模益恢廓矣。……会当政变后，纲纪弛散，弥郁郁无以自展，遂筑室杭州西湖，浩然长往，不复与闻世事，读书树艺，永从嘉遁。栖迟十载，遽谢人世。……卒于共和十二年癸亥十月二十三日，春秋四十有三。……越三年，乙丑九月，谋道兄弟将葬君于东管乡之原。长才懿德，遂闷幽暮，辄申述一二，列诸墓石。行路樵牧，期无毁伤。太岁在旃蒙赤奋若九月之吉。"③

◎ 乙丑九月，冯孟颛负责主办"新征社"之祭祀。

  按，冯昭适《飞凫山馆笔记·新征社》："乙丑九月秋祭，次值吾

---

① 洪廷彦主编：《沙孟海全集·日记卷》，第901页。
② 洪廷彦主编：《沙孟海全集·日记卷》，第903页。
③ 冯君木撰，唐燮军等校注：《冯君木集校注》，第354—355页。时至1927年8月，该文又以《叶又新君墓表》为题，发表在《宁波旅沪同乡会月刊》第49期，但文字有所出入。

家,昭适展阅册籍,社友廿四人,积银三百版,储于利丰纱厂,每祭得往取赢银十版,为祀事费。"①

◎ 乙丑十月初三日(1925.11.18)晚,冯君木收到友人所送的一桌菜肴,遂与社中诸子及姚贞伯、陈布雷等人分享美食。

  按,《僧孚日录》乙丑十月初三日条:"晚间,有人送师肴馔一席,社中诸子会啖之,姚贞伯丈、陈彦及、魏崇之皆在坐。"②

◎ 乙丑十月初四日(1925.11.19),蔡家开始分批搬迁至慕尔鸣路。冯君木、沙孟海师徒合作对联一副,以贺乔迁之喜。

  按,《僧孚日录》乙丑十月初四日条:"蔡氏方徙居慕尔鸣路,今日已运一部分物具往,姊妹五人先入住居,明存夫妇与其二子待后日行。蔡夫人招余同往看新屋,即留彼间晚饭。……蔡氏徙居地,名慕尔鸣路蕃祉里,余与师合送一联,师撰句,余书之。其联语云:'周阿碧树蕃我祉,乔木灵禽慕尔鸣。'分嵌地名,亦奇格。"③

◎ 冯都良近三年来所作的13篇小说,被胡仲持整理成为小说集《怅惘》④,乙丑九月二十日至十月初六日间(1925.11.6—11.21),由上海光华书局出版发行。

  按,《僧孚日录》乙丑十月初六日(1925.11.21)条:"都良集其旧作小说印行,名曰《怅惘》,以一册见赠,大氐余所已见者。灯次复阅之,笔有润雅之气,故当殊异于常韵也。"⑤

  又,胡仲持《序》:"这本小小的集子,包含着短篇小说十三篇,——这些都是都良近三年来的作品……我把这些作品整理一下,教书局付印,才成了这一本集子。其中我最喜欢的是《怅惘》一篇,所以我便拿'怅惘'来做这本集子的总名。……这一本集子还不过是都

---

 ① 冯昭适:《飞凫山馆笔记·新征社》,载《宁波旅沪同乡会月刊》第34期,1926年5月发行,第37页。
 ② 洪廷彦主编:《沙孟海全集·日记卷》,第905页。
 ③ 洪廷彦主编:《沙孟海全集·日记卷》,第905—906页。
 ④ 郑逸梅云:"冯都良有日记数十册,十年动乱,乃自行销毁。"载郑逸梅:《艺林散叶》(修订版),第495页。
 ⑤ 洪廷彦主编:《沙孟海全集·日记卷》,第906页。

良初次创作的一部分成绩,然而已经很有可观了。我想此后一定可以产出更进步的作品来,我希望都良格外地努力!拉杂地写一点勉强当作这本集子的序。十四,九,二十,在商报馆。"①

又,沙孟海《冯君木冯都良父子遗事》云:"《商报》后期,陈布雷、潘公展皆去从政,都良被推为总编辑……在蛮长的一段岁月里,他以一介书生,俯仰周旋于邪正杂处稠人嚣市之间,所学非所用,所用非所学,时常嗒然自伤。诗词说部之外,惟以饮酒自遣。偶写语体小说,随时发表于报端,积久辑为一集,题曰《怅惘》,出版问世。"②

◎ 乙丑十月十二日(1925.11.27),冯君木让沙孟海抄写其元妃俞因所作《妇学斋词》,并将之寄予正在汇刻《小檀栾乐室闺秀词》的徐乃昌(1869—1943),以期被选用。

> 按,《僧孚日录》乙丑十月十二日条:"灯次抄《妇学斋词》。徐积余乃昌方选辑《小檀栾乐室闺秀词》,师命抄此,寄之。后又读《秋辛词》《妇学斋词》,别有所移录。"③

◎ 乙丑十月二十二日(1925.12.7)晚,冯君木、沙孟海师徒专程拜见昨日抵沪的吴昌硕。

> 按,《僧孚日录》乙丑十月廿二日条:"蕙风先生(廿一日)自吴来申,晚间曾过社。……晚饭后,侍师过谒缶庐先生,九时归。"④

◎ 乙丑十月二十四日(1925.12.9)前,况周颐、朱彊村过访,述及鸡犬,冯君木遂令其长子冯都良、弟子严表分别以鸡、犬为主题,当场作文。

> 按,《申报》1925年12月9日第11版蕙风《餐樱庑漫笔》:"与彊村过君木斋中,彊村说一鸡一犬事,君木因令其公子贞用说鸡,其徒严表说犬,文成,为略润色之。其事甚奇,辄拾而书之。"⑤

◎ 乙丑十月二十五日(1925.12.10),陈训正在上海《申报》刊登《定海县

---

① 冯都良:《怅惘》,光华书局,1925年,第1、7页。
② 《浙江文史资料选辑》第47辑,第106页。
③ 洪廷彦主编:《沙孟海全集·日记卷》,第908—909页。
④ 洪廷彦主编:《沙孟海全集·日记卷》,第911页。
⑤ 《申报》编写组编:《申报影印本》第219册,第175页。

志》预售广告,并称该志深得朱彊村、况蕙风、冯君木、柳翼谋诸先生之赞誉。

  按,《申报》1925年12月10日第3版《新编〈定海县志〉预约广告》:"本县志为慈溪陈天婴、定海马涯民两先生所编纂……朱彊村、况蕙风、冯君木、柳翼谋诸先生,咸称为空前硕著,非虚誉也。顷已用聚珍板仿宋字排印,装成六巨册,定价每部六元,预约四元,五部以上九折,十部以上八折,预约十五年二月底截止,三月底出书。"①

◎ 乙丑十一月初七日(1925.12.22)晚,应张伯岸之邀,冯君木、沙孟海、葛旸共赴大东旅馆,与顾鼎梅、屠康侯、王东园同吃西餐。

  按,《僧孚日录》乙丑十一月初七条:"晚,与师及夷父应张伯岸之招,赴饮大东旅馆,用西膳。顾鼎梅先生、屠康侯、王东园皆在坐。"②

◎ 乙丑十一月初八日(1925.12.23),冯君木应一女子之请,填词以赠。

  按,《僧孚日录》乙丑十一月初八条:"有女子毛隽字异孙者,乞师填一词,送其友二十生日;请余篆书缎上,得以制绣。灯次费一小时之力,成之。词为《浣溪沙》,有一句曰'百年明月二分过',切二十岁。师颇惬意也。"③

◎ 乙丑十一月初九日(1925.12.24)晚,冯君木偕沙孟海、冯宾符拜谒吴昌硕先生。

  按,《僧孚日录》乙丑十一月初九条:"往应家授课。晚归,饭后,随师过谒缶丈。仲足亦同去。"④

◎ 乙丑十一月十二日(1925.12.27),冯君木、沙孟海各自受赠顾家相文集一部。

  按,《僧孚日录》乙丑十一月十二条:"顾鼎梅先生寄赠其先公

---

① 《申报》编写组编:《申报影印本》第219册,第187页。
② 洪廷彦主编:《沙孟海全集·日记卷》,第916—917页。
③ 洪廷彦主编:《沙孟海全集·日记卷》,第917页。
④ 洪廷彦主编:《沙孟海全集·日记卷》,第917页。

励堂先生家相文集,师与余各一部。"①

◎ 乙丑十一月十六日(1925.12.31),冯君木以介绍人的身份参加陈巨来的婚宴,尔后留宿蔡家。

> 按,《僧孚日录》乙丑十一月条:"十六日早,与仲足同出,将往振华旅馆贺况、陈两家喜事。……王息存翁秉恩证婚,师与叔孺先生为介绍人。……师晚往蔡家,明存复以电话招余,竟筵后,往过之。一时许,余返社,师留宿彼间。"②

◎ 乙丑十一月二十七日(1926.1.11)下午,冯君木与沙孟海同舟自甬返沪。

> 按,《僧孚日录》乙丑十一月廿七日条:"与贞柯同往回风堂。师尚未出申,今日可以同行。午饭罢,仍与公阜往商校晤次布及三弟。三时许,余先下舟,公阜归去。师后来,舱中人多,又装蒸汽管,居之,甚闷热也。"③

◎ 乙丑十一月间,冯贞群从林集虚处借得蒋学镛校批本《鲒埼亭集》,然后用四日时间,完成对《鲒埼亭集》卷38的对校。

> 按,伏跗室藏《鲒埼亭集》卷38末冯贞群题记:"乙丑(民国十四年)十一月,向林集虚借传抄蒋批本重校一过,凡四日而毕,孟颛。"④

◎ 乙丑十二月十一日(1926.1.24)晚,冯君木与陈训正、沙孟海、朱炎父等人应邀前往金雪滕家赴宴。

> 按,《僧孚日录》乙丑十二月十一日条:"晚,与师及炎父赴饮金雪滕寓中在孟拉纳路资富里。同坐者,玄丈、太完、伯行数人而已。十一时,散归。"⑤

◎ 乙丑十二月十四日(1926.1.27)晚,冯君木与洪太完等人应邀至贺佛证家赴宴。

---

① 洪廷彦主编:《沙孟海全集·日记卷》,第918页。
② 洪廷彦主编:《沙孟海全集·日记卷》,第919—920页。
③ 洪廷彦主编:《沙孟海全集·日记卷》,第923页。
④ 骆兆平:《冯贞群辑校书知见录》,载骆兆平:《伏跗室书藏记》,第46页。
⑤ 洪廷彦主编:《沙孟海全集·日记卷》,第927页。

> 按,《僧孚日录》乙丑十二月十四日条:"贺佛证招饮寓斋,以汽车来接,与师同往。同坐者有陈玄丈、彦及兄弟,刘未林<small>名凤起、未翁,南城人</small>,官翰林,金雪朕,王艺公,洪太完。饮罢,师它往,余先归,太完同来。"①

◎ 乙丑十二月十六日(1926.1.29)晚饭后,冯君木、沙孟海专程拜访吴昌硕,约定次日宴请况蕙风,以祝贺其新近纳妾。② 十七日晚,宴会如期举办于消闲别墅,冯君木、沙孟海等十人与会。

> 按,《僧孚日录》乙丑十二月条:"(十六日傍晚)饭后,侍师过谒缶庐先生,约于明日公宴蕙风先生,贺其纳宠也。<small>蕙丈十日前往苏州纳姬人施氏,昨日始返。</small>……(十七日)晚间,公燕况蕙丈于消闲别墅,师与朱彊村丈、陈渭渔丈、吴东迈<small>缶丈未至,遣前季君来</small>、陈质庵、蒙庵兄弟、赵叔雍及余,凡八人。后又加入刘山农一人<small>即天台山农</small>。"③

◎ 乙丑十二月二十一日(1926.2.3),冯君木所作《姜君墓志铭》《五十生日前告诫贞胥贞用》见刊于《华国》月刊第二期第十一册。同日,冯君木与陈训正、董贞柯、范禾安、沙孟海同船回家过年,次日抵甬。

> 按,《申报》1926年2月3日第11版:"章太炎主任之《华国》月刊第二期第十一册已出版。本月刊已出版要目列下……文苑:《欧阳氏母黎太夫人墓志铭》,章炳麟;《考子衡洪基碑》,刘师培;《姜君墓志铭》《五十生日前告诫贞胥贞用》,冯开;《仙严观瀑布记》,金天羽……华国月刊社启。"④

> 又,《僧孚日录》乙丑十二月条:"廿一日……今日拟与师同行旋

---

① 洪廷彦主编:《沙孟海全集·日记卷》,第929页。
② 陈巨来《记况公一二事》:"在乙丑春日况公已六十七岁矣,迁居苏州,为访艳纳姬也。当时朱、冯二丈苦劝不从,不久聘一待诏之女施氏,入秋又迁中矣。"载陈巨来著,孙君辉编:《安持人物琐忆》,上海书画出版社,2019年修订版,第126—127页。又,郑逸梅《况蕙风两度纳妾》云:"老人有声色之好,早年曾斥千金纳一妓,以为簉室,晚年又于吴中得一小家碧玉,为小星。详参郑逸梅:《郑逸梅选集》第4卷,黑龙江人民出版社,1991年,第8页。
③ 洪廷彦主编:《沙孟海全集·日记卷》,第930—931页。又,郑逸梅《健啖之天台山农》云:"山农,刘姓,字文玠,一字介玉,本名青,字照藜,台州人,其尊翁为嘉兴守备,因家焉。"载郑逸梅:《郑逸梅选集》第4卷《逸梅杂札·味灯漫笔》,黑龙江人民出版社,2001年,第540页。
④ 《申报》编写组编:《申报影印本》第220册,第701页。

甬……四时半下舟。今日值宁绍班,同行者木师外,有陈玄师、董贞柯、范禾安。……廿二日阴,舟抵甬。九时醒,师等已先行矣。"①

◎ 乙丑十二月二十四日(1926.2.6),冯君木与张于相等人会饮金筱圃公馆。

按,《僧孚日录》乙丑十二月廿四日条:"晚,赴饮金筱圃公馆,坐中有木师、于师、酆卿、曼孺、次布、夷父、公阜,九时竟筵。"②

◎ 冯君木与朱彊村、吴昌硕、况周颐一道为况维琦(况周颐子)所作《云窗授律图》题词。

按,《申报》1925年11月17日第11版况蕙风《餐樱庑漫笔》:"陈蒙庵彰属琦儿作《云窗授律图》,蕙风为题《洞仙歌》……沤尹题云:'又韩琦字世讲,绘事孟津,渐近苍劲,锲而不舍,以规仿石头为宜。'缶翁题云:'修学以精熟为至,唯画笔贵生忌熟,所谓神明乎规矩之外,又韩世讲勉之。'君木题云:'况生二十负才名,画笔苍茫入老成。惨绿华年正英绝,已能漫纸作秋声。'缶翁云云,寥寥二十余字,深得画家三昧,琦儿宜服膺勿失。"③

◎ 应朱彊村之请,冯君木为吴昌硕所画《彊村校词图》题诗。④

按,《回风堂诗》卷7录诗名《朱沤尹侍郎孝臧属题吴缶庐画〈彊村校词图〉》,且明确交代此诗作于乙丑年。1925年,该诗以《吴缶老画〈彊村校词图〉,古微侍郎属题》为题,发表在《国闻周报》第五卷第八期"采风录"栏目;1926年3月1日,又出现在《申报》第17版《餐樱庑漫笔》中。⑤

◎ 乙丑除夕(1926.2.12),冯君木与张原炜通宵商榷诗篇。也就在这个除夕,陈器伯相继撰成《除夕读稚望〈自京来者感赋〉》《除夕》两诗。其后,

---

① 洪廷彦主编:《沙孟海全集·日记卷》,第933—934页。
② 洪廷彦主编:《沙孟海全集·日记卷》,第935页。据载,金筱圃乃金华人,曾任鄞县检察厅厅长,详参冯昭适:《飞凫山馆笔记·金筱圃丈》,载《宁波旅沪同乡会月刊》第49期,1927年8月发行,第13页。
③ 《申报》编写组编:《申报影印本》第218册,第327页。
④ 冯君木撰,唐燮军等校注:《冯君木集校注》,第215页。诗末小字注:"侍郎与王半塘同校《梦窗词》,半塘署所居曰'校梦龛'。"
⑤ 程颂万著,徐哲兮校点:《程颂万诗词集》,湖南人民出版社,2009年,第564页。

冯君木既分别给予"跌宕悲凉,结亦有味""颔联浑脱"的评价,又作《岁暮寄稚望,次陈器伯韵》诗。这三首诗后皆见刊于《先施乐园日报》1926年10月31日第3版。①

按,《回风堂诗》卷7录诗曰《除夕与于相守岁》,同时又明言该诗作于乙丑年。②

又,考《僧孚日录》云:"(甲子十一月初四日/1924.11.30)夜深,得次曳电话,谓稚望即将北上,修能教习阙人。……(丙寅十一月廿四日/1926.12.28)师至自甬。晚,明存、稚望来侍师。"③据此推算,足以认定表18所列三诗只可能作于乙丑除夕。

表18　乙丑除夕冯君木、陈器伯师徒之唱和

陈器伯《除夕读稚望〈自京来书感赋〉》
眼中久已薄纷华,逐食春明绝可嗟。长简危词发凄怆,少年朝气失槎牙。空怜弹铗歌无济,应悟佣书计已差。雨雪烽烟作除夕,知君独客倍思家。

陈器伯《除夕》
离乱岁月逝骎骎,循例今宵作苦吟。不异寻常晨书夕,最难派遣去来今。雨声更助凄凉味,灯影能回少小心。感时伤时无限意,可怜壮志已销沉。

冯君木《岁暮寄稚望,次陈器伯韵》
谁令憔悴客京华,念汝天涯发叹嗟。千谷巨鱼难润味,穷途黄犬亦磨牙。声名稍喜依厨顾,词赋又来困勒差。政使饥寒堪卒岁,江南万口已无家。_{时苏京间战事正烈。}

注:此表格文字引自《先施乐园日报》,而非《回风堂诗》。

◎ 作于乙丑且流传至今的冯君木诗篇尚有:《挽赵菊椒_{家蕃}》《〈忆昔〉一首寄杨石蚕》《题赵叔雍_{尊岳}〈高梧轩图〉》《朱沨尹侍郎_{孝臧}属题吴缶庐画〈彊村校词图〉》《赠李云书部郎》《陈蓝洲先生画卷,其叔子叔通太史_{敬弟}

---

① 准此,《回风堂诗》卷6所录之冯君木《岁暮寄稚望,次陈器伯韵》及陈器伯《除夕读稚〈望自京来书感赋〉》,理当被移置于《回风堂诗》卷7之中。
② 冯君木撰,唐燮军等校注:《冯君木集校注》,第218页。
③ 洪廷彦主编:《沙孟海全集·日记卷》,第731、1148页。

属题》。

　　按，《回风堂诗文集》之《回风堂诗》卷7，明言上列诸诗皆作于乙丑年。

丙寅(1926.2.13—1927.2.1)　五十四岁

◎ 丙寅正月初七日(1926.2.19)，冯君木、仲足父子身处慈城老家。

　　按，《僧孚日录》丙寅正月条："七日，晴。早起，入城，二时许，即达。诣回风堂，先生挈仲足往慈溪未返。"①

◎ 丙寅正月初十日(1926.2.22)，冯君木与沙孟海等人自慈城返归宁波城内的回风堂。

　　按，《僧孚日录》丙寅正月初十日条："早起，与夷父同往慈溪，先过太希先生。中食罢，过钱君纫仲家。吾师方留□彼间也。二时许，与师同行归甬，飞雪漫天，火车中眺望尤朦。抵甬，师与夷父径归，余后就陈医补牙。返至蔡家。傍晚，至回风堂，侍师谈多时。"②

◎ 丙寅正月十四日(1926.2.26)，乃宁波巨商李云书(1867.2.17—1935.7.19)的六十诞辰。在此之前，冯君木诗以寿之："甲子一周真须臾，来岁孟陬百汇苏。辰良吉日穆将愉，父庚女乙陈双觚。寿堂佳气充广除，吾言质实非导谀，弥年寿考翁其胡。"③

　　按，《镇海港口李氏支谱世次表·坤房之部》云："厚祐，字云书。生……清同治六年丁卯正月十四日卯时，卒……民国二十四年乙亥七月十九日子时，享年六十九岁。"④而上海《小日报》民国二十四年八月十八日报道："宁波耆老李云书十七病故。"两相比对，足以认定《镇海港口李氏支谱世次表》所述无误，故系之。

◎ 丙寅正月二十二日(1926.3.6)，冯君木因耳疾发作，未能离甬赴沪。

---

①　洪廷彦主编：《沙孟海全集·日记卷》，第944页。
②　洪廷彦主编：《沙孟海全集·日记卷》，第945页。
③　冯君木：《回风堂诗》卷7《赠李云书部郎》，载冯君木撰、唐燮军等校注：《冯君木集校注》，第217页。
④　聂曾纪芬：《镇海港口李氏支谱世次表·坤房之部》，1936年12月重订。

按,《僧孚日录》丙寅正月廿二日条:"得师书,又得太完书。师以耳疾复作,一时未能出申。"①

◎ 丙寅二月初三日(1926.3.16),冯君木、仲足父子从宁波返回上海。

按,《僧孚日录》丙寅二月初三条:"师挈仲足至自甬。"②

◎ 丙寅二月初四日(1926.3.17),冯君木要沙孟海从今日开始,每天教冯仲足一小时算术。

按,《僧孚日录》丙寅二月初四日条小字夹注:"师命教授仲足算数每日一小时,自今日始。"③

◎ 丙寅二月初八日(1926.3.21),冯贞群录毕宋人魏野所撰《东观集》,并撰题记。

按,伏跗室抄本《东观集》题记:"乙丑十二月二十日,孙君翔熊家行腊祭,招贞群往饮。酒阑,手巨鹿《东观集》写本见视。展卷有'抱经楼'白文长印,知为卢青厓旧物。且言是集自宋椠后选本而外,仅存传抄。亟借归手录,越十日而竟。既拾遗仲先诗,得若干首,写补其后,复编定著作考及附录各一卷殿焉。仲先隐居放歌,不屑雕琢,遗世独立,令人神往。编写卒业,爰识岁月,民国十五年丙寅二月八日春分节冯贞群。"④

◎ 丙寅二月十四日(1926.3.27),冯君木为治耳病,自沪归甬,其次子宾符与之同归。

按,《僧孚日录》丙寅二月十四日条:"师耳疾远未全愈,今日回甬,就范文父丈医治之。仲足亦感风颇剧,与师同归。"⑤

◎ 丙寅春,冯君木纂成《萧瑟集》,其编纂旨趣与韦縠《才调集》正好相反。

按,徐珂《闻见日抄·夏剑丞冯君木论诗》云:"君木曰:'吾人作诗,当辟一寂寥、萧澹之境界,植骨必坚,造意必刻,运息必微,导声必

---

① 洪廷彦主编:《沙孟海全集·日记卷》,第956页。
② 洪廷彦主编:《沙孟海全集·日记卷》,第960页。
③ 洪廷彦主编:《沙孟海全集·日记卷》,第962页。
④ 骆兆平:《冯贞群辑校书知见录》,载骆兆平:《伏跗室书藏记》,第42页。
⑤ 洪廷彦主编:《沙孟海全集·日记卷》,第967页。

涩,拟择录宛陵、半山、东坡、与可、山谷、逢原、后山、盱江、无咎、具茨、简斋、陵阳、子西之诗为一编,曰《萧瑟集》。'盖其旨趣正与《韦縠集》相反也。……冯君木既选宋人之诗为《萧瑟集》,以初稿授珂读之。丁卯春暮,杜门习静,移写一通"。① 准此,可知《萧瑟集》纂成于丁卯暮春之前,故置之。

◎ 丙寅三月十六日(1926.4.27)上午,沙孟海自沪返甬后,特来看望冯君木。

按,《僧孚日录》丙寅三月十六日条:"雨,舟抵甬,别仲弟,入城中,诣鄦卿,小谈。过夷父,与夷父同谒师,午后别。"②

◎ 丙寅三月二十二日(1926.5.3),冯君木原本有意与沙孟海同返上海,却因误船期,直至三月二十四日,方与次子宾符同归,并在当晚招呼姚贞伯等人聚饮于悦宾楼。

按,《僧孚日录》丙寅三月条:"廿二日……师亦拟今日出申。……今日开船绝早,师不及下舟矣。舟中晤陈玄丈、夏同父先生、象卿父子、王吟雪。……廿四日午后,有雷雨,师率仲足至自甬。……晚间,师招姚贞丈、次曳与余及仲足同出,饮于悦宾楼。饮罢,同之商报馆。师又与余同往蔡家,谈至二时。余返,师留宿。"③

◎ 丙寅三月二十八日(1926.5.9),沙孟海引荐陈逸给冯君木、钱罕。

按,《僧孚日录》丙寅三月廿八日条:"晡,来修能,引道希见木师及太希先生。晚间,夷父招集微微酒楼。"④ 又,道希即陈逸,《僧孚日录》癸亥九月廿一日条小字自注:"陈逸仙,去'仙'字,用'逸',单文为名。兹为取字曰'道希'。"

◎ 丙寅三月三十日(1926.5.11)晚,冯君木与沙孟海同往振华旅馆喝

---

① 徐珂著,孙安邦、路建宏点校:《康居笔记汇函》,第382—383页。又,韦縠《才调集》10卷,是今存《唐人选唐诗》中选诗最多最广的一种。此书编辑体例不严,选录诗人不按时代编次,同一作者重出颇多,并存在作者舛误及词赋入选的情况。尽管如此,该集搜罗广泛,名篇颇多,且不乏诸家本集散佚之作,故有助于文献整理校勘。
② 洪廷彦主编:《沙孟海全集·日记卷》,第982页。
③ 洪廷彦主编:《沙孟海全集·日记卷》,第985—986页。
④ 洪廷彦主编:《沙孟海全集·日记卷》,第987页。

喜酒。

  按,《僧孚日录》丙寅三月三十日条:"晚,复侍师往振华旅馆吃喜酒,周仰山为子娶妇。子即周生伯中也。"①

◎ 丙寅四月初一日(1926.5.12),冯君木携沙孟海往访吴昌硕。期间,吴氏出示赵孟頫《墨梅》卷,遂与先期到达的朱祖谋共赏之。

  按,《僧孚日录》丙寅四月初一日条:"晚间,侍师过谒缶丈,朱彊丈亦在。……吴缶丈许观赵文敏《墨梅》卷子,纸本,幅不甚长,款云:'子昂为伯庸试绣,见墨作此。'……伯庸姓马……字伯庸,元光州人,官至枢密副使,谥文贞。有《英宗实录》《石田集》等书。"②

◎ 丙寅四月初二日(1926.5.13)深夜,冯君木与姚贞伯、沙孟海小饮于附近酒店。

  按,《僧孚日录》丙寅四月二日条:"晚饮应宅,敏卿生女弥月也。返社后,王启之来,谭至十二时去。侍师及姚贞丈就左近馔肆小食。"③

◎ 丙寅四月初六日(1926.5.17),冯都良丧子。

  按,《僧孚日录》丙寅四月初六日条:"余复过视悉明病,形势已危,医者皆束手。都良夫妇凄然相对。此景一何惨淡!"又,丙寅四月十日条:"课后,与夷父、都良、叔棐叔棐近由杭来申往闸北相屋。都良丧子后,谋迁居也。"④

◎ 丙寅四月二十日(1926.5.31),冯君木携沙孟海往访吴昌硕,且当面索求书画。两天后,吴昌硕过访修能学社,面交冯君木、沙孟海前日所索书画。冯君木随即赋诗报谢。⑤

  按,《僧孚日录》丙寅四月二十日条:"晚间,侍师过谒缶丈,谈至

---

① 洪廷彦主编:《沙孟海全集·日记卷》,第988—989页。
② 洪廷彦主编:《沙孟海全集·日记卷》,第989页。
③ 洪廷彦主编:《沙孟海全集·日记卷》,第990页。王个簃(1896—1988),原名贤,字启之,别署个簃,江苏海门人。
④ 洪廷彦主编:《沙孟海全集·日记卷》,第992—993,994页。
⑤ 冯君木:《吴缶老仓硕为余画菊,赋诗报谢,即效其体》,载冯君木撰,唐燮军等校注:《冯君木集校注》,第220页。

十时返。……师与余持笺乞丈书画,丈既诺之……(廿二日)缶丈来,前日持笺丐丈书画业已写竟,顷自携来。为师作墨菊数枝,为余临石鼓数行。"①

◎ 丙寅五月初一日(1926.6.10),冯君木过访况蕙风,并应邀为况氏画作题诗。

> 按,《僧孚日录》丙寅五月初一日条:"晚过蔡家,师亦在彼间。侍师过谒蕙丈……蕙丈画菊石赠余,并题其上云:'□花不肯红,寒石无意绿。持兹语夏虫,呦呦尔何物?'并属吾师题之,亦作二十言云:'渲黛成石绿,匀脂写霜红。弥襟绚烂意,都在寂寥中。'蕙丈能画,世无知之者。"②

◎ 丙寅五月初十日(1926.6.19)傍晚,冯君木、沙孟海登门拜访吴昌硕,未遇。

> 按,《僧孚日录》丙寅五月十日条:"傍晚,侍师往候缶丈,坐(王)启之□□良久,始返。"③

◎ 丙寅五月十一日(1926.6.20)晚,冯君木与朱彊村、况蕙风、李云书等人聚饮于蔡明存家,并留宿蔡家。当晚,沙孟海第十四叔自鲁至沪,代表鄞县县长应季审诚邀陈训正主持编纂《鄞县新志》。

> 按,《僧孚日录》丙寅五月十一日条:"晚间,明存招饮,木师外,有朱彊丈、况蕙丈又韩父子、李云老、王一亭等。十四叔自鲁到申,寓新旅社。……叔此来,为代表鄞县知事聘请玄丈北上修志。玄丈近方在慈,拟函速之。归社,即眠,致鄞卿书。师留宿蔡家。"④

◎ 去岁,冯君木向友人出示旧作《小屋》《癸丑除夕》《送虞含章辉祖》《赠钱太希罕》四诗。丙寅五月十六日(1926.6.25),见刊于《益世报(天津版)》。

> 按,《益世报(天津版)》1926年6月25日第14版《诗话·回风旧

---

① 洪廷彦主编:《沙孟海全集·日记卷》,第998—1001页。
② 洪廷彦主编:《沙孟海全集·日记卷》,第1004—1005页。
③ 洪廷彦主编:《沙孟海全集·日记卷》,第1008页。
④ 洪廷彦主编:《沙孟海全集·日记卷》,第1008—1009页。

作》:"君木《回风堂诗》,入两宋名家之室,客岁录示旧作。《小屋》云……《癸丑除夕》云……《送虞含章(辉祖)》云……《赠钱太希(四干)》云:'……吾事宁愁霜雪落,俟看畏垒祝庚桑。'"

◎ 丙寅五月二十八日(1926.7.7)傍晚,沙孟海偕其十四叔过谒冯君木。

> 按,《僧孚日录》丙寅五月廿八日条:"晚,与十四叔同过木翁许。饭后,又过族姊。"①

◎ 丙寅六月初一日(1926.7.10)晚,修能学社设宴祝贺朱彊村七十大寿。

> 按,《僧孚日录》丙寅六月一日条:"晚间,与社中诸子公宴朱彊丈。丈今年政七十,酒以寿之也。九时散席。"②

◎ 丙寅六月初三日(1926.7.12),冯君木以修能学社社长身份,与社董秦润卿、副社长杨宗庆一道,在《申报》刊登招生广告。

> 按,《申报》1926年7月12日第4版《修能学社招生》:"本社学生尚未足额,兹定六月初八日、七月初八日上下午为试验新生之期,愿来社肄业者,务于两次试期前预先报名,届期即来社应试。兹将简章略示后方。宗旨:用特种教授法,国文主旧,科学主新,管理主严,务适用,不尚趋时。地址:海宁路九百三十六号钱业会馆内。学额:六十名。学膳费:全年币三百元,分上下半年入学时缴纳。书籍费:每半年预缴十元;有余发还,不足补纳。年龄:十二岁以上。科目:国文经籍、小学、史地、文学、书法、国画、篆刻隶之、西文初中注重英算与科学,高中注重应用商业各科。章程函索即寄。报名处:宁波路福源钱庄。社董秦润卿、社长冯君木、副社长杨宗庆启。"③

◎ 丙寅六月初五日(1926.7.14)晚,冯君木与沙孟海、冯宾符步行至北四川路买吃冰醍醐。

> 按,《僧孚日录》丙寅六月初五日条云:"晚间,与师及仲足步诣北

---

① 洪廷彦主编:《沙孟海全集·日记卷》,第1018页。
② 洪廷彦主编:《沙孟海全集·日记卷》,第1019页。
③ 《申报》编写组编:《申报影印本》第225册,第282页。

冯君木年谱

四川路,啖冰醍醐。"①

◎ 丙寅六月初七日(1926.7.16)晚九点,冯君木携沙孟海、况维琦往访吴昌硕。

  按,《僧孚日录》丙寅六月初七日条:"九时,道希去,乃与师及又韩同过缶丈。十时半返。"②

◎ 丙寅六月十三日(1926.7.22)傍晚,冯君木与沙孟海、冯都良、冯宾符一起到北京路大加利吃晚饭。

  按,《僧孚日录》丙寅六月十三日条:"傍晚,与师及都良、仲足兄弟诣北京路大加利小食。"③

◎ 丙寅六月十四日(1926.7.23),冯君木与次子宾符同返宁波。

  按,《僧孚日录》丙寅六月十四日条:"晴。应家授课,即诣修能。师与仲足,今日旋甬。"④

◎ 丙寅七月初二日(1926.8.14),冯君木拜托沙孟海撰作裘姓寿序(详参表19)。

  按,《僧孚日录》丙寅七月二日条:"夜十一时归后,欲起草裘姓人寿叙师命代作,才得二三行辄止。"⑤

表19　裘姓寿序的写作过程

时　间	详　情	页码
丙寅七月初二日	夜十一时归后,欲起草裘姓人寿叙,才得二三行辄止。	1036
丙寅七月初三日	十二时,始草裘姓寿序半篇。裘姓人实已死,其子欲补作寿序。徇其意而为之,此事真可笑也。	1036

---

① 洪廷彦主编:《沙孟海全集·日记卷》,第1021页。
② 洪廷彦主编:《沙孟海全集·日记卷》,第1022页。
③ 洪廷彦主编:《沙孟海全集·日记卷》,第1026页。
④ 洪廷彦主编:《沙孟海全集·日记卷》,第1026页。
⑤ 洪廷彦主编:《沙孟海全集·日记卷》,第1036—1037页。

续 表

时　间	详　情	页码
丙寅七月初四日	续草寿序,一时许终篇。	1037
丙寅七月初五日	誊录寿序,即以寄师。	1037

◎ 丙寅夏,陈训正接受掖县县长应季审的邀请,主持编纂《掖县新志》,并为此到青岛、莱芜等地进行实地调查。七月初,陈训正回到上海,据说业已拟定《掖县新志·凡例》,且有意在九月间再次北赴山东。

  按,《僧孚日录》丙寅七月十日条:"又往闸北谒陈玄师。玄师方自莱州回,留北方两旬,得诗甚多,《掖志·凡例》亦已撰定。拟于九月再行北上。"①

◎ 时至丙寅七月十七日(1926.8.24),冯贞群先后编定伏跗室藏丛书甲录、乙录。当晚,况周颐病卒于上海。况氏不但与冯君木声气相投,且其暮年据说颇得冯君木之照顾。

  按,伏跗室藏丛书甲录,戊午四月初稿,丙寅七月重订。冯贞群题记:"清四库目凡合刻书谓之杂编,隶属子部,墨守成法,罔敢变通。夫丛书者广无勿包,四部之内,不能杂厕,特辟一门,途径坦然,学有消长,时当损益,削足适履,吾知免矣。大雅君子,尚祈匡之。丙寅七月重编讫,冯贞群。"②

  又,伏跗室藏丛书乙录题记云:"右目于戊午四月写定甲乙二录。甲子八月,骤经丧乱,转迁无所,朝夕相对,书策不能负之而趋。事平归来,幸无散佚,收藏之念为之顿杀。丙寅伏日丛书曝竟,续有增入,重次其目,爰述所感。是年七月望后二日处暑节灯下,慈溪冯贞群。"③

---

① 洪廷彦主编:《沙孟海全集·日记卷》,第1043页。陈氏两次入鲁期间所作,计有诗23、词4,结集为《北迈集》,后又被收录为《天婴室丛稿第二辑》之二。
② 骆兆平:《冯贞群著作考述》,载骆兆平:《伏跗室书藏记》,第33页。
③ 骆兆平:《冯贞群著作考述》,载骆兆平:《伏跗室书藏记》,第33页。

又,《僧孚日录》丙寅七月二十一日条:"师闻蕙丈之病,今日来申,不知蕙丈乃已逝世。余日日言归,今以师至,因又留住。与师同往况家,林铁尊_{鲲翔}亦来吊,林亦蕙丈门下士也。蕙丈之瘗,赵叔雍经纪其事,一时以为难得。今定廿四日出殡,师与余皆拟送殡。……又韩谓蕙丈于十三日始病_{其病为赤利},次日稍平,十五日复剧,于十七夕二时许属纩。①临卒,口呼君木不止。盖丈于吾师虽结交日浅,而声气相投,欢若平生。蕙丈暮年羁旅,旁无戚畹,师怜其辛苦,为安排儿女婚事,才一年而丈以殁。使丈不遇师,身后萧条,盖不可问矣。丈宦游南北亘数十年,矜才负气,交好无多,顾于垂老之年得此死生之交,亦奇缘矣。"②

◎ 丙寅七月二十一日(1926.8.28),朱彊村七十生辰,冯君木诗以寿之。③

按,夏孙桐《清故光禄大夫前礼部右侍郎归安朱公行状》云:"辛未十一月廿三日,卒于上海寄庐,距咸丰丁巳七月廿一日,享年七十有五。"④又,《僧孚日录》丙寅七月廿一日条:"祝朱彊丈七十寿辰,丈已避往杭州,留刺而返。"⑤

大约同时,陈三立、吴昌硕亦尝分作《寿彊村同年七十》《斑斓秋色图》以贺。⑥

◎ 丙寅七月二十四日(1926.8.31),冯君木与沙孟海同送况蕙风出殡。次日,师徒两人一道坐船返回宁波,并在船中与赵家荪不期而遇。二十六日,抵甬。二十七日中午,与吴公阜、董贞柯、赵蕙厂、陈器伯等人聚饮于

---

① 又,《僧孚日录》1926 年 8 月 26 日条:"闻况蕙丈于十七夕病卒,今午已大殓。"《申报·自由谈》1926 年 8 月 28 日腹痛《况蕙风先生外传》亦称:"七月暑溽,遽染微疴,甫三日,委顿不能堪;每作谵语,医者危之。遽于十七日寅刻谢世,寿六十有六。"《回风堂文》卷 4《清故通议大夫三品衔浙江补用知府况君墓志铭》则系其事于七月十八日,而郑炜明推断"腹痛"大概就是朱彊村,详参郑炜明:《况周颐先生年谱》,上海古籍出版社,2009 年,第 352—353 页。

② 洪廷彦主编:《沙孟海全集·日记卷》,第 1051—1052 页。

③ 冯君木:《寿朱彊村先生七十》,载冯君木撰、唐燮军等校注:《冯君木集校注》,第 221 页。

④ 卞晓萱、唐文权编:《民国人物碑传集》,凤凰出版社,2011 年,第 265 页。

⑤ 洪廷彦主编:《沙孟海全集·日记卷》,第 1051 页。

⑥ 陈三立著、陈开军标点:《散原精舍诗文集》下册,上海古籍出版社,2003 年,第 648 页。

杨菊庭家。

> 按，《僧孚日录》丙寅七月条："廿四日，雨，午后霁。往叶家，与师同过况宅，送蕙丈出殡也。午刻发引，就殡金华会馆，在西门丽园路。卜夫人之柩，亦殡于此。二时返沧洲旅馆，又过蔡家，又过叶家，始与师同行旋甬，以时太迟中止，因留叶家晚饭。……况氏之殡，亲朋送者无多，女伶潘雪艳蓝布衣缟带而来①，梅兰芳自京赍银百圆为赙。名士风流，当传为佳话矣。廿五日……与师同下舟。今日为宁绍班舟次，与赵芝室_{家苏}同舱。……廿六日，薄晴。舟抵甬，与师……步行，便道看青年会新舍，适孙梅堂寓此_{会中设有寓舍}，导余等登楼参观，良久始出。抵师家……（廿七日）午，赴饮杨端师宅中，木师、贞柯、蕙厂、公阜、器伯、冰生、奂伯、仲足、曼孺衷博父子、胡仲扬师皆集。"②

◎ 丙寅八月初二日（1926.9.8）晚，董贞柯宴请钱雨岚于宁波江北岸普天春西餐厅，冯君木、沙孟海等人作陪。

> 按，《僧孚日录》丙寅八月二日条："晚间，贞柯请钱雨岚丈_{昨自申来甬}就江北岸普天春西餐，师与姚贞丈、次布及余作陪。"③

◎ 丙寅八月初九日（1926.9.15），冯君木与其次子宾符自甬返沪。同日，徐珂举室迁至沪西康家桥之康居。冯君木提议将徐夫人所居之楼下西室，命名为"大受堂"。

> 按，《僧孚日录》丙寅八月初九日条："师与仲足至自甬。"④

> 又，徐珂《呻余放言·侨沪康居》云："丙寅八月初九日，率妻妾徙居康家桥，于是侨沪二十五载十六迁也。冀至今安居乐业，家人欢康，乃借用古国名曰'康居'者以名之。"⑤

---

① 《僧孚日录》1926年3月22日条："蕙风先生新得女伶潘雪艳为假女，属余刻一印赠之。"载洪廷彦主编：《沙孟海全集·日记卷》，第964页。
② 洪廷彦主编：《沙孟海全集·日记卷》，第1052—1054页。
③ 洪廷彦主编：《沙孟海全集·日记卷》，第1056页。
④ 洪廷彦主编：《沙孟海全集·日记卷》，第1061页。
⑤ 徐珂著，孙安邦、路建宏点校：《康居笔记汇函》，第21—22页。

又，徐珂《松阴暇笔·斋居之名》云："丙寅三月，康居新筑成。八月初九日，自慕尔鸣路之升平街，率妻妾徙居焉。将以'纯飞馆'三字属姜佐禹书为斋榜。佐禹曰：'康居诸额，将焉置？'珂曰：'书斋外之客座曰小自立斋。柴门之上曰康居。池旁之石镌心园二字。……楼曰天苏阁。其下曰大受堂。'佐禹询真如室之所在，予曰：'屋少奈何？'佐禹曰：'其以颜如夫人之房乎？'冯君木闻之而曰：'楼下西室，既夫人居之，则宜榜曰大受堂矣。'"①

◎ 丙寅八月初十日（1926.9.16）傍晚，冯君木与沙孟海特地赶往蔡家，劝说蔡明存同意让蔡宛颐自由投考。直至十二日，终有眉目。

按，《僧孚日录》丙寅八月初十日条："傍晚，往蔡家，师后亦来。……明存怒宛颐之自由投考，未经委命，不令入校肄业。师与余再三劝说，仍无结果。……十二日，宛颐早来，谓已经木师说项，不入培成，改入甬校，退就其次，亦没法也。"②

◎ 丙寅八月二十二日（1926.9.28），冯君木为沙孟海代撰挽联。在此期间，冯氏先后两次作联以挽况蕙风，并最终定稿为："知己已无多，忆宿昔文字商量，洒泪千秋空怅望；弥留犹念我，痛此后幽明阻隔，凭棺一恸了平生。"

按，《僧孚日录》丙寅八月："廿二日，晴……蕙丈之丧，不可无词，祭文又恐不及终篇，师乃为余代作挽联。联云：'词学导先河，重拙大，消息渺茫，宜有心灵追白石；印人承默契，润韵静，品评矜宠，可堪刀法愧秋堂。'丈论词，谓有三要，曰重、拙、大。③ 南渡诸贤不可及处，在是。又尝谓余印似陈秋堂，其评'有殷勤之意者好丽'一印，云有'润韵静劲靓'五字之妙，故联语云尔。……（廿五日）又韩写示蕙丈挽词，辄选录之。……知己已无多，忆宿昔文字商量，洒泪千秋空

---

① 徐珂著，孙安邦、路建宏点校：《康居笔记汇函》，第102—103页。
② 洪廷彦主编：《沙孟海全集·日记卷》，第1061、1063页。
③ 丁卯重九（1927.10.4），向迪琮作《清声阁诗余序》，其词云："昔半唐翁论作词三要，曰：拙、重、大。大不是豪，重不是滞，拙不是涩。此惟汴京诸老能之，临安以后不克逮也。"可见冯乾编校：《清词序跋汇编》第四册，凤凰出版社，2013年，第2098页。

怅望;弥留犹念我,痛此后幽明阻隔,凭棺一恸了平生。"又,丙寅八月廿五日小字夹注:"蕙丈始卒,师欲以联挽之。平生知己,申之以婚姻,千头万绪无从说起。谓余曰:昌黎句'先生有才过屈宋',老杜句'暮年词赋动江关',此两句恰合蕙老身分,惟第三字不相偶耳。"其后改撰是联。①

◎ 丙寅九月初一日(1926.10.7),冯君木令沙孟海代题李氏墓门两道。次日,召集社中诸子和朱彊村、陈训正等十一人,共享由朱炎父所赠、由其如夫人亲自烹制的东坡肉。

> 按,《僧孚日录》丙寅九月初一日条:"师命代题李氏墓门两道。"② 又,同书丙寅九月初二日条:"朱炎父馈东坡肉于师,为君如夫人所手烹炎父如夫人善烹东坡肉,余常得啖之。今为第三次矣。师集社中诸子共啖之。朱彊丈、陈玄丈、夷父、都良皆来,聚啖者凡十一人,肉可六七斤、馒头三十枚立尽。"③

◎ 丙寅九月十一日(1926.10.17),冯君木令沙孟海代写叶母寿幛。

> 按,《僧孚日录》丙寅九月十一日条:"午后,与夷父同过都良,适值侪辈会饮啖蟹,因亦入席。余小饮便有醉意,其后都良、次曳、久饮皆大醉。傍晚,余返。饭后,代师写叶母寿幛。"④

◎ 丙寅九月十七日(1926.10.23),冯君木与陈训正等人联名推荐同邑医者姜竹斋。

> 按,《申报》1926年10月23日第1版《介绍良医》:"慈溪姜君竹斋,幼习举业,兼精岐黄,家居方便,活人无算。其先世宦游两粤,时以医术济人,南人至今称之,迄君已二传矣。顾君不欲世其业,稍长即幕游四方,足迹所至,几遍南北,每出其术治人,无不着手回春。同人等相交既久,知君医学渊源有自,因劝其出而问世,起废针盲,亦仁

---

① 洪廷彦主编:《沙孟海全集·日记卷》,第1066—1070页。
② 洪廷彦主编:《沙孟海全集·日记卷》,第1078页。
③ 洪廷彦主编:《沙孟海全集·日记卷》,第1079页。
④ 洪廷彦主编:《沙孟海全集·日记卷》,第1085页。

者之用心也。代订医例如下……介绍人：盛竹书、褚慧桧、秦润卿、袁履登、胡梦嘉、冯君木、余吉甫、洪左湖、应季审、虞洽卿、薛文泰、沈润挹、方椒伯、叶叔眉、陈（纪）［屺］怀、周友珊、徐建侯、魏拜云同启。"①

◎ 丙寅九月十九日（1926.10.25），冯君木为沙孟海改定《润约》。

  按，《僧孚日录》丙寅九月十九日条："四月间所撰《润约》一文，缮正呈师，师以为佳，即为改定。"②

◎ 丙寅九月二十二日（1926.10.28），冯君木与沙孟海商讨修能学社的明年规划。

  按，《僧孚日录》丙寅九月廿二日条："太希先生过余室，谈久之。后又过师谈社事，明年仍拟续签，余准退出，俾社中少一项开支，太希先生则愿尽义务云。"③

◎ 冯君木特爱《禅林僧宝传》卷七"香风时来，吹去萎花，更雨新者"十二字，特命沙孟海将此十二字刻为一印。丙寅九月二十九日（1926.11.4），刻竣。

  按，《僧孚日录》丙寅九月廿九日条："灯下为师刻'香风时来，吹去萎花，更雨新者'十二字。释典语也，有自新之意，师绝喜之，故令制印。"④

◎ 冯君木身体不适，丙寅十月初一日（1926.11.5），由冯宾符护送至宁波。

  按，《僧孚日录》丙寅十月初一日条："师有小疾，今日承仲足旋甬。"⑤

◎ 在亲家况周颐病逝后，冯君木开始设法安置冯宾符的未婚妻况密文；也就在况密文暂时移居徐黎如处的丙寅十月初三日（1926.11.7）中午，特

---

① 《申报》编写组编：《申报影印本》第228册，第575页。
② 洪廷彦主编：《沙孟海全集·日记卷》，第1096页。
③ 洪廷彦主编：《沙孟海全集·日记卷》，第1100页。
④ 洪廷彦主编：《沙孟海全集·日记卷》，第1104页。
⑤ 洪廷彦主编：《沙孟海全集·日记卷》，第1105页。

地设宴款待来宾,以示明媒正娶。同日,冯贞群撰《孙月峰批评汉书》题记,深以购得九世祖所刻《史记》《汉书》两书为幸事。

> 按,《僧孚日录》丙寅十月初三日条:"蕙丈之少女公子许字仲足,蕙丈殂后,又韩兄弟皆须择业。师因招密文来,暂依黎如居,将来携之回甬。今日由又韩、小宋陪来。都良设筵席以款男女宾客。"①

> 又,《孙月峰批评汉书》冯贞群题记:"童时闻王父谈九世族祖牧翁故事。翁在城东构天益山堂别业,极园林之胜。喜刻典籍。老益穷困,目无所见,至析书板以为薪焉。壬戌五月得其所刻《史记》十册,读其凡例,知先有《汉书》之刻。九月二十八日,徘徊鄞城县前街,……入书肆偈焉。抽架上书,见牙签题《孙月峰批评汉书》,疑为天益山堂刻本,视之果然,乃市之归。清乾隆初,翁曾孙廷楷编刻遗集,《史》《汉》二序均未录入,可见传本之稀。载阅二百,一旦合并,深以为幸。装修告毕,补其阙文,辄记于端。丙寅仲冬十月三日冯贞群。"②

◎ 时至丙寅十月初六日(1926.11.10),冯君木尚有《柳翁生圹志》亟待撰就。

> 按,《僧孚日录》丙寅十月初六日条:"课后,写'柳翁生圹'大字代人。志文须待吾师撰成后书之。"③

◎ 丙寅十月初十日(1926.11.14)前后,冯君木又病腹胀。

> 按,《僧孚日录》丙寅十月初十日条:"董贞柯今日自甬来,谓师近又病腹胀。约明日同过余君索药。"④

◎ 丙寅十月二十八日(1926.12.2),冯贞群作题记,叙说校注《晏子春秋》的缘起,并称将比较己作与《晏子集释》的异同。

> 按,伏跗室藏光绪元年浙江书局刻本《晏子春秋》题记:"往读《说

---

① 洪廷彦主编:《沙孟海全集·日记卷》,第1106页。
② 骆兆平:《伏跗室文献辑略》,载骆兆平:《伏跗室书藏记》,第136—137页。
③ 洪廷彦主编:《沙孟海全集·日记卷》,第1109页。
④ 洪廷彦主编:《沙孟海全集·日记卷》,第1114页。

苑》，以其多采《晏子》，乃出是本参斠，尝博求诸家说，集而注之。属稿未竟，闻平江苏厚康举人舆有《晏子集释》七卷（湖南思贤局本），先得我心，可以搁笔。他日访得，当与此比较其异同。丙寅十月二十八日灯下冯贞群记。"①

◎ 丙寅十月三十日（1926.12.4），王个簃奉吴昌硕之命，将吴氏手札送至修能学社，并托沙孟海转交给冯君木。

> 按，《僧孚日录》丙寅十月三十日条："十时，启之来，余即起。岳丈有长函与师，属为转达。小谈，启之去。"②

◎ 丙寅十一月初四（1926.12.8）夜，冯君木梦见与亡友钱保杭同舟泛海，并看到传说中的无涯亭。

> 按，《回风堂诗》卷7有诗曰《十一月初四夕，梦与钱仲济同舟，泛海遥望，海天廓寥，有绛云自天末冉冉上云中，隐约见楼阁，其色若琥珀。仲济告余："此无涯亭也。"醒而赋诗记之》。

◎ 受冯君木之委托，沙孟海在丙寅十月二十八、二十九日连续两晚赶写刘母寿序。丙寅十一月初七日（1926.12.11），冯君木致信沙孟海，充分肯定其所代作之刘母寿序。

> 按，《僧孚日录》云："（丙寅十月廿八日）代师作刘母寿序，至三时半脱稿，得千二百言。肌理至粗，仍须改削。……（十月廿九日）十二时，始复取昨夜所为寿序删润之，二时眠。……（十一月初七日）得师书，谓余代作刘母寿序'淑谥妥帖，居然成龙'。又谓：'他日江东无我，卿当独秀。'爰忘其愚，殊令人愧汗耳。"③

◎ 丙寅十一月二十四日（1926.12.28），冯君木自甬至沪；当晚，与蔡明存、冯稚望、沙孟海等人一道拜谒吴昌硕。

> 按，《僧孚日录》丙寅十一月廿四日条："十二时起。师至自甬。

---

① 骆兆平：《冯贞群辑校书知见录》，载骆兆平：《伏跗室书藏记》，第46页。
② 洪廷彦主编：《沙孟海全集·日记卷》，第1133页。
③ 洪廷彦主编：《沙孟海全集·日记卷》，第1131、1136页。

晚,明存、稚望来,侍师过谒缶丈。十一时,归。"①

◎ 镇海方积球(1871—1914)夫妇择日合葬于慈溪汶溪之西陬。冯君木为作墓表。

> 按,《回风堂文》卷4《镇海方君墓表》:"君讳积球……弱年隶籍学官,遭时板荡,不求闻达,乡居底厉……家素高訾,累世滞鬻,轺舶四出,建标列肆,充牣都市。革政而后,骤致折阅,或劝稍稍盖匿,徐图恢复……浸寻中岁,洊更忧患,公私填委,不有其躬,遂以民国三年甲寅正月十八日病殁家衖,得年四十有四。……十五年丙寅,合葬慈溪汶溪之西陬。辄述辜较,勒石墓兆,不诬不溢,庶昭无止。"②

◎ 慈溪人林志坚在乃父林塎(1847—1905)去世21年后,合葬其父母于县东鄮岙。冯君木为作墓表。

> 按,《回风堂文》卷4《林君墓表》云:"君讳塎……先世故有遗业在上海,岁入饶给,绝不以自恣侈,然能急人之急,嘘寒赡乏,累斥巨资无吝,物情归附,称为长者。君以国子监生输粟,授奉政大夫,赏戴蓝翎。光绪三十一年乙巳六月二十六日卒,春秋五十有九。……子一:志坚,继配郑所出也。……君卒后二十一年丙寅,志坚治茔于县东鄮岙。"③

◎ 鄞县人董景谦葬其父母于前堰梨花山麓。冯君木为作墓志铭。

> 按,《回风堂文》卷4《清故奉政大夫董君墓志铭》:"君讳礼隆……遘会舛午,温温不试,杜门幽讨,惟以名器象数之学丰其蕴蓄,求为可知不知,亦已外内通介,邈哉睎矣!君天性敦挚,孝于事亲,既以父衰暮不任家政,受命综摄,服劳无斁,事无擅为,行无独成,宾祭有经,出内有序,是曰家督,严君赖之。春秋二十有九,以宣统二年庚戌四月二日病殁家衖。……君殁十有五年,岁在丙寅,(子)景谦奉祖父命,葬君夫妇于鄞东前堰梨花山之麓。穆行永闷,匪文曷彰?是用

---

① 洪廷彦主编:《沙孟海全集·日记卷》,第1148页。
② 冯君木撰,唐燮军等校注:《冯君木集校注》,第356—357页。
③ 冯君木撰,唐燮军等校注:《冯君木集校注》,第357—358页。

镌铭墓石,昭谂来许。"①

◎ 丙寅十一月二十八日(1927.1.1)晚,冯君木始则参加晨风楼消寒集,尔后又赶到云飞路贺师章家中聚餐,同饮者有陈训正、陈布雷、沙孟海、刘凤起、袁思亮、洪太完等人。席间,冯君木作《贺西凌招同刘未林凤起、袁伯夔思亮、陈天婴畏垒兄弟、沙孟海、洪太完完会饮寓斋,次未林韵》②;而陈训正既出示获自山东掖县的云峰山石刻拓片,同时又依韵继作③。

> 按,《僧孚日录》丙寅十一月廿八日条:"阳历元旦。……晚集云飞路贺寀唐寓中,同席者,木师、玄师、袁伯夔思亮、刘未林凤起、叶伯允秉成、陈彦及、金雪朘、洪太完。木师始赴周氏晨风楼消寒集,后至。……玄师出视云峰山石刻拓片,凡四十二种,皆摩崖,此虽未得谓全豹,然大概具矣。云峰山即在掖县境。"④

◎ 丙寅十二月初二日(1927.1.5),冯君木通过陈布雷,为沙孟海翌年在商务印书馆谋得一差事(提前入职于十二月二十二日)。

> 按,《僧孚日录》丙寅十二月初二日条:"近日战事集中浙江,国民党设省政府于宁波,宁波人避地来沪者甚众。十二时,与都良同归。钱经宇主任商务书馆国文函授部,春间欲聘炎父及余,当时皆未应。顷余决定明年脱离修能,师因属陈彦及转询钱君,今日得其复函,业为接洽。"⑤

◎ 丙寅十二月初八日(1927.1.11),冯君木妻李氏为避战乱而来上海,且暂时居住在宝光里。

> 按,《僧孚日录》丙寅十二月初八日条:"师母李孺人率感孙、俞孙

---

① 冯君木撰,唐燮军等校注:《冯君木集校注》,第358—359页。
② 冯君木撰,唐燮军等校注:《冯君木集校注》,第222页。
③ 即《佛证斋中会饮,未林有诗纪事,君木依韵和之,余亦继作》,诗载《天婴室丛稿第二辑》之一《塔楼集》。
④ 洪廷彦主编:《沙孟海全集·日记卷》,第1150页。次日,陈训正在中兴路寓舍招饮修能学社诸子,事详洪廷彦主编:《沙孟海全集·日记卷》,第1151页。
⑤ 洪廷彦主编:《沙孟海全集·日记卷》,第1153页。钱智修(1883—1948),字经宇,浙江嵊县人。20世纪20年代受聘于商务印书馆编译所,主办《东方杂志》,并参与《辞源》等辞典的编辑。

◎ 丙寅十二月二十三日(1927.1.26),冯君木与董贞柯同去法租界租赁住房。二十六日,迁居至位于望志路上的新赁房屋。

> 按,《僧孚日录》丙寅十二月廿三日条:"师与贞柯往法租界看房屋,晚亦来蔡家,师与贞柯留宿。"又,丙寅十二月廿六日条:"师与太希先生皆入居新赁房屋中,社内更无居人。"②

◎ 作于丙寅且流传至今的冯君木诗篇尚有:《题贺西凌 师章 僧服小象》《周公延 覃 过留斋中前夕,章叔言方一宿去赋,赠一律》《久病畏风,范文甫迎致其家,盘桓竟日感赋》《彊村先生以〈饮水词〉暨荔支见饷,赋诗报谢》《望雨》《苦旱》《风雨竟日入夜雨势益恶》《仲可筑室上海康家桥,写〈康居图〉属题》《吴缶翁、姚虞琴招饮晨风庐,次缶翁韵》《病足两月,吴缶老以诗见慰,时缶老亦有同病》《除日杂书》。

> 按,《回风堂诗文集》之《回风堂诗》卷7,明言上列诸诗皆作于丙寅年。

丁卯(1927.2.2—1928.1.22)　五十五岁

◎ 鉴于宁波局势动荡,冯君木一家留在上海过春节。丁卯正月初三日(1927.2.4),沙孟海、蔡赤华相继过来拜年;傍晚,沙孟海陪李孺人等游大世界。次日,蔡衣云等人亦来拜年。

> 按,《僧孚日录》丁卯正月初三日条:"余往望志路谒师,有顷,赤华亦来。晡,陪师母及赤华、密文、俞孙游大世界。……陈彦及于年内有江右之行③,商报总编辑之职务拟请贞柯代理之。"又,丁卯正月初四日条:"晴,一时半起,往修能学社,后过蔡家,衣云辈皆往谒木师。"④

---

① 洪廷彦主编:《沙孟海全集·日记卷》,第1155页。
② 洪廷彦主编:《沙孟海全集·日记卷》,第1163、1165页。
③ 按,《陈布雷回忆录》民国十五年条:"是年年终,乘报馆休列之便,约潘君公展同游南昌。"
④ 洪廷彦主编:《沙孟海全集·日记卷》,第1170—1171页。

◎ 丁卯正月初八日(1927.2.9)，由吴昌硕、朱彊村、冯君木、赵叔雍为况小宋共定之润例公诸《申报》。

  按，《申报》1927年2月9日第19版《商场消息》："临桂况小宋维璟，为蕙风先生次君，年少工篆，尤善治印，师法完白，不徒形似。兹以近作五印，揭之于上，用导润约。石章每字一元，牙章每字二元，极大极小加倍。吴昌硕、朱彊村、冯君木、赵叔雍同定。收件处：申报馆三层楼况小宋，海宁路钱庄会馆修能学社冯君木。"①

◎ 丁卯正月十五日(1927.2.16)，冯君木与沙孟海专程前往位于海宁路上的冯孟颛家，探视其卧病在床的祖母。

  按，《僧孚日录》丁卯正月十五日条："傍晚，过师寓，与师母、贞柯、仲足往贝勒路天祥里看房屋。……饭后，侍师往海宁路孟颛寓孟儒一字孟颛，其祖母方卧疾，师过省之也。既出，师归去，余回报馆。"②

◎ 丁卯正月十八日(1927.2.19)，冯都良夫妇自闸北来与冯君木同住。

  按，《僧孚日录》丁卯正月十八日条："晚饭后，过师寓。都良夫妇今日午后前，由闸北移来合住。"③

◎ 丁卯二月初七日(1927.3.10)，况小宋在《申报》刊登广告，内称如欲购其铁书篆刻作品，可与修能学校冯君木联系。

  按，《申报》1927年3月10日第17版《铁书讯》："况君小宋，为临桂况蕙风词宗之哲嗣，时年弱冠，精研铁书篆刻，上窥吉金，中逮秦汉，下至皖浙诸名派，无不融会贯通，凡有所作，名宿惊许。兹以况君近作，摘载如左，借贡同好。况君定有润例，石章每字一元，牙章每字二元，极大极小加倍。收件处：申报馆三层楼况小宋、海宁路钱业会馆内修能学校冯君木。"④

◎ 丁卯二月十七日(1927.3.20)，况小宋在《申报》刊登广告，内称如欲购

---

  ① 《申报》编写组编：《申报影印本》第231册，第755页。
  ② 洪廷彦主编：《沙孟海全集·日记卷》，第1182页。
  ③ 洪廷彦主编：《沙孟海全集·日记卷》，第1184页。
  ④ 《申报》编写组编：《申报影印本》第232册，第219页。

其"石章",可与钱庄会馆冯君木联系。同日,冯君木偕沙孟海过访吴昌硕。

  按,《申报》1927年3月20日增刊第2版《铁书讯》:"况小宋君,蕙风先生之哲嗣,铁书精绝,闻润格石章每字一元云。兹布其所作如下:介绍人:吴昌硕、朱彊村、冯君木;收件处:上海三马路申报馆况小宋、钱庄会馆冯君木。"①

  又,《僧孚日录》丁卯二月十七日条:"侍师过谒缶丈。谈顷,师有客至,阿增来报,因即返社。丈今年八十四矣,耄耋之年尤勤于吟咏,新岁以来积诗已十余首。"②

◎ 丁卯三月二十一日(1927.4.22)稍前,陈训正被任命为浙江省务委员会委员。

  按,《时事公报》1927年4月22日《省务委员会正式成立》云:"杭电:浙江政务委员会改名为浙江省务委员会,委员为马叙伦、蒋中正、邵元冲、蒋梦麟、朱家骅、徐鼎年、张世杓、黄人望、孙鹤皋、蒋伯诚、周佩箴、程桄钧、周觉、陈希豪、陈屺怀、陈其采、阮荀伯十七人。"

◎ 冯君木赠以《二坟记集联》印本,况又韩特作《清平乐》以致谢。况氏此词,丁卯四月初八日(1927.5.8)见载于《申报》。

  按,《申报》1927年5月8日第16版况又韩《清平乐》:"君木姻伯以唐李少温《二坟记集联》印本见贻,俾资抚仿,精美绝伦,占此志谢。英光墨海,妙迹今犹在。碧落前型浑未改,世世相传模楷。美人绣段琴玕,才人天府名山,不数妃青俪白,真成璧合珠联。"③

◎ 丁卯四月初九日(1927.5.9),况小宋在《申报》刊登广告,内称其书法作品深得吴缶庐、朱彊村、李印泉、张仲仁、冯君木、赵叔雍诸先生之推重。

  按,《申报》1927年5月9日第15版《况又韩君之山水》:"临桂况又韩维琦,为蕙风词老长君,家学湛深,尤精六法,山水清蔚,雅近石

---

 ① 《申报》编写组编:《申报影印本》第232册,第430页。
 ② 洪廷彦主编:《沙孟海全集·日记卷》,第1205页。
 ③ 《申报》编写组编:《申报影印本》第234册,第162页。

谷,于工细写意,无不精妙绝伦,吴缶庐、朱彊村、李印泉、张仲仁、冯君木、赵叔雍诸先生,皆极推重之。"①

◎ 丁卯六月二十七日(1927.7.25),浙江省务委员会改组为浙江省政府,陈训正被任命为浙江省政府委员,并出席浙江省政府委员会第一次会议。

> 按,《浙江省政府公报·会议录》:"浙江省政府委员会第一次会议七月二十五日。出席委员:张人杰、邵元冲、马寅初、陈屺怀、阮性存、程振钧、蒋伯诚、李伯勤、颜大组、陈希豪、马叙伦、蒋梦麐。"②

◎ 丁卯夏秋之际,临桂况周颐(1859—1926)在去世一年后,窆封于湖州道场山。冯君木应邀为作墓志铭。

> 按,《回风堂文》卷4《清故通议大夫三品衔浙江补用知府况君墓志铭》云:"君讳周仪,以避国讳,更仪为颐,字夔笙……南皮张文襄公之洞督湖广,沈阳托活洛忠敏公端方督两江,钦君才望,先后礼聘,署之宾职,文移笺奏,率与参怀。……凤昔尤精声律,官京曹日,益与同里王给事鹏运,以词学相摩揅……辛亥而后,栖迟海滨……春秋六十有八,以民国十五年丙寅七月十八日病殁上海寓次。……君生母李,前葬湖州道场山,君殁一年所,(两子)维琦、维璟用遗命,奉君柩与周、卜二淑人祔葬焉。侧室施,归君数月而君殁,施衔哀矢志,克葆端操,贞疾侵寻,驯至奄忽,距君殁未一期,随瘗茔左,从其志也。法宜附书。"③

◎ 冯贞群应杨容士之请,为撰《杨母张夫人六十寿序》,此文随即于丁卯初秋,见刊于《宁波旅沪同乡会月刊》第50期。同期刊有冯昭适所作《飞凫山馆笔记·浙江第二监狱落成记》。

---

① 《申报》编写组编:《申报影印本》第234册,第183页。
② 《浙江省政府公报》第66期,1927年7月30日发行,第11页。
③ 冯君木撰,唐燮军等校注:《冯君木集校注》,第360—361页。又,陈巨来《安持人物琐忆·记况公一二事》云:"至丙寅七月(况公)逝世之夕,余始获见此新太太,固一端庄之小家碧玉也。不久,大先生强令返苏再醮,渠临行声明不嫁矣。至丁卯春突接其父来电,云施氏已死,速来殡殓云云。大先生故意迟迟去苏,及抵灵前,死者忽张目视,使大先生魂飞魄散,只能丰办了后事,并遵从遗言,扶柩至道场山附葬况公之侧。故冯君木丈撰况公墓志铭时,特书曰:'侧室施附葬公墓,从其志也。'"

  按，冯贞群《杨母张夫人六十寿序》有云："僚婿杨君容士告贞群曰：'吾母今年六十矣，敢乞一言为寿。'乃述之。"①又，《宁波旅沪同乡会月刊》封面明确交代："十六年九月出版，《宁波旅沪同乡会月刊》第五十期。"

◎ 丁卯十月初八日（1927.11.1），陈训正以代理浙江省民政厅厅长兼代杭州市市长。

  按，顾彭年《四年来之杭州市市政》云："……杭州市市行政组织的变迁，可划分为下列五个时期……第二个时期，自邵市长提出辞呈，经国民政府照准以后，经浙江省政府委员会第三十七次会议议决：杭州市市长，未经中央任命以前，由民政厅长暂行兼代。陈屺怀先生以代理民政厅长于十六年十一月一日，就兼代杭州市市长之职。"②

  又，赵晨《国民党统治时期的杭州市长》云："杭州市政府于1927年国民革命军光复杭州后建立……首任市长邵元冲……同年十一月，邵元冲另有重用去职，继任陈屺怀也以省府常务委员的名义，兼任杭州市市长。"③

◎ 丁卯十月十一日（1927.11.4），冯贞群录毕清人汪琬所撰《东都事略跋》，并撰题记。

  按，伏跗室抄本《东都事略跋》题记："偶过天封浮图，访孙君翔熊于蜗寄庐，见案头有汪尧峰《东都事略跋》写本。时余注《石林避暑录话》，颇可采引，遂借归，手景一本，半月而竟。"目录后题："十六年丁卯九月廿六日灯下写起。"卷末题："十六年丁卯十月十一日影写毕，冯贞群记。"④

---

① 冯贞群：《杨母张夫人六十寿序》，载《宁波旅沪同乡会月刊》第50期，1927年9月发行，第18页。
② 顾彭年：《四年来之杭州市市政》，载《市政月刊》第3卷第8号，1930年8月20日发行，第10、14页。
③ 赵晨：《国民党统治时期的杭州市长》，载《杭州文史资料》第5辑，1985年6月发行，第58—65页。
④ 骆兆平：《冯贞群传抄典籍纪略》，载骆兆平：《伏跗室书藏记》，第53—54页。

◎ 丁卯十月十六日(1927.11.9)，陈训正安葬其母顾氏(1847—1926)。

> 按，张原炜《蓺里日记》丁卯十月十五日条云："申刻坐火车抵京，□陈玄婴同年。十六日为陈母下窆之期。玄婴近方代理本省民政厅长。是日，宾友到者极盛。"①

◎ 丁卯初冬，冯君木与姚寿祁一道，造访徐珂于沪西康家桥之康居。

> 按，姚寿祁《寥阳馆诗草》在收录《与君木访徐仲可沪西康家桥》时，明确交代该诗作于丁卯年，且诗内有云："严霜零街树，败叶坠梧槚。"

◎ 冯君木受邀作《张澄贤先生祠堂碑记》，用以表达宁波旅沪同乡对张美翊的敬重和怀念。

> 按，冯君木《张澄贤先生祠堂碑记》云："甬人以好游名，集于沪者尤伙……联谊集谋，乃为思次，命曰宁波旅沪同乡会，用旧府称，取其该也。鄞县张君，晚谢官政，来长斯会……中外人士，无不知有宁波同乡会者，盖君料理之力居多。君殁且三年，乡人慕思益勤，既择日设位，奠于会所，并议所以易其名者，因私谥曰澄贤先生。又有建议者曰：'君福我乡人，亦既沃矣，不有祠祀，何永大惠？'众应如响，遂度地于沪北虹镇，数月落成。声诗伐石，诿之冯开。"②
>
> 考《申报》1924年8月13日《名宿张让三逝世》云："鄞县张让三先生，现年六十八岁，前清时曾为薛福成随员，游历欧洲各国，回国后，曾充上海南洋公学提调，及宁波旅沪同乡会会长，热心公益，为时人所重，忽于本月十日下午四时逝世，甬人多闻而惜之。"③是知张美翊卒于1924年8月10日，由此下推三年而系之。

◎ 镇海人余志伊虽则业商，但终身践行儒学，其妻刘氏更是忍死抚孤，独

---

① 张原炜：《蓺里日记》，宁波天一阁博物院藏。陈训正《先妣讣状》云："母生故清道光二十七年十一月初二日，卒民国十五年夏朔二月初一日，春秋八十。"详参陈训正：《天婴室丛稿第二辑》之一《塔楼集》。

② 冯君木：《张澄贤先生祠堂碑记》，载《宁波旅沪同乡会月刊》第73期，1929年8月发行，第50—51页。

③ 《申报》编写组编：《申报影印本》第205册，第288页。

力支撑门户。故此,冯君木于丁卯十月欣然撰写墓表。

> 按,冯君木《余君墓表》:"君讳志伊……虽治商业,雅不屑与时征逐,轻财尚气,泛交疏戚,多所将助。中年好酒,酒酣以往,忽歌忽哭,如有甚不得已者。……坐是,业益落,境益困,遂终其身。年四十有七,以光绪二十一年乙未八月十五日殁。配俞,继配刘。……刘以民国元年壬子八月二十九日殁,年五十有九。……十六年丁卯十月,合葬县北金家池头。余杭章炳麟铭其幽,慈溪冯开复次其行义,揭之于阡,用谂行道君子。"①

◎ 陈三立见冯君木所作《清故通议大夫三品衔浙江补用知府况君墓志铭》后,推崇有加。

> 按,《雪野堂文稿》卷上《冯回风先生事略》云:"义宁陈散原先生见先生所作况君墓志铭,称为并世诸子,惟余杭章君能为之。"②

◎ 应镇海人乌崖琴(1889—1981)之请,冯君木为作《乌母张孺人七十寿序》。民国十六年仲冬,寿序见刊于《宁波旅沪同乡会月刊》。此文在祝寿的同时,论及"母教"的作用和"事亲"的方向。

> 按,冯君木《乌母张孺人七十寿序》:"……镇海乌君崖琴,以孤儿踔起,累长小学。尝游上海,会吾宁波人之旅上海者谋立宁波公学,即以其事属崖琴。崖琴殚智竭虑,规蒦万端,起横舍,立科条,简师儒,定程课,凡先后董成公学八所,规模闳远,成绩斐然……一日,崖琴造余,称其母张孺人年已七十,欲得余一言为寿。……吾闻之:君子事亲,养则致乐,养体非孝,养志为孝,必觇察夫亲意之所属,深求曲体,俾犁然当于亲心,而后顾之忧俱释,斯为尽养之道焉。高会燕业,苟为侈张,是直养体而已耳。然则崖琴之所以养孺人之志而致其乐者,吾知孺人临觞笑欢之情,将在彼而不在此也。崖琴勉

---

① 刘晓峰等编著:《天一阁藏宁波地区石刻史料集录(民国卷)》,第272页。
② 袁惠常:《雪野堂文稿》卷上《冯回风先生事略》。

乎哉！"①

◎ 丁卯十月,冯君木应吴昌硕之请,为其中年所作《壬辰山水》题诗。

> 按,《吴昌硕艺术年表》所载《壬辰山水》云:"缶翁画笔真不枉,空世所有作莽苍。烟耶云耶出指掌,垂老犹堪资供养。中年意气逸一放,落墨匪求世流赏。蟠天际地造险艰,合眼豁峦神独往。今是何世不可问,山中无人多魖罔。前尘拾得增累唏,一角残山照天壤('蟠天'七字易作'自将刻削最远势')。缶庐先生教正。丁卯十月,冯开。"②此诗,《回风堂诗》卷7题作《吴缶老属题中年所画山水册》。③

◎ 丁卯十一月初六(1927.11.29)晨,吴昌硕病逝于上海。④初八(1927.12.1)下午大殓,冯君木前往吊唁。

> 按,《申报》1927年12月2日第15版《吴仓老昨日大殓》:"金石书画大家吴仓硕逝世详情业志前报。昨日(一日)下午申刻大殓,国内外艺术界及朋旧辈诣灵前吊唁者车辙填门,如朱古微、诸贞长、王一亭、商笙伯、曾农髯、周梦坡、沈琪泉、鲍南屏、许玉农、顾纯生、钱铭伯、徐积余、冯君木、姚虞琴、李平书、陈蔼士、莫伯衡、步林屋、袁克文、褚礼堂、赵叔孺、刘山农、胡郯卿、吴待秋、丁辅之、高欣木、青山农、鲁道人、何篆甫、于右任、王缋青、沈研传等,及日人白石六三郎、吉井民三郎、柴田六次、大仓男爵代表云雀与大郎、驻沪日本商会长米里纹吉等,不下千余人。"⑤

◎ 自丁卯十二月起,冯君木不再担任修能学社社长,改由陈布雷继任。

---

① 冯君木:《乌母张孺人七十寿序》,载《宁波旅沪同乡会月刊》第52期,1927年11月发行,第21—22页。
② 尚左文、解小青主编:《吴昌硕全集·文献卷三》附二,上海书画出版社,2009年,第256页。
③ 冯君木撰,唐燮军等校注:《冯君木集校注》,第228页。
④ 按,《申报》1927年11月30日《吴昌硕逝世》:"金石书画大家吴昌硕自本月六日晨顿觉头晕,半身不遂,医言系类中风,多方调治,均属罔效,于昨晨六时半在北山西路吉庆里九百二十三号寓舍逝世,享年八十有四。"
⑤ 《申报》编写编组:《申报影印本》第241册,第39页。

按,《申报》1927年12月29日第7版《修能学社之改组　陈布雷任社长》:"本埠海宁路钱庄会馆内修能学社,于癸亥秋季,由钱业公会总董秦润卿发起开办,聘请慈溪冯君木、无锡杨宗庆为正副社长,教授学科,注重国文、英文、算学、经济、商业各科,迄今数年,颇著成绩。现闻冯、杨两君因事辞职,已由秦君改聘陈布雷为社长。社中教职员除少数仍旧外,更聘前宁波市教育局局长杨菊庭、前宁波商业学校校长董贞柯、第四中山大学商学院毕业生魏友新、洪通叔担任各科。陈、杨诸君皆教育界知名之士,明年该社之发达,可以预测云。"①

◎ 冯君木称来上海后最怕二事。一畏战乱,二畏收到友人徐珂的长信。

按,徐珂《呻余放言·冯君木之两畏》云:"作札以行书,人所同也。而夏剑丞每谓珂之行书不易认识,审视再三,殊费揣测。……剑丞而外,冯君木亦作是言,谓:'得君书而即须作答者,当令来伻作半日之伫待,将来书息心静气,上下揣度,乃得之耳。'又曰:'在沪有两畏,一畏兵乱,二畏君以长书贻我。来伻候复,急切之下,愈觉读不明白。仿佛岁科考不许给烛。天色已晚,而学差在旁催促缴卷时也。'"②又据《呻余放言·自序》,可知《呻余放言》所录,皆作于丁卯年,故系之。

◎ 丁卯冬,冯君木为况小宋篆艺背书。

按,《申报》1927年12月31日第17版《况小宋君篆刻,冯君木君题字》:"况君小宋,治印精能,细雕棘心,大凿山骨,神明规矩,游刃有余,洵足以窥完白之奥,而阚让翁之藩矣。小宋为蕙风先生长君,幼尝学印于吴缶老,金石刻画,夫君所受,锲而弗舍,其成就宜何等也。

---

① 《申报》编写组编:《申报影印本》第241册,第637页。
② 徐珂著,孙安邦、路建宏点校:《康居笔记汇函》,第59页。又,《呻余放言》之《亲近老成潜移默化》云:"冯君木尝诫其门徒,谓读书之暇,宜以时亲近老成,熏染久之,自能进德修业。善哉君木之言,乃类龚定庵。定庵《致秦敦夫手札》有云:'士大夫多瞻仰前辈一日,则胸中长一分丘壑。长一分丘壑,则去一分鄙陋。潜移默化,将来或出或处,所以益人邦家,与移人风俗,不少矣。'"详参徐珂著,孙安邦、路建宏点校:《康居笔记汇函》,第75页。

丁卯冬日，木居士题。"①

◎ 丁卯除夕（1928.1.22），江苏吴县人吴丑簃（1894—1968），应邀为冯君木题写《逃空图》，且随即作诗一首以志其事。

> 按，《回风堂诗》卷7有《丁卯除夕，吴丑簃为余写〈逃空图〉，即以〈隋董美人志〉拓本索题，先赋一律报之》；又，吴丑簃云："《逃空图》。丁卯除夕，为君木先生写意。吴湖帆快心作此，先生之命余作图，先生其知我者。"再题："除夕彻夜大雨，作图有感，集宋人诗成一绝：'枕上雨声如许奇_{陆放翁}，为渠醒到打钟时_{徐千里}。年来百念成灰冷_{欧阳铁}，却诵僧窗听雨诗_{张文潜}。'即请君木先生正，丑簃漫题。"②

◎ 作于丁卯且流传至今的冯君木诗篇尚有：《次缶老韵，即效缶体》《题洪太完〈屺梦图〉》《闻吴缶老游超山，赋诗寄之》《游法兰西公园感赋》《同彊村先生游憩法兰西公园》《送陈季屏_{祥翰}北游》《题余云岫_岩小影》。

> 按，《回风堂诗文集》之《回风堂诗》卷7，明确交代此上所列诸诗皆作于丁卯年。

戊辰（1928.1.23—1929.2.9） 五十六岁

◎ 戊辰正月，陈训正纂就《掖县新志》20卷。

> 按，陈训正《〈掖县新志〉叙目》云："会应君出宰掖县，有纂修《掖志》之役，遂要余属笔。……都四册；一《图》，二《方舆志》，三《政教志》，四《食货》《人物》《文艺》三志。创始于民国十五年五月，越若干月而书成。慈溪陈某识。"③又，《烟台晚报》2008年3月23日第18版《稿本〈掖县城区详图〉》曰："自民国十五年六月设局，至民国十七年一月，始成底稿二十卷，内附总、分详图二十五张，名曰《掖县新志》。"④

---

① 《申报》编写组编：《申报影印本》第241册，第695页。
② 王叔重、陈含素编著：《吴湖帆年谱》，东方出版中心，2017年，第63页。
③ 陈训正：《天婴室丛稿第二辑》之九《缆石幸草》。
④ 《烟台晚报》2008年3月23日第18版《稿本〈掖县城区详图〉》续曰："乃于二十一年地方假扰（即1932年韩刘之战），《新志》稿本全被炮燃，毁于兵。"

◎ 冯君木作《挽吴缶老》诗两首,追悼吴昌硕。

  按,《回风堂诗》卷7在收录《挽吴缶老》时,明确交代这两诗作于戊辰年。①

◎ 戊辰正月,冯君木拜托陈训正,将无法立足于上海的沙孟海,介绍到浙江省政府秘书处任职。

  按,沙茂世《沙孟海先生年谱》1928年2月条:"先生在上海沾上赤化嫌疑被解职以后,已难以在上海找到工作,幸承他的恩师君木先生转托同乡老友、时任杭州市市长陈屺怀先生的介绍,到杭州浙江省政府秘书处第二科任科员。省政府秘书长双清(止澄)由于屺怀老先生的情面,对先生各方面予以照顾,仅办理一些贺电、唁电、寿轴、挽联等应酬文墨,总算使不得已而步入仕途的先生安下心来。"②

  又,沙茂世《先父与他的恩师冯君木一家》云:"1927年底,先父因替共产党人冯定(君木太先生的侄子)、李求实转递信件,沾上赤化嫌疑,被商务印书馆解聘之后,一时在上海难找工作。君木太先生颇为着急,及时转托同乡、时任杭州市市长的陈屺怀先生,经其介绍谋得浙江省秘书处第二科科员之职,这使才在'四一二'事变后已迁居上海的(先父)七八口家人得以勉强度日。"③

◎ 戊辰二月十六日(1928.3.7)晚,冯君木致函身处杭州的沙孟海,一则感谢沙氏代书陈君诔词、联语,二则告以徐珂病故的消息,三则对王启之赞赏有加。

  按,《若榴花屋师友札存》云:"孟海足下……陈君诔词及联语均合度,负此艺能,给用有余矣……徐君仲可忽于十一日逝世,吾与程子大、陈蒙安同往视敛,恻怆殆不可为怀。前年哭夔老,去年哭缶老,今改岁未及两月,又少仲可矣!……王启之数日不来,吾甚念之。此君匪特多能,乃其沉笃婉挚之情,尤为今世少年中不可多觏之人物。

---

① 冯君木撰,唐燮军等校注:《冯君木集校注》,第231页。
② 沙茂世编撰:《沙孟海先生年谱》,第37页。
③ 王静:《千年望族慈城冯家:一个宁波氏族的田野调查》,第523页。

吾每见之,辄觉有惜惜竟夕之思。缶老晚年得此好弟子,凤雏麟子,不足贵重。尔以后有书抵我,勿用时髦式笺楮,令我对之作恶,千千万万。春寒,珍重。开白,十六夕。"①

据夏剑丞《徐仲可墓志铭》,可知徐氏殁于"戊辰二月十一日"②,由此推算,足以确定冯君木此信作于戊辰二月十六日晚。

◎ 戊辰三月,应鄞县杨文林之请,冯君木作《昭仁里居记》。

按,冯君木《昭仁里居记》云:"杨君文林,鄞西黄公林人,生十二年而丧父,家微也。有姊二人,母李,以手指所入食其孤。……(文林)既有以自赡,则益务利济为母慰荐。所居写僻,军兴以还,讹言一岁数惊。乃以赀券地鄞西郭外,筑室如干楹,将挈妻子奉母以处。经始于丁卯三月,明年三月落成,出入之道,曰'昭仁里'……余识文林自张君于相,于相许人无溢词,独为余称道文林部容口。会文林属余为记,遂参夙昔所闻于于相者诠次之,以著于篇。慈溪冯开撰。归安朱孝臧书。戊辰三月上石,鄞周埜刻。"③

◎ 受葛旸之委托,冯贞群从戊辰仲春起,逐一考察所见宁波市新出土砖石(详参表20),并将考察结果分为两篇,分别题作《宁波市新出土砖石考》《宁波市新出土专石考目》,相继发表在《国立中山大学语言历史学研究所周刊》和《宁波旅沪同乡会月刊》。④

按,冯贞群《宁波市新出土砖石考》引论:"民国十七年四月,宁波工务局堕城垣,发现古砖残石如干种。砖即分散,石舁至局中。葛夷谷旸以脱本见视,属为考之,贞群不敏,于金石之学,凤未究心,姑就耳目所及,条列左方,其所不知,盖阙如也。慈溪冯贞群记于伏跗室。"

---

① 沙韦之主编:《若榴花屋师友札存》之《冯开信札》,西泠印社,2002年,第7—1页。
② 汪辟疆:《光宣以来诗坛旁记》,辽宁教育出版社,1998年,第99页。
③ 刘晓峰等编著:《天一阁藏宁波地区石刻史料集录(民国卷)》,第278页。
④ 冯贞群:《宁波市新出土砖石考》,载《国立中山大学语言历史学研究所周刊》第4卷第44—45期,1928年9月5日发行,第26—31页;冯贞群:《宁波市新出土专石考目》,载《宁波旅沪同乡会月刊》第71期,1929年6月发行,第11—15页。

表 20　冯贞群对宁波市新出土砖石的考察

编号	对　　象	考察结束时间	归属
甲	元嘉砖	1928 年 5 月 5 日晚	《宁波市新出土砖石考》
乙	楼公告记残石二段	1928 年 5 月 9 日	
丙	耕织图诗残石三段	未曾标注	
丁	方国珍德政碑铭残石两段	1928 年 5 月 4 日	
戊	师临行示此竟诸门残石	1928 年 5 月 8 日	
己	能仁院新佛殿记残石三段	1929 年 5 月 1 日	《宁波市新出土专石考目》
庚	唐刺史吴侯庙碑三段	1929 年 4 月 17—18 日	
辛	庆元绍兴等处海运达鲁花赤千户所记残石二段	未曾标注	
壬	移减海都漕运万户府记残石四段	1929 年 4 月 23 日	
癸	张循王庙残碑三段	1929 年 5 月 1 日	

◎ 戊辰初夏,冯君木所作《名字类别表》面世(详参表 21)。

按,冯昭适《飞凫山馆笔记·名字类别表》:"家叔祖君木翁,尝撰《名字类别表》,传示交友,用为笑乐。兹录之如下。"①

表 21　冯君木《名字类别表》

今日人类流品之分,不必观其衣饰、察其举止而知之,但一举其名字,而其人之流品,即可臆度而得,不类而类,自然表著,是殆始于模拟,而成于习惯者欤!端居多暇,以意构拟,得若干类,顾名思义,如或遇之,辄录左方,以博阅者一发齿也。 经学家之字:伯定、劭叔、渊父、晦如。 文学家之号:灵休、石盦、摩诃、南雅。

---

① 冯昭适:《飞凫山馆笔记·名字类别表》,载《宁波旅沪同乡会月刊》第 57 期,1928 年 4 月发行,第 27—28 页。

续　表

　　洋场才子之别号：花好月圆楼主人、海棠香梦词人、琴心阁侍者、三十六鸳鸯别馆外史。
　　报馆主笔之别署：天哭、民史、嘐嘐、冰蚕。
　　草头名士之雅篆：吟樵、瘦仙、醉禅、寄尘、狂客、酒仙。
　　新文化家之署名：赵炎同、黄平、ABC、吴常。
　　志士之头衔：振黄、汉强、亚侠、铁民。
　　富翁之大号：荫乔、蔼堂、繡庭、蔚庄。
　　商人之表字：赞臣、荣卿、仰乔、吉生。
　　工匠之小名：财生、金发、得标、小来顺。
　　舟子之小名：弹胡、泥鳅、小毛头、运发。按：工匠、舟子二类之名，专属宁波而言，他处不如是也。
　　羽流之道号：冲虚、丹丘、玄朗、悟真。
　　缁流之法名：谛妙、圆通、慧云、法空。
　　名媛之字：道昭、窈云、妙闻、若华。
　　闺阁之普通小名：素贞、莲英、翠娥、招弟。
　　妓女之香名：红玉、小桃、四宝、小如意。
　　妓院娘姨之名称：小妹姐、阿金、小翠、阿宝。
　　优伶之名称：韵奎、黑虎、小宝子、白菊花。
　　新剧家之标号：恨侬、冶春、红鸳、悲亚。
　　仆隶之名：张坤、高升、王贵、李福。
　　盗贼之诨号：张铁腿、徐老虎、陈二麻子、双刀阿五。

◎ 戊辰初夏，上海临时义赈会为筹赈鲁灾，发行福果券以充赈款。随后，冯君木赞助所作书画作品。

　　按，《申报》1928年7月29日第6版《征求物品助振会鸣谢捐助物品启事第七号》："兹续承……冯君木善士助自书屏条八幅……以上所收物品，除即延聘专家估定价值分等、悉数配充福果券赠品外，谨登报敬仰仁风。征求物品助振会谨启。地址：九江路二十二号；电话：中央五五七五。"①

◎ 约戊辰夏，冯贞群应李祖彝之请，为作乃父墓表，并随即见刊于《宁波旅沪同乡会月刊》。

　　按，冯孟颛《陈君墓表》："君讳守汾……乡党敬为长者。以中华

---

① 《申报》编写组编：《申报影印本》第248册，第828页。

民国七年戊午十一月二日卒，春秋六十，……越十年，（其子）祖彝等始葬君于西乡南杨漕之原。辄申述一二，俾揭墓道，用诒后人。"①

◎ 戊辰六月二十四日（1928.8.9），冯君木的受业弟子况密文，在《申报》公布其山水画润例。

按，《申报》1928年8月9日第21版《况密文女士山水》："况密文女士为蕙风先生次女，冯君木先生受业弟子。兼工绘事，从其兄又韩学画多年。近作山水，笔法苍劲秀逸，极为朱彊村先生赞赏。兹因求者日众，薄定润例如左：立幅每尺一元，扇册每件一元。收件处：申报馆三楼况小宋。"②

◎ 戊辰八月二十日（1928.10.3），冯贞群作题记，既叙说27年前奉命抄写《淳化阁帖释文》的往事，又谓徐朝弼的释文大多采自王澍《淳化秘阁法帖考正》。

按，伏跗室所藏抄本《淳化阁帖释文》冯贞群题记："吾年十六时侍先王父居鄞江北岸，有人持关中本阁帖丛刻本释文求市者，王父以家藏阁帖无释文命别写一本，朝夕握管，五日乃毕。岁月不居，匆匆二十七年矣，重览此册，犹前日事也。令工装讫，辄题数语。民国十七年岁在戊辰八月二十日灯下慈溪冯贞群书于鄞城水凫桥居宅。"又记："戊辰八月二十日编写宝贤堂帖目竟，以王虚舟澍《淳化秘阁法帖考正》用朱笔校之。徐氏所释多采自虚舟，故并录其未备于册，越三日告毕。冯贞群。"③

◎ 戊辰八月，陈训正卸任杭州市市长一职。

按，顾彭年《四年来之杭州市市政》云："……杭州市市行政组织的变迁，可划分为下列五个时期：第一个时期，自杭州市政府成立之日起，至同年九月为止——是在邵市长任内。第二个时期，自民国十

---

① 冯孟颛：《陈君墓表》，载《宁波旅沪同乡会月刊》第59期，1928年6月发行，第11页。
② 《申报》编写组编：《申报影印本》第249册，第245页。
③ 骆兆平：《冯贞群辑校书知见录》，载骆兆平：《伏跗室书藏记》，第46—47页。

六年十一月起至十七年八月为止——是在陈市长任内。"①
◎ 戊辰九月十五日(1928.10.27),冯君木所作《陈子埁君母余太夫人八十寿言》见刊于《钱业月报》第8卷第9号,用贺戊辰十二月二十四日陈母八十寿诞。

> 按,君木《陈子埁君母余太夫人八十寿言》云:"鄞陈氏寿母,曰余太夫人。戊辰之岁,年八十矣。……太夫人天性澹定,不以纷华措意。四子既用商业起家,太夫人自奉简啬,无改常度,恒训诸子曰……诸子习闻慈训,率皆敦厚尚义,聚财能散,不屑颉颉焉自封殖。一门乐善,物情归响,家风益恢廓矣。是岁十二月二十四日,为太夫人诞降之辰。……今者子秀、子埁兄弟更推大母教,而与为积之,而与为益之,二十年后,期颐百岁,尔时子秀兄弟夫妇,亦皆七八十岁,曾玄来仍辈之拥护于左右前后者,或且数倍于今日。……质诸宾朋,或不以吾为谰言也。"②

◎ 历经二十余日之整理,时至戊辰九月二十六日(1928.11.7),冯贞群编定《伏跗室碑录》一卷。

> 按,冯贞群《伏跗室碑录》题记:"访求典籍,忽俞廿载,金石碑刻,素未研讨。所有碑帖,或得之故家,或鬻之市肆,友朋馈赠,儿子所藏,精粗并蓄,古今兼列,岁月既积,充牣箧笥。乃发大愿,分日排比,经始八月之晦,讫于九月二十六日,得三百三十余种,写定碑录一卷。法帖编目,当俟异日。爰题记数语,聊以自劳。民国十七年戊辰九月二十六日灯下冯贞群。"③

◎ 慈溪人洪德生(1850—1921)卒后七年下葬,冯君木为作墓表,回顾并表彰洪氏的慈善之举。

> 按,《回风堂文》卷4《洪君墓表》云:"君讳德生,字益三,慈溪洪

---

① 顾彭年:《四年来之杭州市市政》,载《市政月刊》第3卷第8号,1930年8月20日发行,第10页。
② 君木:《陈子埁君母余太夫人八十寿言》,载《钱业月报》第8卷第9号,1928年10月27日发行,第165—166页。
③ 骆兆平:《冯贞群著作考述》,载骆兆平:《伏跗室书藏记》,第34页。

氏。……光绪庚辛之难,关中荐饥,君集十余万金振之。无何,淮徐大水,又振之如前。大吏高其义,议于朝,奖其子举人,卒辞不受。君虽游于商,而襟情高胜,有士君子之风。中岁丧偶,宿儒梅先生调鼎以女妻之。……五十已后,居乡隐约,不复与闻外事,顾好义勿衰,浚河渠,治梁道,立横舍,乡政兴革,率引自任。……春秋六十有二,以民国十年辛酉二月八日卒。元配葛,继配梅。子承祥、承祁、承祓。承祁后君一年卒。……越七年,戊辰,承祥、承祓葬君于所居乡之西原。辄次行义,劙石墓道,不诬不饰,以诤行路君子。"①

◎ 镇海人郑师侨,因推行新学而见疑乡民,宣统三年七月初四日,在参与地方自治活动时,被暴民迫害致死。十七年后,其义故后进立碑纪念。冯君木也因此特作《郑君遇害碑记》加以表彰。②

按,洪允祥《悲华经舍文存》卷2《郑望枚墓志铭》:"先生讳师侨,字望枚,世为镇海东绪乡人……先生长而游学省中,既而以念母归,思以其学淑其乡,所创学校凡数所,乡之青年受其教者数百人。誉望日隆……有或诋諆之,夷然不屑辩也,卒以此故,至年三十八岁,而死于非命。时民国建元前一年七月四日也。妻董氏。长子延芬早死;次子延芳,先生死时,年十三岁。越年,先生之友乃克葬先生于兹土,长子延芬附焉。"③

◎ 戊辰十月,陈三立为冯君木题《逃空图》:"投世徒供泪彻泉,局天脊地自年年。氛霾四塞天无缝,独辟洪荒霸一毡。骑气而游众籁寒,茫茫蹄迹倚云看。导邛别有巢由径,莫带饥鸟啄肺肝。"④同期,尚刊有任堇《题冯君木〈逃空图〉》诗。⑤

---

① 冯君木撰,唐燮军等校注:《冯君木集校注》,第362—363页。
② 冯君木撰,唐燮军等校注:《冯君木集校注》,第376—377页。
③ 洪允祥:《悲华经舍文存》,第12—13页。
④ 陈三立:《题冯君木〈逃空图〉》,《蜜蜂》第1卷第10期,1930年6月11日发行,第6页。
⑤ 《僧孚日录》1923年11月27日条云:"董叔为伯年先生子,书画皆工善。吴缶翁始创题襟社,旧在汕头路,吴年老,不常至,俞语霜住社中,若主办。语霜殁后,社分为两,一在福州路,因其旧额;一即停云社,在麦底安路,董叔为其领袖矣。"载洪廷彦主编:《沙孟海全集·日记卷》,第525页。

按,陈开军《陈三立年谱》系其事于民国十七年十月。① 此从其说。

◎ 戊辰十一月二十一日(1929.1.1)之前,冯君木将《题京伶梅兰芳瘞花小象》诗改为《瘞花图》,并当面赠予梅兰芳。

按,《申报》1929 年 1 月 1 日第 33 版《梅讯》:"冯君木先生文章名世,企倒畹华,每见手词,近以所值题《瘞花图》七律见示,为移录如左:'麂麂兰啼兼蕙叹,茫茫雨横更风斜。名都风景余秋色,乱世人才比落花。荷锸相从纷涕泪,褰裳俄惜竭菁华。佳人到有缠绵意,不为芳春发怨嗟。'君木又为孙梅堂制《论畹》云:'九天咳唾生珠玉,绝代容光照翔南。'"②

◎ 戊辰十一月,老友邵廉三六十生日在即;冯君木应其子邵瑞华之请,撰文肯定其人生意义。

按,《回风堂文》卷1《邵廉三六十赠言》云:"戊辰十一月,君六十生日,(其子)瑞华抵书乞言,余惟君居乡日久,恬淡安命,初无琦行伟绩可书,顾一考其平生所更历,凡闻家故族烦颐纷剧之务,经君处分,靡勿冰解缕析,怡然得其条理,驭繁举重,胜任愉快,其精力诚有过绝人者。取验既往,以测未来,斯其获寿之无有涯,可预知也。遂发此旨,以为君异日难老之征。瑞华试持是以进于而翁,其为我靴然而醮一觞也欤。"③

◎ 戊辰十二月初一日(1929.1.11)前后,冯君木有意唱和梅兰芳《蕙兰芳引》词。

按,《申报》1929 年 1 月 11 日第 19 版《梅讯》云:"《蕙兰芳引》自

---

① 陈三立著,陈开军标点:《散原精舍诗文集》下册,第 680 页。
② 《申报》编写组编:《申报影印本》第 254 册,第 33 页。又可见张斯琦编著:《梅兰芳沪上演出纪》1929 年 1 月 1 日《梅讯》,中西书局,2015 年,第 182 页。又《天风报》1936 年 12 月 8 日第 2 版《梅雅》录作:"冯君木先生,文章名世,企倒畹华,每见乎词,其所题《瘞花图》七律,为移录如下:'麂麂兰啼兼蕙叹,茫茫雨横更风斜。名都风景余秋色,乱世人才比落花。荷锸相从纷涕泪,褰裳俄惜竭菁华。佳人例有缠绵意,不为芳春发怨嗟。'"
③ 冯君木撰,唐燮军等校注:《冯君木集校注》,第 291 页。

经唱酬,知好多欲继音。鄞县冯君木先生,雅擅词章,已备藻缀,不日想可揭诸同好。"①

◎ 作于戊辰且流传至今的冯君木诗篇尚有:《次均湖帆题〈逃空图〉》《戊辰新岁次未林太史韵》《为徐伯熊题小影》《赠余百之》《哭金小圃_{兆銮}》《题〈箕裘愿学后图〉,为丁子裘》。

按,《回风堂诗文集》之《回风堂诗》卷7,明言上列诸诗皆作于戊辰年。

己巳(1929.2.10—1930.1.29) 五十七岁

◎ 镇海人董杏生纵横商海二十年,又长期致力于慈善事业,故在戊辰十月董氏年将五十之际,冯君木据董氏族人所纂年谱,为作寿序,同时也借以表达他对民生的理解。己巳正月初六日(1929.2.15),冯氏此序见刊于《钱业月报》第9卷第2号。

> 按,冯开《董君杏生五十寿序》:"太史公撰《货殖》,必归美于贤人之富……镇海董君杏生,太史公所称为贤人者也。……立乡序,建病院,浚河塘,治渠道,二十年来,族党州里,教养毕给,而远近之水旱兵燹、天灾人祸,复不惜斥重资赴之,俾解倒悬而苏民困。……凡国中义善之举,及夫市重要之政,无不资君之力以行,声闻洋洋溢中外矣。君顾欿然不以自慊,尝倡教养游民与移民实边之议,著为论说,冀动当事之听,卒以频年兵战,日不暇给,议寝不行。……戊辰十月为君五十生辰,习于君者,谋得余言为寿,并以君族人所次年谱见视。嘉言懿行,殆非一文所能赅,余故取其荦荦大者著于篇。……吾言非诬,百尔宾朋,以览观焉。"②

◎ 己巳二月,冯君木撰《孙君义行碑》文,大力表彰县人孙衡甫(1875—

---

① 《申报》编写组编:《申报影印本》第254册,第267页。又可见张斯琦编著:《梅兰芳沪上演出纪》1929年1月1日《梅讯》,第182页。
② 冯开:《董君杏生五十寿序》,载《钱业月报》第9卷第2号,1929年2月15日发行,第121—123页。

1945)对慈溪路政水利事业的关注和投入。

> 按,冯开《孙君义行碑》云:"孙君遵法,字衡甫。其先鄞籍,二十世祖味蒁徙居慈溪南乡鹳浦村,遂为慈溪人。君经商著远略,中岁蹉跎,累致兼赢。既起其家,欲不自有……首治路……次浚港浦……余力所暨,靡废不举,固圮岸,扶颓梁,修津步,益造屋步次为行人候渡之所。凡以资利济者,毕完毕复,于是行者、居者、耕作者幸其往反之便,而饮汲灌输之备以饶也。……是役也,经始民国十五年丙寅十月,十六年丁卯十月讫功,先后费银币四万版有奇。乡之耆老感君风义,谋立石道周,属余为文刊之,以永乡人无穷之思。余取其荦荦大者著于篇,后之过者,式是石焉,可也。十八年己巳二月,县人冯开记。衡阳曾熙书。半浦同志公益会同人立。吴郡孙仲渊刻石。"①

◎ 己巳四月,在向迪琮《柳溪长短句》付梓之际,冯君木为朱孝臧代作《向仲坚词序》。②

> 按,《柳溪长短句》卷首朱孝臧《柳溪长短句序》,较诸冯君木《向仲坚词序》,仅字句小异,疑系冯君木为朱氏捉刀代笔而成。又,朱孝臧《柳溪长短句序》文末明言:"己巳孟夏之月,归安朱孝臧。"是知冯氏此文作于民国十八年(1929)四月。

◎ 己巳四月初三日(1929.5.11),在全国美展结束后,冯君木与朱彊村、程子大、吴湖帆等十余位同好,发起创建"观海谈艺社"。

> 按,《申报》1929 年 5 月 11 日第 21 版《观海谈艺社之新组织》:"上海文艺界诸同人以近世潮流,正宜提倡艺术,又观于全国美展会之盛况,乃谋所以继之者,因为小小结社,借集群彦,俾艺术前途得以增进。该社近者会议已有数次,业已组织就绪。发起诸公为朱古微、曾农髯、程子大、叶誉虎、狄平子、王一亭、冯君木、徐志摩、吴湖帆、康

---

① 慈溪市文物管理委员会办公室等编:《慈溪碑碣墓志汇编(清代民国卷)》,第 661—662 页。碑在宁波市江北区慈城镇半浦村半浦小学旧址。碑文正书,共 18 行,满行 33 字。
② 冯君木撰,唐燮军等校注:《冯君木集校注》,第 266—267 页。

通一、赵叔雍、曹靖陶、管一得、李毅士、余盛明、况又韩、况小宋、赵安之等。刻正在征集社员,简章已定,即待散发,入社者已有数十人矣。如同志愿入社者,请到申报馆三楼向况小宋君接洽可也。"①

◎ 己巳五月二十一日(1929.6.27),定海刘舍之母病卒。冯君木应邀为作诔文。

> 按,冯君木《刘母陈太君诔词》有云:"民国十八年,岁在己巳,五月二十一日。定海刘母陈太君,病殁里第,春秋八十有七。……诔曰:懿矣太君,颍川之秀。作嫔于刘,有嘉其偶。……夫淬妇砺,犹干于邪。相助为理,遂昌其家。……乡被其荫,里蒙其德。……昊穹不淑,光仪遽陨,匪直邦媛,丧厥维准。宜著史乘,书之灵旗。敬告无竟,呜呼哀哉。"②

◎ 己巳六月初五日(1929.7.11),况又韩、钱贞若为推销所作书画,竟然搭售朱彊村、王一亭、冯君木的题字,并在《申报》广而告之。

> 按,《申报》1929年7月11日第13版《况又韩山水合作钱贞若女士书画减润》:"每件二元,扇面奉赠。画三件者,赠冯君木先生题字一件。画五件者,赠朱古微先生题字一件。收件处:三马路申报馆三楼况小宋、南市里马路上海货税总局况又韩。堂幅山水每尺二元,屏幅减半。介绍人:朱古微、王一亭、冯君木。"③

◎ 己巳六月十九日(1929.7.25),冯君木应魏伯桢(1877—1929)长子之请,为作《魏伯桢先生五十寿叙》。同期而作者,至少尚有陈屺怀《魏伯桢先生五十寿叙》④、朱鄦卿《寿魏伯桢五十》⑤。

> 按,冯君木《魏伯桢先生五十寿叙》:"初,伯桢以院试第一成诸

---

① 《申报》编写组编:《申报影印本》第258册,第281页。
② 冯君木:《刘母陈太君诔词》,载《宁波旅沪同乡会月刊》第78期,1930年1月发行,第57—58页。
③ 《申报》编写组编:《申报影印本》第260册,第309页。
④ 陈屺怀:《魏伯桢先生五十寿叙》,载《宁波旅沪同乡会月刊》第74期,1929年9月发行,第53—54页。此文又被收录至《天婴室丛稿第二辑》之九《缆石幸草》,并易名为《书魏伯桢五十小象》。
⑤ 朱鄦卿:《寿魏伯桢五十》,载《宁波旅沪同乡会月刊》第78期,1930年1月发行,第60页。

生，感士习之委琐，即发愤东渡日本，研绎数岁，卒得法学士位以归。……民军入浙，君以物望所属，受任浙江省政府政务委员，兼司法科科长，在任仅两月，而浙江之司法行政，皆有稠适上遂之势。……自君中道解职去，而浙人士谈法治者，至今犹为君诵得人也。……既罢官归，栖迟上海，操业为律师，顾不肯为人先，务为被评者申理，解纷排难，俾无害于法而不为法所害乃已，犹蘘之志也。乙巳六月，为君五十生日，长君畕寿，率其弟若妹，谋为称寿，君坚不许。畕寿乃走私于余曰："知家君者，唯夙先生。愿得一文，用为临觞慰荐之资，其可乎？"遂就平昔所稔者历历书之。……是岁六月十九，前伯桢诞生七日。慈溪冯开。"①

◎ 己巳季夏，表兄俞仲鲁年将六十；冯君木特作《俞仲鲁表兄六十赠序》。

按，《回风堂文》卷1《俞仲鲁表兄六十赠序》："仲鲁为我舅父筱亭先生仲子……于穆卿先生为从祖兄弟。穆卿先生慈祥恺恻，爱人本于至诚，乡邻有缓急，不惮出全力援济之，年七十余，犹时时冒疾风甚雨以赴，其行近于仁。仲鲁量稍隘，董学而外，不暇旁及，独恳恳以伦常之地自靖，其德根于孝。两君者，所趋若微不同，而其所操以维系家声者，则无乎不同。……会仲鲁六十生日……遂取其内行为乡人所不尽知者，觑缕书之，以见俞氏家法一脉之所存，既为仲鲁慰荐，并以质诸穆卿先生。"②而《俞鸿挺先生教育事业概略》，又称俞仲鲁生于1870年8月，卒于1945年1月。③ 故系之于己巳季夏。

◎ 己巳夏秋之际，冯君木受修能学社之委托，主持该社国文教材的改进计划。

按，《申报》1929年9月8日第17版《修能学社开学》："海宁路修能学社为钱业公会总董秦润卿君所创办，教材向以国、英、算为主，并

---

① 冯开：《魏伯桢先生五十寿叙》，载《宁波旅沪同乡会月刊》第74期，1929年9月发行，第2—4页。
② 冯君木撰，唐燮军等校注：《冯君木集校注》，第287—289页。
③ 励芒伟编：《师古晓月：宁波市慈湖中学百年校庆纪念文册》，宁波市慈湖中学，2002年9月发行。

灌输其他必要之知识。社长陈布雷君,规划适当,教员皆一时之选,七年以来,成绩卓著。本届陈君以就任浙教厅长,未能常川住社,特委托冯都良君代表接洽一切,协同该社总务主任袁守卿、教务主任杨孟昂、洪通叔三君,主持社务,并由陈社长手订改进计划若干条,交由主持者斟酌施行。除英文方面由杨主任亲自规划外,国文方面敦请文学家冯君木主持,内部精神,益形饱满。闻该社已于六日正式开课,学额六十名,尚未起收,有志向学者尽可前往请求肄业。"①

◎ 己巳七月十七日(1929.8.21)下午,冯君木被宁波旅沪同乡会第八次常务委员会任命为十五位"教育委员"之一。

> 按,《宁波旅沪同乡会月刊》第74期《分股委员一览表》:"教育委员:洪左湖君、赵撷金君、冯君木君、贺寀唐君、魏拜云君、董贞柯君、颜伯颖君、邬振盎君、李权时君、魏嵒寿君、邬志坚君、林孟垂君、徐可升君、张伯铭君、励建侯君。"②

◎ 己巳夏,冯君木携沙孟海、冯贞用来游杭州。期间,或偶遇20年未曾谋面之老友项兰生,或会晤范效文、朱眉仙,或到孤山瞻仰吴昌硕的遗像,或与陈训正、童第德、徐公起、沙孟海等6人合影于冷泉亭,或与陈训正、童第德等人游玩石屋、烟霞、水乐诸洞。

> 按,冯君木《湖上杂诗己巳》小字夹注:"携沙生孟海、儿子贞用附夜行车抵杭,是夕宿旅馆。""遇项兰生,不相见者二十年矣。""范效文、朱眉仙过访,范方与其乡人立诗社。""孤山瞻吴缶卢遗象。""与天婴、次布、孟海、秋阳、公起、仲回摄景冷泉亭,景成黯澹,无复神采。摄工复以浓墨点睛,益不类矣。戏题二绝其上。""泊舟赤山步,与天婴、次布探历石屋、烟霞、水乐诸洞,抵暮乃还。"③

> 又,陈训正《悲回风》录有一诗,题作《南山桂发,客来竞谈,满觉

---

① 《申报》编写组编:《申报影印本》第262册,第227页。
② 宁波旅沪同乡会:《分股委员一览表》,载《宁波旅沪同乡会月刊》第74期,1929年9月发行,第27—31页。
③ 冯君木撰、唐燮军等校注:《冯君木集校注》,第234—235页。

陇之胜。忆昔年曾偕木公及弟子次布、孟海辈,自赤山埠步行至烟霞洞,访碑经垄,憩丛桂下,木公举小山故事,用相嘲谑,雅尚佳致,至今犹偯然山水间,而清言不可复闻矣!追感成咏,并示当日同游诸子》。①

◎ 沙孟海南下广州,任职中山大学,己巳七月二十二日(1929.8.26)晚临行前,特来与冯君木告别。

  按,《兰沙馆日录》民国十八年八月廿六日条:"余将适粤,约与闻野鹤<small>松江人</small>、蒋径三<small>临海人</small>同行。闻君亦新受中山大学之聘,蒋君则向在粤校主编《图书馆月刊》。……八时许,辞别老师,偕稚颐下舟。"②

◎ 己巳七月二十八日(1929.9.1),沙孟海从冯君木删存的先父遗诗稿本中抄录若干首,寄给正在续辑《四明清诗略》的忻江明。

  按,《兰沙馆日录》民国十八年九月一日条:"午后,写先子遗诗。旧写一本,录诗尚多,经木师删存,今录二十六首为定本。同县忻绍如先生<small>江明</small>方续辑《四明清诗略》,已选录数首寄去。"③

◎ 己巳秋,冯君木游杭州,作《湖楼感赋,次天婴均》《次韵天婴秋感》《次均寄天婴》等诗。④ 尔后,又将《湖楼感赋,次天婴均》寄予身在广州的沙孟海(详见表22)。

  按,《兰沙馆日录》民国十八年十月十六日(1929.10.16)条:"得岂师书,录示近作诗十余篇。又示木师游杭时和其《湖楼望韵》,有'任使湖山万卉零,纷红骇绿遍林亭。恼人灯火弥天沸,如鬼车声带梦听。百计销金浑不解,一生蓄眼未曾经'之句,非经历其地,不□此

---

  ① 陈训正:《悲回风》。
  ② 洪廷彦主编:《沙孟海全集·日记卷》,第1217页。在原配朱懋襄不幸病逝后,沙孟海经朱公阜介绍,1928年12月26日与鄞县女子师范学校教务员包稚颐定婚,详参洪廷彦主编:《沙孟海全集·日记卷》,第1291页。
  ③ 洪廷彦主编:《沙孟海全集·日记卷》,第1227页。
  ④ 冯君木撰,唐燮军等校注:《冯君木集校注》,第237—239页。其《次韵天婴秋感》《次均寄天婴》,被合二为一,附录于陈训正《秋来不雨三月,湖上风物俱非,夕夕游瞩,感叹成咏,先后得十首》之二,详参《天婴室丛稿第二辑》之八《缆石秋草》。

诗之妙也。"①

又,沙孟海《冯君木冯都良父子遗事》云:"1929 年夏秋之交,浙江举办盛大的西湖博览会。先生偶客杭州,住石塔儿头陈屺老家,适当断桥路口,日日夜夜,车水马龙,目睹当局挥霍民财,粉饰太平,痛心疾首,写出两首七律……那时我在广州,先生曾录示新作,记得信中说及'劫余江色'一句最得意,言竭泽而渔也。"②

表 22 《兰沙馆日录》所见沙孟海任职广州期间与冯君木的书信往来

时 间	简 况	页码
1929.8.29	沙孟海致函冯君木	1220
1929.9.11	沙孟海致函冯君木	1233
1929.9.21	沙孟海致函冯君木	1241
1929.11.28	沙孟海致函冯君木	1281
1929.12.21	沙孟海致函冯君木,此函原作于 1929.12.14,因未付邮而改作	1293
1930.1.4	沙孟海致函冯君木	1299

◎ 己巳十月二十二日(1929.11.22)之前,冯君木应吴东迈之请,为其父吴昌硕生前最后画作《画兰》(作于 1927.11.26)题诗。③

按,《申报》1929 年 11 月 22 日第 17 版王个簃《安吉吴昌硕先生己巳追荐会纪事》:"又捐馆前一日所绘兰草,冯君君木题诗,极情文相生之妙。诗曰:'衰腕犹能百屈申,自濡秃笔挽余春。芬芳后土吴将老,窈窕山河若有人。出水花光增惝恍,呕心诗句杂悲辛。绵绵神

---

① 洪廷彦主编:《沙孟海全集·日记卷》,第 1254 页。
② 沙孟海:《冯君木冯都良父子遗事》,载《浙江文史资料选辑》第 47 辑,第 103—104 页。
③ 冯君木:《题吴缶老〈画兰〉》,载冯君木撰,唐燮军等校注:《冯君木集校注》,第 242 页。

理应无尽,乞与相累作后身。'"①
◎ 己巳十月,冯君木为陈巨来题吴湖帆所画《安持精舍图》。②

  按,己巳十二月初十(1930.1.9),冯氏此诗以《冯君木先生题安持精舍图》为题,发表于《上海画报》第 545 期,且诗末题款:"巨来姻世兄属题《安持精舍图》,即送其游辽,次金香严先生韵。己巳十月,冯开。"③

◎ 己巳十月,冯君木返甬,期间留宿朱氏别宥斋,受到盛情款待,事后赋诗致谢:"余生江海上,不忘此黄昏。"

  按,《回风堂诗》卷 7 有诗曰《己巳十月归甬上,三宿别宥斋,留赠朱赞父》。④

◎ 在鄞县人周亭荪四十生日到来之际,应洪太完之请,冯君木为作《周君亭荪四十赠言》。

  按,冯开《周君亭荪四十赠言》:"海通已还,殊方奇巧,毕贡于我,时辰钟若表,几于家需而户要。……君年十四失恃,三十二失怙,幼岁即走上海,从孙君梅堂游。孙君故钟表巨商也……设总枢上海,分其支于四方,广播博衍,规模益廓。君黾勉服劳,所以赞辅孙君者,甚周且至。……二十年来,由上海分衍之支肆,无虑二十余所。……一业之渐,而蕃殖乃及十数行省。匪特见孙君操制之神,抑君之所为后先疏附者,其精力亦过绝人矣。……己巳某月为君四十生日,君之交旧,谋为君置酒,而介洪生太完乞言于余。……太完试持是以质诸君,君其为我醻一觞也欤。"⑤

◎ 奉化朱文炯葬其父朱人健(1853—1899)于县城北郊,冯君木为作墓

---

① 《申报》编写组编:《申报影印本》第 264 册,第 607 页。
② 冯君木:《题陈巨来夷同〈安持精舍图〉,即送其出关,次金香严韵》,载冯君木撰,唐燮军等校注:《冯君木集校注》,第 243—244 页。
③ 冯开:《冯君木先生题安持精舍图》,载《上海画报》第 545 期,1930 年 1 月 9 日发行,第 3 页。
④ 冯君木撰,唐燮军等校注:《冯君木集校注》,第 242 页。
⑤ 冯开:《周君亭荪四十赠言》,载《宁波旅沪同乡会月刊》第 111 期,1932 年 10 月发行,第 54—56 页。

表,并集中于表彰其热心助人、创立乡学。

  按,《回风堂文》卷 4《朱君墓表》:"君讳人仪,字虞廷,姓朱氏。……君夙承庭教,慈祥恻隐,穆若性成,乡邻急难,州里义善之举,苟力所逮,靡不倾囊橐以赴。……奉化地窎僻,士不说学,溺于科举媕陋之习,取足媚世而止,君患民智之锢蔽,与二三耆旧创立乡学,礼聘大师,经史而外,兼以名物象数牖导风气。……卒以劳殉。……君卒以光绪二十五年己亥某月某日,春秋四十有七。……子一:文炯。……君卒后三十年,文炯始葬君于县北郊之原。"① 兹由光绪二十五年下推三十年而系之。

◎ 余姚陈纲(1848—1918)卒后十余年,与其三夫人合葬于伏虎山麓。冯君木为作墓表。

  按,《回风堂文》卷 4《陈君墓表》云:"君讳纲,字载诚,一字笠安,姓陈氏。……兄弟六人,君次在四……生平自奉至约,不袭不肉,以终其身,顾乐施与,居乡任恤,散财弗遴……六十已后,率性律物,日进益严,每刺取史书故事可资劝惩者,排类好写,著为家诰。……民国七年戊午九月十日告终家衖,春秋七十有一。……以十八年某月,与三夫人合葬本县石堰伏虎山之麓。姱修淑问,不阐曷章?是用表石墓兆,下谇无极。"②

◎ 己巳十月初十日(1929.11.10),冯君木赴六三花园参加中日友人纪念吴昌硕先生逝世三周年的活动。

  按,《申报》1929 年 11 月 22 日第 17 版王个簃《安吉吴昌硕先生己巳追荐会纪事》:"安吉吴先生在逊清民国间,以书画金石刻纵横睥睨,执大江南北坛坫牛耳者垂数十年,年臻耄耋,神明不衰,享年八十四岁而卒,盖民国十六年旧历丁卯十一月六日也。……今届先生逝世三周纪念,中日人士与先生生前雅故或钦迟先生行谊者,召集亲好及海上名流,共同发起组织己巳追荐会,于本月十日假江湾路六三花

---

① 冯君木撰,唐燮军等校注:《冯君木集校注》,第 364—365 页。
② 冯君木撰,唐燮军等校注:《冯君木集校注》,第 366—367 页。

园举行,并于会陈列先生生前作品及手泽遗物之有文艺价值者。……综计名簿签到者,共一千余人。中国方面名流,如朱古微、叶誉虎、王聘三、曾农髯、狄平子、王一亭、冯君木、刘翰怡、哈少孚、任堇叔、金甸丞、李拔可等,政界有唐少川、于右任、劳敬修、陈蔼士、王晓籁等,学界则海上各校外更不胜计。"①

◎ 己巳十二月,由郑孝胥、程子大、吴湖帆、冯君木等十八人共同发起的观海艺社,成立于上海。

> 按,《中国美术社团漫录》"观海艺社"条:"一九三〇年一月成立于上海,由郑孝胥、程子大、狄平子、吴湖帆、杨杏佛、赵安之、朱古微、王一亭、冯君木、康通一、赵叔雍、况小宋、曾农髯、叶誉虎、徐志摩、李毅士、况又韩、管一得十八人共同发起组织。该社以'研究国画、西画、书法、篆刻、诗文、词章'为宗旨。参加活动的均为沪上知名画家和诗人……活动了没几个月,因机构庞大,社员分散,难以组织;再加上缺乏经费,而于同年六月停顿。"②

◎ 己巳十二月十六日(1930.1.15),两浙监运使周骏彦母葛氏(1846—1930)病卒。稍后,冯君木为作《周母葛夫人家传》。③

> 按,陈训正《周母葛太夫人灵表》:"母葛,奉化人。……年十九,归同邑周氏。……生五男一女。……第三子骏彦,今浙江省政府委员、两浙监运使,兼陆海空军总司令部经理处处长。……十九年一月十五日,母微感不适,遽告厥凶。……寿终八十有五。有美意而不获延年,天鹭之谓何。爰述哀辞,用扬懿德。"④准此,足以确定陈训正《周母葛太夫人灵表》、冯君木《周母葛夫人家传》皆当作于1930年1月15日葛氏卒后不久。

◎ 据说在己巳十二月十八日(1930.1.17)之前,冯君木业已兼任昌明艺

---

① 《申报》编写组编:《申报影印本》第264册,第607页。
② 许志浩编著:《中国美术社团漫录》,上海书画出版社,1994年,第106—107页。
③ 冯君木撰,唐燮军等校注:《冯君木集校注》,第307—309页。
④ 陈训正:《天婴室丛稿第二辑》之九《缆石幸草》。

专的国文教授。①

按,《申报》1930年1月17日第17版《昌明艺专筹备就绪》:"新创昌明艺术专科学校,现已筹备妥定,校长王一亭,副校长吴东迈,教务主任诸闻韵。内容分国画系、艺术教育系。各系主任及教授均属当代名流,国画系主任王启之,教授、实习如商笙伯、吕选青、吴仲熊、薛飞白等;诗词题跋如冯君木、诸贞壮、任堇叔等;艺术教育系图画主任潘天授,西画主任汪荻浪,音乐主任宋寿昌,手工主任姜丹书,教授如陈澄波、陶晶、仲子通、何明斋等。校舍在贝勒路蒲柏路口,设备完善。"②

◎ 作于己巳且流传至今的冯君木诗篇尚有:《湖上杂诗》《为曹靖陶_{熙宇}题〈看云楼觅句图〉》《题魏伯桢_炯五十小象》《董乐山_{大圻}六十寿诗》《得于相书,并示君海见赠之作,次韵奉寄,兼贻君海》《程子大_{颂藩}将图西归,久未成行,赋诗留之》《听王个簃_贤弹琴》《次均天婴见寄》《题董仰甫_{乔年}〈春草庐遗诗〉》《次高云麓_{振霄}韵》《严慧锋_燮母丁夫人七十寿诗》《题项易庵〈自写小象〉,为蒋毅孙》《美人风筝,限咸韵》。

按,《回风堂诗文集》之《回风堂诗》卷7,明言上列诸诗皆作于己巳年。

庚午(1930.1.30—1931.2.16)　五十八岁

◎ 庚午三月十六日(1930.4.14),《铃报》刊出据说成于冯君木之手的《如梦令》《忆江南》两词。

---

① 但在王个簃的印象中似乎并无此事:"我在新华艺术大学和中华艺术大学任教的同时,昌硕先生的小儿子吴东迈和其他一些朋友正在酝酿办一个艺术专科学校以纪念昌硕先生。经过很长的一段时间的筹划,资金、校舍、师资力量都一一有了着落。于是,吴东迈请王一亭出任名誉校长,他自任校长,我担任了国画系主任。……在昌明艺专任教的大多是昌硕先生的门生故旧,也有社会上的名流学者,他们是:曹拙巢、潘天寿、贺天健、任堇叔、胡汀露、吴仲熊、薛飞白、诸闻韵、诸乐三等。师资力量是很强的,但由于'昌明艺专'是吴东迈等自筹资金开办的,校舍等又都是租来的,所以开销很大。后来资金紧张了,有点入不敷出了,于是办了两年的昌明艺术专科学校只好停办了。"详参王个簃:《王个簃随想录》,上海书画出版社,1982年,第76—77页。

② 《申报》编写组编:《申报影印本》第266册,第409页。

> 按,《铃报》1930年4月14日第2版《君木近词》:"《如梦令》戏作此词,以宁波方言读之,可勿使上下唇微动也:'坐尽高屋灯火,竟夕凄凉难过。可奈夜深时,只有秋人一个。婀娜,婀娜,独向红栏愁卧。'《忆江南》又用舌音:'琵琶罢,画阁雨纷纷。莫问空蒙琼月魄。不堪飘泊玉梅魂。风外梦无痕。'"

◎ 庚午四月,章闇得知冯君木病后,特来上海探视。

> 按,章闇《哭冯回风师》云:"去年我方病,闻师梦蛇虫。力疾浮海至,一面万念灰。临别握我手,相见能几回?忍泪不敢落,为言无后灾。别后十一月,岩岩泰山陨。千夫不可赎,一棺埋山隈。"①

◎ 庚午五月十五日(1930.6.11),冯君木在《蜜蜂》杂志发表《题识杂言》一文,纵论题识与绘画相得益彰之理。

> 按,冯君木《题识杂言》:"……若由画者自择古人诗词以立画意……使题与画互相辉映发,而画境亦与之增高,此诚画前经营之妙诀也。……综前二说言之,一自外及内,一自内及外,其画境胥由诗词成句造成之。由是以观,则诗词成句之有助于画也,不綦重欤?"②

◎ 庚午五月,冯贞群从林虚集处借得《清闷阁集》全本,据以补充旧藏之缺失。

> 按,《清闷阁集》冯贞群题记:"倪高士《清闷阁集》十二卷,初于老友卢澹园处访得九卷……后于王仲邕师所得末三卷……庚午五月复向林集虚假到全集,手景卷末缺页。三度合并,方成完璧,后人读此,勿轻弃之。冯贞群识。"③

◎ 庚午六月十一日(1930.7.6),况又韩在《申报》刊登广告,折价售卖其"著色仿古山水扇面",冯君木与陈布雷等十二人被列为介绍人。

> 按,《申报》1930年7月6日第17版《况又韩著色仿古山水扇面

---

① 《申报》编写组编:《申报影印本》第293册,第377页。
② 冯君木:《题识杂言》,载《蜜蜂》第1卷第10期,1930年6月11日发行,第6页。
③ 骆兆平:《伏跗室文献辑略》,载骆兆平:《伏跗室书藏记》,第137页。

减润》:"两月每件二元,扇面奉送。收件处:(本埠)三马路望平街申报馆三楼况小宋,或时事新报馆营业部贺庆鸥。(外埠)通信:法界望志路永吉里二号半况又韩,七日交件。外埠挂号,寄回邮资不加(别件另详减润例,函索即寄)。介绍:朱古微、陈宝琛、郑苏堪、叶玉虎、李根源、樊樊山、王一亭、张仲仕、程子大、冯君木、陈布雷、赵叔雍。"①

◎ 昌明艺专暑期补习学校将在庚午六月十二日(1930.7.7)开学,据说冯君木被该校聘为理论教授。

按,《申报》1930 年 6 月 28 日第 15 版《昌明艺专暑校近讯》:"昌明艺术专科学校暑期补习班,原定七月一日开学,兹因各地中小学教师函请展期,乃延至七日开学。闻各系教授均系当代艺术界名流,西画方面有方干民、汪荻浪、陈澄波、卢维治等,音乐方面有宋寿昌、仲子通、张桂卿等,中国画方面有王一亭、诸闻韵、潘天寿、吴仲熊、吕选青、王个簃、诸乐三等,理论教授请任堇叔、冯君木、姜丹书、何明斋等担任。近来报名入学者颇为踊跃云。"②

◎ 遵母命而辞去中山大学教职的沙孟海,庚午闰六月二十二日(1930.8.16)去杭州任职盐运署之前,在冯君木家中写信给仍在中山大学的妻子包稚颐。

按,沙孟海《兰沙馆日录》1930 年 8 月 16 日条:"早晨,未动身前,在木师家中作书致稚颐,付沪邮。"③

◎ 庚午闰六月二十四日(1930.8.18)晚,沙孟海既尝分别拜谒任职于西湖博物馆、浙江省教育厅的陈训正、陈布雷,又曾写信给冯君木。

按,《兰沙馆日录》1930 年 8 月 18 日条:"晚间,偕藻孙过岯师。师现寓长生路同乡会楼上,谈久之。又往里西湖小刘庄看布雷,小

---

① 《申报》编写组编:《申报影印本》第 272 册,第 145 页。
② 《申报》编写组编:《申报影印本》第 271 册,第 743 页。
③ 洪廷彦主编:《沙孟海全集·日记卷》,第 1316 页。

冯君木年谱

谈,即出。……屺师近长西湖博物馆,请马叔平为历史文化部主任。"①

◎ 庚午闰六月二十八日(1930.8.22),沙孟海收到冯君木的来信,受托代撰江姓人之寿序(详参表23)。

按,《兰沙馆日录》1930年8月22日条:"得木师快函,属代撰江姓人寿序。"②

表 23 《兰沙馆日录》所载江姓人寿序写作过程

时间	写作过程	页码
1930.8.22	得木师快函,属代撰江姓人寿序	1319
1930.8.26	晚间始动笔,得十数行辄止;木师又来函催促	1321
1930.8.27	日间拟续草寿序,无聊文字,殊乏意味。灯下草寿序,至二时,方终篇	1321
1930.8.28	上木师快函,附文稿	1321

◎ 庚午七月初七日(1930.8.30),沙孟海有事上海,顺道探视冯君木。彼时,冯君木因久困胃病而精神衰弱。

按,《兰沙馆日录》1930年8月30日条:"九时五十分,附特快车赴沪,发车后雨渐霁。午后二时抵沪,已晴朗矣。至新唐家弄庆源里木师寓中。四时许,与都良同出……就三马路豫章泰小饮,语谈甚畅。"③又,同书1930年9月1日条:"木师久困胃疾,精神衰减不少,谓惟余至,辄兴奋谈语忘倦。"④

◎ 庚午七月二十六日(1930.9.18)晚,冯君木委托沙孟海撰写寿序。

---

① 洪廷彦主编:《沙孟海全集·日记卷》,第1318页。
② 洪廷彦主编:《沙孟海全集·日记卷》,第1319页。
③ 洪廷彦主编:《沙孟海全集·日记卷》,第1322页。
④ 洪廷彦主编:《沙孟海全集·日记卷》,第1324页。

　　　　按，《兰沙馆日录》1930年9月18日条："晚间，拟代木师撰写寿序。"①

◎ 庚午七月二十八日（1930.9.20）晚，沙孟海自杭来沪参加某君追悼会，顺道探望冯君木。

　　　　按，《兰沙馆日录》1930年9月20日条："晚饭后，偕引年附六时五分特快车赴沪。伯系之丧，其姻友拟于廿八日在沪开会追悼，余亦不能无所表示，即车中撰挽联一偶，他日书而寄之。十时三刻抵沪，寓华商别墅。安顿行李毕，即过谒木师，谈至一时许，返。自余前次来沪，师胃病日剧，至不能起坐，近日始渐就痊耳。"②

◎ 庚午夏秋之际，冯君木连续四十多天胃部不适，在程子大的介绍下，经证道居士按摩六七次后，方才痊愈。

　　　　按，《申报》1930年9月27日第17版马尹才《记证道居士之按导术》："房县证道居士袁君，以善按导著名，所治瘳者不可胜计，以余所知，如……宁波冯君木君，夏秋间病胃四十余日，日久益苦，不能起坐。居士以为病由心气耗损，以致伤脾，不速治，后且益难。凡按导至六七度而愈。冯君语：'余胸胃间，一经按抚，觉热气下冲丹田，蒸腾郁烈，直彻尾闾。及按至膀胱，则热气由股而膝，悠然直达至踵。'"③

　　　　又，《申报》1930年10月1日第14版《十大胃病》："吾师证道居士，为医胃圣手，前于弟子记中已述具数条，兹更择其最近医治海上名人十大胃病之特效，略事表著。……冯君木君，于海生甚有文名，患胃痛，痛彻于脊臂，气急身软，不能纳食，其体渐萎。西医以为胃垒，谓非刀割莫愈；中医以为隔食症，药液不易奏效。经程君子大介绍吾师往诊，断为因事过耗心血，未能息养所致。冯君始恍然于数月前，勉应友人之约，连作寿序四篇，病以加剧。施以按导，立见奇功。

---

① 洪廷彦主编：《沙孟海全集·日记卷》，第1334页。
② 洪廷彦主编：《沙孟海全集·日记卷》，第1335页。
③ 《申报》编写组编：《申报影印本》第274册，第677页。

冯君每于吾师施术之时,闭目默审,尝觉吾师灵掌按处,每有热气循其小腹达于足心,有非常快愉之乐感云。……证道居士医厘弟子孙晓如、陈叔侃、李卓然、袁金寿谨记。"①

◎ 庚午八月二十九日(1930.10.20)前后,沙孟海萌生了离开盐运署、另谋出路的想法。

按,《兰沙馆日录》1930 年 10 月 20 日条:"此间诚受主者之厚待,然工作之味,颇思舍去,但又碍于情面,难以启口,如何?"又,1930 年 10 月 22 日条:"此间工作,殊非我所愿干,既已来此,不能不勉留,苦可□已。竟日闷损,听潇潇暮雨,此怀又当如何!"②

◎ 庚午九月初六日(1930.10.27)乃其亡妻俞因六十阴诞,冯君木既祭奠于萧寺之中,又赋诗感怀。

按,《回风堂诗》卷 7 录有《九月六日,亡室俞孺人诞辰,追荐萧寺,戍阿、拜云皆至。拜云有诗赠戍阿,即次其均》诗。③ 该诗后曾发表在《宁波旅沪同乡会月刊》第 89 期。

◎ 庚午九月初九日(1930.10.30),冯君木所作梅掀翁传,被太渊甫山阴叶斋发现后,发表在《字学杂志》第二期。

按,《梅掀翁传》文末云:"太渊按此传为慈溪冯君木丈所作,丈与掀翁为文字神交,故传中所书掀翁事甚详,而外间未经见是稿。余偶过斋中,录之以实《字学杂志》。"④

冯君木有关梅掀翁的传记,又可见其《回风堂胜记》:"吾邑梅友竹先生以书艺名浙东,用笔得古人不传之奥。……少日颇致力二王,中年以往,参酌南北,归于恬适,晚年益浑浑有拙,致入化境矣。生平论书至苛,并世书家无一足当其盼睐者。顾于教诲后生,则恳恳靡有倦容。……性孤僻,视荐绅若仇寇。达官巨公丐其书不得,或反从野

---

① 《申报》编写组编:《申报影印本》第 275 册,第 14 页。
② 洪廷彦主编:《沙孟海全集·日记卷》,第 1352—1353 页。
③ 冯君木撰,唐燮军等校注:《冯君木集校注》,第 246 页。魏友模(?—1949),字拜云,慈溪县明德乡魏家桥(今属余姚市)人,曾供职于上海市北京路四明银行。
④ 冯君木:《梅掀翁传》,载《字学杂志》第 2 期,1930 年 10 月 30 日发行,第 23—24 页。

老苋竖得之。同县唯与徐南晖杲、王缦云定祥、王瑶尊家振、何条卿其枚最善。先生殁后数年,条卿谋为先生置笔冢于梦墨峰下,而属余铭之,逡遁未果。瑶尊尝以先生遗诗一束见视,其诗喜为质直朴塞之言,平素服膺东坡,乃其所作多有类郑板桥者。朋曹颇张之,余未敢附和也。"①

◎ 庚午九月二十日、二十一日(1930.11.10—11),沙孟海受冯君木之委托,代撰《朱母墓序》。

  按,《兰沙馆日录》1930 年 11 月 10 日条:"代木师草《朱母墓序》,日间得一段,夜九时后继为之,至二时始就。逮眠,已三时余矣。傍晚,又得木师书,来催寿序也。即复一书,约明日缴卷。"又,1930 年 11 月 11 日条云:"上木师书,寄文稿去。……午后,又得木师快函,又来催文。知师待之已急,幸已寄出耳。"②

◎ 庚午十月初九日(1930.11.28),冯贞群在历经九十天的整理后,编就《伏跗室藏别集书录》初稿。

  按,伏跗室藏《别集书录》题记云:"访求典籍,忽忽廿年,别集之属,汗牛充栋,旧录簿目,都无伦次。乃于长夏曝书时,日写集目一二纸,以作者生年为序,其不知者,比以科目。人事牵帅,作辍靡常,历九十日,此册告竟。合刊之本别为下册,其在丛书中者,俟异日再行编入。此为初稿。聊备检讨之需,非定本也。民国十九年十月九日灯下冯贞群记。"③

◎ 庚午十月二十五日(1930.12.14),沙孟海受冯君木之委托,代撰王文翰之母墓序。次日,便寄稿给冯君木。

  按,《兰沙馆日录》1930 年 12 月 14 日条:"十一时,始草王文翰之母寿序代木师,彻晓乃就,遂不复眠。"又,1930 年 12 月 15 日条云:

---

 ① 〔清〕董沛、忻江明辑,袁元龙点校:《四明清诗略》,第 2033—2034 页。"家振"二字原脱,兹据叶伯允《赧翁小传》补入。叶伯允《赧翁小传》,可见邹向东主编:《二十世纪宁波书坛回顾——书法论文史料选辑》,第 79—80 页。
 ② 洪廷彦主编:《沙孟海全集·日记卷》,第 1363 页。
 ③ 骆兆平:《冯贞群著作考述》,载骆兆平:《伏跗室书藏记》,第 33 页。

"上木师书，寄文去。"①

◎ 庚午十月三十日（1930.12.19），陈训正被公推为杭州市市长。

> 按，《兰沙馆日录》1930年12月19日条："傍晚，枕老由省政府回来，谓今日会议席上，公推屺师为杭州市长。"②

◎ 庚午十一月初六日（1930.12.25），沙孟海接到任职中央大学秘书的邀请③。同日，冯君木急令沙孟海即刻赴沪。次日晚，沙氏抵达冯宅。

> 按，《兰沙馆日录》1930年12月25日条："得夷之电话，谓叔傥有快函来由民庭转，因急赴之，则朱骝先欲招余任中央大学秘书，并属此次勿再辞谢云云。……得木师电报，招余即赴沪。写寿屏，拟明日往。"又，1930年12月26日条云："四时五十分快车赴沪，孟璋与余同行。是夕，宿木师西门路新寓中。"④

◎ 弟子朱炎复病卒于南京，冯君木得悉后，既痛心不已，又为之整理遗稿。

> 按，《雪野堂文稿》卷上《冯回风先生事略》云："其弟子朱咸明之殁也，家人以先生善感，秘不之告。后友人于燕会中偶语及，先生辄大哭，并属朱之子送其遗稿审正之，曰：'吾身后诗文宜付托咸明整比，不意余乃先定其文也。'又大哭，不可曲止。"而陈训正《回风堂诗文集叙》又明确交代："君有弟子朱咸明炎复者，为古文谨严有师法，先君五月旅卒于京师。"⑤据此由冯君木病卒时间前推五个月而系之。

◎ 庚午岁末，冯君木客居上海，某日盛情款待姚寿祁。

> 按，姚寿祁《寥阳馆诗草》之《次韵寄君木上海，时余方由沪抵杭

---

① 洪廷彦主编：《沙孟海全集·日记卷》，第1378页。
② 洪廷彦主编：《沙孟海全集·日记卷》，第1381页。
③ 1930年12月30日，沙孟海为此亲赴南京，与朱骝先面谈，事详洪廷彦主编：《沙孟海全集·日记卷》，第1386页。
④ 洪廷彦主编：《沙孟海全集·日记卷》，第1384—1385页。
⑤ 陈训正：《回风堂诗文集叙》，载《国风半月刊》第7期，1932年11月1日发行，第57页。《兰沙馆日录》1931年3月8日条："宛隆为炎父仲子，炎父逝后，毛勉庐先生为言于主帅，使宛隆进总部，嗣父职务。"详参洪廷彦主编：《沙孟海全集·日记卷》，第1422页。

_{庚午}》云："拂面风沙口舌干,感君为我授佳餐。置身久已拚牛后,谋食真成累马肝。歇浦车声留梦寐,孤山梅萼又高寒。天涯岁莫乡愁乱,折取疏枝子细看。"

◎ 庚午十一月二十九日(1931.1.17),况又韩在《申报》刊登降价售卖其"著色仿古山水四尺堂幅"的广告,冯君木与陈训正等十人被列为介绍人。

  按,《申报》1931年1月17日第17版:"况又韩著色仿古山水四尺堂幅减润,赠名人题句,词宗朱古微、程子大,诗家冯君木、钱太希,任选其一。每幅十二元,赠纸三尺同例,他件另议。收件:本埠三马路申报馆三楼况小宋,外埠通信上海法租界望志路永吉里二号半况又韩。十日回件,另加邮费。朱古微、程子大、陈弢庵、郑苏堪、陈天婴、陈布雷、王一亭、冯君木、钱太希、赵叔雍。"①

◎ 庚午十一月三十日(1931.1.18),冯君木所撰《安吉吴先生墓表》见刊于《申报》。

  按,《申报》1931年1月18日第19版冯君木《安吉吴先生墓表》:"先生讳俊卿,字昌硕,晚以字行。……夙耽文艺,兼擅治印……七十而后,光名弥著。……春秋八十有四,丁卯十一月六日告终上海寓邸。……先生卒前数月,尝游唐栖超山。兹地有唐玉潜之遗风,岩栖谷汲,民物隐秀。先生乐其高胜,夷犹林阜,憺焉忘反。迈敬承先旨,谋兹灵宅,旋得吉卜,兆域斯定。粤以辛未之冬,下窆封隧,永宁体魄。是用甄述景行,镌石茔表。上质有昊,下谇无纪。慈溪冯开表。"②

◎ 庚午十二月初六日(1931.1.24),沙孟海进京任职中央大学,行经上海,留宿冯宅;期间,应邀与冯君木等人一道赴饮余岩家。

  按,《兰沙馆日录》1931年1月24日条:"整束行装,乘九时五十分特快车行。……午后二时许到沪,至冯宅。……云岫约明日晚饮。本拟明日午车赴京,因此须改夜车行。……宿冯宅,侍师谈,抵二时

---

① 《申报》编写组编:《申报影印本》第278册,第243页。
② 《申报》编写组编:《申报影印本》第278册,第273页。

半始眠。"又,1931年1月25日条:"晚返冯宅,与师偕过余宅赴宴。"①

◎ 庚午十二月初七日(1931.1.25),冯君木登报感谢按导名家袁证道的救命之恩。

> 按,《申报》1931年1月25日第8版《赠按导名家袁证道先生》:"生所长者郓阳,忽而来兮海上。枯槁不舍,精神□漾。无涯意量,自然专气致柔,宁谓闭斗塞兑。闻之洛,诵之孙,索于形骸之外,吐气合寥天一,着手得安平太散。君掌上珠□,消我胸中蒂芥。不德斯□上德,救人故无弃人。不可说,不可说。如其仁,如其仁。冯君木。"②

◎ 庚午十二月三十日(1931.2.16),朱彊村填《东坡引_{庚午岁除}》③,冯君木随即和以《东坡引_{庚午除夕和彊村}》④。

> 按,无论是朱彊村所填词,抑或冯君木所答,皆已明确交代其写作时间,即庚午除夕。"

◎ 作于庚午且流传至今的冯君木诗篇尚有:《才思》《程子大以中泠泉见饷兼脁一诗,赋此报谢》《子大以新刻〈鹿川诗集〉见示,即题其后,叠前均》《汝身》。

> 按,《回风堂诗文集》之《回风堂诗》卷7,明言上列诸诗皆作于庚午年。

辛未(1931.2.17—1932.2.5)　五十九岁

◎ 辛未正月初一日(1931.2.17),冯君木因右手麻木,无法写字作文,遂拜托任职中央大学的沙孟海,代撰一篇极为重要的寿序。当晚,朱彊村又填《浣溪沙_{元夕枕上作}》⑤,冯君木则和以《浣溪沙_{辛未元夕再和}》⑥。

---

① 洪廷彦主编:《沙孟海全集·日记卷》,第1396—1397页。
② 《申报》编写组编:《申报影印本》第278册,第446页。
③ 〔清〕朱孝臧著,白敦仁笺注:《彊村语业笺注》,浙江古籍出版社,2015年,第408页。
④ 冯君木撰,唐燮军等校注:《冯君木集校注》,第440页。
⑤ 〔清〕朱孝臧著,白敦仁笺注:《彊村语业笺注》,第409页。
⑥ 冯君木撰,唐燮军等校注:《冯君木集校注》,第441页。

按,《兰沙馆日录》1931 年 2 月 17 日条:"得俞孙快函,为木师手指麻木,有极要之寿序一篇,命余代撰。即复,亦快函去。俞妹来函,札尾由师附批数语,笔迹颇宕,想见麻木之程度左手无恙。"①

◎ 来杭州陪伴小产后身体虚弱的妻子的沙孟海,从辛未正月十二日(1931.2.28)晚开始,代乃师撰作两浙盐运使周骏言六十寿序,两天后定稿,随即寄给冯君木。

按,《兰沙馆日录》1931 年 2 月 28 日条:"九时许,始代木师草周枕老六十寿序,仅得一小段。时尚早,寒甚,即寝。"又,1931 年 3 月 1 日条:"晚九时许,续草枕老寿序,至一时,大致略就,乃眠。"又,1931 年 3 月 2 日条:"午后,续草寿序,于是毕稿。致木师快函,附文稿去。此文亦代师作也。"②

◎ 辛未正月二十七日(1931.3.15)前,冯君木右臂风瘫。

按,《社会日报》1931 年 3 月 15 日第 2 版鹊神《冯君木积劳疯腕》:"甬上诗人冯君木先生,道德文章,为世所推重。……先生隐居沪壖,不求闻达,家居生活,惟以卖文是赖。去岁因慕名求文者,门限为穿,而先生体素屡病,不暇应接,往往夜以继晷,刻烛催诗,因是以致精神日形衰弱。去秋迄冬,感冒体虚诸症,时发时愈。医士金云岫常劝先生休养林泉,以旷襟怀。卒以被家计所累,不果成行。今春初患体虚肠病,比愈,而其右臂已红肿,手指麻木,虽举箸执笔,亦觉无力。经西医敷药疗治,肿乃渐退,而右臂伸舒失其知觉,遂成疯瘫。名士晚境,竟成残废,不亦凄惨哉!"

◎ 经朱彊村、冯君木审阅而定稿的况蕙风遗著,自辛未二月十日(1931.3.28)起陆续出版。

按,《申报》1931 年 3 月 28 日第 13 版《短讯》:"故词宗况蕙风先生遗著、诗文、笔记、集外词数十卷,请朱彊村、冯君木两先生阅定,即行付梓。《笔记》十余种,先用铅字印行,陆续出版。《天春楼漫笔》

---

① 洪廷彦主编:《沙孟海全集·日记卷》,第 1412 页。
② 洪廷彦主编:《沙孟海全集·日记卷》,第 1418—1419 页。

《玉栖述雅》二种,先行付梓云。"①

◎ 辛未二月二十三日(1931.4.10)夜,沙孟海代冯君木撰作郁姓墓志一篇,次日脱稿。

  按,《兰沙馆日录》1931年4月10日条:"夜,代木师作郁姓墓志,成半篇。"又,1931年4月11日条:"草郁君墓志,至一时脱稿。上木师书。"②

◎ 辛未三月上旬,冯君木病情呈现出难以逆转的恶化趋向。③ 在此前后,王个簃请冯君木题诗于王一亭(1868—1939)所画《少阶先生遗像》之上。冯氏当时虽已病入膏肓,但仍勉力口占二绝。④

  按,《王个簃随想录》云:"我的父亲王少阶原是个教书先生,在我刚满五岁的时候,就不幸去世了。……为了怀念父亲,我还请王一亭先生画过一幅《少阶先生遗像》,旁有冯君木老师的反手题跋,这幅画至今我还珍藏着。"⑤

◎ 辛未三月初八日(1931.4.25),沙孟海离京赴沪,专程探望病危中的冯君木,次日抵达冯宅,又当夜返归。

  按,沙孟海《兰沙馆日录》1931年4月25日条:"九时许,首途赴沪往省,木师病也。"又,1931年4月26日条:"晨至上海,赴永裕里冯宅,姚贞丈夫妇亦适于今日早晨到。师尚睡,故未登楼。据勉勤说,近十日来病势转变极速,现已喑不能言,而精神清朗、耳目明析,有意不能宣诸口,故倍觉伤心。……登楼省师疾。师斜倚卧椅上,见余至,泪下,失声。余亦不觉泫然。顷之,又回头视余,又挥泪。如是

---

① 《申报》编写组编:《申报影印本》第280册,第721页。
② 洪廷彦主编:《沙孟海全集·日记卷》,第1434页。
③ 《回风堂诗》卷7末载冯贞胥"谨案"云:"先君于庚午十二月忽病,……易岁而后,病势转亟,一家忧惶,都难为计。先君犹能属思构文,曲相宽譬,卷末二绝,即于困顿中口占,令贞胥书者。时体气大损,言语蹇涩,扶头蹙额,神情颓然。"载冯君木撰,唐燮军等校注:《冯君木集校注》,第248页。
④ 冯君木:《个簃奉王一老所写〈先德遗象〉索题辛未》,载冯君木撰,唐燮军等校注:《冯君木集校注》,第247页。
⑤ 王个簃:《王个簃随想录》,第3—4页。

者三次。余不得已,退至椅后,盖胸中有千万言欲吐出,竟不能抒泄一声,人间伤心事,宁有逾此者!师病象甚奇,初仅右手无名指、小指麻木,后五指全麻,后及于手臂,及于右足,中西医均束手无策,顷延日人用物理治疗,谓系新发明者,不知果有效力否?午后,衣云、玉妃亦来,衣云亦特从甬来。师卧定后,环视余及衣云等,似稍喜慰,破颜为笑,乃欲起坐作字,余等扶之起。初病指时,左手无恙,以左手握管,作反书绝工,为启之题其先人行乐诗,即于轴作反书,向日反视,无异正书。今日强欲作字,自取《古诗钞》,指《人日思归》一首,欲移写之,字迹已不清晰,必须注视多时,方识一字,又往往误书。'思归'二字,乃写作'思齐'。后请写余名,则写作'沙若',余'谓夺一文字,请重书',又写作'沙若'凡所作皆反书,盖神思已不甚清朗矣。余等以师久坐且倦,因复扶之就寝。余于是夕十一时四十五分车返京。"①

◎ 辛未三月,童第德前来探望;彼时,冯君木虽已得风疾,却仍然乐于为童氏改正文字。

> 按,童第德《冯君木先生传》云:"今岁三月,谒先生于沪,则已得风疾,右手不能握笔,亟称第德所为《观潮记》,命出他文,为更定数字,口授而使第德自书之。有顷,持某氏画观音象,展视久之,曰'以畀汝'。先生素不喜佛,颇用是以为怪。未几,而先生卒。"②

◎ 老友吴昌硕(1844—1927)将在冬季下葬于唐栖之超山,冯君木为作墓表。

> 按,《回风堂文》卷4《安吉吴先生墓表》云:"先生讳俊卿,字昌硕,晚以字行,安吉吴氏。……春秋八十有四,丁卯十一月六日告终上海寓邸。……粤以辛未之冬,下窆封隧,永宁体魄。是用甄述景行,镌石茔表,上质有昊,下谇无纪。"

◎ 辛未三月,冯贞群编录《覃溪府君著作存佚考》。

---

① 洪廷彦主编:《沙孟海全集·日记卷》,第1439—1440页。
② 童第德:《冯君木先生传》,载陈训正撰:《悲回风》。

> 按,《罩溪府君著作存佚考》云:"……都凡十有六种,存六种,残一种,佚四种,未见五种。世有藏公遗书者,幸乞见示,当续补焉。民国二十年三月,冯贞群谨记。"①

◎ 辛未四月初二日(1931.5.18)下午四时,冯君木先生病逝于上海。

> 按,袁惠常《雪野堂文稿》卷上《冯回风先生事略》云:"况、吴前卒,咸遗言必先生志其墓。……吴君墓表甫具稿草而殁,成绝笔矣!年五十有九,时中华民国二十年五月十八日也。乌乎!自先生殁,朱、李亦同年殂谢,东南耆硕,凋零殆尽。屺怀先生哭先生曰:'天丧斯文,国无人矣!'"②

> 又,《时报》1931 年 5 月 19 日第 5 版《冯君木病故》:"慈溪冯君木,客冬右手忽患三指麻木,兼复牵掣半身,迨延中西名医诊治,断谓病在脑部,挽救非易,于日昨午后四时逝世。"

> 又,《中国新书月报》1931 年第 1 卷第 8 期《文学家冯君木逝世》:"慈溪冯君木先生诗词文章,杰出一时,年来鬻文海上,求者踵接,体本羸弱,重以操思过劳,客冬右手忽患三指麻木,兼复牵制半身,延中西名医诊治,断谓病在脑部,挽救非易,卒于五月中旬逝世。"

◎ 作于本年且流传至今的冯君木诗文有:《个簃奉王一老所写〈先德遗象〉索题》诗。

> 按,《回风堂诗》卷 7 明确交代《个簃奉王一老所写〈先德遗象〉索题》诗作于辛未年。③

---

① 冯贞群:《冯侍郎遗书》附录卷 3,载张寿镛辑:《四明丛书》第 6 册,第 3364—3367 页。
② 沙孟海《冯君木冯都良父子遗事》误系其事于辛未五月十九日。
③ 冯君木撰,唐燮军等校注:《冯君木集校注》,第 247 页。

谱　后

◎ 大概在得知冯君木病卒后不久,陈训正作《哭木公》诗六首。组诗在追述三十年交情之余,既详载冯氏病逝前夕两人的最后一次会面,又保证将勉力整理冯氏的传世诗文。

> 按,陈训正《哭木公六首》:"昨日眼前人,今日各生死。……同病怜往日,吾与子与应。呻吟互酬答,牵傍相为命。……闻疾我来视,困缠已经日。支肤半不仁,喉舌官都失。未见心先怜,既见悲莫抑。君时犹顾我,作气累叹息。牵臂如欲语,握手觉无力。泪河倾已干,势犹夺眶出。对此百茫茫,感念纷而集。思以一言慰,不知从何入。……百身穆尔赎,吾责无旁贷。何以存尔真?千秋名业在。何以明我责?尊闻宝所爱。文章有真价,珠玉矜唾欬。货奇居不易,掇拾将谁待?悠悠异世名,托付当有藉。扬风复抁雅,吾党敢自外。"[1]

◎ 辛未四月初三日(1931.5.19)下午一时,冯君木先生遗体入殓。洪允祥、沙孟海各作联语以挽之。[2]

> 按,《申报》1931年5月19日第9版《文学家冯君木逝世》:"慈溪冯君木先生,诗词文章,杰出一时,年来鬻文海上,求者踵接,体本羸

---

[1] 陈训正:《哭木公六首》,载陈训正撰:《悲回风》。沙孟海《冯君木冯都良父子遗事》云:"冯、陈二先生是40年旧交。……冯先生殁时,陈先生悲痛已极,连赋悼念诗词17首,又撰行述一篇,诗文集序一篇,题曰《悲回风》,单刊发行。陈先生长先生一岁,行述标题'慈溪冯先生',加上《悲回风》的专刊,都表示对先生的倾佩与尊敬。"

[2] 洪允祥:《悲华经舍文存》附录;洪廷彦主编:《沙孟海全集·日记卷》,第5页。

弱,重以操思过劳,客冬右手忽患三指麻木,兼复牵掣半身,迭延中西名医诊治,断谓病在脑部,挽救非易,卒于昨日午后四时逝世。其家人定今日(十九日)下午一时大殓云。"①

又,沙孟海《冯君木冯都良父子遗事》:"先生殁时,我的挽联云:'陈太丘文为德表,范为士则;郭有道贞不绝俗,隐不违亲'。先生生前喜爱蔡邕的金石文字,我以蔡邕集中所题襃的汉代师儒陈寔与郭泰两人比拟先生,时论题之。"②

◎ 辛未四月初五日(1931.5.21),绿叶在《大晶报》刊文致敬冯君木,然其《冯君木逝世及其生平》多系杜撰之词。同日,□鸟在《金刚钻》刊文悼念冯先生。

按,《大晶报》1931年5月21日第2版《冯君木逝世及其生平》:"……冯先生为国府委员陈布雷之业师、逊清举人,其诗文类有奇气,且诗词联赋,无所不能,与朱彊村、冯梦华、(寐沈叟)[沈寐叟]、方地山、郑孝胥等齐名③。生时,曾一度为钱业闻人秦润卿之秘书,则同乡关系也。有云其居常撰多数联句,譬如春季贺婚、夏季哀挽,彼所撰就者,择之即可用,不必另撰,无不适合。其生平襟怀淡泊,倦于仕进,为人所尊敬云。"

又,《金刚钻》1931年5月21日第2版《悼冯君木先生》:"……其古文辞最为时贤所传颂,近岁金石墓志之作,其文不出于陈散原,即出于先生也。……然先生体本羸弱,笔劳墨瘁,渐以不支。……先生尝泫然谓人曰:'此身与益者三友绝交矣。'三友者,一笔一箸一烟签。缠绵至今年,益见困顿。月前有谒者,先生已舌僵不能接谈。膏已明

---

① 《申报》编写组编:《申报影印本》第282册,第465页。《新闻报》1931年5月19日第10版《文学家冯君木逝世》,与《申报》的报道几乎完全一致,仅"昨日"倒作"日昨"。

② 沙孟海:《冯君木冯都良父子遗事》,载《浙江文史资料选辑》第47辑,第104页。《嵩江文选》误将"陈太丘"三字引作"陈仲弓",并冠以"挽著名国学家冯君木"之名,详参谢振岳主编:《嵩江文存》,宁波出版社,2012年,第379页。

③ 1933年10月30日,沙孟海致函王个簃,内称"苏堪先生与先师虽未晤面,但彼此知识(《回风堂诗》有其题辞)"。详参魏武、姚沐编著:《王个簃年谱》,上海书画出版社,2020年,第104页。

灭,致天天年;知先生者,同有是慨也。先生享年仅五十有九,著作甚多,其友生拟为之刊行云。"

◎ 辛未四月初六日(1931.5.22),吴湖帆前来吊丧。

按,吴湖帆《丑簃日记》1931年5月22日条:"吊冯君木丧,送挽联云:'妇学托孤吟,看青镫梦冷,黄绢词工,《妇学斋传》传妇学;逃空成怆语,了南浦云飞,西山雨卷,《逃空图》竟竟逃空。'君木妇学斋为怀其夫人也。夫人善填词,君木曾索余画《妇学斋填词图》卷,又为之画《逃空图》小卷。"①

◎ 辛未四月初九日(1931.5.25),《正气报》刊载寒灰所作《吊冯君木》。

按,《正气报》1931年5月25日第2版灰寒《吊冯君木》:"浙学今犹余几辈,彊村词场传海内。……人言布雷擅新闻,每出一纸万人爱。我识其师冯君木,海上擅名三十载。墓铭独让陈义宁,寿序敢夸沈子配。万事一枪能不废,犹记三五少年时。一官括苍府中倅,君时丽水为训导。……钟馗相攸惊嫁妹,魑魅归来山鬼愁。"又诗末自注:"君木名开,甲午举人,任丽水教官,余时任处州同知。光阴一瞬,又三十年矣。余每语君曰:'余死后,当以墓志相托。'又岂意君之先余而死耶! 凡人于故交生死之交,皆眷眷不能自已焉。余妾一枝,与君为族妹,故'钟馗相攸惊嫁妹'一语,为此发也。寒灰自记。"

◎ 辛未四月十七日(1931.6.2),冯君木子孙在《申报》刊登讣告,宣称将在五日后设奠于慈城槐花树门头本宅。同日,怜苹《冯君木君轶事》见刊于《福尔摩斯》,但纯系捕风捉影。

按,《申报》1931年6月2日第5版《恕讣不周》:"先大人君木府君,痛于民国二十年五月十八日晡时疾终沪寓正寝,距生于清同治十二年癸酉十一月十九日亥时,春秋五十有九。不孝亲视含敛,即日遵礼成服,匍伏扶枢,回籍安殡。兹择于六月七日在慈城槐花树门头受吊。辱在亲年世友,谊哀此赴闻,恕不另赴。继慈命称哀孤哀子冯贞

---

① 吴湖帆著,梁颖编校,吴元京审订:《吴湖帆文稿》,中国美术学院出版社,2004年,第8页。

胥都良、贞用仲足泣血稽颡,齐期孙照遂容舒泣稽首。蒙赐唁辞,请寄上海望平行申报馆、宁波路恒利银行、宁波湖西女子中学。"①

又,《福尔摩斯》1931年6月2日第3版怜萃《冯君木君轶事》:"……余于先生,谊属同里,又曾立雪程门,杖履近随,今闻噩耗,不禁起黄罅腹痛之感也。君讳开,号君木,字阶卿,又号木居士。曾撰游戏文投寄《自由谈》,署名马二千,又曰伊才,榜其堂曰回风,自称回风亭长。……况蕙风、吴昌硕生时,与君往返甚密,故与况订秦晋之好,吴亦命其长男东迈执师礼以事君。吴并作蝇头小楷扇笺一帧贻之,凡四百余字,为生平所从未有者,先生珍之。"

◎ 辛未四月十八日(1931.6.3),平子《冯君木君轶事》一文见刊于《克雷斯》,其所称冯君木觐见光绪帝之说,纯属胡言乱语。

按,《克雷斯》1931年6月3日第2版平子《冯君木君轶事》:"……先生身后,遗《回风堂稿》都十四卷,生前屡拟付梓,然受经济所困而辍。其哲嗣等将汇其散帙,出版问世,届时定能纸贵洛阳也。……先生进学拔贡,往京师入觐光绪帝,以宫院广大,不辨东西,误闯武备房……守者叱之,先生大□,汗流(挟)[浃]背,手足无措。先生告以故,百般解释,得免于难,然亦险矣。"

◎ 辛未四月十九日(1931.6.4),冯君木子孙在《申报》刊登讣告,宣称将在三日后设奠于慈城槐花树门头本宅。同日,《申报》免费刊载絜庐所作《冯君木轶事》,但该文的部分内容,例如梁启超对冯君木文采的推崇,显系杜撰。

按,《申报》1931年6月4日第6版《讣告》:"先考君木府君痛于民国二十年五月十八日寿终沪寓,春秋五十有九。不孝等亲视含敛,遵礼成服,匍匐扶柩回籍,谨择于六月七日在慈溪城内槐花树门头本宅设奠,哀此上闻,恕不另讣。继慈命称哀孤哀子冯贞胥冯贞用、齐期孙昭遂,泣血稽颡。倘蒙赐唁,请寄上海望平街申报馆、宁波路恒

---

① 《申报》编写组编:《申报影印本》第283册,第33页。

利银行、宁波湖西女子中学。"①

又，《申报》1931年6月4日第11版《冯君木轶事》："……时清政不纲，国事日非，先生悁焉忧之，与邑中同志创立慈湖中学、正始小学、东城女学，开全浙风气之先。时吾浙留日学子有《浙江潮》之刊，以唤醒当时萎靡之民气，先生造诗数首投之，清丽排奡，寄托遥深，新会梁任公见而惊曰：'此叔季未易才也。'攫而以实所编《新民丛报》。迨陈天婴创《天铎报》于海上，聘先生主小说栏，与馆中洪佛矢、戴季陶之论文，称天铎之三杰矣。……又喜掖奖后进，苟有少长，往往赞不绝口，而于故人之子，尤耿耿于怀，吹嘘之、提絜之，不遗余力。……吾髫龄尚知奋勉，先生颇爱之，尝致书吾父，令予弃商就学，吾家世业商，不允，后学贾未半月，卒得先生一书而还。呜呼！吾父去冬死矣，今先生亦归道山。濡笔至此，吾不能复书矣。噫！"②

◎ 辛未四月二十三日（1931.6.8），贞一《记冯君木先生》见刊于《申报》，披露了诸多独家消息。

按，《申报》1931年6月8日第13版《记冯君木先生》："……先生起病极微，初仅觉手指麻木，继而延及周身，未几病喑。自起病至弥留，仅百二十日。疾未起时，甬上名医范文甫偶来沪访先生，既归，驰书告友人曰：'木公病危矣。'其友大惊，亟来沪省先生疾，见先生健饭如常，颇笑范君之妄。迨先生病殁，人始叹范君目光之远，故范君挽先生联有'信庸医多伏可死机，欲□死死矣'之语。实则先生病中亦自知不起，去岁盛省传先生之殁，先生挽之有云：'痼疾缠绵，了无生趣，倘许从游入地，虽为执鞭，所欣慕焉。'时先生病胃，经名医袁证道按摩，已将痊愈，此联因病中不能握笔，嘱门人魏友棐代书。既发，先生忽觉联语太萧瑟，拟改之未果。不意竟成语谶也。……海内挽先

---

① 《申报》编写组编：《申报影印本》第283册，第88页。
② 《申报》编写组编：《申报影印本》第283册，第93页。

生诗文联甚多,其门人洪荆山有五古一章,语极沉痛,移录如后:'逃空求空处,恒苦心魂驰。……决绝复决绝,质疑兮向谁?'"①

◎ 辛未五月十二日(1931.6.27),老惟所作《记冯君木先生》,见刊于《大报》(上海1924)第2版。

> 按,老惟《记冯君木先生》云:"我邑文士,向推陈天婴、冯君木、洪佛矢三先生为祭酒。天婴先生服官圣湖,佛矢先生教授他乡,均不获一聆清诲。惟君木先生,曾居比邻,过从较密,得知稍详。先生讳开,……近年始来沪卖文,枕葃韩、苏,菹醢徐、庾,求者颇众。先生体极孱弱,卖文多应酬词,实非心愿,予每叩谒,先生蹙然道苦。生才不生财,真是恨事,否则读先生文章,岂有如曾文正所谓'米汤语'也!……去年患风疾,始在两手,继及两足,牵□不能动弹。先生自知不起,遇知友往谒,必以购安眠药水相请,睹状无不暗泣者。后口复病瘖,食物不能下咽,亘绵四月,卒至不救。云门、抱存两先生魂归天上,已哭斯文之哀,何期先生亦应修文之召,撒手尘寰,悲矣!"

◎ 辛未六月十一日(1931.7.25),《申报》刊出陈训正所作《慈溪冯先生述》。该文简要地追述了冯君木的生前行迹、处世原则、治学特色与家庭情况。同日,冯君木追悼会筹备会在宁波旅沪同乡会举行谈话会,并议定三项事宜。

> 按,《申报》1931年7月25日第17版陈屺怀《慈溪冯先生述》云:"……先生为学,务其大不遗其细,博闻强识如王深宁,其文章高迈峻洁……则如汪容父。……诗初宗杜、韩,所诣近玉溪,中年稍稍取法西江,晚更离乱,声华益刊落,每有谣咏,必千灌百辟、融冶情性而出之。生平重气谊,尚节概。……内修之美,既越群伦,绎古之功,尤多创发。晚年讲学沪上,益与先朝名宿老帅相往还。安吉吴仓硕、临桂

---

① 《申报》编写组编:《申报影印本》第283册,第205页。郑逸梅有云:"四明有一桥,为宋代建筑,既圮重建,名医范文虎购得遗木,乃制寿柩二,一自用,一贻朱古微。贻朱者,冯君木为作铭,吴昌硕又篆'沤巢'二字镌刻其上。"载郑逸梅:《艺林散叶》(修订版),第505页。

况周颐、吴兴朱孝臧，尤契先生。吴、况前数年殁，有遗言必先生铭其墓。既具草而病作，凡病三阅月而遂绝，年五十有九。"①

又，《申报》1931年7月26日第15版《冯君木追悼会筹备讯》报道："慈溪冯君木先生追悼大会发起人，昨日下午三时，在宁波旅沪同乡会开谈话会，到者张申之等廿余人，商定八月廿三日假宁波同乡会举行追悼。当场公推张申之、励建侯、费汝梅、蔡琴荪、陈器伯、洪荆山、魏友棐、洪通叔、陈宾旸、钱箕传、任士刚、何寅庵、魏拜云、沙孟海、冯子衡、胡仲持、杨葆仁等为筹备员，并定廿七日下午五时开第一次筹备会。"②

◎ 辛未夏，童第德作《冯君木先生传》。

按，童第德《冯君木先生传》云："……诗似陈后山，文类汪容甫，见今世作者，独许余杭章君。章君文朴挚，先生则文质相被、声情并至，义宁陈三立以为章君勿能过也。……第德好慕效太史公、欧阳永叔文章，先生谓：'宜兼取孟坚，资其藻采。'第德读《汉书》数过，偏于情性，终未能相似，于是先生曰：'子既得其道矣！好为之，亦足以成名也。'……先生既殁，第德每欲为文纪其生平，久之不能就。慈溪陈先生曰：'盍亦述子之所知乎？'于是诠次向所闻见者，著于篇，其所不知，不敢加也。"③兹据文末"先生既殁"云云，推断该文之作，稍晚于陈训正《慈溪冯先生述》。

◎ 辛未六月中旬，《宁波旅沪同乡会月刊》第96期刊出慈溪人洪荆山（1894—1967）的诗作《哭君木师》。

按，《宁波旅沪同乡会月刊》第96期刊行于1931年7月，其所载《哭君木师》有云："自冬被末疾，麻木日以羸。初非腹心患，徒闻呻吟悲。……著闻朔南东，任侠声瑰奇。自阅桑海后，讲学春江湄。……

---

① 《申报》编写组编：《申报影印本》第284册，第657页。又可见《宁波旅沪同乡会月刊》第97期、南京《国风》半月刊第7期、《青鹤》第2卷12期、《文澜学报》1935年第1期。
② 《申报》编写组编：《申报影印本》第284册，第681页。内容完全相同的报道，又可见《民国日报》1931年7月26日第2张第4版《冯君木追悼会筹备》。
③ 童第德：《冯君木先生传》，载陈训正撰：《悲回风》。

遽闻病绵惙,泪如珠断丝。杀机酷刍狗,何乃及我师。郢人已丧质,惠子复何为。泱绝复泱绝,质疑今向谁?"①

◎ 辛未七月初一日(1931.8.14),朱祖谋、程子大等15人联名在《申报》刊登《慈溪冯君木先生追悼会公启》。

　　按,《申报》1931年8月14日第7版《慈溪冯君木先生追悼会公启》:"慈溪冯君木先生懋学亮节,蔚为儒宗,问字之履,户外恒满,回风之集,海内皆知。骤感宿疴,遽传凶问,士林悼叹,矧在知交同人等。或谊托苔岑,或居同枌社,痛哲人之长逝,怀郁结而莫伸,爰就宁波旅沪同乡会开会追悼。……凡属知旧,幸共鉴兹。朱古微、程子大、王一亭、刘未林、任董叔、吴东迈、忻绍如、张咏霓、吴湖帆、李徵五、陈屺怀、秦润卿、张申之、蔡琴孙、费汝梅。追悼会期定国历八月二十三日下午二时。承惠哀挽之属,请先期寄致宁波旅沪同乡会会计处代收。"②

◎ 辛未七月初十日(1931.8.23),陈训正主持举办冯君木先生追悼会于宁波旅沪同乡会。追悼会结束后,又商议成立回风社。

　　按,《申报》1931年8月24日第14版《冯君木先生追悼会》:"慈溪冯君木先生追悼会,昨日下午二时在宁波同乡会举行。到友人程子大、袁伯夔、赵叔孺、张咏霓、秦润卿、李徵五、孙梅堂及门弟子陈布雷、吴经熊、王个簃等一百五十余人。由陈屺怀主祭,张申之司仪。行礼献花毕,陈屺怀报告冯先生行述,嗣张咏霓提议刻印冯先生诗文集,当推定陈屺怀、忻祖年、张咏霓、虞士勋、余云岫、张申之、魏伯桢、蔡琴孙、陈布雷、沙孟海主持其事。次王东园演说,家属答谢。礼成后,门弟子集议组织回风社,于每年冯先生忌日设祭追念,并借此联络同门感情。当推定徐荷君、王个簃、魏拜云、董贞柯、任士刚、陈仲慈、陈秋阳、陈器伯、冯子衡、洪通叔、胡仲持等十一人为筹备干事,暂

---

① 洪荊山:《哭君木师》,载《宁波旅沪同乡会月刊》第96期,1931年7月发行,第73页。
② 《申报》编写组编:《申报影印本》第285册,第359页。

假宁波同乡会四明文社为通讯处。"①

◎ 辛未七月十二日(1931.8.25),孙筹成《冯先生不朽》见刊于《申报》。

　　按,《申报》1931年8月25日第17版孙筹成《冯先生不朽》云:"慈溪冯君木先生,懋学亮节,蔚为儒宗,问字之履,户外恒满,回风之集,海内皆知。晚年侨居沪上,并世名宿,多所通接。……本年五月十八日告终沪寓,自冬涉夏,寝疾数月,朋曹候视,趾错于庭,或通宵留侍,未忍违去。比其没也,皆挥泪失声,哀不自胜,设位会哭,动数百人,自非该行备德,内修于己,夫孰能感孚俦类若是其至者乎!月之二十三日,朱古微、王一亭、陈屺怀、张咏霓等发起公祭,其门弟子陈布雷、吴经熊等臂缠黑纱,为其服心丧,而莅会者百余人。推陈屺怀主祭,因陈君与冯先生交最深,请其报告冯先生之略历。……吴经熊之挽联曰:"为木铎数十年,万卷藏胸,小子昔曾沾化雨;距花甲只一载,两楹入梦,遗书未忍读回风。"结果因冯先生遗著有《回风堂文》若干卷、诗若干卷、词一卷、札记若干卷、杂著若干种皆未刊,若任其散佚,殊为可惜,故推陈屺怀等八旧友暨弟子代表陈布雷、沙孟海等,主持刻印冯先生诗文集,并由门弟子筹组回风社,每年于冯先生忌日开会设祭,俾联同门感情,追念先生盛德云。"②

◎ 辛未七月十四日(1931.8.27),回风社在宁波旅沪同乡会四明文社召开第一次筹备会议。

　　按,《申报》1931年8月28日第14版《回风社筹备会议》:"回风社昨在宁波同乡会四明文社,开第一次筹备会议,到筹备干事董贞柯、王个簃、陈器伯等八人,由董贞柯主席,决议:(一)春秋两季公祭回风先生各一次,同时即开社员大会;(二)募集本社基金,暂定总额为一千元;(三)编印回风社丛书;(四)公推胡仲持、陈器伯等起草社

---

① 《申报》编写组编:《申报影印本》第285册,第650页。相近报道,又可见《新闻报》1931年8月24日第16版《冯君木先生追悼会纪》、《民国日报》1931年8月24日第2张第4版《昨日追悼冯君木》。

② 《申报》编写组编:《申报影印本》第285册,第681页。

章;(五)分配筹备干事会各干事职务;(六)推王恩成、冯威博、童藻孙、陈布雷、杨菊庭、吴经熊、冯养生、陈钦孙、沙孟海等二十五人,负责征集同门学友加入本社为社员。"①

◎ 辛未八月,沙孟海撰成《冯君木先生行状》。该文在追述冯君木生前事迹的基础上,综述其学术成就。

> 按,沙文若《冯君木先生行状》云:"先生于学无术不综,广稽约守,包括道要,不为门户异同之论。文章渊雅,尚规魏晋,言典致博,造次必尔。……春秋五十有九,以中华民国二十年五月十八日,告终上海寓次。……遗著有《回风堂文》若干卷,《诗》若干卷,《词》一卷,《日记》若干卷,杂著若干种,皆未刊。……文若受知先生,既深且夙,甄述景行,责无旁贷,重以顾命所及,承命祇惧,薄言最叙,忘其愚弇,后之君子,以观览焉。二十年八月,门人沙文若谨状。"②

◎ 在参考陈训正《慈溪冯先生述》、沙孟海《冯君木先生行状》的基础上,陈三立撰成《慈溪冯君墓志铭》。陈三立此文据说乃其弟子袁伯夔代作。③

> 按,陈三立《慈溪冯君墓志铭》:"年甫三十,归不复出,笃意书史,广览博涉,撷菁含英,包孕典略。故其为文,华实相资,丽则以道,匝锷弢铓,与为优游。诗出入杜、韩、黄、陈,酝酿万有,镕冶以情性,兼工倚声。……不幸得疾,以辛未四月二日卒旅次,年五十有九。……其孤将以甲戌八月二日葬君西屿乡上午里之原,以君友人陈训正所为《述》,门人童第德、沙文若所为《传》《状》来征铭,乃序而铭之。"④

---

① 《申报》编写组编:《申报影印本》第 285 册,第 758 页。
② 此文曾以《冯君木先生行状》为题,相继发表在《宁波旅沪同乡会月刊》1931 年第 98 期、上海《宁波日报》1933 年 8 月 23 日第 4 版、《文澜学报》1935 年第 1 期。1941 年,《回风堂诗文集》交由上海中华书局刊印时,被收录在卷首。时至 1948 年,该文又以《冯先生行状》为题,见刊于《国史馆》馆刊》第 1 卷第 4 期"碑传备采"。
③ 郑逸梅有云:"冯君木逝世,其后人情陈散原撰墓志铭,致润三百金。此文《散原精舍文集》中未载,却载于袁伯夔集中。袁为散原弟子,可见是文乃伯夔所代笔。"载郑逸梅:《艺林散叶》(修订版),第 232 页(又同书 397 页重出)。
④ 陈三立此文,除见录于《回风堂诗文集》卷首外,又曾见刊于《词学季刊》1933 年第 1 卷第 3 期(题作《冯君木墓志铭》)、《宁波旅沪同乡会月刊》1933 年第 124 期(题作《冯君木墓志铭》)、《文澜学报》1935 年第 1 期(题作《冯君木墓志铭》)。而《慈溪碑碣墓志汇编(清代民国卷)》也加以收录,并称慈溪钱罕书、海门王贤篆额、无锡王开霖刻石。

◎ 辛未秋,姚寿祁触景生情,感念冯君木,遂口占一绝。

> 按,姚寿祁《晓起即景,感念君木,口占一绝_{辛未}》云:"檐前宿雨初收滴,阶下秋花渐放红。此景九原谁与共,定知相忆到聋公。"诗末小字夹注:"余病重听,君木在日,常以聋公见称。"①

◎ 辛未深秋,陈训正与冯都良商议编纂冯君木遗著,并作诗以记其事。在此前后,陈训正又连作两诗怀念冯君木。

> 按,陈训正《招都梁过玉晖楼,谋编刊〈回风集〉。时直深秋,俯伏多感,既伤逝者,行复自念,喟然赋此_{都梁,贞胥号也。年少而材,能承家学,回风有后矣}》云:"淡晴天气入残秋,怅触茫茫起积愁。几辈青山老诗骨,连宵旧雨洗荒邱。_{审言殁,仅后木公一夕。}亦知后死无逃责,欲遣余生奈寡俦。独抱遗篇对萸菊,分明情事记前游。"又,诗末小字自注:"六年前,余曾于九日过修能学社,木公方校编寒庄遗文,指庭菊谓余曰:'寒庄文有菊之致,无菊之色,故人鲜赏之者。'间又曰:'今人赏菊以希种为贵,色且不知,何言风致?此寒庄之所以死也!'今余编木公文,亦同此情概。"②

> 又,陈训正《过宋诗人孙花翁墓,有怀木公》云:"秋风渐渐秋将暮,落叶人间黄无数。我来踏叶访秋坟,足底青山有千古。花翁妙裁断吟口,易世犹留一抔土。文章真气存两间,况复吾友今韩杜。咳唾因风忽弥天,碎珠零玉纷芳路。我欲招魂筑高阜,拟傍孤山开门户。临湖更起回风亭,日锄梅花此中住。"③

◎ 辛未九月二十八日(1931.11.7),仁先《题冯君木〈逃空图〉》见刊于

---

① 姚寿祁:《寥阳馆诗草》,1942年余姚黄立钧《悔复堂诗 寥阳馆诗草》合刊本。
② 陈训正:《招都梁过玉晖楼,谋编刊〈回风集〉。时直深秋,俯伏多感,既伤逝者,行复自念,喟然赋此_{都梁,贞胥号也。年少而材,能承家学,回风有后矣}》,载《国风半月刊》第7期,1932年11月1日发行,第57—58页。
③ 陈训正:《过宋诗人孙花翁墓,有怀木公》,载《国风半月刊》第7期,1932年11月1日发行,第58页。诗末小字自注:"花翁墓本在孤山对湖岸上。十八年,筑里湖路,因移至坚匏盦左侧废地。"此外,见载于《悲回风》的《南山桂发,客来竞谈,满觉陇之胜。忆昔年曾偕木公及弟子次布、孟海辈,自赤山埠步行至烟霞洞,访碑经垄,憩丛桂下,木公举小山故事,用相嘲谑,雅尚佳致,至今犹儵然山水间,而清言不可复闻矣!追感成咏,并示当日同游诸子》《见落叶,追念回风亭长》两诗,也当作于辛未秋。

《京报》。

> 按,北京《京报》1931年11月7日第9版仁先《题冯君木〈逃空图〉》云:"一笑人间万劫忙,虚空能住更无乡。神焦鬼烂无逃处,虎倒龙颠分道场。观世不妨千睥睨,安心不断百思量。画师能会忘言意,足底山河入混茫。"

◎ 辛未十月二十三日(1931.12.2)晚,陈训正梦见冯君木为人题扇。

> 按,《悲回风》内收陈训正一词作,题曰《十月廿二夕,宿玉晖楼,梦见木公为人书扇,中有〈蝶恋花〉词,云是近作。觉时尚能记诵,比明追录,仅忆五韵,因补缀成之》。

◎ 辛未十一月十九日(1931.12.27),回风社公祭冯君木先生于上海牯岭路铁观音寺,并在公祭后召开回风社成立大会。

> 按,《申报》1931年12月25日第10版《回风社定期公祭冯君木先生》报道:"慈溪文学家冯君木先生,于本年下世后,门弟子陈布雷、王个簃、吴经熊、沙孟海等征集同门,组织回风社,借资纪念,经推定筹备干事负责进行。兹闻本月二十九日,为冯先生诞辰,该社同人即于是日就本埠牯岭路铁观音寺举行公祭,同时兼开回风社成立会云。"[1]
>
> 《新闻报》1931年12月26日第16版《回风社定明日公祭冯君木》:"慈溪文学家冯君木,于本年下世后,门弟子陈布雷、王个簃、吴经熊、沙孟海等,征集同门,组织回风社,借资纪念,经推定筹备干事负责进行。明日(星期日)为冯先生诞辰,该社同人即于是日就本埠牯岭路铁观音寺举行公祭,同时兼开回风社成立会云。"
>
> 《申报》1931年12月28日第10版《回风社公祭冯君木》:"回风社昨午在牯岭路铁观音寺,公祭慈溪故诗人冯君木,到社员王个簃、杨孟昂、冯威博、陈仲慈、任士刚、洪彦直等四十余人。祭毕聚餐,并开成立大会,公推董贞柯主席,报告筹备经过后,当通过社章,选出干

---

[1] 《申报》编写组编:《申报影印本》第289册,第618页。

事董贞柯、冯子衡、王个簃、陈仲慈、蔡松甫、钱箕传、陈俊武、任士刚、洪通叔、胡仲持、董维城等十一人,并议决募集基金、编印回风社丛书等各案,均由干事会负责进行,至三时许散会。"①

壬申(1932.2.6—1933.1.25)

◎ 弟子陈器伯的诗作《哭冯君木师》四首见刊于《卷烟季刊》1932年第1卷。该诗比较详细地叙述了冯君木临终前的病症,以及作者对师恩的追忆和对恩师传世文集价值的充分肯定。

> 按,陈器伯《哭冯君木师》云:"春间在海上,趋谒无虚日。……吾师苦思人,去冬已撄疾。神经患麻痹,右指知能失。渐及臂与肩,半体生器窒。两胫生光皮,趾间水常溢。……名医日讨论,回天宁无术。""忆自列门下,弹指十年前。授我以秘钥,指引得真诠。谆谆垂教诲,不以驽钝捐。……遗言犹在耳,胡遽隔人天。感知恩未报,永诀恨绵绵。""华国有文章,诗词犹余事。靳然大手笔,造意极沉挚。吐纳万卷书,微词见大义。璨璨回风集,神血所凝寄。立言无凭假,不朽果自致。""一唱三太息,泛泛有仙音。绝调广陵散,弦柱拨素心。……寂寂草玄阁,坠绪孰能任?"兹据其"春间在海上""去冬已撄疾"云云,大抵可以认定该诗作于1931年5月18日冯君木病逝后不久。

◎ 壬申清明(1932.4.5),弟子章巨摩专程赶到慈湖扫墓,并作《哭冯回风师》诗,追忆当年师徒交往之往事。

> 按,《申报》1932年6月18日第11版巨摩《哭冯回风师》:"壬申三月清明,与其家人拜师墓于慈湖西北隅,宿草已离离矣!回忆三十年来,恍如梦寐,低徊俯仰,不自知涕之何从也。得诗云:'……忽忽三十年,昔孩今已鬈。去年我方病,闻师梦蛇虺。力疾浮海至,一面万念灰。临别握我手,相见能几回?忍泪不敢落,为言无后灾。别后

---

① 《申报》编写组编:《申报影印本》第289册,第688页。

十一月,岩岩泰山隤。千夫不可赎,一棺埋山隈。璇玑与玉衡,万古委蒿莱。今日拜墓门,灵风拂酒杯。已行却回顾,掩袂有余哀。'"①

◎ 壬申三月,陈训正撰成《回风堂诗文集叙》,在历述其与冯君木数十年交往之余,比较详细地交代了冯君木病卒前两人的最后一次见面。当时,陈训正受托为冯氏整理遗稿。

按,陈训正《回风堂诗文集叙》云:"自余出里塾,游乡校,闻有冯某者,好古而善读书,年甚少,材甚美……时余初返儒服,学为文……虽甚慕君,而不敢言友也。越数岁……余因悔复乃复交君,久之益习……中岁以还,吾两人讲学甬水上日多,所居处又甚迩,朝相切而夕相磋……及余来沪上,君亦迁馆旋至……十六年春,余奉委襄政杭州,始与君别,然每公闲休沐,必就沪省君,四年中君亦两至杭州视余。尝语余耄修勿怠,勿贪一日之禄,而骘百年之业。……当君疾大渍时,余闻而赴省,则口已不能言……若有万言语,欲倾结于喉而不克尽者,然意殊恨已。……呜呼,君虽不言,吾知之矣。因属君子胥取君诗文诸稿,循所识而写定之,为正集。其辞未至,而义不可不存者为外集,皆君意也。君夫人俞因《妇学斋词》,友人应启墀《悔复堂诗文》,皆君所欲刊而未能者,因附君集后。君有弟子朱咸明炎复者,为古文谨严有师法,先君五月旅卒于京师,文散失无多,存为附刊如干篇,傥亦君之所取乎。……二十一年三月陈训正叙。"②

◎ 壬申三月,陈布雷作诗悼念冯君木。

按,陈训恩《吊回风夫子》:"谓天高,高靡弗被耶,胡景匪灵而星日蔽耶。谓地博,博靡弗载耶,胡重匪任而山岳隤耶。于乎夫子,一瞑千古,其终不复耶,胡生之悴而死之酷耶。于乎夫子,胡年不假,天实主之耶,天道冥冥,可知而不可知耶。于乎夫子,天之降罚,虐吾尤耶,予季旅亡从夫子游耶。于乎夫子,湛湛泉台,弦歌不寂耶,吾思季

---

① 《申报》编写组编:《申报影印本》第293册,第377页。
② 陈训正:《回风堂诗文集叙》,载《国风半月刊》第7期,1932年11月1日发行,第56—57页。

氏,倘不离夫子侧耶。于乎夫子,死丧戚矣,况人伦耶,夫子念予亦云云耶。于乎夫子,日何短短,天何苍耶,白骨不朽,名山藏耶,予歌予泣,哀何如耶。于乎夫子,其鉴余耶。"①

◎ 壬申四月十七日(1932.5.22),回风社公祭冯君木先生,并随即召开第三次社员大会。

> 按,《申报》1932年5月21日第11版《回风社定明日举行公祭》:"慈溪冯君木先生门人王个簃、沙孟海、任士刚等所组织之回风社,成立以来,已历一载,兹定于明日(星期日)上午十一时,假座小有天菜馆举行公祭,并开第三次社员大会。"②

◎ 壬申五月,弟子袁惠常作《冯回风先生事略》,主要从教育理念、文学主张两端,评述冯君木的人生价值。

> 按,袁惠常《冯回风先生事略》云:"少以孤童子自奋,才气绝人,工诗文,与同县陈训正屺怀、应启墀叔申、洪允祥佛矢三先生齐誉,有'三病夫一狂夫'之目……其施教也,循循乐诱导,不大声色。……其论文,主汉魏,不喜唐宋……其自为文,精能渊懋,内睿而外肆,类汪容父。志铭专学中郎,尤为高简。为诗蚤岁宗杜、韩,所作则近义山;中年竺耆宋诗,其造诣则在介甫、无己之间。尝纂《萧瑟集》以见蕲向……词则出入清真、梦窗,镂情托兴,语必戍削隽永,其音节独哀。……乌乎!自先生殁,朱、李亦同年殂谢,东南耆硕,凋零殆尽。……弟子念先生教思无穷,立回风社于沪,春秋祀之。……谨次辜较,藉章文行,不诬不溢,用质世之君子。民国二十一年五月,门人奉化袁惠常敬述。"③

◎ 壬申十月初四日(1932.11.1),陈训正所撰《回风堂诗文集叙》见刊于南京《国风》半月刊第7期。

---

① 陈训恩:《吊回风夫子》,载陈训正撰:《悲回风》附录。
② 《申报》编写组编:《申报影印本》第292册,第375页。类似报道,又可见《新闻报》1932年5月21日第12版《回风社明日举行公祭》。
③ 袁惠常:《雪野堂文稿》卷上。

按,《国风》半月刊第 7 期出版于 1932 年 11 月 1 日。时当王个簃等人主持刊印《回风堂诗文集》,将陈氏此文末段略作改动并改称《回风堂诗文集序》,用作中华书局 1941 年仿宋版《回风堂诗文集》卷首。

癸酉(1933.1.26—1934.2.13)

◎ 癸酉四月十三日(1933.5.7)中午,回风社公祭冯君木先生于上海小有天菜馆,并在公祭后议定先生诗文集的刊印事宜。

按,《申报》1933 年 5 月 8 日第 11 版《回风社举行公祭》:"为纪念慈溪冯君木先生而组织之回风社,昨午在小有天菜馆举行公祭及聚餐,到社员章巨膺、王个簃、董贞柯、任士刚、洪荆山、洪通叔等二十余人。席间,对刊印冯先生文集事,商定办法如下:① 诗文集用仿宋体聚珍版排印,推王个簃拟定格式,向承印方面接洽;② 印费由本社基金项下拨付;③ 诗文集付印后,即发售预约,所得书价,陆续归还本社基金;④ 上届公祭时,各社员所认缴之基金,概于本月内缴至广东路五和织造厂发行所会计处代收。此外,社员中如有自愿捐助基金者,可同时将款缴至该处。"①

◎ 癸酉八月二十七日(1933.10.16),弟子陈器伯署名"器白",在上海《长风》半月刊第 1 卷第 3 期发表《述怀呈冯君木师》《与君木师哲理赋赠》两篇旧诗。

按,上海《长风》半月刊第 1 卷第 3 期出版于 1933 年 10 月 16 日。

◎ 癸酉八月,冯贞胥以"谨案"方式,简述其亡父病情恶化后的最后时光。

按,《回风堂诗》卷 7 末引冯贞胥"谨案"云:"先君于庚午十二月忽病,右手痿痹,侵寻遂及全身。自知危疾在躬,匪易获瘳,太息低回,形诸吟咏,《汝身》一律,词特凄婉,盖有由也。易岁而后,病势转

---

① 《申报》编写组编:《申报影印本》第 304 册,第 185 页。又可见《新闻报》1933 年 5 月 8 日第 9 版《回风社公祭冯君木》、《时事新报》1933 年 5 月 8 日第 9 版《回风社昨公祭冯君木》。

巫，一家忧惶，都难为计。先君犹能属思构文，曲相宽譬，卷末二绝，即于困顿中口占，令贞胥书者。时体气大损，言语謇涩，扶头蹙额，神情颓然。贞胥珥笔侍旁，伤心万状，制泪饰貌，五内若摧。孤儿岁月，忽忽两期。顾瞻陈迹，如呓如酬；哀哀之思，如何可言！民国二十二年癸酉八月，孤贞胥录稿毕，泣识。"①

◎ 癸酉九月十二日(1933.10.30)，沙孟海致函王个簃，告知冯君木墓志铭已由陈散原撰就，并将通过余云岫，请章太炎先生撰写碑表。

  按，《王个簃年谱》录沙孟海来函云："启之老哥：奉示敬悉。昌明证明书收到，谢谢。先师墓志铭已由散老撰就，喜悦无已，惜感弟尚未将其文抄示也。此文最好付印若干份，送阅同好。墓志已求到，便可进行碑表，今日即驰函余云岫先生，请即将散老文并其他传状等，递交章先生。其润笔仍照前次办法，为数多少，由云老酌定之。"②

◎ 癸酉九月十四日(1933.11.1)，陈器伯署名"器白"，在上海《长风》半月刊第1卷第4期发表旧作《题君木师〈无题〉诗后》。同日，章巨摩病卒于宁波寓所，享年五十一岁。

  按，上海《长风》半月刊第1卷第4期出版于1933年11月1日。又，《申报》1933年11月5日第14版《文学家章巨摩逝世》云："本埠中法药房秘书丽水章君巨摩，为慈溪冯君木先生高足弟子，工书能文，夙著声誉，迭任甬沪学校教师、报馆编辑，所著说部，脍炙人口。任职而外，鬻字自给。近以操劳过度，寝染肺疾，于十一月一日殁于甬寓，得年五十有一。"③

◎ 癸酉十月，袁惠常选录《五先生文钞》五卷，其第一卷所收，便是冯君木之文。

  按，袁惠常《五先生文钞目录序》："右冯先生文一卷，陈先生文一

---

① 冯君木撰、唐燮军等校注：《冯君木集校注》，第248页。
② 魏武、姚沐编著：《王个簃年谱》，第104页。
③ 《申报》编写组编：《申报影印本》第310册，第136页。

卷,虞先生文一卷,张、童两先生文合一卷,附录冯、张门弟子文一卷,都五卷。叙曰:'慈溪冯先生,惠常入郡校时所从受文学者也,口指讲画,反复周至,承学之士,莫不帖帖说服。惠常之粗知文章,不见弃于人人者,繇冯先生开之也。……癸酉十月。'"①

◎ 癸酉十一月二十九日(1934.1.14),回风社举行冬季大会,议决三项《回风堂诗文集》出版事宜。

按,《申报》1934年1月15日第12版《回风社筹刻回风堂诗文集》云:"慈溪冯君木先生门人所组织之回风社,昨午假座飞鹏艺术会,举行冬季大会,到社员二十余人。公祭后,讨论刻印《回风堂诗文集》事宜,议决:① 继续征集刻书经费,限三月底结束;② 推定各地筹集刻费人员,沪洪荆山、陈器伯、陈仲慈、蔡松甫、钱箕传,杭童藻孙、董贞柯,甬杨菊庭,京沙孟海;③ 推沙孟海、冯都良、袁孟纯担任校对,任士刚担任会计,王启之、胡仲持担任发售,洪通叔、魏彦忱担任文书;④ 本社通讯处暂定上海宁波路寅泰庄洪通叔转。"②

又,张令杭《四明学术文化消息》之二《回风堂诗文集之筹刻》:"慈溪冯君木(开)先生为一代词宗,逝世后,其及门弟子追怀师德,即纠集同志,组为回风社,年聚一次,以便公祭。今岁岁首,该社社员又以筹刻回风堂诗文集事,在上海飞鹏艺术会开会,讨论进行事宜云。"③

◎ "守中、守旧"却不"拒西、拒新"④的《青鹤》杂志,其第2卷第7期、第9期、第11期、第14期、第16期、第18期、第21期,共计刊登了23首(篇)冯君木的未刊诗文(见表24)。

---

① 袁惠常:《雪野堂文稿》卷中。
② 《申报》编写组编:《申报影印本》第312册,第349页。类似报道,可见《新闻报》1934年1月15日第12版《回风社筹刻回风堂诗文集》、上海《时事新报》1934年1月15日第2版《回风社筹刻诗文集》、《时报》1934年1月15日第7版《回风社筹刻诗文集》。
③ 张令杭:《四明学术文化消息·回风堂诗文集之筹刻》,载《光华大学四明同学会特刊》,光华大学四明同学会学术部1934年12月28日发行,第13页。
④ 张寅彭:《民国期刊〈青鹤〉叙录》,载章培恒编:《中国文学古今演变研究论集二编》,上海古籍出版社,2005年,第773—779页。陈谊称《青鹤》创刊于1932年11月15日,详参陈谊:《夏敬观年谱》,黄山书社,2007年,第144页。

按,《申报》1934年4月9日第12版《〈青鹤〉杂志二卷十期出版》:"陈灝一先生编撰之《青鹤》杂志,现已出至第二卷第十期,近数期中有冯君木未刻文稿、孙贻让未刊各类题跋、梁鸿志新撰《爱居阁脞谈》,累至数页,于掌故多所发明,文字亦精透,诗词各稿尤多。"①

表24 《青鹤》所刊冯君木诗文一览表

名称	诗文	卷期
君木遗文(一)	《应君墓志铭》《陈府君墓表》《朱君墓表》	第2卷第7期
君木遗文(二)	《洪君九韶家传子日浍》	第2卷第9期
君木遗文(三)	《杨省斋先生六十寿诗序》	第2卷第11期
君木遗诗(一)	《寿张寒叟六十》《送虞含章》《感怀》《题含章文稿》《于人家屋后得荒原,距所居不百许武,水榭窈曲,可以徘徊》《哭陈次农同年》《次农之丧,诸交旧会哭薛楼。三年前,恒与次农游燕于此,感旧伤逝,不能无诗》《赠钱太希》	第2卷第14期
君木遗诗(二)	《小屋》《癸丑除夕》《论诗示天婴》《哭应叔申》	第2卷第16期
君木遗诗(三)	《调汲(豪)[蒙]》《七月五日胸痛几殆,痛间有作》《示陈生建雷》	第2卷第18期
君木遗稿(四)	《答李审言》《访审言于上海,至则先一日归扬州矣,迭前韵》《翁君墓志铭》	第2卷第21期

甲戌(1934.2.14—1935.2.3)

◎ 甲戌正月十五日(1934.2.28),余姚黄云眉《与冯君木先生书》见刊于《文艺捃华》第1卷第1期。黄云眉此文之主旨,正如他在稍后致函《文艺

---

① 《申报》编写组编:《申报影印本》第315册,第250页。对于《青鹤》杂志的创办背景、动机、栏目设置及其变动、经费来源、市场销售、特色、影响等,张寅彭《民国期刊〈青鹤〉叙录》考述颇详。

捃华》主编金松岑（1874—1947）时所称，"颇致惜于诸宿学之浪耗笔墨"①。

  按，黄云眉《与冯君木先生书》云："……酬应之作，为人诟病，虽昌黎亦难曲恕。归熙甫一代作家，而集中所存寿言，类皆行能猥琐，无足称者，则其为人诟病，又何如也。降至今日，此风益厉……所可恫者，伧夫穷老尽气于代人喜戚之中，而一不屑意于其他有价值有关系文字。……风云月露之余，芳草美人之外，扬往哲之丕绩，发潜德之幽光，固犹资乎私家之记载，与官修史书相印证，而其价值或且凌官书而上之，则竺旧之士，未始不足以守其残垒也。诚使今日之鬻文自给者，而能少分其力于此等有价值有关系文字，则饥饿无虞，而不朽可期，得失相剂，不亦善乎？……先生之文，李、欧俦也。人之待先生而传者多矣，先生岂无意乎？而或者以白傅善诗、鸡林价重，疑先生之所以不朽者在此，则岂足以知先生者哉。末学肤受，妄逞胸臆，不自觉其言之冗杂如此。惟先生矜其狂愚而裁正之。幸甚。"②

◎ 甲戌七月初七日（1934.8.16），脉望《冯君木先生之词》发表在上海《宁波日报》第3版。

  按，上海《宁波日报》1934年8月16日第3版《冯君木先生之词》云："辛酉之春，吾师回风先生，寓老闸桥北钱江公学隔壁。是时，先生已病矣。一日，余专地谒之，师方少健，为谈文艺，知先生近于倚声，所作颇多，且欣然提管写示近作，兹录之如后。……先生与今代南词家字蕙风况先生为儿女亲家，其作殊不肯多让。今读遗作，回想

---

① 黄云眉致金松岑："大著《皖志列传选存》，盥读再过，益仰先生文如其诗，驱遣史子，若挟骤风雨俱至，声态并壮，其磊落雄伟、可惊可喜之人，既一一曲尽其情状，而于诸儒学术，贯串本原，抉择精要，皆具卓识，此近世修志诸贤所不易到也。窃谓学者处此时代，方寸中所宜接者，千端万绪，无大关系之诗文，只宜以余力及之。云眉旧与吾乡冯君木先生书，颇致惜于诸宿学之浪耗笔墨，读先生志传，乃知大雅固不群也，谨别录其书，乞政。颇闻先生所定志例，不承志馆采用，足征皖人无识。此例向尝寓目，或尚有油印本存留，乞赐一份为感。云眉上。"详参黄云眉：《来书》，载《文艺捃华》第1卷第1期，1934年2月28日发行，第6页。

② 黄云眉：《与冯君木先生书》，载《文艺捃华》第1卷第1期，1934年2月28日发行，第5—6页。

先生文采,殊不禁潸然泪下。"

◎ 甲戌八月初二日(1934.9.1),冯君木先生遗体被安葬在西屿乡上午里之原。

> 按,陈三立《慈溪冯君墓志铭》:"冯君讳开……以辛未四月二日卒旅次,年五十有九。……其孤将以甲戌八月二日葬君西屿乡上午里之原。"①

◎ 甲戌秋,萧山人朱鄻卿为排印冯君木《回风堂文》,特地拜访冯门弟子陈寥士,商讨诗集的版式问题。

> 按,陈寥士《单云甲戌稿》之《赞父过谈,为刻君木师〈回风堂集〉事,杂记所言》云:"意君古之人,纯朴敦道义。谋划回风集,拳拳主其事。君性好博览,版本夙穷治。所见抉精微,探讨常数四。昨者枉过我,又复垂商议。原稿有前录,列卷为一二。正集计六卷,璨然得完备。每卷冠以目,篇章续编次。唐宋有先例,渊渊饶舌致。后世或阙残,目录难割弃。书贾技应穷,检校庶易易。题目低四格,朗朗清标识。唱和或赠答,人详名与字。他作附存者,夹注从其类。稿或作古体,存真不刊伪。凡君所思考,楷模均有自。不惟我同情,允惬先师意。稿定付剞劂,书此以为记。"②

乙亥(1935.2.4—1936.1.23)

◎ 乙亥四月初三日(1935.5.5),回风社在上海汉口路古益轩菜馆,第八次公祭冯君木先生。

> 按,《申报》1935年5月5日第13版《回风社今日公祭》:"慈溪故诗人冯回风先生门弟子所组织之回风社,定今午在汉口路古益轩菜馆,举行第八届公祭,已由陈钦孙、陈仲慈、张道渊三干事,柬邀全体社员参加。闻公祭后,并将举行社员大会,商议出版事宜。"③

---

① 冯君木撰,唐燮军等校注:《冯君木集校注》附录一,第573—574页。
② 陈寥士:《单云甲戌稿》,抄本,1935年。
③ 《申报》编写组编:《申报影印本》第328册,第107页。

◎ 乙亥九月初四日(1935.10.1)，郑逸梅刊文于《金刚钻》，盛赞冯君木诗论之妙。

> 按，《金刚钻》1935年10月1日第2版《冯君木之论诗》："冯君木诗人也，诗弟子遍天下，其论诗往往鞭辟入里，道人所未道，爰记录之于此，亦学诗者之金针也。如云：'诗境最难是一驯字。介甫、山谷皆以骨格取胜，然而山谷不及介甫者，一则奇而尽驯，一则有驯有不驯。'……又云：'吾人作诗，当辟一寂寥萧澹之境界，植骨必坚，造意必刻，运息必微，导声必涩。'……诸如此类，不胜捃拾也。"

◎ 相传冯君木遗作经多方收集，被保存在四明银行保管库，待陈屺怀、陈布雷审定后出版。但此说显然难以信从。

> 按，《时代日报》1935年10月21日第5版般若《陈布雷与冯君木遗集》："慈溪冯君木先生，文名镇海内……著作等身，而所遗《回风堂诗文集》，尤脍炙于人口，惟遗稿散乱，未付庄池。自去年起，始由先生旧友陈屺怀、陈布雷两先生，及公子都良君，相与收集先生遗稿，拟为整理一过，刊印问世，使名山事业得为不朽之垂。顷已集得遗著甚多，暂存于四明银行保管库，一待陈氏昆季稍暇，详为校阅后，即将付之剞劂。"

丙子(1936.1.24—1937.2.10)

◎ 丙子春，姚寿祁在目睹俞季调所藏《慈湖联吟图》后，不禁追忆五十年前与冯君木、应叔申等人联句于慈湖师古亭的往事，随即应俞季调之请，赋诗四首。丙子闰三月二十三日(1936.5.13)，姚寿祁《〈慈湖联吟图〉为俞季调作》见刊于《申报》第17版(署名"寥阳")。

> 按，姚寿祁《〈慈湖联吟图〉为俞季调作》序："光绪己丑，与俞仲鲁、应叔申、冯君木联句于慈湖师古亭，韩君溥泉为作是图。忽忽遂五十年，叔申、君木墓木已拱，余与仲鲁亦逡巡老矣。今岁春，仲鲁之弟季调出是图，属题。回首前游，恍同隔世，率成四章，盖不知涕之何

从也。"①

◎ 丙子闰三月二十日（1936.5.10）中午，回风社公祭冯君木先生于三马路小有天闽菜馆。

  按，《申报》1936年5月10日第15版《回风社同人今日公祭》："本埠回风社，为慈溪故儒冯回风先生门弟子所组织，每年集会两次，公祭之外，举行聚餐，借以联络同门情谊、交换学术意见。本届由沙孟海、冯仲足、魏友棐三君值社，定今日（十日）正午，假三马路小有天闽菜馆举行。"②

丁丑（1937.2.11—1938.1.30）

◎ 丁丑正月十五日（1937.2.25），有署名"幼未"者，在《东南日报》第10版刊文纪念冯君木。观其内容，东拼西凑，了无新意，甚至错误百出。

  按，《东南日报》1937年2月25日第10版幼未《纪慈溪冯君木先生》："冯氏为慈溪望族，屡代多从事文学，至先生乃大成。……按先生读汉魏人审有心得，其调高句洁得力于汪（客）［容］甫，记叙文尤雄丽宕劄，得魏晋风格而具班、马笔力，字句遒劲，文气浑厚，惨辉妙肖劐劐有光……先生晚年坎坷，失意沪上，落拓文学场中，结交前辈像吴昌硕、朱孝臧等，朱氏又遗言'必君木铭其墓'，可见器重先生若此。二十年五月殁于上海，年五十九。门生号哭不知凡几，然而先生死矣！"

◎ 林黎叔、沙孟海、陈叔谅等冯氏门人，拟于丁丑四月初七日（1937.5.16）中午在西湖坚匏别墅公祭冯君木，同时成立回风社杭州分社。

  按，《东南日报》1937年5月14日第8版《回风社后日公祭冯君木在西湖坚匏别墅》："慈溪冯君木为一代文宗，民国二十年病殁上

---

 ① 姚寿祁：《寥阳馆诗草》，1942年余姚黄立钧《悔复堂诗 寥阳馆诗草》合刊本。其"今岁春，仲鲁之弟季调出是图，属题"，《申报》作"图辗转入俞君季调手，顷季调出卷属题"。详参《申报》编写组编：《申报影印本》第340册，第317页。

 ② 《申报》编写组编：《申报影印本》第340册，第237页。

海,其门人任士刚、胡仲持、董贞柯等,即有回风社之组织,春秋祭祀,以志永思。现在先生门人之在杭州者,如林黎叔、沙孟海、陈叔谅等,以杭垣为本省人文所萃,冯氏故交及门人为数必多,自宜有回风分社之筹组,爰定于本月十六日午假座西湖坚匏别墅,约集诸同门举行公祭,同时成立杭州分社,并在分社聚餐。凡冯氏故交与门人,如未接有请柬而愿意参加者,可备具餐资一元五角,先期与林黎叔、沙孟海、陈叔谅接洽,届时前往参加云。"

◎ 丁丑四月初八日(1937.5.17)中午,回风社杭州分社在西湖坚匏别墅公祭冯君木,尔后举行成立会。

> 按,《东南日报》1937年5月18日第6版《回风社杭州分社公祭冯君木》:"慈溪冯君木先生门人所组织之回风社,由林端甫等发起杭州分社,已志本报。兹闻该分社昨日上午十一时假坚匏别墅举行公祭并开成立会。到者袁雪明、翁达等三十余人。首行公祭礼,次由吴宝基摄影,次聚餐。决定常年春秋二祭。"

戊寅(1938.1.31—1939.2.18)

◎ 戊寅十一月二十五日(1939.1.15)中午,回风社在上海蜀蓉川菜社公祭冯君木先生。

> 按,《申报》1939年1月15日第15版《回风社明日秋祭假蜀蓉川菜社祭冯回风先生》:"慈溪冯回风先生门人所组织之回风社,现定十五日午刻,假座华格臬路蜀蓉川菜社,举行秋祭及叙餐。由何育愚、洪通叔、魏友棐值社。"①

辛巳(1941.1.27—1942.2.14)

◎ 辛巳二月十八日(1941.3.15),《申报》刊登广告,称《回风堂诗文集》将在7月15日由上海中华书局发行。

---

① 《申报》编写组编:《申报影印本》第361册,第273页。

按,《申报》1941年3月15日第5版《回风堂诗文集发售预约》:"慈溪冯君木先生《回风堂诗文稿》现由回风社付印,预定七月十五日出书,预约每部收回印工十元,期限三月二十一日截止,预订从速(本告白只登一天)。预约处:广东路五和织造厂发行所冯开叔君、宁波路七十号福源钱庄魏彦忱君。"①

◎ 辛巳四月,《回风堂诗文集》交由中华书局排印。辛巳五月,弟子王贤作跋,简要回顾其刊行始末。

按,《回风堂诗文集》王贤《跋》:"先师回风先生既殁,长君都良裒次遗稿,携就陈天婴先生审去取,都得文八十首、诗五百四十六首,裁及全稿十之四五。岁月逡巡,未遽付刊。先是,同门诸子创回风社,以时致祭,有议集资以利剞劂者,承风输将,颇不乏人。任君士刚,籍其成数,经纪贮息,历日稍裕,则属沙君孟海谋刊文于南京,而萧山朱君赞卿方以刊诗自任,期分别镌印而汇藏其事。写刻甫竣,兵乱俄作,斯役遂以中辍。任君等惧前刻之散佚,末由厘订也,促都良检出原稿,重加录定。故友洪君通叔襄厥勤劳,用能副速,几经咨度,诸绪咸就。辛巳四月,始授中华书局以仿宋字模排印之。贤忝领其事,悚惕弥殷,督过有人,幸免陨越。校勘之责,则由何君苍回任之。计全集,《诗》九卷、《文》五卷、《妇学斋遗稿》一卷。……民国三十年辛巳五月,弟子海门王贤谨跋。"②

◎ 辛巳初秋,上海珠林书店刊布发售《回风堂诗文集》的广告。稍前,弟子陈器伯作诗周告同门。

按,《申报》1941年10月2日第10版《回风堂诗文集出版由珠林书店代售》云:"慈溪冯回风先生诗文集,业已出版,全部四册,定价廿五元,由牯岭路人安里十六号珠林书店发售。预约诸君,可凭券向宁波路七十号魏彦忱君取书。"③

---

① 《申报》编写组编:《申报影印本》第375册,第179页。
② 王贤:《跋》,载冯君木撰:《回风堂诗文集》。
③ 《申报》编写组编:《申报影印本》第378册,第24页。

又，寥士《先师回风堂集将行世，感赋一律寄同门诸子》："一瞑惊心过十秋，九泉差减陆沉忧。家家饥色悲遗子，字字潜光射斗牛。沧海门生兵罅老，名山椽笔劫余留。相看隔世欣无恙，国病难瘳各自愁。"①

◎ 辛巳九月初一日（1941.10.20），陈器伯在南京《同声月刊》发表《明存出示回风师旧作，次韵一首》："世路浑如蜀道难，茫茫衹乞一枝安。少年盛气终成悔，老屋秋风渐觉寒。梦影吹魂多惝恍，泪痕浼袖各阑珊。平生肝胆消磨尽，但向尊前记小欢。"②

按，《同声月刊》书末版权页有云："《同声月刊》第一卷第十一号（民国三十年十月二十日出版）编辑兼发行者：同声月刊社 南京阴阳营二十三号。"

◎ 辛巳十二月十五日（1942.1.31），陈器伯将所藏冯君木先生遗墨，刊登于《国艺月刊》。

按，《国艺月刊》第3卷第5—6合期，其扉页即刊载十圜主人所藏《冯君木先生遗墨》："器伯大弟属书：梦随秋雁过江去，人似青山入坐来。冯开。"又，《国艺》书末版权页有云："《国艺月刊》第三卷第五六合期，中华民国三十一年一月卅一日发行。定价国币五角 编辑者：中国文艺协会编辑委员会 南京中山北路五五号。"

壬午（1942.2.15—1943.2.4）

◎ 壬午九月，何苍回在为姚贞伯《寥阳馆诗草》作跋时，不但交代了余姚人黄立钧出资合刊《寥阳馆诗草》《悔复堂诗》的来龙去脉，而且提到当年冯君木有意将应叔申遗著附刊于《回风堂诗文集》书后。

---

① 寥士：《先师回风堂集将行世，感赋一律寄同门诸子》，载《国艺月刊》第3卷第3期"单云阁诗"专栏，1941年6月25日发行，第49页。又，陈寥士《单云阁诗话》云："先师冯回风先生殁后之十年，长君都良与诸门人始裒其遗集刊行于世。……都得文八十首，诗五百四十六首。诗凡九卷，首二卷则曰前录，用曹子建例也。"详参王培军、庄际虹校辑：《校辑近代诗话九种》，第341页。

② 陈道量：《明存出示回风师旧作，次韵一首》，载《同声月刊》1941年第1卷第11期，第113页。

按,苍回《跋寥阳馆诗草》云:"慈溪姚贞伯先生寿祁……矢诗数百首,手自点定者仅百有五首,署其眉曰《寥阳馆诗草》,端楷好写,雅自珍秘。先生既殁,女公子荃闻,得之遗箧,携来沪上,欲付杀青,以资用浩穰,逡巡未果。先生高弟余姚黄君衡伯闻之,欣愿斥帑,促成其事。……曩年《回风堂集》付梓时,悔复先生遗著,以遭乱散佚,竟付阙如,在事同人,引为深憾。兹于《寥阳馆诗》缮印之际,《悔复堂稿》适经检得,遂由荃闻谋之黄君,俾与先尊之诗,合刻成帙。……非特添士林之佳话,亦足振叔世之风义。虞忝与缮校之役,得观厥成,故乐为志其辜较于篇末尔。三十一年九月,何虞。"①

◎ 壬午十一月十九日(1942.12.26),冯君木七十诞辰,弟子何苍回撰文祭奠。

按,《新闻报》1943年1月10日第5版何苍回《祭冯回风先生文》:"慈溪冯回风先生逝世,忽忽十年,今年适逢先生七十诞辰,及门弟子于日前在储能中学举行公祭。其祭文出苍回阁主人何学愚君之手,典雅无伦。爰撮录如下,以供众览。(穹楼志②)维年月日,门人某某等谨以清酌庶羞之仪,致祭于先师回风先生,暨亡友朱君炎复、章君巨摩、洪君通叙之位前曰:……酹此尊酒,兼告其私。来歆来格,永护灵旗。尚享。"

按,《东方日报》1943年1月11日第2版《记回风社附祭之章巨摩》:"昨为本届秋祭,到者有洪荆山、胡仲持、陈寥士等五十余众,极哀荣之致,其祭文出何学愚君所手拟,已见昨日之《新闻报》,不赘录。文中附祭之朱炎复、章巨摩、洪通叙,皆回风社之得意弟子,巨摩更文名铿锵,久有声于海上报坛,亦新闻界之旧人也,先后与陈畏垒、洪佛矢主'天铎''民权'两报,当倪轶池先生创'艺文函授学社'及'友声日报'时,巨摩即膺聘为国文系主任,今日文艺界中如邓□翁、王逸轩、

---

① 苍回:《跋寥阳馆诗草》,载《金声》第3卷第8期,1943年1月1日发行,第19页。
② 穹楼即陆穹楼,乃修能学社优秀毕业生,详参《东方日报》1943年1月11日《记回风社附祭之章巨摩》。

胡憨珠、汪北平、张静庐及已故之王公度等均为该社国文系学员云。"

丙戌(1946.2.2—1947.1.21)

◎ 丙戌九月初六日(1946.9.30),鄞县人周利川所撰《冯君木先生传》见刊于《宁波旅沪同乡会会刊》复刊第3期。

> 按,印行于丙戌九月初六日的《宁波旅沪同乡会会刊》复刊第3期载其词云:"冯开字君木,慈溪人。光绪丁酉拔贡。授丽水县学训导,调宣平县学教谕,辞疾不赴,归而讲学甬上。性孤介,不苟同时趋,动迪风雅,笃意书史,广览博涉,文章渊懿,尚规汉魏,诗则归于萧澹,镕冶性情,兼工倚声。与妇俞因,闺房唱酬,自为师友。尝与邑人陈镜堂、冯毓孳、陈训正、应启墀等结剡社,用道义术业相切劘。晚客沪滨,四方承学者踵至,竭诚诱掖,造就甚众。与安吉吴昌硕、吴兴朱孝臧、桂林况周颐,诗歌唱酬,尤称莫逆。年五十九,病卒于沪。著有《回风堂诗文》若干卷,《词》一卷。妻俞因,字季则,有《妇学斋词》一卷,梓于《回风堂诗》之后。"

◎ 丙戌十一月二十二日(1946.12.15),在南京东路慈淑大楼举行第二十五届公祭冯君木先生大会。

> 按,《申报》1946年12月12日第5版《定期公祭冯回风》:"回风社为慈溪冯回风氏门弟子所组织,迄今十有六年,每年春秋两季,举行公祭,自太平洋战事发生,遂以中辍。兹其弟子多自远地归来,爰于月之十五日在南京东路慈淑大楼四五〇号星五聚餐会举行第二十五届公祭。如欲参加者,可连同餐费壹万圆,通知宁波路福源钱庄魏友荣,以便定席。"①

戊子(1948.2.10—1949.1.28)

◎ 戊子二月十五日(1948.3.25),陈左高撰文认为冯君木对名与字号的

---

① 《申报》编写组:《申报影印本》第391册,第505页。

关系,考述最为深入。

按,《申报》1948年3月25日第9版陈左高《闲话名字》:"名字之别,远在春秋时,已有论及者在。……至名与字号之关系,除冯君木开姻丈外,鲜有提及。虽闳通如章太炎,于兹亦未加独断,仅曰'名字者,一字之殊号;名不可二,孳乳最多谓之字'而已。见《国故论衡》按丈系逊清一代名儒,才华不羁,撰《回风堂文》,琢句谋篇,力逼魏晋。所言字号之别,更具灼兑。……又沈子培,除乙庵、寐叟常用之号外,更称号数十,散见于各种遗墨上,虽乃子慈护先生,亦不得审其详也。"①

◎ 戊子十月,回风堂弟子袁惠常所撰《冯开传》见刊《"国史馆"馆刊》第1卷第4号。截至1948年底,被列为"国史拟传"人物者,合计56人(详参表25)。

按,袁惠常《国史拟传·冯开传》:……朱选近人词曰《沧海遗音集》,都十一人,浙江三人,其一人即开也。……义宁陈三立盛称开文,以为亦足与章抗手也。……回风者,开所居堂名也。陈三立为铭其墓曰:"穷一世而无所觊兮,惟斯文之是耽;慕前修之隆轨兮,掉六辔与骖騑。谓今之人莫子知兮,休声溢乎江之南。名不朽其可愿兮,偃大室而长酣。"②

表25　1949年底前的"国史拟传"及其附传

所　在	姓　　名	小计
创刊号 1947年	A 胡汉民;B 杨庶堪;C 秦毓鎏;D 张定璠;E 谢晋元;F 廖平;G 杨守敬、熊会贞;H 黄节;I 吴芝瑛	10
第1卷 第2期 1948年	A 朱大符;B 唐绍仪;C 汤寿潜刘锦藻;D 张謇兄督;E 韩国钧;F 康有为;G 柯劭忞;H 严复林纾;I 辜汤生;J;伍光建;K 马良;L 胡元倓;M 朱希祖;N 傅徵第;O 汪国镇;P 张世镕子汝炳,侄孙庆培;Q 潘树春	17

---

① 《申报》编写组编:《申报影印本》第396册,第793页。
② 袁惠常:《国史拟传·冯开传》,载《"国史馆"馆刊》第1卷第4号,1948年11月发行,第96—97页。

续 表

所 在	姓　名	小计
第1卷 第3期 1948年	A 宋教仁；B 田桐；C 李烈钧；D 柏文蔚；E 蔡元培；F 吴禄贞；G 欧阳渐；H 李仪祉；I 李详；J 陈屺怀；K 欧阳琳；L 罗桑图丹曲吉尼玛格乃朗结巴桑布；M 嘉木样五世传；N 杨帝镜；O 曲同丰	15
第1卷 第4期 1948年	A 黄郭；B 王法勤；C 邵元冲；D 宋哲元；E 凌钺；F 丘逢甲；G 张百麟；H 赵藩；I 谢持；J 徐树铮；K 张一麟诸宗元、金天翮；L 梁启超夏曾佑；M 冯开虞辉祖、洪允祥、应启墀、朱威明；N 黄复	14

◎ 戊子十二月十一日（1949.1.9），平衡所编《书法大成》出版在即，故于《申报》第1版刊登广告，内称这部辉煌巨著收录了包括冯君木在内的40余位名家的书法佳作。

按，中央书店1949年出版的《书法大成》，其附录部分收录冯君木书简真迹一件，即冯君木致吴湖帆信札一通，其词云："……《疏景词》数日内必当草就，彊村又一词，亦当试为之。所以不能践前言者，以弟自去腊迄今胃病时发时止，重以神经衰弱，交旧存殁之感，纷触于怀，坐是弥觉心烦意乱耳。顷服西药，似有效验。吾兄所属之词，终当力疾为之。《填词图》知已画成，欢喜无量，亟思一读，以祛烦恼。一念及于对方之约，又不能不戚愁于中。现在为画计，极盼大驾早莅沪上，为词计，即又深冀吾兄之稍稍迟来也，可为发笑。……弟开顿首。二月四日。"①

考脉望《冯君木先生之词》云："辛酉之春，吾师回风先生，寓老闸桥北钱江公学隔壁。是时，先生已病矣。一日，余专地谒之，师方少健，为谈文艺，知先生近于倚声，所作颇多，且欣然提管写示近作，兹

---

① 平衡编：《书法大成》，上海书店出版社，2021年（据中央书店1949年版影印），附26—附27。

录之如后。《疏景》为吴湖帆、潘静洲夫妇题宋刻《梅花喜神谱》。是书盖百宋一廛故物,其后展转归吴县潘氏。湖帆为文勤公从女婿,辛酉正月,潘夫人三十生日,其家以是书赠之。湖帆丐题,为赋是解。……《暗香疏影》前题代彊村……先生与今代南词家字蕙风况先生为儿女亲家,其作殊不肯多让。今读遗作,回想先生文采,殊不禁潸然泪下。"①两相结合,足以确定冯君木致吴湖帆的这一通信札,作于辛酉二月四日(1921.3.13)稍后,而非《吴湖帆年谱》所主张的1948年②。

壬申(1992.2.4—1993.1.22)

◎ 壬申初夏,沙孟海《冯君木冯都良父子遗事》问世。

　　按,将沙孟海《冯君木冯都良父子遗事》收入书中的《浙江文史资料选辑》第47辑,1992年6月由浙江人民出版社出版。③

戊寅(1998.1.28—1999.2.15)

◎ 戊寅春,《文化群星——近现代宁波籍文化精英》问世,其内收录邬向东等人合作的《葆爱后生　抛遗世法——国学家冯君木和他的子侄》④。

　　按,此文虽是首篇专题研究成果,但偏重于一般性介绍,对冯君木学行的考察,并非其重心所在。

己卯(1999.2.16—2000.2.4)

◎ 己卯三月二十八日(1999.5.13),《宁波日报》刊出郝墟所作《爱国学人冯君木》。

---

① 脉望:《冯君木先生之词》,载上海《宁波日报》1933年8月16日第3版。
② 王叔重、陈含素编著:《吴湖帆年谱》,第423页。
③ 沙孟海:《冯君木冯都良父子遗事》,载《浙江文史资料选辑》第47辑,第98—109页。
④ 邬向东、谢典勋、骆兆平:《葆爱后生　抛遗世法——国学家冯君木和他的子侄》,载王永杰等编:《文化群星——近现代宁波籍文化精英》,第68—87页。

按，该文在简介冯君木生平、交游、治学特征的基础上，着重追述冯氏在"五四运动"中的言行："还值得一提的是，君木先生虽耽志于经史词章，好古敏求，然性情过人，具有强烈的爱国主义情感。80年前'五四'运动爆发时，先生担任第四师范学校、效实中学两校教师……亲自推动师范学生组织学生自觉会，推动效实学生组织学生自助会，并替宁波学生联合会联系商界，组成商学联合会，轰轰烈烈开展反对北洋政府、有效抵制日货的行动。"①

◎ 己卯冬，《二十世纪宁波书坛回顾——书法论文史料选辑》由宁波出版社付梓刊行，其内收录周乐《冯君木和他的书法弟子》一文。

按，周乐此文在简单介绍冯君木生平、交游之余，既勉力归纳冯君木书法的特色，同时又罗列其书法教育的成果："先生诗文隽永，怡澹渊雅。书法具魏晋风韵，又参郑道昭、苏东坡意，气格高雅，情彩并茂。……清末民初，碑学兴起，帖学衰微，青年学子彷徨迷惑，先生指引走碑帖结合的道路。当时甬上书坛称'冯门三大弟子'——沙孟海、吴公阜、葛夷谷，早年书貌皆颇似君木先生，宗晋唐风规，后在冯师指引下，转益多师，各辟蹊径，各具面目。"②

癸未(2003.2.1—2004.1.21)

◎ 癸未夏，《近代上海诗学系年初编》《近代上海词学系年初编》同时刊行，且两书皆将冯氏行迹、诗词作品置于特定地域的文学流变之中，借以呈现其内在价值与学术影响③(见表26)。相比较而言，前者考述更合理。

---

① 郝墟：《爱国学人冯君木》，载《宁波日报》1999年5月13日第11版。
② 周乐：《冯君木和他的书法弟子》，载邬向东主编：《二十世纪宁波书坛回顾——书法论文史料选辑》，第112—113页。
③ 胡晓明、李瑞明编著：《近代上海诗学系年初编》；杨柏岭编著：《近代上海词学系年初编》。

表26 《近代上海诗学系年初编》《近代上海词学系年初编》的内部结构

	年份	行迹	编 年 诗	诗 选	页码
近代上海诗学系年初编	1909	从慈溪到上海就医	《病不久愈,至上海就医。杨省斋师同居逆旅中,朝夕在视,将护备至,感呈一首》《底用》《咯血》《旅夜遣怀》《旅病杂诗五首》《病间归里留别省斋师》	《旅夜遣怀》《病间归里留别省斋师》	90—91
	1912	在沪养病	《醉后作》《幽怀诗八首》《吊寄禅长老》《展亡妇殡宫》《伤心谣》《赠陈彦及》《除夕感念亡妇,时继妻陈病方笃》	《醉后作》《幽怀诗(其一)》	152
	1913	在沪住院养病	《日忆季刚》《独酌》《怀巨摩》《小屋》《癸丑除夕》	《癸丑除夕》	205
	1914	从慈溪到上海养病	《巨摩大醉堕水,戏效舒铁云体调之》《夜访陈天婴、张申之、徐句羽于惕园》《谢句羽饷茶》《一落》《彼蠕》《遣兴口号》《医院与句羽夜坐》《天婴以杀牛诗见视,用广其意》		247

	年份	行迹	佐 证 材 料	词 选	页码
近代上海词学系年初编	1888	旅往上海	《松江忆家园桂花》诗		131
	1892	旅往上海	《缔交篇赠应启埠》"三年淞水游,徐轨间川陆"		136
	1893	旅往上海	《雨夜上海旅店》《申江候潮》两诗		137
	1898	旅往上海	《将之上海留别叔申贞伯诸子》诗		146
	1909	至沪养病	《病久不愈之上海就医,杨省斋师同居逆旅中,朝夕在视将护备至,感呈一首》诗		193
	1910	在沪养病,曾归里	《病间归里留别省斋师》诗		202
	1911	在沪养病	作《寿楼春·上海寄魏端夷》(嗟春波何长)、《浣溪沙》(携手红阑六曲阴)词	《寿楼春·上海寄魏端夷》	210
	1914	自沪归里	《返慈数日存问亲友都无好坏感赋一律》诗		253

壬辰(2012.1.23—2013.2.9)

◎ 壬辰三月三十日(2012.4.20),杜志勇《谈冯开墓志铭拓本》一文见刊于《衡水学院学报》。

> 按,其摘要云:"陈三立是近代诗文大家,其撰写的《慈溪冯君墓志铭》有不同版本流行于世,以《慈溪冯君墓志铭》拓本为底本对此铭的其他版本进行校勘,校正了通行本中存在的多处错误,并勾勒出民国时期国学大师冯开的交游情况。"①但实际情况却与此有所出入。尤其是它虽有意校正《慈溪冯君墓志铭》通行本,却未能注意到郑逸梅《艺林散叶》的下列文字:"冯君木逝世,其后人倩陈散原撰墓志铭,致润三百金。此文《散原精舍文集》中未载,却载于袁伯夔集中。袁为散原弟子,可见是文乃伯夔所代笔。"②

甲午(2014.1.31—2015.2.18)

◎ 甲午六月十四日(2014.7.10),逯铭昕《冯开、张原炜批校本〈后山集〉述略》见刊于《宁波大学学报(人文科学版)》。该文据《后山集》中所留冯、张二人的批校、圈点、识语,推论其读书方法和文学旨趣。

> 按,逯氏此文摘要:"冯开、张原炜是清末民初甬上著名文士。二人精于诗文,尚习书画,且皆兴办教育,为浙东文化的繁荣助力良多。山东师范大学图书馆藏有光绪十一年番禺陶福祥刻本《后山集》一部,中有冯、张二人批校、圈点、识语数则。批校文字反映出二人的读书方法,圈点与识语透露出他们的文学旨趣。二人皆工于书法,传世作品不多,书中批校文字亦足可珍视。"③

---

① 杜志勇:《谈冯开墓志铭拓本》,载《衡水学院学报》2012年第2期,第76—78页。
② 郑逸梅:《艺林散叶》(修订版),第232页(同书第397页重出)。
③ 逯铭昕:《冯开、张原炜批校本〈后山集〉述略》,载《宁波大学学报(人文科学版)》2014年第4期,第12—15页。

丁酉(2017.1.28—2018.2.15)

◎ 丁酉正月十九日(2017.2.15),沈燕红、朱惠国合作的《晚清民初学者冯开及其未刊抄本〈秋辛词〉》,见刊于《浙江社会科学》。该文着眼于挖掘《秋辛词》的史料价值与文学主张。

按,《晚清民初学者冯开及其未刊抄本〈秋辛词〉》摘要:"晚清民初学者冯开所著《回风堂词》一卷,早在民国时期辑入《彊村丛书·沧海遗音集》雕版行世;而所著《秋辛词》,后人却未曾亲见。今发现宁波天一阁藏有冯开未刊抄本《秋辛词》一卷五十四首,为其十六至二十六岁回肠荡气时所作,由冯开亲自编定。《秋辛词》为冯词全璧或可面世开启了关键性一步,为冯词文本校勘、版本流变的研究提供了宝贵资料,对其词学实践、词风演变的探讨具有重要价值,并能丰富和完善晚清近代名家词集的整理研究成果。"①

庚子(2020.1.25—2021.2.11)

◎ 庚子冬,由童银舫主编的《溪上谭往》正式出版,其内收录张波《冯开的文学、书法及交往》、翁运凡《冯君木其人其事》两文。

按,这其中的张波《冯开的文学、书法及交往》,偏重于介绍冯氏的文学观念、书法成就与交友圈的时空变迁:"冯开的文学创作主要受江西诗派代表人物黄庭坚诗歌理论的影响。……冯开还积极组织文学社团活动……形成了密栗精严而又'文从字顺各率职'的自成一流派的'慈溪文体'。""其书法融碑、帖于一体,自成面貌。帖学二王,具魏晋风韵。……碑则学蔡邕和郑道昭。""冯开的交往从时空看,可以按时间分为20世纪初的慈溪、20世纪头10年的宁波、20世纪20年代的上海三个圈子。……无论时空如何转换,冯开以自己的学识、人品结交的都是当时当地的一流人物……这至少从一个侧面说明他

---

① 沈燕红、朱惠国:《晚清民初学者冯开及其未刊抄本〈秋辛词〉》,载《浙江社会科学》2017年第2期,第140—147页。

确实不愧为一流的国学大师。"①相比较而言,翁运凡《冯君木其人其事》看似图文并茂,却不但学术性不强,且其"拟发公电　遭遇虚惊""日俄开战　忧心如焚"等部分内容,更明显缺乏可信史料的支撑。②

---

① 张波:《冯开的文学、书法及交往》,载童银舫主编:《溪上谭往》,浙江古籍出版社,2020年,第77—85页。
② 翁运凡:《冯君木其人其事》,载童银舫主编:《溪上谭往》,第86—91页。

参考文献

一. 著作

A

《安持人物琐记》,陈巨来著,上海书画出版社,2011 年

B

《悲回风》,陈训正撰,浙江省立图书馆铅印巾子居丛刊本,1932 年
《悲华经舍文存》,洪允祥著,1936 年铅印本
《八指头陀诗文集》,释敬安著,梅季点校,岳麓书社,2007 年
《补松庐文稿》,〔清〕吴庆坻撰,《清代诗文集汇编》,第 770 册,上海古籍出版社,
　　2010 年
《悲华经舍诗存》,洪允祥著,吴铁佶点校,浙江古籍出版社,2011 年

C

《怅惘》,冯都良著,光华书局,1925 年
《重订圆瑛大师年谱》,明旸主编,照诚校订,中华书局,2004 年
《陈训慈百年诞辰纪念文集》,浙江图书馆编,北京图书馆出版社,2006 年
《程颂万诗词集》,程颂万著,徐哲兮校点,湖南人民出版社,2009 年
《陈布雷回忆录》,陈布雷著,东方出版社,2009 年
《苍虬阁诗集》,陈曾寿著,张寅彭、王培军校点,上海古籍出版社,2012 年
《慈溪碑碣墓志汇编》,慈溪市文物管理委员会办公室、宁波市江北区文物管理所编,
　　浙江古籍出版社,2017 年
《陈训正年谱》,唐燮军、戴晓萍著,浙江大学出版社,2019 年

D

《大受堂札记》,徐珂著,《心园丛刻一集》,杭县徐氏聚珍仿宋版,1925 年

《当代名人尺牍》上下卷,王文濡选辑,上海文明书局,1926年
《定海县志》,陈训正、马瀛撰,《中国地方志集成·浙江府县志辑》,第38册,上海书店,1993年

E

《二十世纪宁波书坛回顾——书法作品选集》,徐良雄主编,宁波出版社,1999年

F

《浮碧山馆骈文》,冯可镛撰,宁波钧和公司,1917年铅印本,宁波图书馆藏
《蓉里日记》,张原炜著,宁波天一阁博物院藏
《妇学斋遗稿》,俞因著,附录于《回风堂诗文集》,冯君木撰,中华书局仿宋字铅印本,1941年
《复盦觅句图题咏》,徐新六辑,可见《丛书集成续编》,王德毅主编,第118册,新文丰出版公司,1989年
《冯宾符国际问题文选》,冯宾符著,杨学纯、沈中明编,世界知识出版社,2002年
《伏跗室藏书目录》,饶国庆等编,宁波出版社,2003年
《冯王两侍郎墓录》,冯贞群辑,《四明丛书》,第6册,张寿镛辑,广陵书社,2006年
《伏跗室书藏记》,骆兆平著,宁波出版社,2012年
《冯君木集校注》,冯君木著,唐燮军等校注,上海古籍出版社,2023年

G

光绪《慈溪县志》,〔清〕杨泰亨修,〔清〕冯可镛纂,《中国地方志集成·浙江府县志辑》,第35册/第36册,上海书店,1993年
《光宣以来诗坛旁记》,汪辟疆著,辽宁教育出版社,1998年
《杲堂诗文集》,〔清〕李邺嗣著,张道勤校点,浙江古籍出版社,2013年
《国朝献征录》,〔明〕焦竑编,上海书店出版社,2023年

H

《寒庄文编》,虞辉祖撰,1921年铅印本,复旦大学图书馆藏
《寒庄文外编》,虞辉祖撰,冯君木整理,1923年铅印本,复旦大学图书馆藏
《回风堂诗文集》,冯君木撰,中华书局仿宋字铅印本,1941年
《悔复堂诗》,应叔申撰,1942年余姚黄立钧《悔复堂诗　寥阳馆诗草》合刊本,宁波图书馆藏
《韩昌黎诗系年集释》,〔唐〕韩愈著,钱仲联集释,上海古籍出版社,1984年
《皇明史概》,〔明〕朱国桢著,《续修四库全书》,第429册,上海古籍出版社,2002年
《鹤巢诗文存》,〔清〕忻江明原著,忻鼎永等整理,黄山书社,2006年

《黄宗羲全集》,第10册,沈善洪主编,浙江古籍出版社,2012年
《海藏楼诗集(增订本)》,郑孝胥著,黄坤、杨晓波校点,上海古籍出版社,2014年
《杭州文献集成》,第12册,陈志坚主编,杭州出版社,2014年

J

《见山楼诗选》,张翙儁撰,宁波天一阁博物院藏
《睫巢诗钞》,陈康瑞撰,1924年仿宋铅字版,复旦大学图书馆藏
《近代上海词学系年初编》,杨柏岭编著,上海教育出版社,2003年
《近代上海诗学系年初编》,胡晓明、李瑞明编著,上海教育出版社,2003年
《经义考新校》,〔清〕朱彝尊撰,林庆彰等主编,上海古籍出版社,2010年
《校辑近代诗话九种》,王培军、庄际虹校辑,上海古籍出版社,2013年
《彊村语业笺注》,〔清〕朱孝臧著,白敦仁笺注,浙江古籍出版社,2015年
《校辑民权素诗话廿一种》,王培军、庄际虹校辑,凤凰出版社,2016年

K

《康居笔记汇函》,徐珂著,孙安邦、路建宏点校,山西古籍出版社,1997年
《况周颐先生年谱》,郑炜明著,上海古籍出版社,2009年
《况周颐词集校注》,〔清〕况周颐著,秦玮鸿校注,上海古籍出版社,2013年

L

《麟洲诗草》,张翙儁撰,宁波天一阁博物院藏
《寥阳馆诗草》,姚寿祁撰,1942年余姚黄立钧《悔复堂诗 寥阳馆诗草》合刊本,宁波图书馆藏
《鲁之春秋》,〔清〕李聿求著,凌毅标点,浙江古籍出版社,1984年
《卢纶诗集校注》,〔唐〕卢纶著,刘初棠校注,上海古籍出版社,1989年
《李审言文集》,李详著,李稚甫编校,江苏古籍出版社,1989年
《林衣集》,〔明〕秦舜昌撰,《四明丛书》,第22册,张寿镛辑,广陵书社,2006年
《两浙輶轩续录》,〔清〕潘衍桐编纂,夏勇、熊湘整理,浙江古籍出版社,2014年

M

《明史》,〔清〕张廷玉等撰,中华书局,1974年
《明史纪事本末》,〔清〕谷应泰撰,中华书局,1977年
民国《鄞县通志》,张传保等修,陈训正等纂,《中国地方志集成·浙江府县志辑》,第16册/第17册,上海书店,1993年
民国《杭州府志》,《浙江地方志集成·浙江府县志辑》,第1册,上海书店,1993年
《民国诗话丛编》(五),张寅彭主编,上海书店出版社,2002年

《明清以来公藏书目汇刊》,第 45 册,北京图书馆出版社古籍影印室辑,北京图书馆出
版社,2008 年
《民国人物碑传集》,卞晓萱、唐文权编,凤凰出版社,2011 年
《梅兰芳沪上演出纪》,张斯琦编著,中西书局,2015 年
《民国来信及百年名人墨迹》,王双强著,学林出版社,2015 年
《民国词集丛刊》,第 3 册,曹辛华编,国家图书馆出版社,2016 年

N

《霓仙遗稿》,叶同春著,1921 年稿本,宁波图书馆藏
《宁波古今方志录要》,龚烈沸编著,宁波出版社,2001 年
《宁波通史·清代卷》,乐承耀著,宁波出版社,2009 年
《宁波古桥碑刻集》,朱永宁编著,宁波出版社,2021 年

P

《品味苏杭》,徐城北著,陕西师范大学出版社,1998 年
《瓶粟斋诗话》五编上卷,沈其光撰,杨焄校点,可见《民国诗话丛编》(五),张寅彭主
编,上海书店出版社,2002 年

Q

《衢州文史资料》第 7 辑,浙江人民出版社,1989 年
《巧对录》,〔清〕梁章钜、梁恭辰辑录,陈焕良点校,岳麓书社,1991 年
《清代朱卷集成》,顾廷龙主编,台北成文出版社,第 400 册,1992 年
《清文汇》,沈粹芬等辑,北京出版社,1996 年
《全祖望集汇校集注》,〔清〕全祖望撰,朱铸禹汇校集注,上海古籍出版社,2000 年
《群书札记》,〔清〕朱亦栋撰,《续修四库全书》,第 1155 册,上海古籍出版社,2002 年
《清词序跋汇编》,冯乾编校,凤凰出版社,2013 年
《清末民国旧体诗词结社文献汇编》,第 12 册,南江涛选编,国家图书馆出版社,
2013 年
《千年望族慈城冯家:一个宁波氏族的田野调查》,王静著,宁波出版社,2015 年
《求恕斋日记》,刘承幹著,国家图书馆出版社,2016 年

R

《忍古楼词话》,夏敬观著,《词话丛编》,第 5 册,唐圭璋编,中华书局,1986 年
《若榴花屋师友札存》,沙韦之主编,西泠印社,2002 年
《容膝轩文集》,王荣商撰,《四明丛书》,第 30 册,张寿镛辑,广陵书社,2006 年

S

《单云甲戌稿》,陈廖士撰,抄本,1935 年
《申报影印本》,上海书店,1983 年
《沙孟海书法集》,上海书画出版社,1987 年
《散原精舍诗文集》,陈三立著,李开军标点,上海古籍出版社,2003 年
《沙孟海先生年谱》,沙茂世编撰,西泠印社出版社,2010 年
《沙孟海全集·日记卷》,洪廷彦主编,西泠印社出版社,2010 年
《沙孟海全集·文稿卷》,汪济英主编,西泠印社出版社,2010 年
《沙孟海全集·书信卷》,李立中主编,西泠印社出版社,2010 年
《四明清诗略》,〔清〕董沛、忻江明辑,袁元龙点校,宁波出版社,2015 年
《书法大成》,平衡编,上海书店出版社,2021 年
《十花小筑诗钞》,〔清〕余本愚撰,光绪乙酉十月刻本,第 15 期北京荣宝线上文物拍卖会,2023 年 5 月 28 日

T

《吞月子集》,〔明〕毛聚奎撰,宁波天一阁博物院藏
《天婴室丛稿第二辑》,陈训正著,1934 年铅印本,宁波天一阁博物院藏
《天婴室丛稿》,陈训正撰,《近代中国史料丛刊》第 63 辑,沈云龙主编,台北文海出版社,1972 年
《天婴诗辑》,陈训正著,陈训慈整理,1988 年
《太虚大师年谱》,释印顺著,中华书局,2011 年
《童氏家族》,胡纪祥编著,宁波出版社,2011 年
《太炎全集·太炎文录补编》,马勇整理,上海人民出版社,2017 年
《天一阁藏清代珍稀稿本提要》,周慧惠等著,国家图书馆出版社,2019 年
《天一阁藏宁波地区石刻史料集录(民国卷)》,刘晓峰等编著,上海古籍出版社,2024 年

W

《王个簃随想录》,王个簃著,上海书画出版社,1982 年
《晚山人集》,陈训正著,陈训慈整理,影印本(版本不详),1985 年
《文史博议》,周采泉著,广东人民出版社,1986 年
《汪辟疆文集》,汪辟疆著,上海古籍出版社,1988 年
《吴湖帆文稿》,吴湖帆著,梁颖校,吴元京审订,中国美术学院出版社,2004 年
《王一亭年谱长编》,王中秀编著,上海书画出版社,2010 年
《翁同龢日记》,第 4 卷,翁万戈编,翁以钧校订,中西书局,2012 年

《吴中水利全书》,〔明〕张国维编著,蔡一平点校,浙江古籍出版社,2014年
《望云谈屑》,张元卿著,天津古籍出版社,2014年
《吴湖帆年谱》,王叔重、陈含素编著,东方出版中心,2017年
《吴昌硕艺文述稿》,吴昌硕著,吴超编,上海人民美术出版社,2019年
《王个簃年谱》,魏武、姚沐编著,上海书画出版社,2020年

X

《雪野堂文稿》,袁惠常著,1945年铅印本,宁波图书馆藏
《小腆纪年附考》,〔清〕徐鼒撰,王崇武校点,中华书局,1957年
《西方子明堂灸经》,无名氏撰,上海科学技术出版社,2000年
《西湖楹联集》,蔡见吾著,西泠印社,2000年
《峡源集》,毛宗藩撰,《四明丛书》,第30册,张寿镛辑,广陵书社,2006年
《夏敬观年谱》,陈谊著,黄山书社,2007年
《细说北洋》,陈锡璋著,商务印书馆,2016年
《溪上谭往》,童银舫主编,浙江古籍出版社,2020年

Y

《甬上青石张氏家谱》,张美翊主纂,味芹堂铅印本,1925年
《弇山堂别集》,〔明〕王世贞撰,魏连科点校,中华书局,1985年
《元明事类钞》,〔清〕姚之骃撰,上海古籍出版社,1993年
《约园著作选辑》,张寿镛著,张芝联编,中华书局,1995年
《郑逸梅选集》第四卷《逸梅杂札·味灯漫笔》,黑龙江人民出版社,2001年
《余绍宋论方志》,余绍宋原著,鄢卫健主编,黄山书社,2009年
《余绍宋日记》,余绍宋著,龙游县地方志编纂委员会整理,中华书局,2012年
《叶恭绰词学文集》,彭玉平、姜波整理,《民国诗词学文献珍本整理与研究》(46),河南文艺出版社,2016年
《艺林散叶》(修订版),郑逸梅著,北方文艺出版社,2019年
《俞樾书信集》,汪少华整理,上海人民出版社,2020年

Z

《张謇叟先生文稿》,张美翊著,1923年抄本,宁波天一阁博物院藏
《浙江文献丛考》,洪焕椿著,浙江人民出版社,1983年
《中国医籍通考》,第2卷,严世芸主编,上海中医药大学出版社,1991年
《中国美术社团漫录》,许志浩编著,上海书画出版社,1994年
《中国现代美术全集·书法1》,刘正成主编,河北美术出版社,1998年
《张元济全集》第4卷《诗文》,张元济著,商务印书馆,2008年

《籀庼述林》,孙诒让著,许嘉璐主编,雪克点校,中华书局,2010年
《镇亭山房诗集》,〔清〕陆廷黼撰,《清代诗文集汇编》,第730册,上海古籍出版社,
    2010年
《增广印光法师文钞卷》,释印光著,张景岗点校,九州出版社,2012年
《中国古代藏书》,李楠、李杰编著,中国商业出版社,2015年
《赵尊岳集》,赵尊岳著,陈水云、黎晓莲整理,凤凰出版社,2016年
《张美翊手札考释注评》,侯学书编著,文物出版社,2020年

二. 期刊/论文

张美翊:《慈溪费君冕卿行状》,《宁波旅沪同乡会月报》第6期,1923年3月
冯昭适:《张謇叟先生传》,《宁波旅沪同乡会月刊》第17期,1924年
冯昭适:《族祖冯梦香传》,《华国》第1卷第12期,1924年8月15日
冯昭适:《林晋霞先生传》,《华国》第2卷第1期,1924年11月
冯昭适:《飞凫山馆笔记·唐程夫人墓志》,《宁波旅沪同乡会月刊》第38期,1926年
冯昭适:《飞凫山馆笔记》,《宁波旅沪同乡会月刊》第49期,1927年8月
冯贞群:《杨母张夫人六十寿序》,《宁波旅沪同乡会月刊》第50期,1927年9月
冯孟颛:《陈君墓表》,《宁波旅沪同乡会月刊》第59期,1928年6月
冯贞群:《宁波市新出土砖石考》,《国立中山大学语言历史学研究所周刊》第4卷第
    44—45期,1928年9月5日
冯贞群:《宁波市新出土专石考目》,《宁波旅沪同乡会月刊》第71期,1929年6月
冯君木:《题识杂言》,《蜜蜂》第1卷第10期,1930年6月11日
冯开:《赵君占绶四十寿序》,《宁波旅沪同乡会月刊》第89期,1930年12月
陈训正:《招都梁过玉晖楼,谋编刊〈回风集〉,时直深秋,俯伏多感,既伤逝者行,复自
    念,喟然赋此》,南京《国风》半月刊第7期,1932年11月1日
陈训正:《故陆军少将镇海李君墓表》,《宁波旅沪同乡会月刊》第119期,1933年6月
张令杭:《四明学术文化消息·回风堂诗文集之筹刻》,《光华大学四明同学会特刊》,
    1934年12月28日
袁惠常:《国史拟传·冯开传》,《"国史馆"馆刊》第1卷第4期,1948年11月
张任天:《西湖博览会纪事》,《浙江文史资料选辑》第21辑,浙江人民出版社,1982年
冯孔豫、陈振泽:《浙东藏书家冯孟颛》,《宁波文史资料》第2辑,1984年10月
沙孟海:《冯君木冯都良父子遗事》,《浙江文史资料选辑》第47辑,浙江人民出版社,
    1992年
邬向东、谢典勋、骆兆平:《葆爱后生 抛遗世法——国学家冯君木和他的子侄》,载
    《文化群星——近现代宁波籍文化精英》,王永杰等编,中国文史出版社,1998年
周乐:《冯君木和他的书法弟子》,《二十世纪宁波书坛回顾——书法论文史料选辑》,
    邬向东主编,宁波出版社,1999年
张美翊著,樊英民编校:《菉绮阁课徒书札》,《新美域》2008年第2期

杜志勇：《谈冯开墓志铭拓本》，《衡水学院学报》2012年第2期
朱则杰：《清代诗人生卒年补考——以沈如焞等十位杭州诗人为中心》，《浙江工商大学学报》2014年第1期
逯铭昕：《冯开、张原炜批校本〈后山集〉述略》，《宁波大学学报（人文科学版）》2014年第4期
沈燕红、朱惠国：《晚清民初学者冯开及其未刊抄本〈秋辛词〉》，《浙江社会科学》2017年第2期
唐燮军：《辨志文会与清末宁波的地方教育》，《社会科学战线》2017年第8期

后　记

年谱作为年经事纬而又纤悉无遗地叙述某人之道德、学问、事业的著述形式，自北宋以来就日趋繁盛，迄今不但业已超过五千种，且其数仍在持续增加中。这些已然问世的年谱，或系谱主自订，或为其门生故旧所纂，更多的则是后人就古代名人著述考其事迹而编列者。

《冯君木年谱》属于第三类，且原本附录于《冯君木集校注》之书末，只是因为篇幅太大，不得不选择单独刊行，并在付梓之前，又做了三方面的调整。一是其所引用的冯君木诗文集，从原先的《回风堂诗文集》改为《冯君木集校注》，二是增设"世谱"和"谱后"，三是在"年谱"中补入冯可镛、冯贞群、冯昭适三位近亲的行迹。其内部结构也因此分为引论、世谱、年谱、谱后等四部分：（1）"引论"按时序、分类考察冯氏的文史实践，进而概括、剖析其文学理论和史学观念的内涵与价值；（2）"世谱"用以追述慈城冯氏家族的家族渊源与演进轨迹，凸显门风、家学之于个人成长的重要意义；（3）"年谱"既系统梳理冯君木的行迹、思想与事功，同时又勉力勾稽冯氏与陈训正、应叔申、张美翊、张原炜、虞辉祖、吴昌硕、朱孝臧、况周颐、程颂万、李详等人的交往脉络；（4）"谱后"则用以条录1931年5月18日冯君木病卒后尤其是改革开放以来，关注、研讨其生平与学术的回忆录、纸媒报道、论文、著作。

据说，冯君木曾以文就正于郑孝胥，结果被斥为"华而不实"[①]，而李

---

① 郑逸梅：《艺林散叶》（修订版），第231页。

木公亦尝谓"汪容甫、章太炎、冯君木,均不善古文"①。诸如此类的评说,虽非无根之谈,但冯君木其人其学,仍值得后人脱帽致敬。

本书稿也是继《从徐爰〈宋书〉到沈约"新史"的转变》等论著之后,与卞梁博士的又一次合作,而在不远的将来,大概还会有诸如《晚清民国时期甬上八子文存》之类的合著。十余年来的亦师亦友之情,值得珍惜和呵护!同时也想借此机会,衷心感谢章义和、尚永琪等师友多年来的关心和支持,以及本书责编黄丹女士的精心编校。

唐燮军

识于湖州师范学院人文学院

2024 年 5 月 13 日

---

① 郑逸梅:《艺林散叶》(修订版),第 286 页。

图书在版编目(CIP)数据

冯君木年谱/唐燮军,卞梁著. -- 上海：复旦大学出版社,2024.10. -- ISBN 978-7-309-17516-5
Ⅰ.K825.6
中国国家版本馆 CIP 数据核字第 2024JQ7735 号

冯君木年谱
唐燮军　卞　梁　著
责任编辑/黄　丹

复旦大学出版社有限公司出版发行
上海市国权路 579 号　邮编：200433
网址：fupnet@fudanpress.com　　http://www.fudanpress.com
门市零售：86-21-65102580　　团体订购：86-21-65104505
出版部电话：86-21-65642845
上海盛通时代印刷有限公司

开本 787 毫米×960 毫米　1/16　印张 22.25　字数 309 千字
2024 年 10 月第 1 版
2024 年 10 月第 1 版第 1 次印刷

ISBN 978-7-309-17516-5/K·837
定价：98.00 元

如有印装质量问题，请向复旦大学出版社有限公司出版部调换。
版权所有　　侵权必究